2009 BCP BEST OF CORPORATE PUBLISHING

BEST
CP

2009

BCP BEST OF CORPORATE PUBLISHING

AUSGEZEICHNETE
UNTERNEHMENSPUBLIKATIONEN

Partner des BCP Kongress 2009

STEINBEIS
Papier mit besten Werten

Hauptsponsor des BCP Best of Corporate Publishing 2009

acquisa – Das Magazin für Marketing und Vertrieb
HORIZONT – Zeitung für Marketing, Werbung und Medien
W&V – Werben & Verkaufen
werbewoche

Medienpartner des BCP Best of Corporate Publishing 2009

Deutsche Post – Presse Distribution
Langenscheidt Übersetzungsservice
Deutscher Drucker
versio!
Bundesverband deutscher Pressesprecher
f:mp. fachverband medienproduktioner
drupa – print media messe
new business CP Monitor
LASERLINE – We print it. You love it! www.laser-line.de
censhare – Global Publishing
vjoon K4
SNAP – Digital Collections
verytv – Your Broadcast Partner
corbis
dsb – www.dsb.net
Roto Smeets
mediascore – Medienwirkung verstehen.
B·W·H – Die Publishing Company

Partner des BCP Best of Corporate Publishing 2009

BEST OF CORPORATE PUBLISHING 2009

HERAUSGEBER
FCP Forum Corporate Publishing e.V., München
HORIZONT productions, Frankfurt am Main

VERLAG
Deutscher Fachverlag GmbH
Mainzer Landstraße 251
60326 Frankfurt am Main

VERANTWORTLICH FÜR DAS FCP
Michael Höflich

VERANTWORTLICH FÜR DEN VERLAG
Markus Gotta

GESAMTKONZEPT UND REALISATION
HORIZONT productions DFV

PROJEKTLEITUNG
Wolfgang Borgfeld

PROJEKTVERANTWORTUNG FÜR DAS FCP
Sabine Steffen

GESTALTUNG
Markus Gröpl, Andreas Liedtke,
Nathalie Fumelli (Seiten 28/29)

FOTOS
Enno Kapitza (Seiten 30-33), Benno Sänger (Seite 11)

REDAKTION
Klaus Janke, Andreas Schließmann

AUTOREN
Dr. Nikolai A. Behr, Antonio De Mitri, Michael Drosten, Dr. Christian Fill, Michael Kaschel, Thomas A. Kramer, Kim Kranz, Prof. Dr. Ralf T. Kreutzer, Dr. Kai Laakmann

PRODUKTION
Printmedien-Services DFV

DRUCKVORSTUFE
MILA-Design+Conceptions GmbH, Wiesbaden

DRUCK UND VERARBEITUNG
Offizin Andersen Nexö Leipzig GmbH, Zwenkau

PAPIER
135g/m², holzfrei, weiß matt, doppelt gestr. Bilderdruck

ISBN: 978-3-86641-202-6

Grußwort

Dr. Karl-Theodor Freiherr von und zu Guttenberg Bundesminister für Wirtschaft und Technologie

Der BCP firmiert 2009 unter dem Titel „Erfolgsformel Innovation: Zukunftsstrategien im Corporate Publishing".
Das Thema trifft den Nerv der Branche: Unternehmenspublikationen und Kundenmedien leisten seit langem einen wichtigen Beitrag zum Unternehmenserfolg. Auch sind die Kommunikations- und Informationswirtschaften zusammen mit der Kultur- und Kreativbranche trotz der aktuellen Finanzkrise die derzeit noch mit am stärksten wachsenden Wirtschaftsbereiche in Deutschland. Ob das so bleibt, hängt nicht nur davon ab, wie schnell die Finanzkrise überwunden werden kann. Entscheidend ist vielmehr auch, wie innovativ Firmen ihre Produktpaletten mittels verschiedener Medien präsentieren, wie viel Zuverlässigkeit und Echtheit beim Konsumenten ankommt.
Ihre Innovationskraft im Mediensegment Corporate Publishing sichert Arbeitsplätze. Das ist gerade jetzt, in Krisenzeiten, besonders wichtig. Generell gilt, dass Innovationen in Technik, Kommunikationsform und Inhalt wichtige Treiber für Fortschritt und Wettbewerbsfähigkeit sind. Dies wird im Übrigen eindrucksvoll belegt durch 60 Jahre bundesdeutsche Wirtschaftsgeschichte.
Die bei Ihrem 7. Wettbewerb vorgelegten exzellenten Beispiele von BCP sind Aushängeschilder wirtschaftlichen, publizistischen und kulturellen Erfolgs deutscher Marken und Unternehmen. Sie zeugen von Kreativität und Visionen. Sie werden dadurch zu illustrativen Visitenkarten der deutschen Wirtschaft.
Angesichts der wirtschaftlichen und kulturellen Bedeutung von professioneller Unternehmenskommunikation unterstütze ich Ihren Kongress und wünsche viel Erfolg.

Ihr Dr. Karl-Theodor Freiherr von und zu Guttenberg

Das Forum bricht auf zu neuen Ufern

Manfred Hasenbeck
Präsident des Forum
Corporate Publishing

Der BCP 2009, erneut Europas größter Wettbewerb für Unternehmenskommunikation, war die letzte Veranstaltung in gewohnter Form: Schon im nächsten Jahr werden wir beim Wettbewerb und dem abschließenden Kongress eine Vielzahl an neuen Medienformen erleben, seien es die große Bandbreite der Bewegtbild-Formate oder Multimedia-Anwendungen.
Pünktlich zum 10-jährigen Bestehen des Verbandes planen wir die strategische Erweiterung des FCP zu einem Forum, das für alle Dienstleister der Corporate Communication offen ist, die in unserem Sinne Qualitätscontent anbieten, sowie für die Kommunikationsverantwortlichen in den Unternehmen. Ausgangspunkt dafür sind die dramatischen Veränderungen in der Medienlandschaft der vergangenen Jahre sowie die komplett neue Wettbewerbssituation, der Corporate-Publishing-Verlage und -Agenturen gegenüberstehen: Die vielzitierte Medienorchestrierung und die intelligente Steuerung unterschiedlicher Kommunikationskanäle ist für viele Publisher im Moment die zentrale Herausforderung – immer häufiger wird von Kundenseite eine absolute Konvergenz der Unternehmensmedien verlangt. Gleichzeitig erwächst den spezialisierten CP-Anbietern mit Publikums- und Fachverlagen, Online-Dienstleistern und klassischen Werbern neue Konkurrenz.
Eines der herausragenden Wachstumsfelder in unserer innovativen und dynamischen Branche ist die Bewegtbild-Kommunikation, insbesondere im Onlinebereich: Schon heute setzen 73 Prozent der im DAX vertretenen Unternehmen Bewegtbilder in der Unternehmenskommunikation ein. Seit der Dotcom-Krise 2000/02 hat sich die Anzahl der Corporate TV-Projekte in Deutschland mit heute über 100 Anwendern mehr als verdreifacht. Wir stehen nun in intensiven Gesprächen mit der Corporate TV Association CTVA e.V. – dem ersten Verband, der sich ausschließlich der Thematik Corporate TV widmet und über seine Mitglieder die gesamte Bandbreite von Bewegtbild in der Unternehmenskommunikation abdeckt. Die beiden Verbände ergänzen sich ideal, da sie in den jeweiligen Fachgebieten analoge Ziele verfolgen. Im Mittelpunkt beider Verbände steht die Unternehmung gemeinsamer Anstrengungen im Sinne des Gattungsmarketings. Deshalb streben wir die Zusammenarbeit mit der CTVA und ihren 60 Mitgliedern in Form einer Fusion an – zu einem neuen starken Forum für Corporate Communication.
Ein neuer gemeinsamer Verband bedeutet nicht nur eine generelle Bereicherung der thematischen Arbeit. Mit ihm gewinnen wir alle erhebliches Gewicht und neue Stärke, beispielsweise bei Sponsoringverhandlungen oder medienpolitischen Gesprächen. Vor allem aber eröffnen wir den Mitgliedern des Forums neue Diskussions- und Kooperationsebenen, zum einen durch die Öffnung des Verbands für Unternehmensrepräsentanten aus den Corporate-Communications-Bereichen; zum anderen ermöglichen wir durch die Kooperation mit spezialisierten TV-Dienstleistern nicht zuletzt neue Perspektiven für beiderseitige Synergieeffekte bei der Kundenbetreuung. Beides bildet den Rahmen, um gemeinsam an neuen, medienübergreifenden Kommunikationsstrategien und innovativen Zukunftslösungen zu arbeiten.

Ihr Manfred Hasenbeck

GROSSE CHANCEN IN DER KRISE

Die FCP-Vorstände Manfred Hasenbeck und Wilfried Lülsdorf über Corporate Publishing in Krisenzeiten, Trends in der Unternehmenskommunikation und Qualitätsjournalismus im Multimedia-Zeitalter.

Die Wirtschaftskrise macht vor den Medien nicht halt. Die Verlagsbranche leidet unter massiven Einbrüchen. Herr Hasenbeck, Herr Lülsdorf, wie stark trifft das den Corporate-Publishing-Markt?

MANFRED HASENBECK: Unsere Branche ist mittlerweile sehr gut aufgestellt und wächst seit Jahren zweistellig. Entgegen allen Strömungen in der Medienbranche, in der Verlage Umsatzrückgänge verzeichnen und Werber zunehmend Probleme bekommen, haben wir zum Beispiel vergangenes Jahr um 13 Prozent zugelegt. Selbst wenn Corporate Publishing in diesem Jahr eine kleine Delle erleiden sollte, werden wir aus dem medialen Wettstreit als Sieger hervorgehen.

Woher nehmen Sie diesen Optimismus?

WILFRIED LÜLSDORF: Auch wenn Unternehmen in Krisenzeiten Kosten sparen müssen, kommunizieren sie lieber effizient als gar nicht. Sollte es also tatsächlich zu dem befürchteten Mediensterben im Fach- und Spezialzeitschriftenbereich kommen, werden wir davon profitieren. Wenn Unternehmen bei sinkenden Auflagenzahlen nicht mehr in gewohntem Maße Anzeigen schalten, weil sie über die im Markt verbliebenen Titel ihre Kunden nicht erreichen können, müssen sie ihre Kommunikation eben stärker selbst in die Hand nehmen. Und wir können ihnen am besten dabei helfen.

HASENBECK: Durch den Zusammenbruch der klassischen Werbemärkte rückt Corporate Publishing immer mehr ins Zentrum der gesamten Marketingkommunikation. Medienetats werden jetzt zugunsten von CP-Strategien umgeschichtet. Unternehmen erkennen, dass beispielsweise moderne Kundenmedien günstiger, zielgruppengenauer und effizienter sind als die meisten Werbekampagnen. Das gilt auch für interne Publikationen, die zunehmend an Corporate Publisher outgesourced werden. Die können meist professioneller damit umgehen, weil sie schließlich nichts anderes machen, als Medien zu produzieren. Die Chancen von Corporate Publishing in einem schrumpfenden Medienmarkt stehen also gut. In Ländern mit geringerer Mediendurchdringung ist das übrigens deutlich zu sehen.

Bei aller Zuversicht: Printprodukte und damit auch Kundenzeitschriften verlieren als Werbeträger an Bedeutung. Muss sich die Corporate-Publishing-Branche neu ausrichten?

LÜLSDORF: Das Leistungsspektrum unserer Branche ist viel breiter als noch vor fünf, sechs Jahren. Heute bewegen wir uns im gesamten Medienkosmos der Unternehmenskommunikation. Dadurch nehmen wir für unsere Kunden mehr und mehr die Rolle eines neuen Ideengebers ein. Viele Unternehmen sprechen uns nicht allein wegen eines Kundenmagazins an, sondern weil sie ein Kommunikationsproblem haben. Wir entwickeln uns vom medialen Produktanbieter zum Problemlöser.

Was heißt das konkret?

HASENBECK: Das heißt, wir produzieren nicht nur klassische Kundenmagazine, journalistisch geprägte Geschäftsberichte oder interne Zeitschriften unserer Kunden, sondern wir bedienen mittlerweile sämtliche Medienformate. Ganz entscheidend ist dabei, orchestrierte Konzepte zu entwickeln, die Print-, Online- und Mobile-Lösungen intelligent vernetzen. Um das zu leisten, benötigen Unternehmen normalerweise eine ganze Anzahl von Spezialisten. Bei einem Corporate Publisher bekommen sie alles aus einer Hand.

Das Thema integrierte Kommunikation ist nicht neu. Was ist das Alleinstellungsmerkmal der Corporate Publisher? Und was haben Unternehmen davon?

LÜLSDORF: Die große Herausforderung ist, über alle Medienformen hinweg integrierte Gesamtsysteme zu schaffen. Dabei geht es darum, Kommunikation mit Marketing und Vertrieb zu verbinden. Die Frage ist letztlich, wie Unternehmen über Corporate Publishing Neukunden gewinnen können. Der Weg von der Information zum Produktverkauf wird nicht konsequent beschritten. Viele Unternehmen haben noch nicht erkannt, was Corporate Publishing hier leisten kann. Wir haben viele Ideen, die qualitativen Strukturen und auch die Manpower, um innovative Crossmedia-Konzepte anzubieten. Und wir können die erforderliche Prozesskette managen.

Wilfried Lülsdorf (l.), FCP-Vorstand und Geschäftsführender Gesellschafter von corps. Corporate Publishing Services; Manfred Hasenbeck, FCP-Vorstand und Geschäftsführender Gesellschafter von BurdaYukom Publishing;

Aber Ihr Kerngeschäft bleibt dabei auf der Strecke?

HASENBECK: Nein, Print bleibt eine wichtige Komponente unseres Kerngeschäfts. Print wird zunehmend die Rolle eines Appetizer-Mediums einnehmen, das letztendlich den Content ins Internet transferiert und zu Kaufimpulsen führt. In diesem Kommunikationsprozess haben Printmedien den besten Push-Effekt. Die meisten Portale funktionieren ja auch deswegen nicht, weil ihnen geeignete Push-Medien fehlen. Sie können den schönsten medialen Christbaum ins Internet stellen; wenn niemand weiß, dass er dort steht, dann wird ihn auch niemand finden. Ein modernes, gut gemachtes Printprodukt entwickelt hier große Schubkraft und schafft den notwendigen Brückenschlag von Print zu Online.

LÜLSDORF: Über Erfolg und Misserfolg wird letztlich auch hier die Qualität des Contents entscheiden. Ohne qualifizierte Inhalte kommen auch Internet und Mobilkommunikation nicht an. Da hat Corporate Publishing einen enormen Wettbewerbsvorteil. Denn wir haben professionellen Journalismus gelernt und betreiben damit seit vielen Jahren Glaubwürdigkeitsarbeit für unsere Auftraggeber. Das ist eindeutig unser Geschäft.

Das Gespräch führte Michael Drosten, corps. Corporate Publishing Services; zuerst-erschienen in BrandAffairs der Absatzwirtschaft, 4/2009 am 25. März 2009, Sonderveröffentlichung des Forum Corporate Publishing

SCHLÜSSELFAKTOR KOMMUNIKATION

Wer Information und Austausch innerhalb des Unternehmens optimiert, kann gerade in Zeiten wirtschaftlicher Unsicherheit die Mitarbeiter besser motivieren. Orchestrierte Gesamtkonzepte, die die Potenziale aller Medien nutzen, bleiben aber bislang die Ausnahme.

Permanenter Wandel ist heute die einzige Konstante im Wirtschaftsleben. Besonders in turbulenten Zeiten sind Manager als Change-Treiber und Mitarbeiter als Betroffene meist wenig begeistert von Veränderungen. Konfrontiert mit oftmals tief greifenden Maßnahmen über alle Hierarchieebenen hinweg reagieren beide Gruppen üblicherweise zunächst mit Skepsis, Sorge oder sogar mit Panik. In dieser Phase der Unsicherheit kommt der Kommunikation eine Schlüsselfunktion zu. Allerdings erlebt diese gerade selbst eine Revolution, die viele Ursachen hat: Kommunikation wird insgesamt internationaler, das Medienangebot vielfältiger und der Verdrängungswettbewerb härter. Informationsklassiker wie Zeitungen, Magazine oder E-Mail ringen inzwischen mit Podcasts, Weblogs und Mobile Blogs, Wikis oder Handyradio um die Aufmerksamkeit des Adressaten.

Diese neue Medienvielfalt macht es zwar komplizierter, Informationen zielgruppengerecht auszutauschen, zugleich eröffnen sich faszinierende Möglichkeiten. Unternehmenskommunikation hat mehr denn je die Chance, den Medieneinsatz exakt an den Ansprüchen und Bedürfnissen ihrer Zielgruppen auszurichten. Schließlich bewegen sich viele der Adressaten ohnehin in verschiedenen medialen Welten und verlangen nach individueller Ansprache auf unterschiedlichen Kanälen. In der internen Kommunikation zahlreicher Unternehmen ist diese Entwicklung noch nicht angekommen. Viele der Verantwortlichen haben zwar erkannt, dass Markenführung beim Mitarbeiter und nicht erst beim Werbefernsehen beginnt, weshalb ein großer Teil von ihnen die Inhouse-Kommunikation professioneller, strukturierter und zielgruppengerechter gestaltet. Die Menge an neuen Informationswegen aber überfordert vielerorts noch und führt dort häufig zu unstrukturierten Insellösungen.

VERÄNDERTE HERAUSFORDERUNGEN

Unerfahrenheit aufseiten der Unternehmen und die rasanten technischen Fortschritte veränderten auch die Herausforderungen, mit den sich die Corporate-Publishing-Anbieter konfrontiert sehen. Für sie – wie für ihre Kunden – gilt: Künftig gewinnt nur derjenige, der alle medialen Kanäle beherrscht, ihr ideales Einsatzgebiet kennt und zugleich in der Lage ist, jeden Kanal mediengenau mit hochwertigen Inhalten zu befüllen. Dienstleister, denen es gelingt, die verschiedenen unternehmensinternen Communitys zu qualifizieren und sie mit passgenauen und hochinteressanten Publishing-Konzepten zu bedienen, festigen ihre Position als unverzichtbarer Kommunikationspartner. Dazu steht den Experten ein umfangreicher Satz von Werkzeugen zur Verfügung. Während das Inhouse-Magazin weiterhin seine Stärken bei der Mitarbeiterbindung ausspielt, sorgen E-Mail-Newsletter, Podcast oder Intranet für schnelle Informationen und übernehmen Teaserfunktionen für andere Unternehmensmedien. Eine perfekte Orchestrierung und Verzahnung der verschiedenen Formate schafft eine integrierte Kommunikation, die effizienter ist als je zuvor.

Meister des Medienmanagements, die Online und Mobile mit Print vernetzen, profitieren gleich mehrfach: Sie verbessern die Identifikation der Mitarbeiter mit dem Unternehmen, demonstrieren innerbetriebliche Offenheit und fördern die Transparenz sowie die Motivation der Belegschaft. Ob der Einsatz eines bestimmten Kommunikationskanals sinnvoll ist, hängt allerdings stark von der Betriebsstruktur und der jeweiligen Zielgruppe ab. In produzierenden Firmen etwa bleiben Printmagazine und Wandzeitungen unverzichtbar, da ein Großteil ihrer Mitarbeiter keinen Internetzugang hat. Manager und White-Collar-Worker lassen sich hingegen am besten mit E-Mail-Newslettern erreichen. In der Vertriebs- und Außendienstkommunikation wird mittlerweile zunehmend mit Mobile-Konzepten gearbeitet.

Kehrseite der medialen Bandbreite ist, dass die Entscheider in einem Unternehmen nicht mehr alleinige Herren über die Kommunikation sind. Das Top-down-Prinzip hat ausgedient. Inzwischen ist jeder Sender und Empfänger zugleich, und dank des Web 2.0 werden Mitarbeiter selbst zu Kommunikatoren. Hofberichte, aber auch wichtige strategische Botschaften lassen sich nicht mehr so einfach streuen. Gleichzeitig sorgt das Internet dafür, dass interne Informationen per Mausklick außerplanmäßig öffentlich werden oder in Weblogs diskutiert werden. Auch wichtige Multiplikatoren wie Journalisten bedienen sich zunehmend aus der Blogger-Szene. Somit entsteht eine Parallelkommunikation, die nicht mehr zu steuern ist. Der einzige Erfolg versprechende Weg ist daher eine proaktive, authentische und glaubwürdige Unternehmenskommunikation nach innen und nach außen. Deren Ziel muss sein, den Dialog nicht nur zuzulassen, sondern ihn zu fördern. Voraussetzung dafür ist, dass ein Unternehmen nicht mehr rein situativ kommuniziert, sondern regelmäßige und durchgeplante Kampagnen startet. Informationen lassen sich so effizient in unterschiedlichen Zeitkorridoren und über die verschiedenen Hierarchiestufen hinweg kaskadenartig verbreiten.

Wirkungsweise der Internen Kommunikation

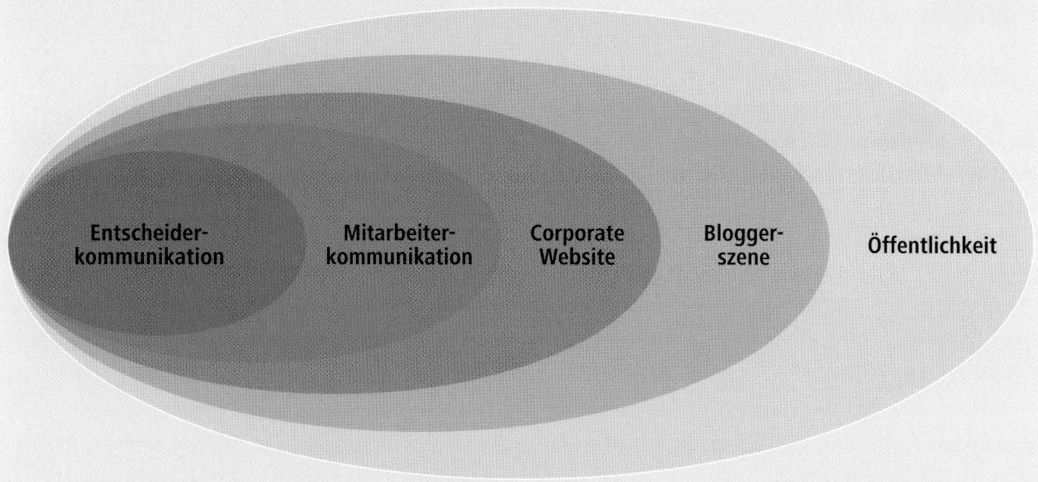

In Zeiten von Web 2.0 kann sich Interne Kommunikation nicht mehr darauf verlassen, dass ihre Botschaften in einem bestimmten Personenkreis bleiben. Sie muss weitere Wirkungsfelder wie die Bloggerszene und damit möglicherweise die gesamte Öffentlichkeit berücksichtigen.

Quelle: BurdaYukom Publishing GmbH

PARTNER IM CHANGE-PROZESS

Mit Offenheit und effizienter, Community-affiner Nutzung der Neuen Medien allein ist es in der internen Kommunikation im Zeitalter von Web 2.0 jedoch nicht getan. Gerade Führungskräfte müssen jederzeit über die aktuelle Nachrichtenlage im Unternehmen und auf den Zielmärkten informiert sein. So muss etwa ein Produktmanager mindestens zur gleichen Zeit wie der Journalist wissen, was Wettbewerber gerade angekündigt haben und wie ein namhafter Kunde sich über sein Produkt geäußert hat. Um nicht von Unternehmensexternen mit unerwarteten News überrascht zu werden, müssen vor allem global operierende Unternehmen den weltweiten Nachrichtenfluss kontinuierlich kontrollieren.

Vorsicht ist geboten vor einer nicht präzise an Community-Bedürfnissen ausgerichteten Kommunikation. Sie kann angesichts der steigenden Medienvielfalt schnell ineffizient werden. Berieseln Unternehmen ihre Mitarbeiter wiederholt mit unspezifischer und nicht gewichteter Masseninformation, fühlen sich die Adressaten bestenfalls belästigt, schlimmstenfalls verärgert. Interne Kommunikation setzt daher immer eine Strategie voraus, die klar regelt, welchen Mitarbeitern welche Inhalte zu welchem Zeitpunkt wie ausführlich und über welchen Kanal kommuniziert werden. Sie ist unbedingt eine Führungskräfteaufgabe, ja sogar Vorstandsaufgabe. Schließlich liefert sie einen wachsenden Beitrag zur Wertschöpfung eines Unternehmens, zu seiner Differenzierung am Markt und zur Abgrenzung gegenüber Wettbewerbern.

KOMPETENTE DIENSTLEISTER

In Zeiten permanenten Wandels und einer Medienlandschaft mit weltweit 80 Millionen Weblogs ist es für die Betreiber firmeninterner Medienmaschinen schwer, alles umfassende Kommunikationsstrategien aufzusetzen und sämtliche damit verbundenen Aufgaben selbst zu erledigen. Als Partner bieten sich professionelle Corporate-Publishing-Dienstleister an. Viele von ihnen beherrschen das ganze Spektrum der Medienvielfalt, deren Integration sowie die damit verbundenen strukturellen Anpassungen beim Auftraggeber. Gute CP-Dienstleister unterstützen ihre Auftraggeber dabei, den Wandel und die damit verbundene Kommunikation selbst zu bestimmen – und sich nicht diktieren zu lassen.

Kim Kranz, BurdaYukom Publishing

ES LEBE DIE INTEGRATION!

Kaum ein Medienmensch, der sie nicht jahrelang im Wortschatz hatte: Integrierte Kommunikation. Kaum ein Medienmensch, der Integrierte Kommunikation wirklich geschafft hat. Doch es gibt sie. Dank Corporate Publishing.

Am Anfang war das Wort inmitten der Bleiwüste, dann kamen Bilder, später noch Bewegtbilder (tolles Wort). Und dann sprachen die Gurus: Integrierte Kommunikation. Das war das Zauberwort, das Herzen und Unternehmens-Portemonnaies öffnen sollte, aber in Wahrheit nur Rufer in der Wüste anlockte. Integrierte Kommunikation war so schick geworden, dass kein Medienmensch mehr ohne auskam. Das Ende ist bekannt: Mangels Integration war die Integrierte Kommunikation tot. Oder doch nicht?

Die Integrierte Kommunikation ist der finale Glückszustand eines jeden Kommunikators. Leider sieht die Realität anders aus. Da wird eine Website neben einem gedruckten Kundenmagazin schon als „integrierte Lösung" bezeichnet, weil beide im selben CD gestaltet wurden. Kommen dann noch ein Geschäftsbericht und eine Broschüre dazu, fühlt man sich im Zenit. Keine Kommunikationsdisziplin hat es bisher tiefgreifend geschafft, solche Lösungen zu realisieren – außer Corporate Publishing. Die Stärke des CP ist dabei die unvoreingenommene Öffnung für alle Kommunikationskanäle, keine Fokussierung auf einzelne Maßnahmen. CP ist die Ganzheit von Unternehmenskommunikation. Obwohl CP von manchen auch heute noch mit dem Drucken von Kundenzeitschriften oder -magazinen gleichgesetzt wird, hat sich diese Disziplin längst von den Ketten singulärer Medienkommunikation gelöst.

Tatsächlich braucht man für die Integrierte Kommunikation, oder besser Medienintegration, ein Konzept, eine Strategie, die geeigneten Medien und vor allem die Menschen, die es richten sollen. Dabei haben sich statt „Integrationen" Bereichs-, Abteilungs- oder Gruppen-„Konkurrenzen" entwickelt, sodass sich jeder gegen jeden richtet: Vertrieb gegen Marketing, Marketing gegen Presse, Presse gegen Werbung, Werbung gegen PR, PR gegen interne Kommunikation usw. Die oft erschreckend große Anzahl konkurrierender Berater und Agenturen eines Unternehmens verstärken dieses Problem noch. Dabei vertun Unternehmen eine große Chance, denn in der realen Integration steckt eine enorme Kraft. Einfache Botschaften entwickeln durch den sorgfältig abgestimmten Mehrklang verschiedener Medien und Medienkanäle ein orchestrales Volumen, das nicht überhört werden und enorme Wirkung entfalten kann.

SPEZIFISCHE ERZÄHLWEISEN

Was wird eigentlich integriert? Medien? Kanäle? Texte? Bilder? Alles? Botschaften werden erst dann zu Botschaften, wenn sie in ihren spezifischen Erzählweisen ihre Stärken ausspielen können. Platt gesprochen funktioniert ein Fernsehspot nicht als Radiospot. Oder doch? Die Kunst der Integration besteht genau darin, die verschiedenen Mediendimensionen exakt zu kalkulieren, sie anzuordnen und die Botschaften zum richtigen Zeitpunkt in der differenzierten Sprache der einzelnen Kanäle zu senden. Am besten es kommt heraus, dass alle genau das verstehen, was der Absender, also das Unternehmen, beabsichtigt. Keine andere Disziplin ist in der Lage, Medienintegration so real und – noch ein tolles Wort – nachhaltig zu betreiben. Denn keine andere Gattung versteht es zumindest bisher, auf der gesamten Tastatur der Kommunikation integriert und orchestral zu spielen.

Viele Kommunikationsschaffende glauben, dass sich Medienintegration in der Vielzahl der Kanäle erschöpft: Eine Botschaft durch viele Kanäle gepresst – und schon ist's Medienintegration. Leider nicht. Reale Medienintegration wird zum Beispiel abgestimmt auf:

- Zielgruppen
- Zielpersonen
- Communities
- Lebenswelten
- Alter
- Geschlecht
- Indikation
- Kultur
- Region
- Interessen
- Motive
- Marke
- last but not least Medienkanal

FOLGENDE SCHRITTE SIND ZU UNTERSCHEIDEN:

1. Was und wen will ich mit welcher Botschaft erreichen?
2. Differenzierung nach Motiven, Bewegungsdaten, Vorlieben, Interessenlagen
3. kulturelle und regionale Präferenzen werden analysiert, Alter und Indikation
4. Inhalt und Tonalität werden gecheckt und fixiert
5. Die Medienkanäle werden festgelegt: Welche Botschaft eignet sich zu welchem Zeitpunkt für welchen Kanal?

Dabei kommt es nicht zwingend auf die Reihenfolge der Schritte an, sondern dass sie getan werden. Erschreckend auch (oder gerade?) für alte Medienhasen ist die Rasanz, mit der sich der Zugang zu den Medien wandelt. Alles zu allem zur selben Zeit. Der Rezipient wirkt flüchtig, er lässt sich weder durch Kaufkraft noch Alter oder Geschlecht definieren. Noch schlimmer: Dank Internet reden die Kunden und andere Bezugspersonen kräftig mit und schlucken nicht mehr einfach die Botschaften wie bisher. Widerspruch rührt sich, es wird bewertet und zurückbewertet. The empire strikes back!

Integrierte Kommunikation heißt differenzierte Kommunikation. Ein Magazin für alle Kunden reicht schon längst nicht mehr, da hilft auch nicht der Internetauftritt, den sowieso meist nur die Macher selbst toll finden. Es reicht auch nicht mehr, nur nach Alter oder Region zu differenzieren – was für viele schon ein Fortschritt wäre. Die komplexe Unternehmenskommunikation bedarf sorgfältiger medialer Steuerung: Alle Prozesse müssen aufeinander abgestimmt werden, Botschaften auf ihre Markenaffinität, Zeitpunkte, Aktionen, Kampagnen, Events auf Effizienz und Effektivität. Und noch etwas: Weniger informieren – mehr dialogisieren. Die einspurige Kommunikation allein wird auf Dauer zur Einbahnstraße, man muss auch den Gegenverkehr zulassen.

Die Vor-Ort-Apotheken der Dachmarke DocMorris werden als selbstständige Unternehmen geführt. Dementsprechend gibt es auch nicht ein DocMorris-Apothekenmagazin, sondern jede Apotheke des Verbundes individualisiert ihr eigenes Medium mit eigenen Aktionen,

AOK integriert: „Bleibgesund LIFE“

Preisen und Botschaften. Hier wird die Individualisierung zu einem interaktiven Prozess. Dabei wird natürlich peinlich genau darauf geachtet, dass der vielstimmige Akkord im Einklang mit der Marke und deren Werten steht.

Die AOK hat ein wohl weltweit einmaliges System Integrierter Kommunikation: Aufbauend auf einem Sieben-Phasen-Lebenszyklus-Modell werden Zielgruppen definiert. Innerhalb dieser werden Medien und Medienkanäle bestimmt, daran anschließend die Schnittstellen behutsam angepasst. Alle Botschaften werden auf alle Indikatoren gecheckt und angepasst: So kann sich zum Beispiel die Botschaft für einen Studenten in Hessen in der Tonalität durchaus unterscheiden von der für ein Letztsemester in Bayern. Es gibt regionale, ja sogar lokale Differenzierungen, nach Alter, Geschlecht, Indikation, Beruf, Lebenswelten. Allein das Leitmedium, das Kundenmagazin „Bleibgesund LIFE“, hat pro Ausgabe weit mehr als 1500 Seiten. Daneben gibt es Medien für Schwangere, junge Familien, Kinder, Jugendliche, Berufsstarter, Studenten, Berufstätige, Rentner. Über dreißig Websites, DVDs und CDs, Dialogmarketing-, TV-Programme, Web-TV-Auftritte, Eventplattformen und mobile Kommunikationsangebote via Handy holen jeden Kunden da ab, wo er/sie steht. CP muss Markenversprechen und Lebenswelten abbilden, Unternehmensbotschaften authentisch und glaubhaft vermitteln, Nutz- und Mehrwerte transportieren und daraus imagefördernd wirken. CP muss vernetzt sein, mit der Internen Kommunikation, den Werbe- und PR-Maßnahmen, der Dialogkommunikation abgestimmt. Am Tisch sitzen Presseverantwortliche, Marketingchefs, PR-Leiter, Unternehmenskommunikatoren, manchmal auch Vorstände und Vertriebsleiter. Integrierte Kommunikation ist bestes CP und somit Kundenbindung.

Kein Mensch weiß immer exakt, wie sich Kunden am effektivsten langfristig binden lassen. Integrierte Kommunikation aber erhöht die Chance, dies zu realisieren, enorm.

Michael Kaschel, Verlagsleiter wdv-Gruppe und Bereichsvorstand für Medienintegration im Forum Corporate Publishing (FCP)

BEGEISTERTE LESER BLEIBEN LOYAL

Unternehmen tun alles, um sich die Treue der Kunden zu verdienen: Sie schaffen kundenfreundlichste Bedingungen und reizvolle Angebote. Dennoch fühlen sich Kunden immer weniger der Treue verpflichtet. Schicksal oder Herausforderung?

Ein neuer Trend, der auf die aktuellen Herausforderungen der Kundenbindung reagiert, heißt „dialogisiertes Magazin". Dafür wird das klassische Kundenmagazin mit Mechanismen zur Stimulierung von Response gleichsam „dialogisiert". Ein solches Magazin wird dann in eine langfristige Kommunikationskette des Unternehmens konsequent eingebunden. Das Magazin wird damit zum Image- und Dialogtool – mit dem erklärten Ziel, zu verkaufen.

Die Herausforderung eines solchen Kundenmagazins liegt darin, dem Rezipienten eine Vielzahl von sinnvollen Dialogmöglichkeiten anzubieten, damit er aus seiner Passivität herausgeholt und zu einer aktiven Mediennutzung angeregt wird. Es gilt, den Nutzer durch Interaktion emotional tiefer in die Welt der Marke zu führen – konsequent belohnt durch ausgelobte Vorteile. Dabei geht es nicht alleine um den Dialog, sondern auch um eine Steigerung von Kommunikationstiefe und -wirkung. Neueste Erkenntnisse aus dem Neuromarketing stützen die Effizienz eines solchen dialogisierten Magazins. Denn bei dessen gelungener Ausgestaltung werden Werbebotschaften unterbewusst und damit Story-immanent transportiert. Dafür eignen sich journalistisch erzählende Artikel, die echten Content bieten, besonders gut.

KEINE ANGST VORM VERKAUFEN

Umfragen zufolge betrachtet die Mehrzahl der Entscheider in Unternehmen das Kundenmagazin nach wie vor als kommunikative Einbahnstraße. Dies mag daran liegen, dass vielerorts das Magazin nicht dem Marketing, sondern der Pressestelle zugeordnet wurde. In Letzterer zählt primär ein gelungener Imageaufbau – während das Verkaufen fast schon als unethischer Akt gilt. Dabei zeigen Beispiele von Kraft Foods, Unilever und Procter & Gamble, dass Kundenmagazine Image und Abverkauf, journalistische Qualität und Dialogmarketing ideal verbinden können.

Bereits mit dem Titel seines Magazins stellt Kraft Foods seine Produkte in die Lebenswelt seiner Leser. „Bei uns zu Hause" signalisiert, dass nicht nur Kraft-Produkte, sondern eine lebenswerte Markenwelt im Mittelpunkt des Magazins stehen. Der Dialog reicht vom Austausch kleiner Hausarbeitstipps über Rezepte bis hin zur Planung von Festen, inklusive konkreter Tipps zur Dekoration und zur Gestaltung von Einladungskarten.

Über ein Magazin sind empfängerbezogene Personalisierungen und Individualisierungen möglich. Regionale Austauschseiten, Zuordnungen von speziellen Dienstleistungen oder Servicemitarbeitern, selbst einzelne Warenabbildungen zeigen dem Kunden, dass er und seine Individualität im Zentrum stehen.

Über spezielle Icons werden dem Kunden weitergehende Interaktionsmöglichkeiten angeboten (Telefonnummer, E-Mail, SMS etc.), wobei der Leser über die Wahl seines bevorzugten Mediums entscheidet. Via Internet, Telefon oder per Post kann er sein Wissen zu seinem Vorteil vertiefen. Ein solcher zielgruppengenauer Wissenstransfer – nach Alter, Geschlecht, Interessen, geographisch differenziert und mediengerecht aufbereitet – wird immer wichtiger. Ob Rezepte, Serviceleistungen, Tipps, Beratung, Unterhaltung, Kontakte oder Privilegierung – Untersuchungen zeigen: Auch wenn Adressaten die Angebote nicht abrufen, so wollen sie zumindest die Wahl haben, sie nutzen zu können. Außerdem möchten sie in jedem Fall als Individuum umworben werden.

INFORMATIONEN MIT MEHRWERT

Journalismus und Marketing müssen beim dialogisierten Magazin Hand in Hand arbeiten. Die redaktionellen Inhalte eines Magazins sind in Text und Design journalistisch aus- und aufzubereiten. Die Beiträge haben zu unterhalten und sollen den Leser in die Welt des Hefts binden. Ein guter Redakteur nimmt dafür die Haltung und Perspektive seines Lesers ein, ohne mit ihm gemein zu werden. Die Kunst besteht darin, redaktionellen Inhalt, Geschichten und die Markenwerte korrespondieren zu lassen. Die Informationen müssen dem Kunden, der das Magazin liest, einen Mehrwert bringen, den er dann bewusst oder unbewusst mit dem Absender bzw. der Marke verbindet. Erst wenn dies überzeugend gelingt, sind Magazine und die dort präsentierten Geschichten „on strategy".

DER LESER DARF MITGESTALTEN

Die Auswahl der zu erzählenden Storys, die weiteren Inhalte sowie die Korrespondenz zum Leser und zur Marke zu finden – das ist die große Herausforderung. Der Königsweg hierzu ist, den Leser und Konsumenten bei der Entwicklung und Gestaltung dialogisierter Magazine einzubeziehen und eine Community aufzubauen.

Die entscheidende Bedingung dafür ist, dass die bisher gelebte Trennung von Journalismus und Marketing aufgehoben wird. Hierzu gilt es, die Bereiche Journalismus, Marketing, Dialogmarketing und digitale Medien unter dem Dach „strategischer Content" zusammenzufassen und zu verzahnen.

Thomas A. Kramer, KircherBurkhardt, und Prof. Dr. Ralf T. Kreutzer, Berlin School of Economics; zuerst erschienen in BrandAffairs der Absatzwirtschaft, 4/2009 am 25. März 2009, Sonderveröffentlichung des Forum Corporate Publishing

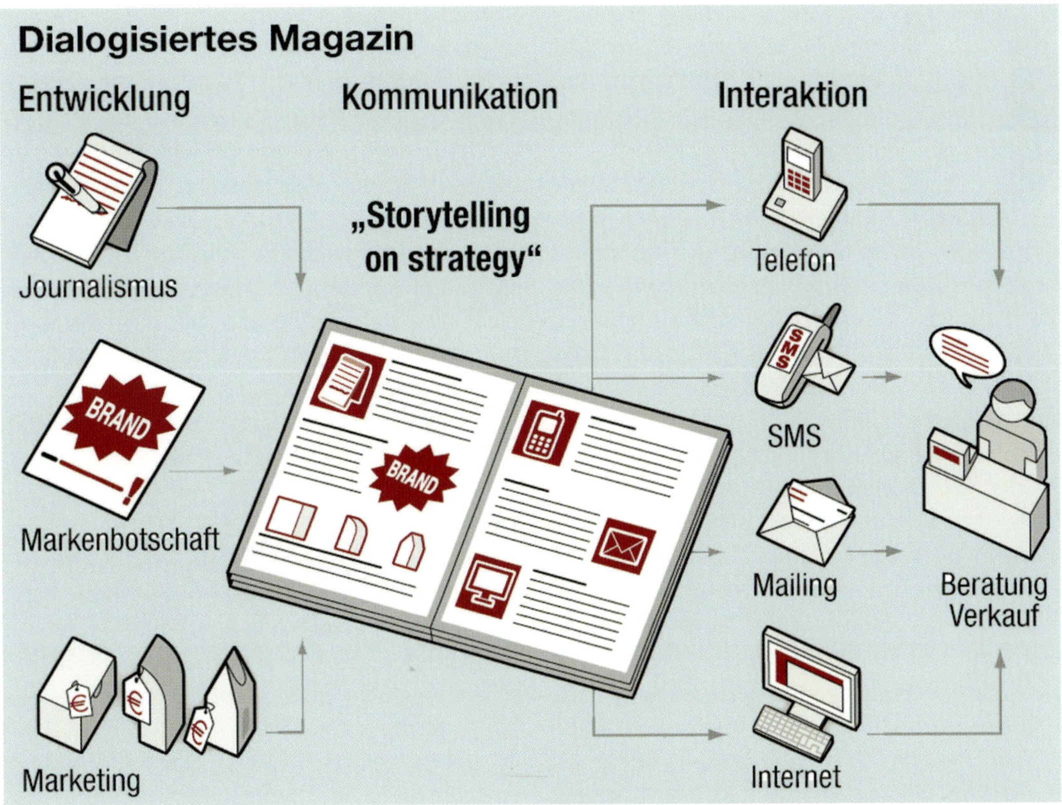

Journalismus und Marketing gehen Hand in Hand: „Storytelling on strategy" bildet die Basis für einen Dialog

JETZT KOMMT DER MITTELSTAND

Social Media ebnet dem Corporate Publishing den Weg in ein noch wenig erschlossenes Segment: Denn vor allem für kleinere und mittelgroße Unternehmen bieten sich attraktive Möglichkeiten, auch mit begrenztem Etat viel zu erreichen.

Corporate Publishing entdeckt den Mittelstand. Maßgeblich verantwortlich dafür sind zwei große Trends, die zeitlich zusammenfallen. Erstens: Die Branche wächst weiter rapide und sucht zunehmend nach bislang noch wenig erschlossenen Segmenten. Zweitens: Social Media explodiert und bietet auch mittelständischen Firmen mit kleinerem Budget eine attraktive Alternative zu herkömmlicher PR. Kein Wunder, dass sich im FCP jetzt eine Gruppe von Mitgliedern zur „Initiative Mittelstand" zusammengeschlossen hat.

Hat sich CP als Gattung bei den großen Unternehmen hierzulande inzwischen etabliert, so herrscht im Mittelstand noch weitgehend Unkenntnis hierüber. Oft genug gehen die Kommunikationsmaßnahmen nicht über klassische Werbung oder PR hinaus – weil die Erfahrung mit anderen Möglichkeiten der Unternehmenskommunikation fehlt und die Kapazitäten kaum reichen, um sich über neue Strategien Gedanken zu machen. Bestenfalls lassen sich oft noch ein Newsletter oder ein paar Info-Folder für Firmenkunden als CP-Objekte einordnen.

Aber es tut sich etwas. Wenn immer mehr Dienstleister ein Stück vom nahrhaften CP-Kuchen haben wollen – das FCP zählt inzwischen rund 100 Mitglieder – richtet sich das Augenmerk automatisch auf noch nicht so breit erschlossene Segmente. Mit anderen Worten: Der Mittelstand wird für das Corporate Publishing als Akquisitionsfeld interessanter. Aber wie will man einen Betrieb von vielleicht ein paar Hundert Mitarbeitern überzeugen, dass es ein 64-seitiges Hochglanz-Monatsmagazin ist, auf das er schon immer gewartet hat?

Muss man gar nicht. Denn zurzeit passiert etwas ganz und gar Spannendes in den Medien, das sich auch auf dem CP-Markt bemerkbar macht: Print gilt zwar trotz der gegenwärtigen Krise nach wie vor als stärkste Säule im Geschäft, aber im Internet explodiert die Zahl der Informationskanäle. Die Folgen: Mit dem zunehmenden Medienkonsum zergliedern sich die Angebotsformen und mit ihnen wiederum die Etats hierfür. Was heute mehr an Geld in Social Media wie Feeds, Blogs, Youtube oder Twitter fließt, geht schlimmstenfalls bei Printprodukten ab.

UNBEGRENZTE MÖGLICHKEITEN

Damit steht auch die gesamte CP-Branche vor einer essenziellen Frage. Was ist Corporate Publishing in Zukunft eigentlich, vor allem wenn wir über Online reden? Der computeranimierte Geschäftsbericht im Internet mit 3D-Ansichten und Vorstandsinterviews als Videoclips? Keine Frage. Aber warum sollte man Firmenblogs nicht auch zum Corporate Publishing zählen? Und was ist mit dem Auftritt auf Twitter oder Facebook? Ist das nur Suchmaschinenoptimierung 2.0 oder Online-PR? Beide Sichtweisen werden den Chancen nicht gerecht, die das Social Web Unternehmen – auch mittelständischen – und ihrer Kommunikation bietet. Zumal wenn man bedenkt, wie allergisch Social-Media-Nutzer auf PR reagieren.

Die Antwort kann nur lauten: Wenn Unternehmen heute ins Social Web gehen, dann müssen sie das aus der „CP-Denke" heraus tun – seriös recherchierte und journalistisch aufbereitete Inhalte als Angebot für eine User-Community, die sich ihre Inhalte ansonsten entweder gleich selbst schafft oder der es einerlei ist, über welchen Kanal sie die Inhalte bekommt. Ob es sich bei einem relevanten Suchergebnis um „klassischen" Journalismus, PR oder Coporate Publishing handelt, ist dem Internet völlig egal. Es gewinnt, wer die Trefferlisten anführt.

Bestes Beispiel hierfür ist das Konzept des Social Media Newsroom. Der Begriff ist eigentlich irreführend. Richtig wäre es, von einem Social Media Content Room zu sprechen, denn es geht um weit mehr als das, was man gemeinhin unter Nachrichten versteht. Ein solcher Content Room ist vereinfacht gesagt nichts anderes als eine smarte Verteilplattform für jede Art von aktuellen Inhalten, die ein Unternehmen nach außen hin kommunizieren will. Verteilt werden diese Inhalte auf die vielen Kanäle im Social Web, auf denen sich seine (potenzielle) Zielgruppe befindet. Das Unternehmen geht also im Web aktiv auf den User zu. Zu den verteilten Inhalten gehört die klassische Pressemitteilung ebenso wie das firmeneigene Blog, der Corporate-TV-Kanal auf Youtube und der Newsletter als E-Mail oder Feed. PR? Corporate Publishing? Das Web ist gnadenlos, es bricht die Grenzen auf. Es kennt nur noch Content.

Manch ein gestandener Corporate Publisher mag da die Hände über dem Kopf zusammenschlagen. Aber warum nicht diesen Wandel als große Chance für die kommenden Jahre begreifen? Wenn man die beiden hier beschriebenen Trends nebeneinander betrachtet – die Entdeckung des Mittelstands durch die CP-Dienstleister einerseits, die Explosion der Informationskanäle im Netz andererseits – dann kommt man doch zu einem interessanten Schluss: Mit den neuen Kommunikationsmöglichkeiten für Unternehmen lassen sich auch Mittelständler für Corporate Publishing gewinnen, die davor bislang zurückschreckten – vor allem, weil sie mit CP automatisch hohe Kosten verbinden.

Vorausgesetzt, wir gehen den hier skizzierten Wandel im Selbstverständnis von Corporate Publishing mit. Zuversicht ist angebracht: Wenn wir uns vergegenwärtigen, dass ein Handyservice für Außendienstler oder ein Mitarbeiter-Blog bereits auf der Liste der Nominierten beziehungsweise Preisträger des BCP gestanden haben, dann dürfte klar sein: Der Wandel in der Wahrnehmung von CP hat schon stattgefunden. Auch Corporate Publishing ist in erster Linie die medienspezifische Aufbereitung von Inhalten, Content. Aber eben Content auf die Zielgruppe zugeschnitten und vor allem: von hoher journalistischer Qualität. Qualität wird auch im Kosmos von Feeds und Tweets immer siegen.

KOSTENGÜNSTIGE BLOGS

Die Branche denkt also in die richtige Richtung: Corporate Publishing nicht mehr nur als Spielwiese für Edelmagazine und 360-Grad-Internetauftritte von Konzernen zu betrachten, sondern auch als ein neues und attraktives Angebot für kleinere Firmen, um mit überschaubaren Budgets effiziente und innovative Wege in der Unternehmenskommunikation zu beschreiten. Dass die Verbreitung journalistischer Inhalte über ein Corporate Blog weniger kostet als die Produktion eines monatlichen Magazins, dürfte selbst dem unerfahrenen Firmenchef schnell klar sein.

Und um den Firmenchef geht es in der Regel, wenn wir über Mittelstand sprechen. Wenn es sich um so wichtige Entscheidungen wie eine Marketing- und Kommunikationsstrategie handelt, sitzt er (mit) am Tisch. Gut für den Dienstleister, wenn er dann weiß, worauf es im Umgang mit Mittelständlern und insbesondere Inhabern ankommt. Für den Inhaber ist die Firma „sein Baby" – er selbst oder vielleicht ein Elternteil hat den Betrieb ins Leben gerufen und aufgebaut, ist mit ihm durch alle Höhen und Tiefen gegangen und vor allem: Jede finanzielle Ausgabe ist erst einmal sein ganz eigenes Geld und nicht irgendein Etatposten. Key-Accounter-Denken ist hier fehl am Platz.

Persönliche Betreuung – dass man sich um ihn kümmert und zuhört – ist dem Mittelständler besonders wichtig, denn er selbst ist, als Leiter einer Firma von oft überschaubarer Größe, vielfach persönlich für seine wichtigsten Kunden da. Und das will er umgekehrt auch bei seinem Dienstleister erfahren.

Ein Verhältnis auf Augenhöhe, lautet denn auch das Signal der FCP-Initiative Mittelstand an die Zielgruppe. Wenig erstaunlich eigentlich, dass der Kreis selbst auch von mittelständischen inhabergeführten Mitgliedern im Verband gegründet wurde. Denn die wissen naturgemäß, wie ihresgleichen auf der Kundenseite „tickt". Die Philosophie könnte man auch „Vom Mittelstand für den Mittelstand" nennen. Was freilich das Mitmachen von Dienstleistern, die als Organisationseinheit und nicht inhabergeführt operieren, ausdrücklich einbezieht. Die Inhaber-Agenturen können mit ihrem spezifischen Know-how einen wichtigen Beitrag dazu leisten, den Mittelstand in den kommenden Jahren mit dem Thema Corporate Publishing vertrauter zu machen.

Erste Maßnahmen der Mittelstands-Initiative laufen bereits an. So wird sich die Gruppe ab Sommer vor ausgewählten Marketingclubs in Deutschland präsentieren, um den Austausch mit mittelständischen Entscheidern zu fördern. Ferner finden Gespräche mit vergleichbaren Plattformen anderer Verbände und Fachmedien für Mittelständler statt, um Kooperationsmöglichkeiten auszuloten.

Antonio De Mitri, va bene! communications, München

PERSÖNLICHE BOTSCHAFTEN

Bewegte Bilder machen Marken lebendig. Bewegte Bilder motivieren, emotionalisieren und informieren. Corporate TV ist nach den großen nun auch bei mittelständischen Firmen angekommen. Doch was ist Corporate TV, was kann es, wo sind die Vorteile – und hat es Zukunft?

Corporate TV kommt aus dem Englischen, heißt übersetzt Unternehmensfernsehen. Genauer definiert: „Corporate TV umfasst alle Bewegtbild-Angebote eines Konzerns oder einer Institution, die nicht unter die Begriffe Rundfunk oder Werbung fallen." (Definition der Corporate TV Association (CTVA) e.V., siehe auch unter www.ctva.de). Unternehmen oder externe Dienstleister produzieren komplette Sendungen oder einzelne Beiträge. Diese werden via Inter-, Intra- und Extranet, aber auch Monitore oder PoI/PoS-Terminals und Walk-by-Stationen standortübergreifend verbreitet.

In den USA und Großbritannien ist Corporate TV in großen Konzernen seit vielen Jahren Alltag. So können Firmen ihren Mitarbeitern, aber auch Kunden und Investoren, ihre Unternehmensphilosophie, -politik und -ziele vermitteln. Bewegte Bilder sind schnell, interaktiv, authentisch und zielgruppengerecht.

Unternehmen, die erfolgreich sein wollen und global mitspielen möchten, können auf diese transparente Kommunikationsform nicht länger verzichten. Bereits verbreitete Telekommunikationsdienste wie Fernsehen, Internet und Computer agieren zunehmend miteinander, bilden neue moderne Plattformen. Durch die Digitalisierung sind die Produktionskosten gesunken, daher können auch mittlere und kleinere Unternehmen Videos in hervorragender Qualität produzieren und verbreiten. Zudem fallen die Distributionskosten nicht mehr ins Gewicht, da inzwischen für die Übertragung höhere Bandbreiten zur Verfügung stehen. Teure Satelliten-Uplinks sind nur noch in seltensten Fällen nötig. Vernetzung geht über alles: Die Beiträge können weltweit an alle Standorte eines Unternehmens gesendet werden. Besser noch ruft sie jeder Mitarbeiter am eigenen Firmen-PC ab.

WAS LEISTET CORPORATE TV?

Das Medium Corporate TV bringt für die interne, aber auch die externe Kommunikation viele Vorteile. Vorstände und Führungskräfte können via Bildschirm ihre Mitarbeiter gezielt ansprechen und motivieren. Videobotschaften wirken persönlicher, überzeugender und emotionaler als ein Rundbrief oder eine Massen-E-Mail. Sie sind beinahe so authentisch wie ein persönliches Gespräch, das diese freilich nicht ersetzen. Corporate TV kann die Motivation der Mitarbeiter erhöhen, aber auch die Glaubwürdigkeit der Führungskräfte. Im Gegensatz zum Newsletter kann durch die Kraft bewegter Bilder besser auf aktuelle Ereignisse und Neuerungen eingegangen und so der Zuschauer direkter erreicht werden. Doch nicht nur „seriöse" Neuigkeiten finden hier ihren Platz, sondern auch „bunte" Beiträge über den Betriebsausflug oder die jährliche Weihnachtsfeier. Die gefühlte Distanz zwischen „einfachen" Angestellten und Geschäftsführung verringert sich, die Bindung der Mitarbeiter untereinander und zum Unternehmen wird gesteigert. Diese so gesteigerte Motivation wirkt sich positiv auf die Unternehmensleistung aus und ist letztlich auch für das Image des Unternehmens von Nutzen. Denn wird über eine Firma bei Familie, Freunden und Bekannten nur positiv geredet, hat dieses Unternehmen einen hohen Stellenwert in der Gesellschaft.

Corporate TV wird auch im Bereich der Mitarbeiterschulung eingesetzt. Schulungsvideos können zum Beispiel im Intranet abgespeichert werden und sind für jeden Mitarbeiter zugänglich. Durch die einheitliche Schulung wird eine gleichbleibende Ausbildungsqualität und ein homogener Informationsstandard sichergestellt. Unternehmen können Kosten einsparen, da längere oder kostspielige Anfahrtswege und somit hohe Ausfallzeiten reduziert werden.

Durch das Hinterlegen der Corporate-TV-Inhalte (sei es ein Schulungsvideo oder eine Nachricht) im Intranet ist es für alle Mitarbeiter möglich, diese zu jeder Zeit und an jedem Ort einzusehen. Das Firmenwissen ist unabhängig von Zeit und Raum abrufbar. Corporate TV hilft den Mitarbeitern, die Corporate Identity zu verinnerlichen. Durch die im Corporate TV von den Führungskräften vorgelebten Normen und Werte, die das Unternehmen sowohl intern als auch extern transportieren möchte, können die Zuschauer die Corporate Identity erleben und aufnehmen. So sind die Identifikation, ein Zusammengehörigkeitsgefühl und hohes Vertrauen in das Unternehmen möglich.

INTEGRIERTE KOMMUNIKATION

Corporate TV arbeitet mit Bildern, ist daher mit Emotionen besetzt und erreicht eine hohe Aufmerksamkeit bei den Zuschauern. Wichtig zu wissen: Egal, wie gut die Beiträge zusammengestellt und produziert wurden, sie werden nie das persönliche Gespräch ersetzen oder gar ablösen können. Integrierte Kommunikation funktioniert nur, wenn alle Kommunikationsmaßnahmen eines Unternehmens konstant aufei-

Corporate TV bei Galeria Kaufhof: Die Mitarbeiter werden regelmäßig und ausführlich informiert

nander ausgerichtet werden, ineinandergreifen und miteinander abgestimmt sind. Monolithische Kommunikationskanäle, die keine Integration verschiedener Medien und keine Rückkanalfähigkeit erlauben, sterben langsam aus. „Eine harmonische Orchestrierung dieser verschiedenen Medienformate ermöglicht eine intergrierte Kommunikation, die effizienter ist als je zuvor." (Manfred Hasenbeck und Markus Elsen: Neue Medien in der internen Kommunikation. S. 179 in „Interne Kommunikation. Die Kraft entsteht im Maschinenraum" von Lars Dörfel, Hrsg.).

Bevor man mit der Planung der Kommunikationsziele beginnt, muss eine ausführliche Analyse der vorhandenen Kommunikationsstrukturen innerhalb des Unternehmens durchgeführt werden. Nach der Bestimmung der Zielgruppen muss die Kommunikationsstrategie formuliert werden, an der sich die Budget- und Maßnahmenplanung orientiert und sich dieser anschließt. Alle Maßnahmen sollten regelmäßig kontrolliert und nachgebessert werden, so ist es möglich, auch langfristig das bestmögliche Ergebnis zu erzielen.

Bei der Analyse der Kommunikationssituation eines Unternehmens müssen sowohl unternehmensinterne als auch unternehmensexterne Faktoren berücksichtigt werden. Besonders interessant sind die jeweiligen Struktur-, System- und Kulturaspekte der Unternehmen und Zielgruppen. Folgende Fragen sind zum Beispiel wichtig: Existiert eine einheitliche Unternehmenskultur über Länder- und Abteilungsgrenzen hinweg? Muss auf kulturelle Eigenheiten einzelner Mitarbeiter oder Kunden besonders geachtet werden?

PRODUKTION UND DISTRIBUTION

Bewegtbild-Formate sind als Ergänzung zu dem vorherrschenden Kommunikationsmix weit verbreitet. Einerseits hat die in den vergangenen Jahren entwickelte Internettechnik die Verbreitung von Videos in ansehbarer Qualität zunehmend günstiger und schneller gemacht. Heute kann man dank DSL-Anschluss bereits TV-Sendungen nahezu in Fernsehqualität am Computer ansehen. Zum anderen ist die Produktion von Filmbeiträgen deutlich günstiger geworden. Die Produktion eines Videos, genauer Dreh und Schnitt, kostet derzeit nur noch die Hälfte dessen, was sie noch vor zehn Jahren gekostet hat.

Die Distribution, also die Frage „Wie kommt das Bild zum Empfänger?", muss in einer frühen Phase gestellt werden. Es gibt zum einen Push-Medien für Bewegtbild-Kommunikation – wie die sogenannten Walk-by-Stationen oder PoI-Terminals – bei denen der Rezipient mit einem vorgegebenen Programm angesprochen wird. Auf das hat er in der Regel keinen Einfluss. Zudem gibt es Pull-Medien wie Intranet- oder Internetseiten, bei denen der Zuschauer zwischen verschiedenen Beiträgen und Sendezeiten selbst wählen kann. Meist werden auf diesen Seiten die Filmbeiträge gestreamt (seltener heruntergeladen), also mittels Flash-, Realplayer, Quicktime- oder Windows-Media-Player abgespielt.

ZIELGRUPPENORIENTIERUNG

Das A und O für Corporate TV sind die Bedürfnisse und Interessen der Zielgruppe. Wird an diesen „vorbeigesendet", ist der Einsatz vom Corporate TV auf lange Sicht gesehen erfolglos und zum Scheitern verurteilt. Diese Erfahrung machten viele Unternehmen Ende der 90er Jahre, als die erste Welle von Business-TV Deutschland überrollte.

Einige haben ihr Programm vollständig eingestellt, andere haben die Inhalte grundlegend verändert. Daimler-Chrysler hat zum Beispiel Anfang 2006 sein satellitengestütztes Nachrichtenformat DCTV ein letztes Mal produziert. Das ambitionierte Projekt, täglich sieben Minuten Unternehmensnachrichten in mehreren Sprachen zu senden, fiel den Controllern des neuen Vorstandsvorsitzenden zum Opfer.

Eine Programmumstellung erfolgte unter anderem bei der Hypo-Vereinsbank. „Wenn einer zehn Minuten redet, schaut doch keiner mehr zu. Da mussten wir auch erst umlernen", sagt Ulrike Dönitz, ehemalige Leiterin der Internen Kommunikation der Hypo-Vereinsbank. Heute ist V!A TV knackiger, kürzer und weniger textbeladen als vor zehn Jahren – und erfolgreich. Die Deutsche Bahn leistet sich inzwischen einen eigenen Fernsehkanal rund um die Schiene. Firmen wie zum Beispiel BMW, VW, Audi, Galeria Kaufhof, Telekom, Deutsche Post, Lufthansa, IBM, SAP und O2 sowie die Bundesagentur für Arbeit informieren ihre Mitarbeiter ausführlich und regelmäßig mit Corporate TV. Bei den Mittelständlern sind es beispielsweise Krones, Schwäbisch Hall und Würth, die eine Onlineplattform für ihre Mitarbeiter oder die Öffentlichkeit gestartet haben.

Damit Corporate TV im Unternehmen Erfolg hat, muss die gewünschte Zielgruppe angesprochen und ihr ein Mehrwert angeboten werden. Der Zuschauer soll interessante und kurze Einblicke in die Unternehmenswelt erhalten, die er nur hier bekommen kann. Geschichten rund um das Unternehmen und seine Menschen erzeugen Gefühle und visualisieren das Lebensgefühl der Marken- und Unternehmenswelt. Idealerweise gibt es noch eine zusätzliche Plattform für den Zuschauer: Interaktiv kann er Einfluss auf das Programm nehmen. Mit Online-Feedback-Formularen, Redaktions-Hotlines oder per E-Mail hat er die Möglichkeit einer Kontaktaufnahme, kann Fragen stellen, Vorschlägen machen, aber auch Kritik üben.

PROGNOSE & FAZIT

Corporate TV ist bei großen Konzernen mittlerweile flächendeckend etabliert. Es folgen nun kleinere und mittelgroße Unternehmen. Das Ende dieses Trends ist derzeit nicht in Sicht.

Unternehmenskommunikation, ob extern oder intern, ist ohne Bewegtbild kaum noch überzeugend vorstellbar. Zu sehr sind alle mit den Instrumenten und der Arbeitsweise der Web-2.0-Applikationen vertraut. Mitarbeiter möchten nicht auf das nächste Abteilungsmeeting oder die Betriebsversammlung warten, um über die neuesten Entwicklungen des Unternehmens unterrichtet zu werden. Sie wollen direkt vom Arbeitgeber über wichtige Ereignisse, wie Verkaufserfolge oder Entlassungen, unterrichtet werden und nicht erst abends von der Tagesschau.

Auch Kunden und die interessierte Öffentlichkeit möchten sich direkt und schnell über Produkte und Aktivitäten eines Unternehmens informieren. Was bleibt besser im Gedächtnis: das Faltblatt mit den Umweltschutzrichtlinien des Unternehmens oder der Zweiminüter mit dem Bericht über den Einbau der neuen Abwasserreinigungsanlage?

Die Kommunikation eines Unternehmens muss schnell, direkt und emotional sein, soll sie den Mitarbeiter oder Kunden erreichen. Und: Sie muss ehrlich sein, Probleme offen ansprechen. Lobhudeleien und taktisches „Schönreden" von Krisen werden nicht länger akzeptiert. Corporate TV ist und bleibt in diesem Sinne eine der wichtigsten Säulen der Unternehmenskommunikation.

Dr. Nikolai A. Behr, Corporate TV Association (CTVA) e.V.

RETTUNGSANKER DER BRANCHE

Die Wirtschaftskrise erschüttert die Medienbranche, beschleunigt aber lediglich einen Wandel, der längst bitter nötig ist. Zu lange wurden die neuen Medien von den Verlagen allzu stiefmütterlich behandelt. Corporate Publishing kann hier zu einem federführenden Gestalter des Wandels werden.

Bauer, Holtzbrinck, Springer, Burda, Gruner + Jahr – die Riege der großen deutschen Publikumsverlage ist fest geschlossen. Selten einig sind sie sich in der Meinung, dass Corporate Publishing sich als wichtiger Geschäftszweig in der Branche etabliert hat. Den Trend zum Journalismus als Service haben sie nun alle erkannt – manifestiert hat es sich in aller Deutlichkeit, als Bernd Buchholz, Vorstandschef von Gruner + Jahr, im April dieses Jahres explizit von einem Wachstumsfeld sprach. Auf Print allein setzt jedoch keiner. Crossmediale Konzepte und digitalisierte Inhalte verlängern erfolgreiche Zeitschriften ins Web. Das ist der Schlüssel zum Erfolg in der digitalisierten Medienwelt.

Corporate Publisher haben das längst begriffen. Neue digitale Formate wie E-Journals, Storysites, Webvideos oder Mobile Radio haben ihren festen Platz im Portfolio der Dienstleister. Das allein reicht aber noch nicht aus. Entscheidend ist die richtige Orchestrierung dieser Medien und die intelligente Vernetzung mit klassischen Printformaten. Das Forum Corporate Publishing hat sieben Thesen für das erfolgreiche Digital Corporate Publishing aufgestellt.

ERSTENS: Mehr denn je und stärker als in Printmedien trennen Qualitätsinhalte im Web die Spreu vom Weizen. Denn im Internet entscheidet der Leser innerhalb von Sekundenbruchteilen, ob er auf einer Website bleibt. Ob eine bestimmte Botschaft den anvisierten Adressaten erreicht, zeigt ein einziger Klick. Die Qualitätsfaktoren sind Sprache und Nutzwert ebenso wie Unterhaltung und die Möglichkeit zur Interaktion. Corporate Publisher sind heute besser denn je gerüstet, diese Anforderungen für ihre Kunden zu erfüllen. Der Schlüssel ist die Kombination von professionellem Journalismus und modernem Storytelling. Geschichten schaffen Glaubwürdigkeit, erzeugen Emotionen und ziehen den Leser so in ihren Bann. Nur eine journalistische Kommunikation kann diese Wirkung erreichen – reine PR bleibt da erfolglos. Deshalb hat das FCP bereits 2008 den Arbeitskreis Digitale Medien gegründet. Die bisherigen Ergebnisse zeigen: Corporate Publisher nehmen gegenüber nicht journalistisch arbeitenden Online-Agenturen eine klare – und starke – Sonderstellung ein.

ZWEITENS: Zunehmend spielen auch die Formate der digitalen Welt eine wichtige Rolle. Der Kurs ist eindeutig: Weg vom langen Riemen hin zu kurzen Schnipseln, weg vom statischen Textblock hin zum bewegten Bild. Weblogs, Podcasts, Vodcasts, IPTV – das sind nur einige der neuen Kanäle im World Wide Web. Und ständig kommen neue hinzu. Jüngster Senkrechtstarter im Netz: der Microblogging-Dienst Twitter. Aber was sind zukunftsweisende Technologien und was reine Modetrends, die bald wieder in den ewigen Jagdgründen des www verschwinden? Dank ihrer Medienkompetenz können Corporate Publisher zwischen Innovation und Hype unterscheiden. Beispiel Second Life: Vor zwei Jahren war die virtuelle Welt so angesagt, dass etliche Unternehmen dort digitale Filialen eröffneten. Heute herrscht um das „Zweite Leben" Totenstille.

Mit ihrem journalistischen Background können CP-Redakteure außerdem Inhalte besser und gezielter für die unterschiedlichen Kanäle aufbereiten als reine Agenturen der Werbe- und Onlinebranche. Denn Text ist nicht gleich Text: Artikel aus einem Printmagazin müssen für den Web-Auftritt neu strukturiert und dem spezifischen Leseverhalten angepasst werden. E-Journals müssen über den reinen Text hinaus durch Multimedia-Elemente zusätzlich emotionalisieren.

DRITTENS: Wer als Corporate Publisher heute crossmediale Kommunikationslösungen anbietet, muss über vielseitige Fähigkeiten verfügen. Angefangen von der Konzeption über die Umsetzung bis hin zur Orchestrierung über alle Medienformate hinweg. Aus dem CP-Redakteur wird der digitale Publizist, der alle Medienkanäle bedient. Er vereint – im Idealfall – den brillanten Texter, den innovativen Onlineredakteur und den flexiblen Videojournalisten in einer Person.

Gelungen orchestriert ist „Chancen", das Kundenmagazin der KfW Bankengruppe. Neben dem B2B-Magazin spricht parallel die Kompaktausgabe „Chancen spezial" mit anderem inhaltlichen Schwerpunkt B2C-Kunden an. Beide Magazine suchen über die konsequente Verlinkung mit dem Onlineportal www.kfw-chancen.de den Austausch mit dem Leser. Dies ist eng mit dem weiteren Online-Angebot der Bankengruppe verzahnt. Das Konzept funktioniert. In nur zwölf Monaten hat sich die Onlinenutzung um 50 Prozent erhöht. Jeder siebte User kommt dabei über die Printmagazine.

Setzen Maßstäbe: der „Audi Geschäftsbericht 2008" (l.) und das KfW-Magazin „Chancen"

VIERTENS: Die Arbeit mit digitaler Technik bringt für Corporate Publisher auch neue Herausforderungen mit sich. Denn crossmediale Kommunikation zu realisieren, das erfordert ein hohes Maß an technischem Wissen und Qualifikationen im IT-Projektmanagement. Standardkenntnisse über Redaktionssysteme oder Content-Management-Systeme reichen da nicht mehr aus. Wer heute als Dienstleistungsunternehmen hochwertige Inhalte in multimedialer Form anbietet, muss sich verstärkt Gedanken über Softwareentwicklung, die Qualität digitaler Prozesse und IT-Security machen. Die Ergebnisse dieser Anstrengungen sind beeindruckend und mitunter revolutionär. Wie etwa die Online-Version des „Audi Geschäftsberichtes 2008". Als Kombination aus Geoapplikation und Video-Microsite setzt er neue Maßstäbe im digitalen Corporate Publishing. Mithilfe eines Flash-animierten Globus kann der Besucher intuitiv zu den einzelnen Storys navigieren. Das verführt den

User zum Ausprobieren und Entdecken. Die beeindruckende Cinema-Scope-Optik emotionalisiert zusätzlich. Der Aufwand lohnt sich. Mit 20.000 Unique Visitors in den ersten drei Wochen konnte Audi die Nutzerzahl des Online-Geschäftsberichts im Vergleich zum Vorjahr verzehnfachen. Der Fall beweist, dass innovative technische Medienapplikationen für Unternehmen ein entscheidendes Differenzierungsmerkmal sein können.

FÜNFTENS: Die digitale Technik eröffnet als Instrumentarium der Kunden- wie der Mitarbeiterkommunikation bisher ungeahnte neue Möglichkeiten. Blogs, Internet-Foren oder Online-Communities – die Formate des Web 2.0 bieten interaktive Rückkanäle, die Unternehmen sich zunutze machen können. Besonders Corporate Blogs beinhalten – zumindest in der Theorie – riesige Chancen, um mit Kunden und Konsumenten in direkten Dialog zu treten, sich an brancheninternen Diskussionen zu beteiligen und das Firmenprofil zu stärken. Bereits 13 Prozent der deutschsprachigen Internetnutzer lesen die Internet-Tagebücher von Firmen und Unternehmen, so eine Studie des Hamburger Beratungsunternehmens Fittkau & Maaß. Ein Potenzial, das ausbaufähig ist. Allerdings betreiben bisher nur wenige Unternehmen einen eigenen Blog. Das Problem: Im Umgang mit Social Media herrscht noch immer große Verunsicherung. Corporate Publisher müssen ihren Kunden hier beratend zur Seite stehen und ihnen Mut machen. Wie dies funktioniert, hat zum Beispiel der Horst-Schlämmer-Blog von VW gezeigt, der das Web 2.0 gekonnt mit einer Viral-Kampagne verband. Auch in der Mitarbeiterkommunikation können Blogs einen wichtigen Beitrag leisten, etwa zur internen Vernetzung und Knowledge-Management. Als Beispiel sei hier der Bosch Trainee Blog (www.bosch-trainee-blog.de) genannt. Hier können sich die Junior Manager des Unternehmens informieren und ihre Erfahrungen austauschen. Wird der Digitale Publizist bald auch selbst als Moderator von Social Online Communities in Aktion treten? Wir werden sehen.

SECHSTENS: Mit den interaktiven Response-Möglichkeiten des Web 2.0 können Unternehmen verstärkt mit ihren Kunden in direkten Dialog treten. Der Consumer wird zum Prosumer. Viele Unternehmen stehen dieser Entwicklung skeptisch gegenüber. Zu Unrecht! Denn hier ergeben sich gegenüber rein analogen Kommunikationsformen weitere konkrete Vorteile. Digitale Technologien im Corporate Publishing ermöglichen neue Messkriterien, mit denen Response-Versprechen und die tatsächliche Reichweite der Onlinekanäle konsequent überprüfbar werden. Page Impressions, Visits, Viewtime und Unique Visitors sind die Einheiten, in denen hier gerechnet wird. Spezialisierte Online-Agenturen sind Corporate Publishern in diesen Technologien im Moment noch klar überlegen. Hier gibt es Nachholbedarf. Denn nur die Verbindung von Technik und Content ist der Schlüssel für echte Alleinstellungsmerkmale. Im B2C-Bereich liegt die Zukunft dabei vor allem in Modellen, die Content und Commerce zusammenbringen. Wohin die Reise gehen kann, zeigt die neue Videokampagne von Otto. Auf dem Youtube-Clip des Versandhändlers kann der User interaktiv Produktdetail-Videos aufrufen, die direkt zum Online-Shop führen. (www.youtube.com/user/dasistes2009)

SIEBTENS: Die Möglichkeiten der digitalen Kommunikation sind riesig – klassische Printmedien werden deshalb aber nicht aussterben. Gerade im Corporate Publishing wird Print sich mehr und mehr mit den neuen Medien in integrierten Konzepten verzahnen und damit weiterhin das Zugpferd bleiben. Print ist dabei Push-Medium für Online-Inhalte. „/Direkt+", das neue Dialogmarketing-Magazin der Deutschen Post macht es vor. Am Ende der Artikel verweisen aussagekräftige Links auf eine Storysite im Internet, die dem Leser nutzwertige Zusatzinformationen zum Thema liefert und den Download von Materialen ermöglicht.

FAZIT: Im intelligenten Zusammenspiel verschiedener Formate verstehen es Corporate Publisher durch ihre journalistische Kompetenz und ihr Prozess-Know-how besser als reine Online-, Werbe- oder Marketingagenturen, die vielseitigen Möglichkeiten der neuen Medien effizient und individuell für ihre Kunden zu nutzen. Wir als Dienstleister sollten diese Chance konsequent ergreifen und unsere crossmedialen Fähigkeiten ausbauen. Dank innovativer Ideen entwickelt sich Corporate Publishing so von einer einst belächelten Randsparte in Zeiten der Krise langsam zu einem Rettungsanker der gesamten Medienbranche.

Dr. Christian Fill, BurdaYukom Publishing

EIN KONZEPT FÜR VIELE MÄRKTE

Weltweit agierende Unternehmen bringen Kundenmagazine längst nicht mehr nur in ihrem Heimatland auf den Markt. Was bedeutet diese Facette der Globalisierung für die begleitenden Dienstleister und welchen Herausforderungen müssen sie sich stellen?

Eine deutsche Versicherung will den Markt in Saudi-Arabien erobern. Das hierzulande als Marketinginstrument bestens bewährte Kundenmagazin soll künftig auch in Vorderasien erscheinen. Ein Beispiel von vielen – immer mehr Unternehmen bringen ihre Hefte fernab ihrer Heimatländer in unterschiedlichsten Sprachen und Versionen heraus. Ganz gleich, ob Autobauer, Kreditkartenanbieter, Bank oder Assekuranz. In der Regel setzen die Firmen auf ihre langjährigen Corporate-Publishing-Dienstleister im Heimatmarkt, begleitende Internationalisierung nennen das die Experten. Im genannten Beispiel wäre es daher sehr unwahrscheinlich, dass ein CP-Verlag in Riad den Zuschlag bekommt. Die Nähe zum strategischen Partner hat für die Unternehmen offenbar Methode – und das gilt rund um den Globus.

Warum ist das so? Warum betreut kaum ein deutscher Corporate Publisher ein ausländisches Unternehmen? Zwischen Deutschland, Österreich und der Schweiz beispielsweise wären Kooperationen allein wegen der sprachlichen Nähe durchaus denkbar – sind aber die Ausnahme. In erster Linie wollen die Auftraggeber wohl die Kosten im Rahmen halten. Schließlich werden Abläufe schlanker, wenn nicht allein Kommunikationspolitik und Magazinkonzeption nahezu standardisiert sind, sondern kreative Ressourcen örtlich gebündelt werden können.

Diesem Trend trägt das Europäische Institut für Corporate Publishing (EICP) Rechnung. Bereits in den Ausbildungsprogrammen sollen die CPler von morgen künftig von Beginn an lernen, auch international zu arbeiten. Das ist Zukunftsmusik, internationales Arbeiten für die Corporate Publisher aber bereits eine Herausforderung der Gegenwart. Denn internationales CP erfordert weit mehr, als ein Heft in eine andere Sprache zu übersetzen. Einige Beispiele:

INHALT: Die Leistungskataloge der herausgebenden Unternehmen sind nicht in allen Ländern gleich. Das heißt: Ist ein Produkt auf einem ausländischen Markt gar nicht im Angebot, kann es natürlich nicht im Heft beworben werden. Auch Sitten und Gebräuche – etwa was die Darstellung von Frauen in arabischen Ländern betrifft – können leicht zu CP-Fallstricken werden.

AUFBAU: In Japan etwa werden Magazine üblicherweise von hinten nach vorn gelesen. Dennoch sollten CP-Titel für westliche Luxusprodukte ihrer gewohnten Chronologie treu bleiben, weil das die ausländische Exklusivität unterstreicht. Die Japaner mögen das offenbar. Deutsche Autos kaufen sie gern mit Lenkung auf der linken Seite, obwohl die Fahrzeuge auch speziell für den japanischen Linksverkehr als Rechtslenker erhältlich sind.

HERAUSGEBER: Viele Landesgesellschaften deutscher Konzerne agieren in ihren Heimatmärkten weitgehend autonom. Hier ist viel Fingerspitzengefühl gefragt, nicht selten gibt es Vorbehalte gegen ein in Deutschland grundkonzipiertes CP-Produkt.

LOGISTIK: Wichtig für die Kosten ist die Wahl eines günstigen Druckstandorts. Hierbei sind unterschiedliche Papier- und Druckpreise gegen Transportkosten und auch zeitliche Aspekte abzuwägen.

TECHNIK: An einem Kundenmagazin arbeitet von der Planung bis zum Druck oft ein großes internationales Team. Journalisten, Übersetzer, aber auch lokale Druckvorstufe-Dienstleister müssen effizient und fehlerfrei kommunizieren können. Die verwendete Redaktionssoftware muss harmonisiert sein, ideal ist es, den Arbeitsfluss mit einem eigenen Redaktionssystem zu kanalisieren.

LOKALE BESONDERHEITEN: Unternehmen und Corporate Publisher müssen festlegen, wie stark die Magazine lokale oder landesspezifische Inhalte enthalten sollen. Dabei ist es oft so, dass die Landesgesellschaften und ihre Aktivitäten und ihr Kommunikationsbedarf sehr unterschiedlich sind. Die Gefahr ist groß, Kommunikationsbotschaften für die einzelnen Ländermärkte auf eine gemeinsame, schlechtenfalls wenig informative Aussage zu reduzieren. Das Grundkonzept eines Kundenmagazins muss daher so flexibel sein, dass es sehr verschiedene Umfänge lokaler Inhalte enthalten kann.

WELTWEITES NETZ: Um alle beschriebenen Herausforderungen meistern zu können, ist ein weltweites Netz von Korrespondenten, Übersetzern, Fotografen und Anzeigenvertretungen notwendig. Nicht nur psychologisch ist es wichtig, bei Ländern mit starkem Eigenanteil in der Publikation auch Ansprechpartner vor Ort zur Verfügung zu stellen. Sonst besteht die Gefahr, dass doch ein lokaler Wettbewerber dem weit entfernten Etathalter den Rang abläuft – eben wegen seiner Nähe zum Kunden.

INTEGRATION: Bei international tätigen Unternehmen muss sich der Corporate Publisher häufig in ein Dienstleisterportfolio aus Werbe-, PR und Internetagenturen gliedern. Dabei werden in jedem betreuten Land Inhalte oder Themen zwischen den Dienstleistern auszutauschen sein. Eine logistische Herausforderung, bei der die mitunter rechtlich unterschiedlichen Rahmenbedingungen im Blick zu behalten sind.

ANZEIGEN: Bei vielen Publikationen ist das Anzeigengeschäft ein wichtiger Beitrag zur Refinanzierung. Werbekampagnen schalten potenzielle Kunden aber in der Regel landespezifisch. Deshalb ist es von Vorteil, einen Mitarbeiter für den Anzeigenverkauf vor Ort zu haben. Der kurze, erweiterbare Überblick zeigt: Begleitende Internationalisierung fordert die CP-Dienstleister in vielen Bereichen. Ganz gleich, ob ein Magazin in Saudi-Arabien oder Japan erscheint übersetzen allein genügt nicht.

Dr. Kai Laakmann, HOFFMANN UND CAMPE Corporate Publishing; zuerst erschienen in BrandAffairs der Absatzwirtschaft, 4/2009 am 25. März 2009, Sonderveröffentlichung des Forum Corporate Publishing

10 Jahre Forum Corporate Publishing e.V.

10 Jahre FCP

Gründung 28. Mai 1999, München

Der Verband soll dem Selbstverständnis unserer jungen, dynamisch wachsenden Branche eine eigene Plattform geben. Er soll nicht nur Forum internen Meinungsaustausches und der Know-How-Sicherung sein, sondern eine gesicherte Grundlage schaffen, von der wir uns auch politisch artikulieren wollen. [1]

Executive Tag 2008der FCP-Mitglieder

CP-Welt in Zahlen

- Durchschnittliches Umsatzwachstum der CP-Branche seit 2003: 15%. [2]
- Es gibt 15.000 Kundenmagazine in Deutschland, Österreich und der Schweiz. [3]
- Gesamtauflage deutschsprachiger Kundenmagazine: 3,1 Milliarden. [3]
- Der Jahresumsatz der CP-Branche beläuft sich auf rund 5 Milliarden Euro. [3]
- 97% aller Unternehmen mit mehr als 250 Mitarbeitern sprechen ihre Kunden mit Magazinen an. [3]
- Mehr als 25% des CP-Umsatzwachstums entfallen auf digitale Medien. [3]

Hall of Fame-Preisträger 2008

14 Gründungsmitglieder

Vorstand:
Manfred Hasenbeck
Stefan Endrös
Peter Haenchen
Dr. Viviane Egli
Ference Papp

200 nationale & internationale Publikationen

Gesamtauflage jährlich: ca. 1,5 Millionen Exemplare

1999

100 Mitglieder

Vorstand:
Manfred Hasenbeck
Wilfried Lülsdorf
Dr. Andreas Siefke
Dr. Beat Schaller
Ference Papp

1.800 nationale & internationale Publikationen

Gesamtauflage jährlich: ca. 1 Milliarde Exemplare

Michael Höflich, Geschäftsführer FCP, und Manfred Hasenbeck, Initiator und Erster Vorsitzender des FCP

Auch der Name, den wir für den Verband vorschlagen („Forum"), rückt etwas von der verstaubten Verbandsproblematik ab. Er verspricht Offenheit – und das ist das Gegenteil einseitiger Festlegungen, etwa auf Ausrichtungen bestimmter technologischer oder branchenorientierter Prägung.[1]

2009

Meilensteine des Verbandes

1999: Gründungstreffen des FCP, Deutsche Post wird Partner

2000: Erste Mitgliederversammlung, feste FCP-Geschäftsstelle in München

2001: FCP begrüßt sein 50. Mitglied, Veröffentlichung des ersten Factbooks

2002: Mitbegründung des internationalen CP-Netzwerks ICPF

2003: Erster BCP Best of Corporate Publishing Award in Köln, erste Mitgliederumfrage zur Einschätzung des Marktes und der Branche

2004: Erstmals über 500 Einreichungen zum BCP-Award, Marktforschungstool CP-Standard wird vorgestellt, Start der CP-Datenbank, erste eigene Seminarreihe „CP in der Praxis"

2005: Start der Qualitätsoffensive des FCP, erster Band „Effizienz" der neuen Publikationsreihe

2006: Gründung des Europäischen Institutes für Corporate Publishing (EICP), mehr als 75 Mitglieder, Erweiterung des Vorstands um drei Bereichsvorstände

2007: Erster Executive Tag des EICP in Kloster Eberbach

2008: Gründung der Hall of Fame des BCP, erste CP-Basisstudie mit fundamentalen Ergebnissen

2009: CP-Barometer: erstes kontinuierliches Befragungsinstrument der CP-Branche des EICP, FCP begrüßt sein 100. Mitglied

[1] Aus dem Anschreiben zur Gründungsversammlung des Forum Corporate Publishing vom 19. Mai 1999
[2] Quelle: Forum Corporate Publishing; Mitgliederjahresumfrage 2008
[3] Quelle: zehnvier/Forum Corporate Publishing; CP-Basisstudie 2008

TOP-EXPERTEN FÄLLEN IHR URTEIL

Die Jury setzte sich in diesem Jahr aus 95 namhaften Branchenkennern aus den Bereichen Journalismus, Art Direction, Marketing, Unternehmens- und Interne Kommunikation, Print sowie Direktmarketing zusammen.

MICHAEL ADAMS
„Basler Zeitung", Art Director/Leiter Gestaltung

DIRK BARTOS
BartosKersten Printmediendesign, Geschäftsführer

THORSTEN BARTSCH
Union Investment Privatfonds, Vermarkungsmanager & Chefredakteur

MIRJAM BENDAK
Daimler, Senior Manager External Periodicals

ARMIN BLOHMANN
Tomorrow Focus, Head of Investor & Public Relations

ULRICH BRENNER
Deutsche Journalistenschule, Schulleiter und Geschäftsführer

PROF. DR. MICHAEL CEYP
Fachhochschule Wedel, Lehrstuhl für Marketing

ULRICH CLEF
c/c/c Clef Creative Communications, Geschäftsführer

FEICO DERSCHOW
Masterclass e.V./ MCAD, Director

KLAUS DIETZEL
Rudolf Haufe Verlag - Redaktion „acquisa", Redakteur

UWE DOLDERER
Vivantes, Direktor Konzernkommunikation / Unternehmenssprecher

MICHAEL DRAUTZ
Festspielhaus und Festspiele Baden-Baden, Geschäftsführung

BETTINA DURRER
Hochschule Luzern Wirtschaft, Leitung

ALEXANDER ENGELHARDT
B. Braun Melsungen, Director Corporate Brand Management

RAOUL FISCHER
dot.communications, Geschäftsführender Gesellschafter

CORINNA FREUDIG
PricewaterhouseCoopers Deutsche Revision, Leitung Corporate Media

TORSTEN FROH
Steinbeis Papier Glückstadt, Geschäftsbereichsleiter Verkauf und Marketing

HARTMUT GAHMANN
Nestlé Deutschland, Leitung Corporate Communications

PROF. DR. KLAUS GOURGÉ
IFU Institut für Unternehmenskommunikation

THORSTEN GREINUS
Kirchhoff Consult, Creative Director

INES GUTIÉRREZ
MAN, Leiterin Corporate Publishing

PROF. DR. IVO HAJNAL
Institut für Sprachen und Literaturen, Universität Innsbruck, Leitung der Einheit Sprachwissenschaft

ANDREAS HALLASCHKA
Jahreszeiten Verlag, Chefredakteur

ROB HARTMANS
Helsana Versicherungen, Leiter Unternehmenskommunikation

MARGARETE HASEL
Hans Böckler Stiftung

TIM HAUSSMANN
Daimler AG/TE/SM-Brand & Corporate Media, Marketing-Kommunikation/CP

PROF. DR. DIETER HERBST
Source 1 Networks, Universität der Künste Berlin, Kommunikationsexperte

GERHARD HEUSSLER
Gmünder ErsatzKasse GEK, Pressestelle

JAN-PETER HINRICHS
Nord/LB, Pressesprecher

ANDREA HIRSCHI
Die Schweizerische Post, PostMail, Product Manager DirectPoint

JUTTA HOBBIEBRUNKEN
HOCHTIEF, Unternehmenskommunikation

Pascal Mänder

Andrea Hirschi

Karl-Josef Steden, Klaus Neunstöcklin

Dr. Laurin Paschek, Urs Schwarz

Die Qual der Wahl: 2009 präsentierte sich als hochkarätiger CP-Jahrgang

Dr. Maika Jachmann

Liane Scheinert

Volker Knauer

Ralf Lanzrath

SEPIDEH HONARBACHT
Pleon, Leiterin Redaktion

MARKUS C. HUREK
„Cicero"

DR. MAIKA JACHMANN
Deutscher Bundestag, Leiterin Online--Dienste / Parlamentsfernsehen

DR. UWE JÄGER
Hochschule der Medien

HENRIK JENSEN
Steinbeis Papier Glückstadt, Marktbereichsleiter Magazinpapiere

JÜRGEN KAFFER
Büro Hamburg

DR. JOCHEN KALKA
Europa-Fachpresse-Verlag, Chefredakteur

VALERIE KLEMM
DekaBank, Deutsche Girozentrale, Leiterin externe Medien

VOLKER KNAUER
Deutsche Bahn Kommunikation, Leiter Konzern-Medien / Interne Kommunikation

HERBERT KNUR
Akademie der Bayerischen Presse, Akademieleiter

SANDRA KREFT
ZEIT online, Gesamtleiterin Magazine und Neue Geschäftsfelder

HOLGER KUHFUSS
RBC Consulting, Managing Partner

THOMAS LANGHOLZ
ETH Zürich, Corporate Communications Leiter Editorial Office

RALF LANZRATH
Fujitsu, Senior Director Communications

STEFANIE LIOE
Volkswagen, Projektmanagement Grafik & Print

KURT LORKOWSKI
Deutsche Post, Vertriebsdirektor

DR. BETTINA LOTH
Langenscheidt, Leitung Übersetzungsservice

RICHARD LÜCKE
Deutsche Post Produktmanagement Presse Distribution, Leiter Produktmanagement Presse Distribution

DR. ANTJE LÜSSENHOP
DB Schenker, Leiterin Kommunikation DB Logistics

PASCAL MÄNDER
„Capital" / Gruner + Jahr, Art Director

THOMAS MAUZ
Jahreszeiten Verlag, Chefredakteur „Selbermachen"

PIERRE C. MEIER
„werbewoche Media-Daten", Chefredakteur

DR. ULRICH MEISSNER
Deutsche Börse, Head of Marketing Communication

KLAUS MEYER
Art Director

ANNETTE MILZ
„MediumMagazin" Medienfachverlag, Chefredakteurin

KLAUS NEUNSTÖCKLIN
new aspect, Art Director

BERNHARD NIEMELA
Deutscher Drucker Verlagsgesellschaft, Chefredakteur und stellvertretender Geschäftsführer

TORSTEN OLTMANNS
Roland Berger Strategy Consultants, Global Marketing Director

HELMUT ORTNER
Concept & Consult für Printmedien, Geschäftsführer

DR. LAURIN PASCHEK
Media-Daten Verlag Springer Science + Business Media, Verlagsleiter / Publishing Director

CHRISTOPH PAUSE
Rudolf Haufe Verlag - Redaktion „acquisa", Redakteur

PROF. DR. THOMAS PLEIL
Studiengang Online-Journalismus Hochschule Darmstadt, Professur für Public Relations

Jürgen Scharrer

Matthias Tritsch, Dr. Uwe Jäger

Malte von Trotha

Eberhard Wolf

PROF. RÜDIGER QUASS VON DEYEN
Trawny/Quass von Deyen, Professor für Grafik-Design und Geschäftsführer

DR. EVA-MARIA RAKOB
Robert Bosch, Abteilung: Corporate Office for Corporate Communications, Head of Internal Communications, Director

MARKUS RASP
Anzinger | Wüschner | Rasp, Art Director

PROF. DR. LOTHAR ROLKE
Fachhochschule Mainz, Professor für BWL und Unternehmenskommunikation

SILKE ROSSKOTHEN
Kia Motors Deutschland, General Manager PR

KERSTIN RUBEL
Peer Agentur, Inhaberin

BARBARA SCHÄDLER

JÜRGEN SCHARRER
Deutscher Fachverlag – „Horizont", Chefredaktion

LIANE SCHEINERT
Audi, Leitung Marketing

ALEXANDER SCHELL
Europäisches Institut für angewandtes Kundenmanagement (eifk), Leiter

OTWIN SCHIERLE
AOK Baden-Württemberg, Marketing, Kommunikation, Presse

INGO SCHNAITMANN
Trumpf, Leiter Presse- und Öffentlichkeitsarbeit

PROF. DR. DR. HELMUT SCHNEIDER
Steinbeis-Hochschule Berlin, Lehrstuhl für Marketing und Dialogmarketing

RALPH SCHOLZ
Messe Düsseldorf

OLIVER SCHULZ
EnBW Energie Baden-Württemberg, Leiter Corporate Design und Marktkommunikation

BETTINA SCHULZ
„novum" c/o New Media Magazine Verlag, Chefredakteurin

URS SCHWARZ
Credit Suisse, Editor Staff Publications

THOMAS SIEGNER
Cirquent, Mitglied der Geschäftsleitung

URSULA STALDER
Hochschule Luzern Wirtschaft, IKM

KARL-JOSEF STEDEN
AOK Westfalen-Lippe, Marketing, Kommunikation, Presse

CLAUDIA STRIXNER
Voith, Leiterin Konzern Kommunikation

BURKHARD TEWINKEL
Tewinkel Kommunikationsberatung, Geschäftsführer

MATTHIAS TRITSCH
Heidelberger Druckmaschinen, Marketing-Manager Heidelberg News

PATRICK VALLÉE
Sonner, Vallée u. Partner, Geschäftsführer

MALTE VON TROTHA
dpa, Geschäftsführer

NADJA WEISWEILER
Gerhard D. Wempe, Kommunikation

MATTHIAS WELKER
CLAIM, Geschäftsführer

ROGER WELTI
EGL Group - Elektrizitäts-Gesellschaft Laufenburg, Corporate Publisher

PROF. NORBERT WINISTÖRFER
Fachhochschule Nordwestschweiz Hochschule für Wirtschaft, Leiter des Instituts für Unternehmenskommunikation

EBERHARD WOLF
„Süddeutsche Zeitung", Art Director, „SZ Extra"

MICHAEL WÖRGÖTTER
Büro für Herstellung und Gestaltung, Design-Hochschule-München

JO WÜLLNER
Büro für Medienentwicklung, Lehrveranstalter Editorial Design und Redaktions-Management Akademie für Publizistik Hamburg

Ulrich Brenner

Valerie Klemm

DER JURY-PROZESS

In drei Bewertungsgängen werden die Preisträger ermittelt: In Jury I ermitteln 55 Teilnehmer aufgeteilt in elf Gruppen aus sämtlichen Einreichungen eine vorläufige Shortlist. Jede Jurygruppe bewertet dabei zwei bis drei Kategorien, je nach Zahl der eingereichten Publikationen. Jury II beurteilt die Publikationen der vorläufigen Shortlist noch einmal in zwei getrennten Bewertungsdurchgängen. Aus dem Durchschnitt der Noten aus Jury I und II ergibt sich die Liste der Nominierten und Gold-Preisträger. Jury III, bestehend aus zehn Teilnehmern, bewertet die Kategorie „Unternehmensberichte". FCP-Anwalt Emil Brodski begleitet als juristische Aufsicht alle Jurysitzungen.

Andreas Hallaschka

Dr. Eva-Maria Rakob

Markus Rasp

Attraktive Optik gehört längst zum Standard der Oberliga

Bettina Durrer

Feico Derschow

Christoph Pause, Kerstin Rubel

Michael Adams

Annette Milz

Dr. Antje Lüssenhop

Oliver Schulz

BCP-AWARD 2009: DIE ERGEBNISSE

BEST OF CORPORATE PUBLISHING 2009 - PREISTRÄGER & SHORTLIST-NOMINIERUNGEN

PUBLIKATION	HERAUSGEBER	CP-DIENSTLEISTER	SEITE
B2B • FINANZDIENSTLEISTUNGEN/IMMOBILIEN/CONSULTING			
pwc: Das Magazin für Vorausdenker	**PricewaterhouseCoopers AG WPG**	**Facts & Figures GmbH (Ein Unternehmen der FINANCIAL TIMES DEUTSCHLAND)**	**42**
1585	Deutsche Börse AG	corps. Corporate Publishing Services GmbH	44
Denkpausen	Management School St. Gallen	Festland AG	
Global Investor	Credit Suisse AG, Global Research	Arnold. Inhalt und Form AG	46
results	Deutsche Bank AG	HOFFMANN UND CAMPE Corporate Publishing	48
B2B • HANDEL / KONSUM			
seller	**eBay S.àr.l.**	**PRH Hamburg Kommunikation GmbH**	
Fame	P&G Prestige Products GmbH	Journal International Verlags- und Werbegesellschaft mbH	52
senses	SYMRISE	red roses communications GmbH	54
B2B • IT/ TELEKOMMUNIKATION			
C	**Hewlett-Packard Europe, TSG Solutions Group**	**BurdaYukom Publishing GmbH**	**58**
Best Practice	T-Systems Enterprise Services GmbH	HOFFMANN UND CAMPE Corporate Publishing	60
elements	Telefónica O_2 Germany GmbH & Co. OHG	G+J Corporate Media GmbH	62
B2B • INDUSTRIE/TECHNOLOGIE/PHARMA			
Issues — Magazin für Energiethemen	**Vattenfall Europe AG**	**muehlhaus & moers kommunikation gmbh**	**68**
Gewürzreporter	Gewürzmüller GmbH	KircherBurkhardt GmbH	70
Heidelberg Nachrichten	Heidelberger Druckmaschinen AG	SIGNUM communication Werbeagentur GmbH	72
Linde Technology	Linde AG	Peter Schmidt Group Hamburg	74
SLIDE	Hawa AG Schiebebeschlagsysteme	Basel West Unternehmenskommunikation AG	
Sternstunden	von Stern'sche Druckerei GmbH & Co KG	schmitz-komm.de Medien GmbH	
B2B • MEDIEN/ENTERTAINMENT/KULTUR			
Prego:	**Edel AG**	**Groothuis, Lohfert, Consorten Gesellschaft für Formfindung und Sinneswandel mbH**	**80**
closeup	Getty Images Deutschland GmbH	medienfabrik Gütersloh GmbH	
periodicum	EGGER & LERCH GmbH	EGGER & LERCH GmbH	82
showcases	memo-media Verlags-GmbH	Sequoia Media GmbH	
TAA:L	Pressel Direct Mail Services Wien	Pressel Publishing Services	
B2B • HANDWERK/BAU/ARCHITEKTUR			
new spaces	**Gaggenau Hausgeräte GmbH**	**HOFFMANN UND CAMPE Corporate Publishing**	**86**
ArchitekturWerke	Knauf Gips KG	Bauverlag BV GmbH	
concepts BY HOCHTIEF	HOCHTIEF Aktiengesellschaft	HOFFMANN UND CAMPE Corporate Publishing	88
profile – Magazin über Architektur	Schüco International KG	Bauverlag BV GmbH	90
Switch – Das Magazin von Merten	Merten GmbH & Co. KG	Trademark Publishing Verlag Karl W. Henschel	92

BEST OF CORPORATE PUBLISHING 2009 - PREISTRÄGER & SHORTLIST-NOMINIERUNGEN

PUBLIKATION	HERAUSGEBER	CP-DIENSTLEISTER	SEITE
B2B • TRANSPORT/LOGOSTIK/AUTOMOBIL			
Fleet Magazine	**Volkswagen AG**	**Lattke und Lattke**	
Mercedes-Benz Transport	**Daimler AG**	**PRH Hamburg Kommunikation GmbH**	
Daimler Innovationsmagazin HighTechReport „HTR"	Daimler AG	Journalistenbüro Klartext, teamkom Kommuniksation+Design	
MAN Forum	MAN AG	BurdaYukom Publishing GmbH	96
trailer world	BPW Bergische Achsen KG	DVV Kundenmagazine GmbH	98
B2C • AUTOMOBIL			
BMW Magazin	**Bayerische Motoren Werke AG**	**HOFFMANN UND CAMPE Corporate Publishing**	**110**
Adeyaka	Infiniti Europe	köckritzdörrich Agentur für Kommunikation GmbH	112
Audi magazin	Audi AG, Internationales Kunden- & Handelsmarketing	loved gmbh	114
Lamborghini Magazin	Automobili Lamborghini SpA	köckritzdörrich Agentur für Kommunikation GmbH	116
Mercedesmagazin	Daimler AG	Premiumcom Germany Ltd.	
B2C • FINANZEN UND VERSICHERUNGEN			
family values	**Weberbank Actiengesellschaft**	**corps. Corporate Publishing Services GmbH**	**122**
219plus – Ein Magazin für die besondere Perspektive	Sal. Oppenheim jr. & Cie. KGaA	Simon & Goetz Design GmbH & Co. KG	
Bonviva	Credit Suisse AG	Primafila AG	124
Bulletin	Credit Suisse AG	Arnold. Inhalt und Form AG	126
Departures	American Express Services Europe Ltd.	Journal International Verlags- und Werbegesellschaft mbH	128
B2C • IT/TELEKOMMUNIKATION/ENERGIE			
energy forum	**BKW FMB Energie AG und Youtility AG**	**Infel AG**	**138**
das magazin	EnBW Energie Baden-Württemberg AG	G+J Corporate Media GmbH	140
Metropole	Vattenfall Hamburg Europe AG	schmitz-komm.de Medien GmbH	
Strom	Infel AG und 150 Partner	Infel AG	142
B2C • MEDIEN/ENTERTAINMENT/KULTUR			
Festspielhaus-Magazin	**Festspielhaus und Festspiele Baden-Baden gGmbH**	**zweidreieins – visuelle kommunikation und unternehmenskultur**	**148**
20_21	K20K21 Kunstsammlung Nordrhein-Westfalen	corps. Corporate Publishing Services GmbH	
LIDO 07	KIT-Kunst im Tunnel / Kunsthalle Düsseldorf gGmbH	Fachhochschule Düsseldorf, Fachbereich Design	
Musicals & more	Stage Entertainment GmbH	ringdrei GmbH	
Musikfreunde – Magazin der Gesellschaft der Musikfreunde in Wien	Gesellschaft der Musikfreunde in Wien	OPEN communication	150
B2C • TOURISMUS/REISEN			
mobil	**DB Mobility Logistics AG**	**G+J Corporate Media GmbH**	**156**
air – The Magazine of Blue Wings	Blue Wings AG	V8 Verlag GmbH	158
DORINT life	Neue Dorint GmbH	medienfabrik Gütersloh GmbH	
Lufthansa Magazin	Deutsche Lufthansa AG	G+J Corporate Media GmbH	160
SWISS UNIVERSE	Swiss International Airlines Ltd.		

BEST OF CORPORATE PUBLISHING 2009 - PREISTRÄGER & SHORTLIST-NOMINIERUNGEN

PUBLIKATION	HERAUSGEBER	CP-DIENSTLEISTER	SEITE
B2C • GESUNDHEITSWESEN/PHARMA			
GEKKO	**Gmünder ErsatzKasse GEK**	**Süddeutscher Verlag onpact GmbH**	**166**
AOK-c@re	AOK Baden-Württemberg	wdv Gesellschaft für Medien & Kommunikation mbH & Co. OHG	168
AOK-c@re	AOK Westfalen-Lippe	wdv Gesellschaft für Medien & Kommunikation mbH & Co. OHG	168
Gesundheitsjournal	BKK GILDEMEISTER SEIDENSTICKER	PMI Publishing Verlag/Journal Group	170
MS Welt	Floriani-Apotheke / Oster-Apotheke	Florian Schmitz Kommunikation GmbH	172
senso	Helsana Versicherungen AG	Crafft Kommunikation AG	
unilife	AOK-Bundesverband	wdv Gesellschaft für Medien & Kommunikation mbH & Co. OHG	
B2C • HANDEL			
VICTOR by Hasselblad	**HASSELBLAD A/S**	**Center of Service GmbH**	
ACTIVE BEAUTY	dm drogerie markt Österreich GmbH	Styria Multi Media Corporate GmbH & Co KG	
Cat & Dog Universe	Royal Canin Österreich GmbH	Zielgruppen-Zeitungsverlag GmbH	
Frisch gekocht & besser leben	BILLA AG	D+R Verlagsges.m.b.H.	
MAXIMA	Rewe International AG	Redaktion Maxima	
STILikonen	MHG Group AG/ WK Wohnen GmbH & Co. KG	PMI Publishing Verlag/Journal Group	180
B2C • KONSUM			
Cut, Leute machen Kleider	**Verlag Moser/Pfaff und Gütermann**	**independent Medien-Design**	**186**
GartenEden	Gärtner von Eden e.G. / medienfabrik Gütersloh GmbH	medienfabrik Gütersloh GmbH	188
la beauté	Clarins GmbH	BurdaYukom Publishing GmbH	190
Momentum	Glashütter Uhrenbetrieb GmbH	Journal International Verlags- und Werbegesellschaft mbH	192
verde – Das Bio-Magazin von Coop	Coop	Agentur Paroli AG	194
B2C • NON-PROFIT/VERBÄNDE/INSTITUTIONEN			
Vielwald	**Bayerische Staatsforsten AöR**	**Anzinger | Wüschner | Rasp Agentur für Kommunikation GmbH**	**200**
Amnesty Journal	Amnesty International	schrenkwerk	202
chrismon – Das evangelische Magazin	Landesbischof Dr. Johannes Friedrich, MdB Hermann Gröhe, Bischof Prof. Dr. Wolfgang Huber, Landesbischöfin Dr. Margot Käßmann	Hansisches Druck- und Verlagshaus GmbH	204
liga	Österreichische Liga für Menschenrechte	buero 8	
Twen	Euro<26 / Schweizer Jugendkarte AG	Basel West Unternehmenskommunikation AG	
MITARBEITERMEDIEN • PRINT (AUFLAGE BIS 1.000 EXEMPLARE)			
fresh	**Orange Austria Telecommunication GmbH**	**Buero 16, Deisenberger GmbH**	
GRAVIS News	GRAVIS Computervertriebsgesellschaft mbH		

BEST OF CORPORATE PUBLISHING 2009 - PREISTRÄGER & SHORTLIST-NOMINIERUNGEN

PUBLIKATION	HERAUSGEBER	CP-DIENSTLEISTER	SEITE
MITARBEITERMEDIEN • PRINT (AUFLAGE 1.000 BIS 10.000 EXEMPLARE)			
atrium	**Total Deutschland GmbH**	**KircherBurkhardt GmbH**	**208**
info	Helsana Versicherungen AG	Crafft Kommunikation AG	
member	Alpia Holding AG	Infel AG	210
ortszeit	Deutsche Welle		212
Xchange1585	Deutsche Börse AG	corps. Corporate Publishing Services GmbH	
MITARBEITERMEDIEN • PRINT (AUFLAGE ÜBER 10.000 EXEMPLARE)			
Commerzielles	**COMMERZBANK AG**	**SIGNUM communication Werbeagentur GmbH**	**222**
Bosch-Zünder	Robert Bosch GmbH	KircherBurkhardt GmbH	224
DB Welt	Deutsche Bahn AG	KircherBurkhardt GmbH	226
inside.mag	Axel Springer AG	Axel Springer AG	
Roche Nachrichten	F. Hoffmann-La Roche AG Corporate Communication – Employee Communication	SIGNUM communication Werbeagentur GmbH	
MITARBEITERMEDIEN • ELEKTRONISCH			
eBrandbook Deutsche Post	**Deutsche Post AG**	**medienfabrik Gütersloh GmbH**	**230**
ergoskop	ergo Unternehmenskommunikation GmbH & Co. KG	ergo Unternehmenskommunikation GmbH & Co. KG	232
ELECTRONIC PUBLISHING • NEWSLETTER			
DirectPoint Newsletter	**Die Schweizerische Post, PostMail, Direct Marketing**	**KOMMA, Petra Hasler**	**234**
Postbank Anlagewelt online	Deutsche Postbank AG	NewMark Finanzkommunikation GmbH	
UBS KeyInvest Kompakt	UBS Deutschland AG	ergo Unternehmenskommunikation GmbH & Co. KG	
ELECTRONIC PUBLISHING • MAGAZINE			
eAdeyaka	**Infiniti Europe**	**köckritzdörrich Agentur für Kommunikation GmbH**	**242**
checkit	Land Steiermark, Fachabteilung 6A	Corporate Media Service GmbH	
Experience more – das Gore-tex eJournal	W.L. Gore & Associates GmbH	Plan.Net Solutions GmbH & Co. KG	244
Mercedesmagazin Online	Daimler AG	RMG Connect GmbH	246
seller online	eBay S.àr.l.	PRH Hamburg Kommunikation GmbH	
ELECTRONIC PUBLISHING • AUDIO & VIDEO			
Frankfurter Buchmesse Podcast (Video)	**Ausstellungs- und Messe GmbH / Frankfurter Buchmesse**	**earpaper® Digitale Medienproduktion**	
DAS BESTE ODER NICHTS: Gottlieb Daimler und die Erfindung des Automobils	CAMPFIRE-MEDIA, Michael Esser	schmitz-komm.de Medien GmbH	
MEDIENINTEGRATION			
vigo Rheinland/Hamburg	**AOK Rheinland/Hamburg**	**wdv Gesellschaft für Medien & Kommunikation mbH & Co. OHG**	**250**
Audi GB 2008 Microsite	Audi AG	BurdaYukom Publishing GmbH	286
Bosch-Zünder	Robert Bosch GmbH	KircherBurkhardt GmbH	252
Das interaktive AOK-Kommunikationskonzept	AOK-Bundesverband	wdv Gesellschaft für Medien & Kommunikation mbH & Co. OHG	254
Energie! – Entdecke, was die Welt bewegt!	RWE AG	HOFFMANN UND CAMPE Corporate Publishing	256

BEST OF CORPORATE PUBLISHING 2009 - PREISTRÄGER & SHORTLIST-NOMINIERUNGEN

PUBLIKATION	HERAUSGEBER	CP-DIENSTLEISTER	SEITE
SPECIALS • CORPORATE MAGAZINE / ZEITUNGEN			
Knie Illustré 2009	**Gebrüder KNIE, Schweizer National-Circus AG**	**Primafila AG**	**264**
gmündguide 2009 Stadtmagazin Schwäbisch Gmünd	Publishing Network Einhorn-Verlag/freitagundhäussermann	freitagundhäussermann.gestaltungsagentur	266
magazin 100	BÄKO-ZENTRALE NORD eG	BAUER:BUCHHOLZ GbR kommunikation.design.projekte.	268
Mercedes-Benz Transport Classic	Daimler AG	PRH Hamburg Kommunikation GmbH	
Welcome Home - ramp special Mercedes-Benz E-Klasse	Daimler AG, Mercedes-Benz Presseabteilung	Red Indians Publishing GmbH & Co. KG	270
WEMPE MAGAZIN	Gerhard D. Wempe KG	HOFFMANN UND CAMPE Corporate Publishing	272
SPECIALS • CORPORATE BOOKS			
OHRENKUSS DAS WÖRTERBUCH	**downtown - werkstatt für kultur und wissenschaft**	**KesselsKramer**	
Baedeker Reiseführer „SCHOTT"	SCHOTT AG	Fink & Fuchs Public Relations AG	280
CELEBRATE TOGETHER	ESPRIT Europe GmbH	AUFBRUCH Agentur für neue Kommunikation GmbH	
Das große Steakbuch	BLOCK HOUSE Restaurantbetriebe AG	HOFFMANN UND CAMPE Corporate Publishing	282
Grohe Ondus „The Perfect Flow"	Grohe AG	Anzinger | Wüschner | Rasp Agentur für Kommunikation GmbH	
Papas neuer Truck	Daimler AG	PRH Hamburg Kommunikation GmbH	
The Electronic Beats City Guides	T-Mobile International AG	COMMANDANTE BERLIN GMBH	
SPECIALS • UNTERNEHMENSBERICHTE			
360 GRAD - Daimler Nachhaltigkeitsbericht 2009	**Daimler AG**	**DesignHochDrei**	
Geschäftsbericht 2008	**Audi AG**	**BurdaYukom Publishing GmbH**	**286**
Adecco Group Annual Report	Adecco Group	MetaDesign	
Geschäftsbericht 2008	Kuoni Reisen Holding AG	Büroecco	
Programmbilanz 2008	Schweizer Fernsehen	Büro4	
Geschäftsbericht 2008	Schweizerischen Bundesbahnen SBB	schneiter meier külling AG	
Auf Hemd reimt sich fremd	Studiosus Reisen München GmbH	Kochan & Partner GmbH München	
Geschäftsbericht 2008	Swisscom AG	Studio Achermann	
Geschäftsbericht – Einblicke. Unsere Mitarbeiter. Unsere Zukunft.	ThyssenKrupp AG	häfelinger + wagner design GmbH	288
Geschäftsbericht 2008	Volkswagen AG	3st kommunikation GmbH	290

BEST OF CORPORATE PUBLISHING 2009 - PREISTRÄGER & SHORTLIST-NOMINIERUNGEN

	PUBLIKATION	HERAUSGEBER	CP-DIENSTLEISTER	SEITE
SONDERPREIS • DRUCKINNOVATION				
CP	**219plus — Ein Magazin für die besondere Perspektive**	**Sal. Oppenheim jr. & Cie. KGaA**	**Simon & Goetz Design GmbH & Co. KG**	
	Evonik-Magazin	Evonik Industries AG	HOFFMANN UND CAMPE Corporate Publishing	296
	Geschäftsbericht – Einblicke. Unsere Mitarbeiter. Unsere Zukunft.	ThyssenKrupp AG	häfelinger + wagner design GmbH	298
	pwc: Das Magazin für Vorausdenker	PricewaterhouseCoopers AG WPG	Facts & Figures GmbH (Ein Unternehmen der FINANCIAL TIMES DEUTSCHLAND)	300
	WEMPE MAGAZIN	Gerhard D. Wempe KG	HOFFMANN UND CAMPE Corporate Publishing	302
SONDERPREIS • INTERNATIONALE KOMMUNIKATION				
CP	**Mercedesmagazin**	**Daimler AG**	**Premiumcom Germany Ltd.**	
	BMW Magazin	Bayerische Motoren Werke AG	HOFFMANN UND CAMPE Corporate Publishing	306
	Bosch-Zünder	Robert Bosch GmbH	KircherBurkhardt GmbH	308
	Bulletin	Credit Suisse AG	Arnold. Inhalt und Form AG	310
	Departures	American Express Services Europe Ltd.	Journal International Verlags- und Werbegesellschaft mbH	128
SONDERPREIS • RECYCLINGPAPIER				
CP	**Deutsche Seeschifffahrt**	**Verband deutscher Reeder**	**Lohrengel Mediendesign**	**314**
	Amnesty Journal	Amnesty International	schrenkwerk	202
	Blickpunkt Lateinamerika	Adveniat	Unikat Werbeagentur GmbH	316
	Media in Peacebuilding and Conflict Prevention	Deutsche Welle	BICC	
	SECURVITAL – Das Magazin für Alternativen im Versicherungs- und Gesundheitswesen	SECURVITA Gesellschaft zur Entwicklung alternativer Versicherungskonzepte mbH	Breitenbach & Pötschick GmbH	318

B2B
FINANZDIENSTLEISTUNGEN/ IMMOBILIEN/CONSULTING

Preisträger

pwc: Das Magazin für Vorausdenker
PricewaterhouseCoopers AG WPG
FACTS & FIGURES GmbH –
Ein Unternehmen der Financial Times Deutschland

SEITE 42

Shortlist

1585
Deutsche Börse AG
corps. Corporate Publishing Services GmbH

SEITE 44

Global Investor
Credit Suisse, Global Research
Arnold. Inhalt und Form AG

SEITE 46

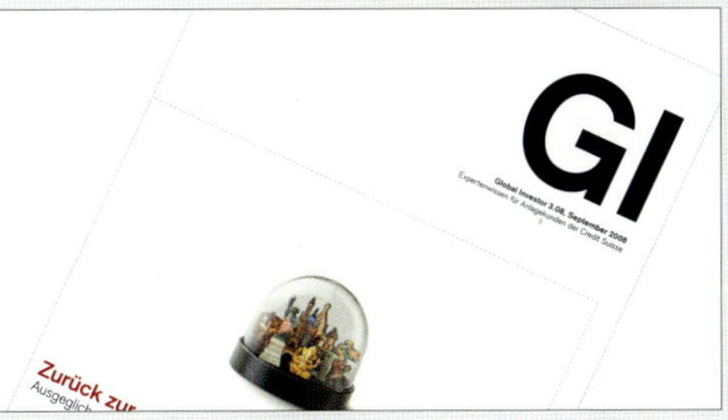

results
Deutsche Bank AG
HOFFMANN UND CAMPE Corporate Publishing

SEITE 48

PWC: *DAS MAGAZIN FÜR VORAUSDENKER* ist das Kundenmagazin von PricewaterhouseCoopers Deutschland. Zielsicher und genau, aber dabei stets greifbar und lebendig beschreibt *pwc:* die Herausforderungen von Unternehmen über das Tagesgeschäft hinaus. Ziel ist es, Denkanstöße zu geben. Der inhaltliche Anspruch der Wirtschaftsprüfungsgesellschaft und die journalistische Qualität der „Financial Times Deutschland" bilden einen idealen Mix aus Analyse und Anschauung, Fundiertheit und Verständlichkeit. Der Redaktion, die überwiegend mit bekannten Fachautoren zusammenarbeitet, gelingt es, die abstrakten, häufig zahlengetriebenen Themen von Wirtschaftsprüfern und Steuerberatern lebendig und anregend darzustellen – ohne ihnen die Komplexität zu nehmen. Das Magazin dient der Marken- und Imagebildung von PwC als Premiumunternehmen. Siehe auch Seite 300.

Herausgeber
PricewaterhouseCoopers

Dienstleister
Facts & Figures, ein Unternehmen der Financial Times Deutschland

Chefredaktion
Corinna Freudig, Detlef Gürtler

Art Director
Frauke Backer

Erscheinungsweise
viermal jährlich

Heftformat
210 mm x 297 mm (DIN A4)

Umfang
56 Seiten / Sonderausgabe 64 Seiten

Auflage
16.000 Exemplare

Vertriebsweg
Direktvertrieb

Website
www.pwc.de

Kontakt
cp@ftd.de

Um den visionären Ansatz der Sonderausgabe zur Zukunft auch in der Herstellung umzusetzen, wurden drei besondere Gestaltungsnoten eingebettet, die gemeinsam den Charakter des Magazins unterstreichen. Der Blickfang des aktuellen Covers ist ein Lentikularbild mit den Namen der im Heft präsentierten Vorausdenker. Im Heft eingestreut befinden sich vor jedem Ressort Transparentseiten, die ein Zitat zur Zukunft enthalten. Am Ende des Magazins wurde eine ausklappbare und heraustrennbare Infografik integriert, die bahnbrechende Entwicklungen und Entdeckungen der kommenden zwei Jahrzehnte im Überblick darstellt.

1585 ist nicht nur eine simple Zahl. *1585* ist Titel des innovativen Corporate Magazine der Gruppe Deutsche Börse. Der Titel ist international verständlich, prägnant und eng verbunden mit dem Markenprofil des Unternehmens. Im Jahre 1585 wurde die Frankfurter Wertpapierbörse gegründet, quasi die Urzelle der heutigen Gruppe Deutsche Börse. Der Zahlentitel dokumentiert die Ausnahmeposition, Tradition und Expertise der Finanzinstitution. Die Subline bringt zugleich die Programmatik, die Internationalität, die Modernität und den gehobenen Anspruch auf den Punkt: Business Journal Deutsche Börse Group. *1585* versteht sich als journalistisch geprägter Impuls- und Ideengeber für die Financial und Economic Society. Und weil das Magazin vierteljährlich nicht nur die Welt der Wirtschaft und Finanzen verbindet, ist es auch abseits von Börsenkursen von besonderem Wert.

Herausgeber
Deutsche Börse
Ulrich Meißner (V.i.S.d.P.)

Verlag
corps. Corporate Publishing Services

Redaktion
Florian Flicke (Ltg.), Andreas von Brevern, Ralph Kühn, Christian Pietschner

Gestaltung
Formwechsel Designbüro

Erscheinungsweise
4 x pro Jahr

Heftformat
220 mm x 300 mm

Umfang
36 Seiten

Auflage
17.000 Exemplare (Deutsch und Englisch)

Vertriebsweg
personalisierter Einzelversand

Zielgruppe
Kunden und Partner der Gruppe Deutsche Börse

Anzeigenpreis 1/1 4c
4.350 Euro

Website
www.deutsche-boerse.com

Kontakt zur Redaktion
1585@deutsche-boerse.com

KOMMT ALLES WIEDER

Die 80 Jahre alte und nie voll akzeptierte Idee eines Russen ist wieder aktuell: **Nikolai Kondratieffs „Theorie der langen Wellen“** in der Konjunktur weise den Weg aus der derzeitigen Krise, glauben ihre Jünger. Sie erleben derzeit ihre eigene Konjunktur.

1. Kondratieff **1840er** *2. Kondratieff* **1890er** *3. Kondratieff* **1940er** *4. Kondratieff* **1980er** *5. Kondratieff*

Fotos: Foto Deutsches Museum, Wolfgang Maria Weber / TV Yesterday, Imagebroker / Imago, VW, Bianchetti / Leemage / Picture-Alliance

Erik Händeler ist neuerdings ein vielbeschäftigter Mann. Er redigiert die siebte Auflage seines Buchs „Die Geschichte der Zukunft“, bekommt zahlreiche Anfragen für Vorträge und Gastbeiträge für die Tagespresse. Ein gutes Gefühl: Seit 15 Jahren forscht und publiziert Händeler über die Theorie der langen Wellen und stieß mit ihr oft genug auf Ablehnung. Bislang. „Seit der Wirtschaftskrise finde ich zunehmend Gehör“, sagt der 39-jährige Wirtschaftsautor.

Denn in der derzeitigen Rezession geraten auch Erklärungs- und Lösungsansätze in den Fokus, die in Tagen der Stabilität wenig beachtet, wenn nicht gar belächelt werden. Die Theorie der langen Wellen, die auf den Arbeiten des russischen Wirtschaftstheoretikers Nikolai Kondratieff aus den 1920er Jahren fußt, gehört zu diesen Kandidaten. Im Kern geht sie davon aus, dass die Konjunktur unweigerlich wiederkehrenden Zyklen von Auf- und Abschwung folgt, die eine Dauer von gut 50 Jahren haben – eine deterministische Auffassung, die im Widerspruch zum heutigen Mainstream der Volkswirtschaftslehre steht. Für Autoren wie Erik Händeler und andere jedoch zeigt die umstrittene Theorie Auswege aus der derzeitigen Misere. Innovationen in Umwelttechnik, Biotechnologie oder Gesundheitswesen sollen den Startschuss geben für den Beginn eines neuen Kondratieff-Zyklus. Und der stehe unmittelbar bevor, sagen sie.

Dem Wesen der Wirtschaft entsprungen

Nikolai Kondratieff selbst blickte in die Vergangenheit: Er studierte vor allem die Entwicklung von Preisstatistiken in England, Frankreich, Deutschland und den USA über einen Zeitraum von gut 140 Jahren und nahm die Werte als Messgröße für die Konjunktur. Dabei beobachtete er regelmäßige Wellen, die sich im Abstand von 40 bis 60 Jahren wiederholten, jeweils mit einem Aufschwung begannen und mit einer Rezession endeten. Kondratieff folgerte: „Die langen Wellen entspringen Ursachen, die im Wesen der kapitalistischen Wirtschaft liegen.“

Kondratieff veröffentlicht seine Theorie 1926. Ein Jahrzehnt später greift sie Wettbewerbspapst Josef Schumpeter auf. Er nennt die Wellen ihrem Entdecker zu Ehren „Kondratieff-Zyklen“ und entwickelt das Modell fort: Schumpeter betrachtet Basisinnovationen wie Dampfmaschine oder Eisenbahn als Auslöser jedes Wellen-Aufschwungs. Demnach begann der erste Kondratieff-Zyklus durch die Dampfmaschine, der zweite durch die Eisenbahn, der dritte durch Elektrotechnik und Chemie. Den vierten Zyklus initiierte die Massenmotorisierung und den fünften schließlich die Informationstechnologie. Ob aber diese Welle noch anhält oder schon ausläuft, wann ein sechster Kondratieff beginnen, und was ihn kennzeichnen wird – daran scheiden sich die Geister.

Beruhigende Botschaft ohne Beweis?

Noch mehr aber an der Frage, ob die Theorie der langen Wellen überhaupt haltbar ist. Ihre Faszination gründet vor allem auf zwei Umständen. Zum einen lassen sich komplexe Umwälzungen in der Vergangenheit wie die Industrialisierung oder die Große Depression simpel erklären – es musste einfach so kommen. Zum anderen enthält die Theorie die beruhigende Botschaft: Auf Regen folgt Sonnenschein – so schlimm eine Krise auch sein mag, irgendwann geht's wieder bergauf.

Aber wieso eigentlich? Ein überzeugendes Argument für unabwendbare Zyklen fehlt der Theorie. Einige wenige historische Beispiele erlauben nur schwer den Schluss auf ein allgemeingültiges Konjunkturmuster. Zudem kritisieren moderne Ökonomen, dass Kondratieffs Modell vor allem auf Preisreihen gründe, was keine Rückschlüsse auf

1585 verzichtet auf Selbstdarstellung und Eigenlob. Jede Ausgabe prägt ein Leitthema, das sich als Bezugs- und Ausgangspunkt für jeden Beitrag wie ein roter Faden durch das gesamte Heft zieht.

GLOBAL INVESTOR. Der *Global Investor* widmet sich Themen, die die Welt bewegen, sowie zukunftsweisenden Trends. Die Publikation vermittelt fundiertes Hintergrundwissen und Expertenwissen für Anlagekunden. Externe Spezialisten und Stimmen aus der Wirtschaft beleuchten die Thematik aus gesellschaftlicher, ökonomischer, politischer und wissenschaftlicher Perspektive. Anlagespezialisten stellen einer globalen Leserschaft langfristige Anlagestrategien vor. Mit der journalistischen Umsetzung, der Verständlichkeit des differenzierten Fachwissens und der Heftdramaturgie hebt sich der *Global Investor* von gängigen Bankenpublikationen ab.

Herausgeber
Giles Keating,
Credit Suisse Global Research

Projektleitung
Bernhard P. Felder, Markus Kleeb

Koordination
Katharina Schlatter

Realisation
Arnold. Inhalt und Form

Redaktion
Zoé Arnold, deutsch
Studio 20, englisch

Gestaltung
Michael Suter (Art Direction),
Selina Bütler, Michele Iseppi

Zielgruppe
Anlagekunden der Credit Suisse

Erscheinungsweise
zweimal jährlich

Heftformat
220 mm x 297 mm

Umfang
58 Seiten

Vertriebsweg
Postversand

Website
www.credit-suisse.com/research

Kontakt
urs.arnold@a-if.ch

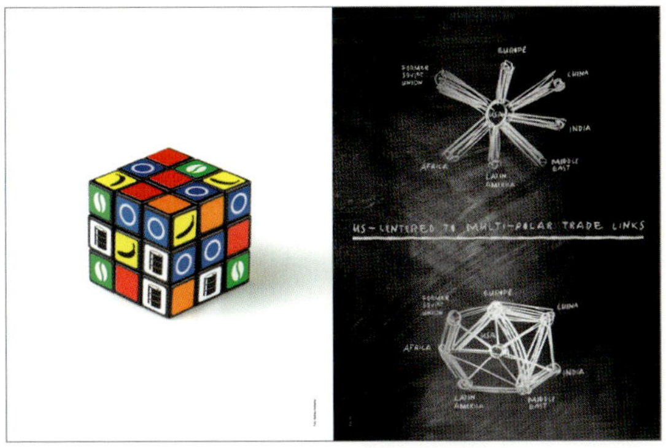
US-CENTRED TO MULTI-POLAR TRADE LINKS

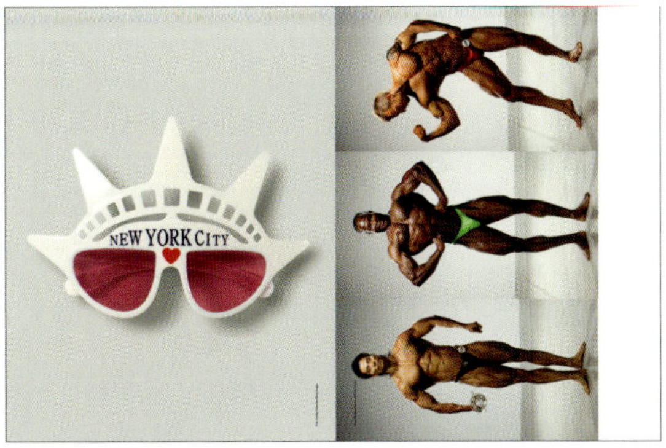
NEW YORK CITY

Reichtum neu verteilt
Bewegung in den lateinamerikanischen Exportmärkten

Betrifft: Debatte

Steigende Rohstoffpreise: Fluch oder Segen für die Schwellenmärkte?

König Konsument
Konsumgüter

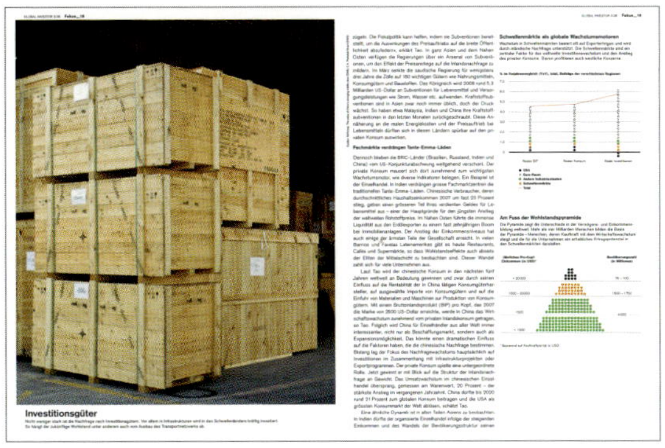
Investitionsgüter

«Herr Demaré, erwartet die ABB eine neue Weltwirtschaftsordnung?»

«Herr Banga, welche Rolle spielen für Unilever China und Russland?»

1
Bondmärkte in neuem Licht

2
Immobilienderivate

RESULTS, das Unternehmer-Magazin der Deutschen Bank, richtet sich insbesondere an Inhaber und Führungskräfte international tätiger mittelständischer Unternehmen. Das Themenspektrum ist auf die Bedürfnisse der Leser zugeschnitten: Fragen der strategischen Unternehmensausrichtung, der Unternehmensfinanzierung sowie Berichte und Analysen von Märkten und Branchen nehmen den überwiegenden Teil ein. Ein wichtiger Bestandteil des Heftes sind konkrete Fallbeispiele mit Best-Practice-Methoden mittelständischer Firmen. Durch den 3-Spalten-Umbruch ist die Leserführung klar und strukturiert, einzelne Elemente wie Kästen und Charts werden in großzügigen Weißräumen untergebracht. Diese Räume entstehen durch konsequentes Einhalten einer Horizontalen, die sich auf allen Seiten wiederfindet.

Herausgeber
Deutsche Bank, Firmenkunden Deutschland

CP-Dienstleister
HOFFMANN UND CAMPE Corporate Publishing

Chefredaktion
Boris Burauel

Art Direction
Wolf Dammann

Erscheinungsweise
viermal jährlich

Heftformat
220 mm x 275 mm

Umfang
48 Seiten

Auflage
38.500 Exemplare

Vertriebsweg
personalisierter Versand

Zielgruppe
Manager der deutschen Wirtschaft, insbesondere Inhaber und Führungskräfte international tätiger mittelständischer Unternehmen

Anzeigenpreis 1/1 4c
4.000 Euro

Website
www.deutsche-bank.de/results

Kontakt zur Redaktion
inga.borg@hoca.de

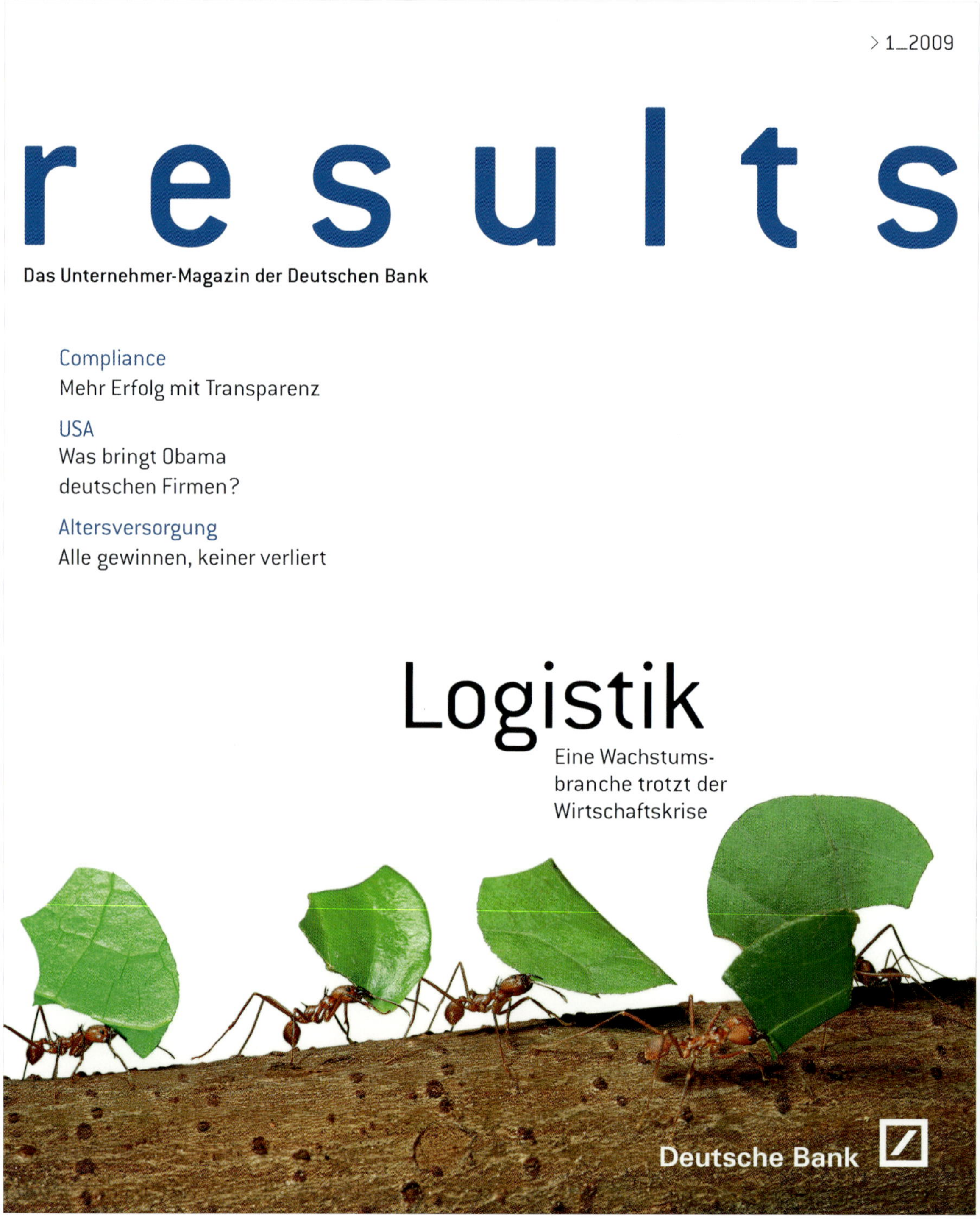

results
Das Unternehmer-Magazin der Deutschen Bank

Investieren in eigene Stärke

„Neue Kraft für die globale Wirtschaft"

Handfester Einsatz

Reiche Ernte

Altersversorgung hilft bei der Rekrutierung
Vorteile für Unternehmen
Checkliste
Interview
„Unternehmen entdecken die Vorteile"

Rentengespräch im Wohnmobil der Bank
Bilanzmodernisierungsgesetz (BilMoG)
Rechtzeitig gut aufgestellt
Weitere Informationen

B2B
HANDEL/KONSUM

Shortlist

Fame
P&G Prestige Products GmbH
Journal International Verlags- und Werbegesellschaft mbH

SEITE 52

senses
SYMRISE
red roses communications GmbH

SEITE 54

FAME. Mit der „Fragrance Academy“ steht für Parfümerie-Fachverkäufer/innen vonseiten P&G ein Fortschulungsangebot bereit, das durch das Magazin inhaltlich und fachlich vermittelt und aufbereitet werden soll. Das „Fragrance Academy Magazin Europe“, kurz *FAME*, bietet Fachberatung für die Parfümerie-Fachverkäuferinnen im Sinne von Fortbildung und Schulung, zugleich aber auch konkrete Beratung für den Berufsalltag und positioniert sich somit als Partner und Berater der Fachverkäufer/innen, stellt neue Produkte vor, beschreibt Markttrends, gibt Hilfestellung und konkrete Tipps im täglichen Verkaufsverhalten. Optisch wird das Magazin bewusst in einem hohen, luxuriösen Zeitschriften-Niveau realisiert. In fast jeder Ausgabe sind zudem Added Values on top beigelegt, um ein besonderes VIP-Gefühl zu vermitteln.

Herausgeber
P&G prestige products

CP-Dienstleister
Journal International Verlag

Redaktion
Kristina Salaba

Gestaltung
Alexandra Handgrödinger

Erscheinungsweise
dreimal jährlich

Heftformat
168 mm x 219 mm

Umfang
52 Seiten

Auflage
10.000 Exemplare

Vertriebsweg
Mailing

Zielgruppe
Parfümerie-Fachverkäufer/innen

FAME
FRAGRANCE ACADEMY
MAKE-UP-STIMMUNG ZUR
Glamour-Party
Smokey Eyes, rote Lippen und glänzende Highlights – zu Weihnachten und Silvester erfinden sich die Make-up-Klassiker immer wieder neu
Geheimnisvolle Blicke
Doppelter Wow-Effekt
fame 39

NEWS
HUGO
Jonathan Rhys Meyers for HUGO.
DIE NEUE ÄRA
HUGO
Der gelassene Rebell
Im Januar 2009 erobert ein neuer pulsierender HUGO-Duft Deutschland: HUGO ELEMENT. Ein maskuliner Duft, der die kreative Energie der Stadt einfängt
14 fame
fame 15

FAME
AKTUELL
Fashiontrends 2009
Einer der Gründe, sich ganz besonders auf den Frühling zu freuen, ist die neue Frühjahrs- und Sommermode. Vorhang auf für die aktuellen Modetrends auf den internationalen Laufstegen
GRÜN & BLAU
KNALLFARBEN
Matthew Williamson
Hunderte von Designern, ein einziger Gedanke: „Optimismus" war das vereinende Element auf den Laufstegen von New York bis Paris, von Mailand bis Tokio. Für Frühjahr und Sommer 2009 geizen die Modemacher nicht mit Üppigkeit und fröhlichen Farben, mit mutigen und extravaganten Schnitten und edlen Materialien. Ein Gegenentwurf zur beängstigenden
Wirtschaftskrise und trist-grauen Tagen auf dem Börsenparkett? Eins ist klar: Die neue Mode sorgt für gute Laune. Mit einer sprühenden Lebendigkeit, die man in diesem Ausmaß selten sah, vertreibt sie schwermütige Gedanken. Angefangen bei den Farben, wo sich vor allem Kobaltblau und Flaschengrün ein wunderbares Stelldichein geben (auch schön miteinan-
38 fame
fame 39

ESCADA
DER NEUE FASHION-DUFT VON ESCADA
Chillout Sunset Feeling
Wenn sich ein sonniger Strandtag dem Ende neigt, trifft man die coolsten Leute an der Beach-Bar. Mit dabei: der verführerischste Duftcocktail der Saison: ESCADA OCEAN LOUNGE
28 fame
fame 29

FAME
AKTUELL
Happy Colors
Der Bär ist los
Frühlingserwachen
Frische Farben, neue Trends und jede Menge Romantik – der Valentinstag steht vor der Tür, und der Frühling hält langsam Einzug
Zeit zu zweit
Unwiderstehlich
Schokolade mit Botschaft
Besonderes für die Ohren
Gewinner
DUFT AWARDS
6 fame
fame 7

SENSES möchte die Imagebildung bei Kunden und Geschäftspartnern fördern, will inspirieren, Kompetenz zeigen und Themen rund um die menschlichen Sinne besetzen. Jedes Heft hat ein Schwerpunktthema, beispielsweise „Indien", „Luxus" oder „Kids". Das Unternehmen Symrise tritt dabei dezent in den Hintergrund. Alle Themen haben den Anspruch, international interessant zu sein. Das Heft erscheint in rund 40 Ländern auf Deutsch, Englisch, Russisch und Chinesisch. Die Inhalte werden übersetzt, sind aber bereits in der Konzeption von internationaler Gültigkeit. Die Website bietet ergänzende Inhalte, die Themen überschneiden sich nicht.

Herausgeber
Symrise

CP-Dienstleister
red roses communications

Chefredaktion
Kristina Kroemer,
(red roses communications)

Artdirektion
Kathrin Dyrssen,
(red roses communications)

Erscheinungsweise
viermal jährlich

Heftformat
210 mm x 270 mm

Auflage
25.000 Exemplare

Vertriebsweg
Post

Zielgruppe
Kunden in der Lebensmittel-, Parfüm- und Kosmetikindustrie weltweit, Aktionäre, Hochschulen und Medien

Website
www.always-inspring-more.com

Kontakt zur Redaktion
k.kroemer@redroses-pr.com

senses | Samba Schulen

SAMBA MEU AMOR!

Markenzeichen südamerikanischer Leidenschaft und Sinnlichkeit ist der Karneval. Wenn die Tänzer der Sambaschulen ihre glitzernden Kostüme und Prunkwagen vorführen, geht nichts mehr auf den Straßen: Das ganze Land wiegt und wippt im Rhythmus des Samba.

FOTOS: Getty Images

Lebenslust pur! Die opulenten Roben der Samba-Tänzer sind an Pracht kaum zu überbieten: viel Strass, viele Federn und viel nackte Haut

20

21

China: Wachstumsmarkt mit eigenen Spielregeln

2008 war für China ein Jahr der harten Prüfungen. In der Krise ist die Bedeutung von Markt- und Kundennähe noch gestiegen

Wie war Ihr Jahr 2008?

Interview mit zwei Symrise-Kunden der Divisionen Scent & Care und Flavor & Nutrition

B2B
IT/TELEKOMMUNIKATION

Preisträger

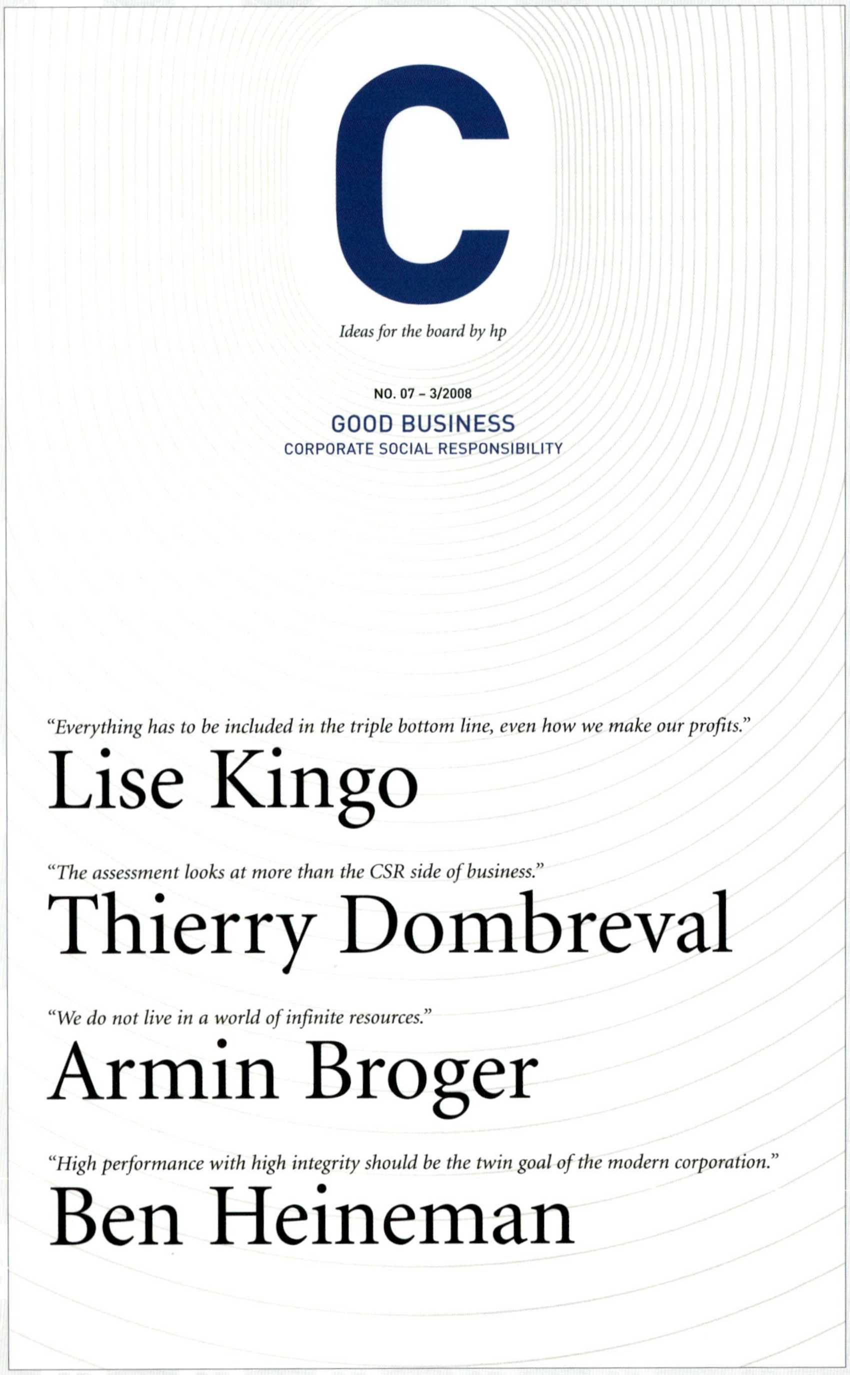

C
Hewlett-Packard Europe,
TSG Solutions Group
BurdaYukom Publishing GmbH

SEITE 58

Shortlist

Best Practice
T-Systems Enterprise Services GmbH
HOFFMANN UND CAMPE Corporate Publishing

SEITE 60

elements
Telefónica O2 Germany GmbH & Co. OHG
G+J Corporate Media GmbH

SEITE 62

Teilnehmer

t-mobile_business
T-Mobile Deutschland GmbH
JDB MEDIA GmbH

SEITE 64

C. Mit dem anspruchsvollen Executive-Magazin festigt Hewlett-Packard sein Image als globaler Business Solution Provider. News, Features, spannende Reportagen und Interviews informieren über Trends des aktuellen weltweiten Wirtschaftsgeschehens und zeigen mögliche Lösungsstrategien auf. Für die Top-Entscheider führender internationaler Brand-Unternehmen geschrieben, unterstreicht *C* mit seinem hohen Informationsniveau die Bedeutung des Qualitätsjournalismus und der Executive-Kommunikation für die Vermittlung werthaltiger Information für die Vorstandsebene.

Herausgeber
Hewlett-Packard Europe

Objektverantwortliche
Claudia Pfeil

Verlag
BurdaYukom Publishing

Redaktion
Tobias Knauer (Ltg.),
Alexander Gutzmer

CvD
Susan Sablowski

Art Director
Blasius Thätter

Gestaltung
Andrea Hüls

Bildredaktion
Bea Blank, Elke Latinovic

Heftformat
300 mm x 188 mm

Umfang
48 + 4 Seiten

Auflage
2.500 Exemplare

Vertriebsweg
Closed Circulation

Zielgruppe
C-Level-Manager (CEO, CFO etc.) der europäischen Fortune-Unternehmen

Website
www.hp.com

Kontakt zur Redaktion
tobias.knauer@burdayukom.de

C ist die Business-Leader-Plattform von HP Europe und präsentiert Problemlösungen für Business-Entscheider. Somit konzentrieren sich die internationalen Beiträge auf Themen wie Managementstrategien, Leadership, Best Practice Cases und BusinessReporting. Inhalte transportiert das Executive-Magazin eng entlang seiner Senior-Executive-Leserschaft als Business-People-Magazin: Im Mittelpunkt der optischen Umsetzung stehen die Menschen, die in den Beiträgen Wirtschaft gestalten.

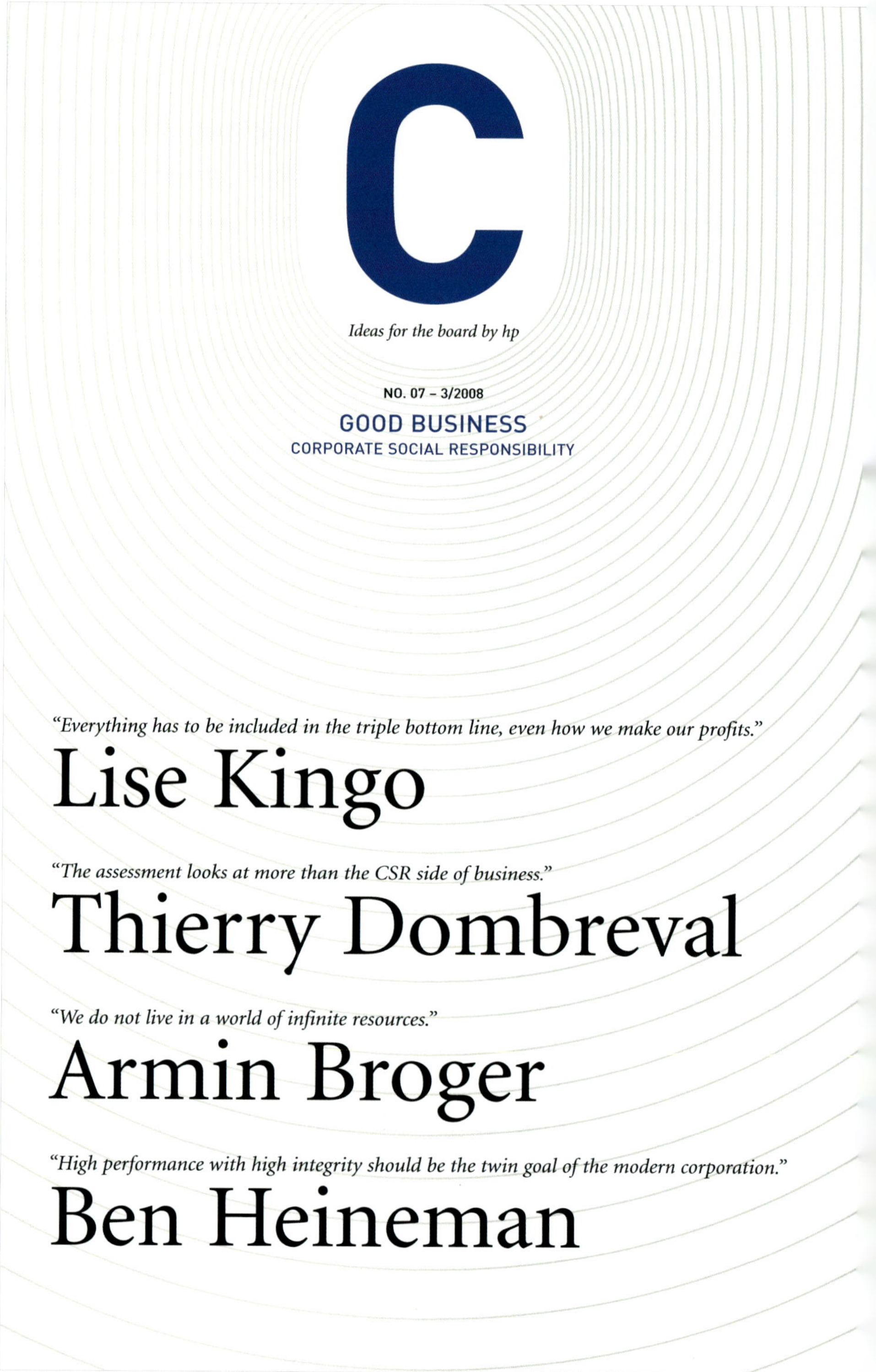

Choosing the right CEO:
Best practices for the board

The new alchemist
Interview with
Heston Blumenthal

Roots: Kazuo Inamori
Zen, charity and business

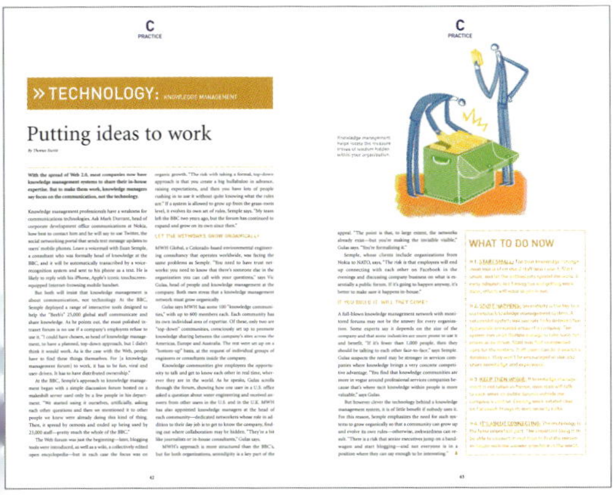
» TECHNOLOGY:
Putting ideas to work
WHAT TO DO NOW

THE BIG PICTURE
CORPORATE SOCIAL RESPONSIBILITY
WHEN DOING GOOD IS GOOD
It used to be considered a given for the CEO that corporate social responsibility came after profits. And it is still a given, but now the tables have turned: CSR has turned into core business.
Eco Levi Strauss: The iconic jeans company has begun making its products using organically grown cotton and natural dye, such as extract of mimosa flowers (shown here). It says CSR is now part of the company's mission.

THE BIG PICTURE
CORPORATE SOCIAL RESPONSIBILITY
"We had our first environmental policy in 1975."
Lise Kingo, executive vice president for corporate relations, Novo Nordisk
FROM RESPONSIBLE INVESTOR:
$14 trillion
72%

THE BIG PICTURE
CORPORATE SOCIAL RESPONSIBILITY
"CSR is a fundamental component of our business plan."
Armin Broger, president, Europe, Middle East, Africa, Levi Strauss
FROM NETIMPACT'S JOBS GROWTH SURVEY RELEASED JANUARY 2008
37%
$67,000
→ The company adopted triple-bottom-line accounting.
75%

BEST PRACTICE ist das Kundenmagazin von T-Systems, der Geschäftssparte der Deutschen Telekom. Auf 52 Seiten werden auf unterhaltsame und journalistisch professionelle Art erfolgreiche Beispiele, bewährte Lösungen und vorbildliche Verfahrensweisen der Informations- und Kommunikationstechnik dargestellt. Die Balance zwischen leicht verständlichen Geschichten und komplexen Fachbeiträgen schaffen erfahrene Journalisten renommierter Medien. Diese Storys bieten Einblicke, wie ICT das Kerngeschäft vorantreibt – durch Berichte über Technologien, die stets den Menschen in den Mittelpunkt stellen. Thematisch folgt die Struktur erfolgreichen Kaufzeitschriften mit einer rhythmisierten Abfolge von Lesestücken, News, Information und Unterhaltung, die in optisch überraschender Weise umgesetzt werden.

Herausgeber
T-Systems Enterprise Services

CP-Dienstleister
HOFFMANN UND CAMPE
Corporate Publishing

Chefredaktion
Thomas van Zütphen

Gestaltung
Jessica Winter

Erscheinungsweise
viermal jährlich

Heftformat
220 mm x 300 mm

Umfang
52 Seiten

Auflage
60.000 Exemplare

Vertriebsweg
personalisierter Direktversand

Zielgruppenprofil
Entscheider und IT-Experten von multinational agierenden Großkunden, öffentliche Hand, Entscheidungsträger aus Politik, Wirtschaft und Gesellschaft, Analysten, Presse, Topmanagement von T-Systems

Anzeigenpreis 1/1 4c
ab 4.950 Euro

Website
www.t-systems.de/bestpractice

Kontakt zur Redaktion
bestpractice@t-systems.com

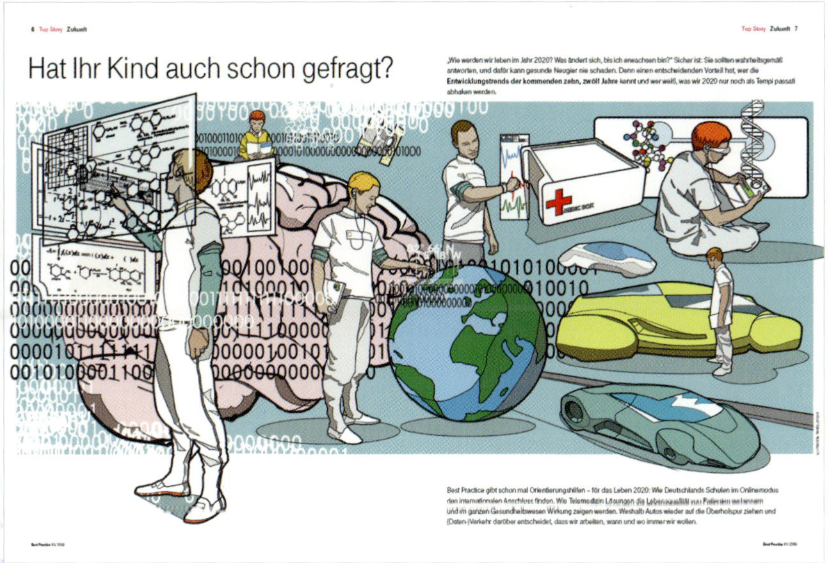
Top Story Zukunft
Hat Ihr Kind auch schon gefragt?
„Wie werden wir leben im Jahr 2020? Was ändert sich, bis ich erwachsen bin?“ Sicher ist: Sie sollten wahrheitsgemäß antworten, und dafür kann gesunde Neugier nie schaden. Denn einen entscheidenden Vorteil hat, wer die Entwicklungstrends der kommenden zehn, zwölf Jahre kennt und wer weiß, was wir 2020 nur noch als Tempi passati abhaken werden.
Best Practice gibt schon mal Orientierungshilfen – für das Leben 2020: Wie Deutschlands Schulen im Onlinemodus den internationalen Anschluss finden. Wie Telemedizin-Lösungen die Lebensqualität von Patienten verbessern und im ganzen Gesundheitswesen Wirkung zeigen werden. Weshalb Autos wieder auf die Überholspur ziehen und (Daten-)Verkehr darüber entscheidet, dass wir arbeiten, wann und wo immer wir wollen.

Top Story Zukunft
+++ Berlin, 11. Dezember 2020 +++ Zum ersten Mal seit Einführung von PISA vor 25 Jahren belegen deutsche Schüler Platz 1 in der europaweiten Bildungsstudie. +++
Wie die Kultusministerkonferenz in Berlin mitteilt, führen Schulpolitik und Wissenschaft den Erfolg auf zwei Faktoren zurück: Der Rückstand zu anderen Ländern der OECD bei der Versorgung mit Informations- und Kommunikationstechnik an den Schulen des Landes wurde durch eine beispiellose ICT-Offensive aufgeholt; dadurch sei es Kindern ermöglicht worden, losgelöst von Präsenzzeiten in den Schulen zu lernen, wann und wo immer sie wollen. Zugleich habe Deutschland den Anteil von Migrations- und Arbeiterkindern, die den PISA-Anforderungen entsprechen, auf nahezu 100 Prozent erhöht. Vor dem Hintergrund des Erfolgs forderten die Fraktionen des Deutschen Bundestages, in der Legislaturperiode 2021 bis 2025 den Terminus ‚bildungsferne Schichten‘ aus allen Vorlagen des Parlaments zu streichen. +++
Sophia (6) „Werden sich meine Kinder auch mal mit 30 anderen einen Lehrer teilen müssen?“
„Nein, sie haben dann zusätzliche Lehrer und Lernhilfen aus dem Netz.“

Formel 1
„Ich freu' mich auf Melbourne“

Tour de Technique
Technik, die Brücken baut
EIN REISETAGEBUCH

Tour de Technique

ELEMENTS. Das B2B-Magazin von O_2 Germany unterstreicht konzeptionell, inhaltlich und optisch das Image des Kommunikationskonzerns als erfrischend anderen, innovativen und kompetenten Anbieter. Das Heft verbindet die Kommunikationsinteressen des Unternehmens mit den Bedürfnissen der Leser. Ins Blatt kommt, was Geschäftskunden beruflich oder privat interessiert – unabhängig vom Bezug zum Herausgeber. Dazu gehören Marketing-Geschichten genauso wie Artikel über Verhaltenspsychologie, Trends im Mobilfunk- und Festnetzmarkt, Unternehmensporträts, aber auch klassische Hard- und Softwaretests. Der inhaltliche Ansatz ist betont journalistisch, nicht werblich. Reine Produktinformationen beschränken sich auf zwei Seiten.

Herausgeber
O_2 Germany

Herausgebender Verlag
G+J Corporate Media

Chefredaktion
Andreas Jung/das AMT

Redaktion
das AMT

Art Director
Frauke Backer

Zielgruppenprofil
Geschäftskunden, Lieferanten, Business-Vertriebspartner, Meinungsbildner und Multiplikatoren

Erscheinungsweise
dreimal jährlich

Heftformat
300 mm x 230 mm

Umfang
36 Seiten

Auflage
22.000 Exemplare

Vertriebsweg
Postversand

Website
www.o2online.de/goto/elements

Kontakt zur Redaktion
elements@das-amt.net

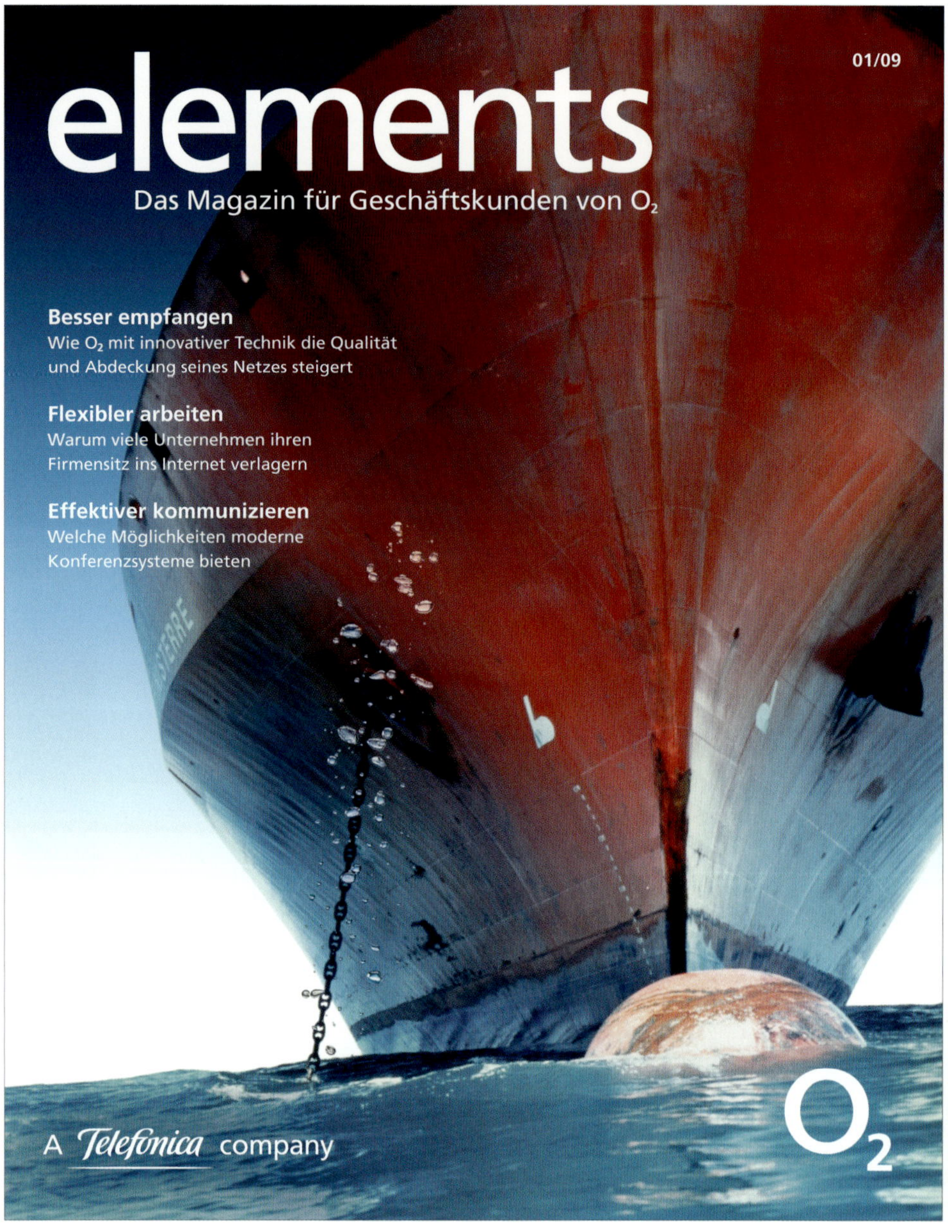

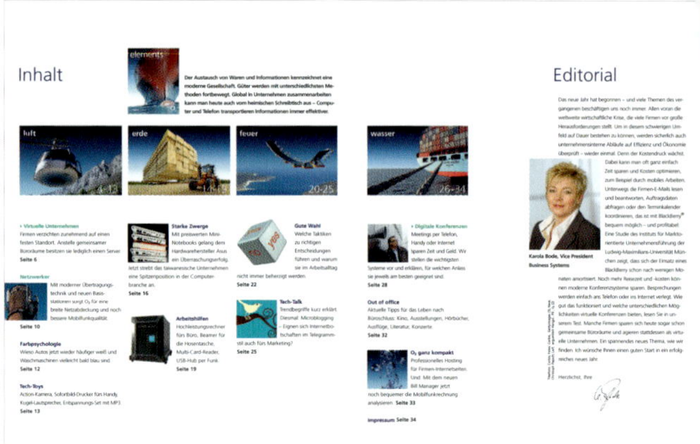

Optisch ist das Heft gegliedert nach den Naturelementen Luft, Erde, Feuer, Wasser. Sie stehen in jedem Heft unter einem anderen Thema, etwa Transport & Logistik, Orientierungshilfen, Bionik oder Kommunikationsmittel. Innerhalb von O_2 gilt *elements* in Europa als Best Practice. Bei der Themenmischung besteht die Kunst für jedes Heft darin, sowohl Festnetz- als auch Mobilfunkkunden zu begeistern, Laien und Fachleute einzufangen, Topmanager und Spezialisten.

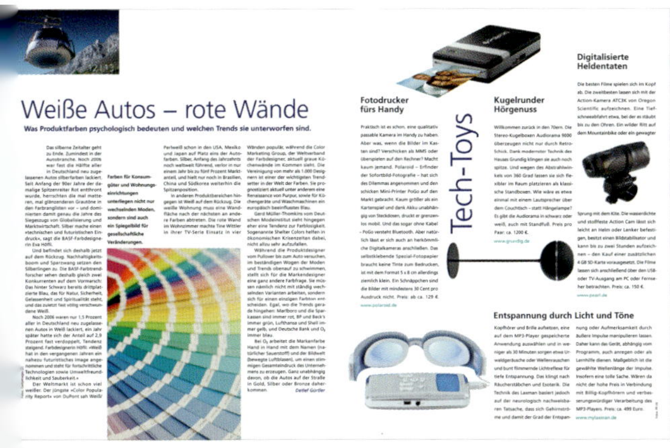

T-MOBILE_BUSINESS setzt auf Infotainment und bietet interessante und aktuelle Themen. Das Heft soll neugierig machen und Begehrlichkeiten wecken. Services und Lösungen sowie innovative Produkte rund um den Mobilfunkbereich werden in redaktionellen Beiträgen informativ, abwechslungsreich und in einem lesenswerten Stil präsentiert. *t-mobile_business* schafft Klarheit und bietet Mehrwert rund um die mobile Kommunikation. Zudem gibt es in *t-mobile_business* auch Tipps zu Einsparpotenzialen im betriebswirtschaftlichen Bereich (mit Schwerpunkt Telekommunikation), allgemeine Personal- und Managementthemen sowie unterhaltsame Artikel mit Bezug zur Geschäftswelt.

Herausgeber
T-Mobile Deutschland

Herausgebender Verlag
JDB MEDIA

Chefredakteur
Iris Krips-Brunsmann (T-Mobile)

Redaktion
Dania Müller (Ltg.)

Art Direction
Claudia Schiersch (Ltg.)

Zielgruppenprofil
Top-Geschäftskunden von T-Mobile Deutschland

Erscheinungsweise
viermal jährlich

Heftformat
260 mm x 200 mm

Seitenumfang
32 Seiten

Auflage
117.000 Exemplare

Anzeigenpreis 1/1 Seite 4c
7.500 Euro

Vertriebswege
Direktversand, PoS

Website
www.t-mobile.de

Die zurückgenommene Optik von *t-mobile_business* betont den seriösen Charakter des Magazins. Eine werbliche Anmutung wird so vermieden. Bei den Bildern gilt: weniger ist mehr. Im Innenteil sorgt ein luftiges Layout mit viel Weißraum für Übersichtlichkeit und Lesekomfort. *t-mobile_business* kommt mit wenigen gestalterischen Elementen aus: Wichtige Informationen werden in Infokästen und Grafiken präsentiert. Die Randspalte bietet dabei Raum für eine prominente Platzierung. Der Lauftext wird durch Zwischenheads und Zitate strukturiert. Ein modernes handliches Format verstärkt den Magazincharakter.

B2B
INDUSTRIE/TECHNOLOGIE/ENERGIE/PHARMA

Preisträger

Issues – Magazin für Energiethemen
Vattenfall Europe AG
muehlhaus & moers kommunikation gmbh

SEITE 68

Shortlist

Gewürzreporter
Gewürzmüller GmbH
KircherBurkhardt GmbH

SEITE 70

Heidelberg Nachrichten
Heidelberger Druckmaschinen AG
SIGNUM communication
Werbeagentur GmbH

SEITE 72

Linde Technology
Linde AG
Peter Schmidt Group Hamburg

SEITE 74

Teilnehmer

Medical Solutions
Siemens AG, Healthcare Sector
independent Medien-Design /
Primafila AG

SEITE 76

ISSUES. Energie ist der Motor unseres Lebens. Energie ist überall. Und Energie ist faszinierend. Das sieht auch Vattenfall Europe so, eines der führenden Unternehmen der Energiebranche. *ISSUES* transportiert diese Faszination – durch mitreißende Fotos, fundiert recherchierte Geschichten und überraschende Sichtweisen. Jedes Heft hat einen energierelevanten Schwerpunkt und betrachtet diesen aus ganz verschiedenen Blickwinkeln. Autoren sind Fachjournalisten, Wissenschaftler, aber auch Prominente. Zielgruppe von *ISSUES* sind Opinion Leader: Mit Fokus auf diese Zielgruppe wählt Vattenfall Europe als Herausgeber zusammen mit den CP-Experten von muehlhaus & moers kommunikation genau die Themen aus, die diese exklusive Leserschaft interessiert. So wird aus *ISSUES* ein unverkennbares Medium: ein Magazin für Energiethemen, das in dieser Form einmalig ist.

Herausgeber
Vattenfall Europe

CP-Dienstleister
muehlhaus & moers kommunikation

Chefredakteur
Karsten Blockus-Hopp
(Vattenfall Europe)

Redaktion
Karsten Fiehe, Jürgen Jehle
(muehlhaus & moers kommunikation)

Gestaltung
Pascal Schöning, Sabine Schiemann
(muehlhaus & moers kommunikation)

Erscheinungsweise
zweimal jährlich

Heftformat
210 mm x 280 mm

Umfang
68 Seiten

Auflage
7.500 Exemplare

Vertriebsweg
Direktversand

Zielgruppe
Opinion Leader aus Politik, Wirtschaft, Wissenschaft und Kultur

Websites
www.vattenfall.de
www.issues.de

Kontakt Projektleiter und Chef vom Dienst
k.fiehe@muehlhausmoers.de

Das Thema Energie mit anderen Augen betrachten – das ist bei *ISSUES* Konzept. Neben spannend geschriebenem Wissenschaftsjournalismus entdecken Leser auch exklusive Interviews, überraschende Bildreportagen sowie Essays und Kolumnen von Prominenten. Außerdem erhält der Leser – beispielsweise in der Ausgabe mit dem Schwerpunkt Metropolen – Antworten auf ungewöhnliche Fragen, etwa ob Berlin anders als New York klingt oder wie die grüne Architektur-Avantgarde in 30 Jahren bauen wird.

Baden im Überfluss

Yes, we can?
Pro
„Obamas Motto lautet „Change" – das wird man auch in der Umweltpolitik spüren."
Contra
„Obama wird sich für mehr Klimaschutz einsetzen – aber die Widerstände sind groß."

Saubere Kohlekraft
Unbekannte Erde
Solarpower to go
Frischer Wind
Hightechklempner
Kraftwerke im All

Fondue to go.

Welt voller Städte.
2007 MARKIERT EINEN WENDEPUNKT IN DER GESCHICHTE DER MENSCHHEIT: ERSTMALS LEBEN WELTWEIT MEHR MENSCHEN IN STÄDTEN ALS AUF DEM LAND, VIELE VON IHNEN IN GIGANTISCHEN MOLOCHEN MIT MEHREREN MILLIONEN EINWOHNERN. DOCH DIE ENTWICKLUNG DER MEGASTÄDTE VERLÄUFT NICHT EINHEITLICH. WÄHREND MANCHE IMMER WOHLHABENDER UND MÄCHTIGER WERDEN, DROHEN ANDERE AN IHREM RASANTEN WACHSTUM ZU ERSTICKEN.
VON HOLGER KROKER
Nordamerika
New York
DER BIG APPLE IST AUCH IM GLOBALEN VERGLEICH ZIEMLICH GROSS.

Eine Technik für die Zukunft.
CARBON CAPTURE AND STORAGE – KURZ CCS – ERMÖGLICHT DIE EMISSIONSARME ENERGIEERZEUGUNG AUS FOSSILEN BRENNSTOFFEN WIE KOHLE (SIEHE AUCH SEITE 44/45). IN ISSUES ERLÄUTERT DER INTERNATIONAL ANERKANNTE ENERGIEEXPERTE PROF. DR. THOMAS CHARLES HELLER, WARUM DIE EINFÜHRUNG DIESER TECHNIK SO WICHTIG IST.

Natur pur.

GEWÜRZREPORTER. Das Kundenmagazin von Gewürzmüller ist das Informationsmedium für Fleisch- und Wursthersteller. Sechsmal im Jahr bietet es den Lesern Informationen rund um Gewürzmischungen, Starterkulturen und Ingredienzien. Verkaufsfördernde Ideen helfen den Kunden, ihren Absatz zu steigern und tragen so zum erfolgreichen Geschäft bei. Dabei verfolgt der *Gewürzreporter* verschiedene unternehmensstrategische Ziele: Schaffung von Kaufanreizen, Erhöhung des Abverkaufs, Vorstellung des Sortiments sowie die Vermittlung von News aus der Unternehmenswelt. Marketingspezifische Ziele sind der Imageaufbau, stärkere Kundenbindung und höhere Kundenzufriedenheit durch qualitativ bessere Informationen.

Herausgeber
Gewürzmüller

CP-Dienstleister
KircherBurkhardt

Redaktion
KircherBurkhardt

Gestaltung
KircherBurkhardt

Erscheinungsweise
sechsmal jährlich

Heftformat
Zeitungsformat (315 mm x 470 mm)

Umfang
12 Seiten

Auflage
12.500 Exemplare

Vertriebswege
Pressesendung und Außendienst/Mitarbeiter

Zielgruppen
Fleischfachhandel, Industriekunden

Website
www.gewuerzmueller.com
www.lucullus.de

Gewürzreporter

Die Kundenzeitung der Gewürzmüller GmbH • Ausgabe 4/2008 • 2,20 Euro

INHALT
04/08

PORTRÄT
Nur das Beste ist gut genug – mit diesem Anspruch an seine Rohwurstproduktion setzt der Fleischermeister Klaus Riedel in Regensburg Maßstäbe
02

GUT BERATEN
Gesund essen, aber wie? Fleischer sollten bei diesem wichtigen Thema ihren Kunden gut informiert zur Seite stehen
03

DER BESTE AUFTRITT
Verkaufsaktionen sollen den Umsatz ankurbeln. Dafür müssen sie sehr gut geplant sein. Eine Expertin gibt Tipps
04

FUNCTIONAL FOOD
Funktionell veränderte Nahrung erobert den Markt. Was ist dabei in der Fleischverarbeitung möglich?
05

FETTARM
Genuss ohne Verzicht: Die GEWÜRZMÜLLER-Produktentwickler stellen schmackhafte Wurstrezepte vor, die fettreduziert sind
06

NEUHEITEN
Die beliebtesten GEWÜRZMÜLLER-Produkte für die aktuelle Saison
08

SCHÄTZE AUS ASIEN
Feinste Kräuter und erlesene Gewürze machen den Geschmack der asiatischen Küche aus
12

Für

Mit freundlichen Grüßen von Gewürzmüller

Ein guter Tag fängt schon morgens mit dem richtigen Frühstück an

Wellness für die Wurst: *Die Menschen wollen sich bewusst und gesund ernähren. Dafür spielen Wurst und Fleisch eine bedeutende Rolle. Deshalb wird dieses Thema auch für den Fleischerfachhandel immer wichtiger werden*

GESUND MIT WURST

Gerade bei ihrer Gesundheit wollen Konsumenten nichts mehr dem Zufall überlassen. Deshalb greifen Verbraucher in Deutschland immer stärker zu Lebensmitteln, von denen sie sich gesundheitliche Vorteile versprechen. Fettarme Wurstsorten liegen genauso im Trend wie frische Feinkostsalate und andere leichte Convenience-Artikel. Dieser Trend treibt den gesamten Lebensmittelmarkt an und verändert ihn sowie sein Angebot.

Das Thema *gesunde Ernährung* ist für den Fleischer heute wichtiger denn je

Die Ausgaben der deutschen Haushalte für diese sogenannten „Wohlfühl"-Lebensmittel sind von 2002 bis 2006 um mehr als 23 % angestiegen. Die dynamische Marktentwicklung weist aus Sicht der deutschen Ernährungsindustrie deutlich darauf hin, dass es bereits ein enorm vielfältiges Angebot an Lebensmitteln gibt, die dem Käuferanspruch nach „Gesundheit" entsprechen, es jedoch ein hohes Maß an Informationsbedarf bezüglich der Produkte beim Kunden gibt. Für den Fleischer kann das heißen, besonders fettarme Wurstsorten zusammen unter dem Begriff Wellfood in der Theke zu präsentieren oder im Verkaufsgespräch auf besonders gesunde Waren hinzuweisen.

Die Erwartungen der Konsumenten an die verschiedenen Lebensmittel können sehr unterschiedlich sein. In einer kleinen Umfrage oder im Verkaufsgespräch kann der Einzelhändler schnell herausfinden, welche Themen für seine Kundschaft besonders wichtig sind beziehungsweise was sie von ihrem Fleischer in Bezug auf gesunde Nahrungsmittel erwarten. Denn im Bereich gesunde Ernährung sind noch längst nicht alle Möglichkeiten ausgeschöpft, um alle potenziellen Kunden zu erreichen. Das Thema wird in den nächsten Jahren immer wichtiger werden und entsprechend auch immer mehr neue Kunden mit sich bringen. Experten wissen, dass Verbraucher für gesunde Nahrung gern ein bisschen tiefer ins Portemonnaie greifen. Mit Vitaminen oder Ballaststoffen ergänzte Nahrung, sogenannte funktionelle Lebensmittel, werden auch für den Fleischer eine immer wichtigere Rolle spielen.

Eine herzhafte Auswahl: Damit ist für jeden Geschmack etwas dabei

Gerade für die Metzger ist das veränderte Ernährungsbewusstsein ein ganz wichtiger Trend. „Dabei muss er das Rad nicht neu erfinden", weiß der GEWÜRZMÜLLER-Produktentwickler Thomas Rauh. Wenn es um gesunde Ernährung geht, spielen Fleisch und Wurst sowieso eine entscheidende Rolle. Sie sind wichtige Vitamin- und Eisenlieferanten. Außerdem gibt es einige Wurstsorten, die längst schon ein gesundes Image haben, wie der Kochschinken oder das Corned Beef. Deshalb ist gezielt eingesetztes Verkaufsmarketing besonders wichtig. Auf Seite 3 gibt eine erfahrene Ernährungsberaterin Tipps zu diesem Thema.

GEWÜRZMÜLLER hat natürlich auch auf dem Gebiet gesunde Wurst einiges zu bieten. Deshalb stellen wir auf den Seiten 6 und 7 schmackhafte und vor allem fettarme Wurstrezepturen vor.

> MEHR INFORMATIONEN
zum Thema Kochschinken und Functional Food gibt es auf den Seiten 8 und 9

LEICHTER GENUSS

SAISONAL

»MAN MUSS DAS RAD NICHT NEU ERFINDEN«

02 • AUSGABE 4/2008

EDITORIAL

Mehr Umsatz mit Wellfood

IMPRESSUM

Im Porträt

QUALITÄT BRINGT ERFOLG

Die Firma Karl Riedel ist über die Grenzen Bayerns hinaus bekannt für ihr ausgezeichnetes Rohwurstsortiment. Bei der Auswahl und Verarbeitung der Zutaten wird dabei nichts dem Zufall überlassen

SPEZIALITÄTEN

> MEHR INFORMATIONEN

»Interessante PERSONEN, aktuelle Trends UND SPANNENDE IDEEN auf einen Blick«

AUS DER BRANCHE

AUSGABE 4/2008 • 03

Beratung

GESUNDE ERNÄHRUNG IST EIN WICHTIGES THEMA

Der Fleischer und sein Verkaufspersonal werden in Zukunft vermehrt auch als Ernährungsberater auftreten müssen. Kompetenz auf diesem Gebiet schafft Vertrauen beim Kunden

Der Fettgehalt ist für den Verbraucher EIN WICHTIGES Ernährungsthema

BUCHTIPP ZUM THEMA

Konsumenten

MEHR QUALITÄT

Verbraucher, die beim Metzger einkaufen, schätzen den persönlichen Service

Unternehmenskultur

FRAUEN BRINGEN POWER

Immer mehr Frauen erobern die klassischen Handwerksberufe. Mit großem Erfolg. Diese Entwicklung ist ein Gewinn für die Branche, von dem alle profitieren können

Für die Verbraucher spielt gesunde, fettarme Ernährung eine große Rolle. Diese Ausgabe des *Gewürzreporters* zeigt, wie einfach das auch mit Fleisch und Wurst möglich ist. Die Titelstory liefert dazu nützliche Informationen und Zahlen aus der Branche. Auf den Folgeseiten gibt ein Produktentwickler im Interview Auskunft über die Trends und passende Rezepte mit Gewürzmüller-Produkten setzen Kaufanreize. Auf der Rückseite befinden sich unterhaltsame Themen und das Response-Element.

NACHRICHTEN UND ZAHLEN

WERBUNG MIT ZIEL BRINGT KUNDEN UND UMSATZ

WELLNESS FÜR DIE WURST

HERZHAFTES AUS DER OBERPFALZ

GEWÜRZKUNDE

BUDDHAS SCHÄTZE

HEIDELBERG NACHRICHTEN ist das globale Kundenmagazin von Heidelberger Druckmaschinen. Seit der ersten Ausgabe 1930 hat die Zeitschrift immer wieder neue Wege eingeschlagen. Heute ist die mehrfach ausgezeichnete Publikation die zentrale Kommunikationsplattform der weltweiten Heidelberg-Familie. Als Teil der Branding-Strategie des Unternehmens stärkt das Magazin die Marke Heidelberg. Druckexperten in über 100 Ländern finden in abwechslungsreichen Beiträgen und Interviews Anregungen für ihre Arbeit. Mitreißende Reportagen setzen Kunden aus aller Welt emotional in Szene – und bieten Einblicke in ihre Geschäftswelt. Journalistische Qualität und hoher Nutzwert gehen Hand in Hand und wecken das Leserinteresse. So schafft das Magazin Vertrauen und erhöht die Kundenbindung.

Herausgeber
Heidelberger Druckmaschinen

Herausgebender Dienstleister
SIGNUM communication Werbeagentur

Projektmanagement
Matthias Tritsch

Redaktion
Dietmar Seidel, Volker Zeese

Creative Director
Matthias Birkenbach

Art Director
Oliver Weidmann

Erscheinungsweise
dreimal jährlich in vier Sprachen und in einer Auflage von 130.000 Exemplaren

Umfang
60 bis 68 Seiten

Vertriebswege
Direktversand an Kunden über Vertriebsgesellschaften, Auslage bei Messen usw.

Zielgruppenprofil
Kunden von Heidelberger Druckmaschinen, Kommunikationsverantwortliche in Unternehmen, Produktioner und Mediengestalter

Website
www.heidelberg-news.com

Die Ausgaben der *Heidelberg Nachrichten* werden in regelmäßigen Abständen veredelt. Dadurch erhalten die Leser Anregungen und sehen, was drucktechnisch machbar ist und wie es realisiert werden kann. In Ausgabe 266 erfahren die Leser zum Beispiel, wie sie mit Iriodin-Lack Perlglanzeffekt erzielen, durch eine Reliefprägung eine fühlbare Präsenz herstellen oder wie sie mit Duftlack den Geruchssinn ansprechen. Sämtliche „Veredelungsrezepte" sind auch im Heft umgesetzt.

Cachos Geist

GASTON TRIÑANES (33),
ALEJANDRO TRIÑANES (40),
CACHO TRIÑANES († 2005),

Die Mischung macht's

SPRITZGEBÄCK
MIT APRIKOSENRÖSTER
Iriodin und Doming-Lack
SPRITZGEBÄCK
MIT APRIKOSENRÖSTER

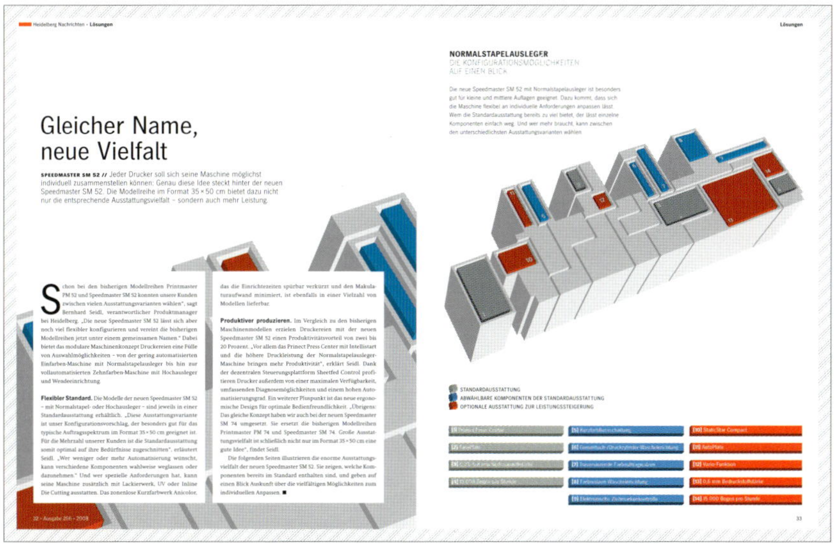
Gleicher Name,
neue Vielfalt
NORMALSTAPELAUSLEGER

Wenn jede
Sekunde zählt

LINDE TECHNOLOGY. Mit *Linde Technology* untermauert The Linde Group den Unternehmensanspruch, Innovationen voranzutreiben. Die Publikation berichtet wissenschaftlich fundiert und gleichzeitig verständlich aufbereitet über Forschungsthemen und Innovationen aus den Bereichen Industriegase, medizinische und therapeutische Gase, über neue Erkenntnisse zu Wasserstoff-Technologien und aktuelle Entwicklungen im Anlagenbau. Jede Ausgabe hat ein Schwerpunktthema, dessen unterschiedliche Aspekte in mehreren Artikeln und mit flankierenden Interviews ausführlich beleuchtet werden.

Herausgeber
Linde

CP-Dienstleister
Peter Schmidt Group

Redaktion
Dr. Thomas Hagn (Linde), wissen + konzepte – Kommunikation für Forschung, Technik und Medizin

Gestaltung
Peter Schmidt Group

Erscheinungsweise
zweimal jährlich

Heftformat
210 mm x 270 mm

Umfang
56 Seiten

Auflage
11.000 Exemplare

Vertriebswege
RMD Rhein-Main-Distribution, Außendienst/Mitarbeiter

Zielgruppenprofil
Geschäftspartner, Kunden, Journalisten, Universitäten und Forschungseinrichtungen

Website
www.linde.com

Kontakt zur Redaktion
thomas.hagn@linde.com

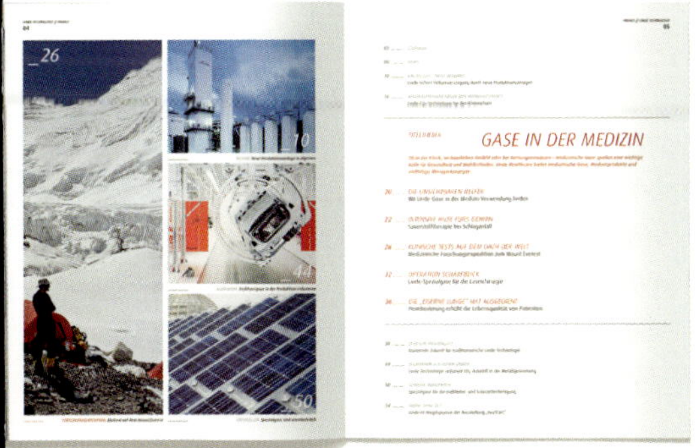
GASE IN DER MEDIZIN

DIE UNSICHTBAREN HELFER
Gase in der Medizin

KALTES GAS –
HEISS BEGEHRT

Medizinische Forschungsexpedition zum Mount Everest
KLINISCHE TESTS AUF
DEM DACH DER WELT

OPERATION
SCHARFBLICK

DIE WELT BRAUCHT ENERGIE –
UND KLIMASCHUTZ
ENERGIEMIX DER ZUKUNFT

KÄLTEMASCHINE
FÜR DEN URKNALL

ZERLEGTE
WÜSTENLUFT

NATÜRLICH TANKEN

DIE RICHTIGE MISCHUNG
GEGEN ANGST

MEDICAL SOLUTIONS – globale Wissensplattform. Das B2B-Kundenmagazin *Medical Solutions*, Flaggschiff des internationalen crossmedialen Corporate Publishing von Siemens Healthcare, bietet der Leserschaft auf C-Level (Klinikmanagement, Ärzte, Opinion Leaders etc.) Einblick in neue Wege der Gesundheitsökonomie und der Medizintechnik. Der internationalen Leserschaft in 131 Ländern wird so Wissen und ein Wissensaustausch auf einem Top-Level geboten. Renommierte Journalisten und Publizisten aus den Bereichen Gesundheitsökonomie und Healthcare recherchieren vor Ort – so in den USA, in China, Russland oder Deutschland. Die Themen geben der internationalen Leserschaft Einblick in neueste Entwicklungen in den Gesundheitsmärkten.

Herausgeber
Siemens, Healthcare Sector

Herausgebender Dienstleister
independent Medien-Design / Primafila

Chefredaktion
Doris Pischitz

Art Director
Horst Moser

Erscheinungsweise
dreimal jährlich

Format
210 mm x 280 mm

Umfang
80 Seiten

Auflage
54.500 Exemplare (englisch, deutsch)

Vertriebsweg
Direktvertrieb

Zielgruppe
B2B-Kunden weltweit (C-Level)

Website
www.siemens.de/healthcare-magazine

Kontakt zur Redaktion
Dr. Viviane Egli
egli@primafila-cp.ch

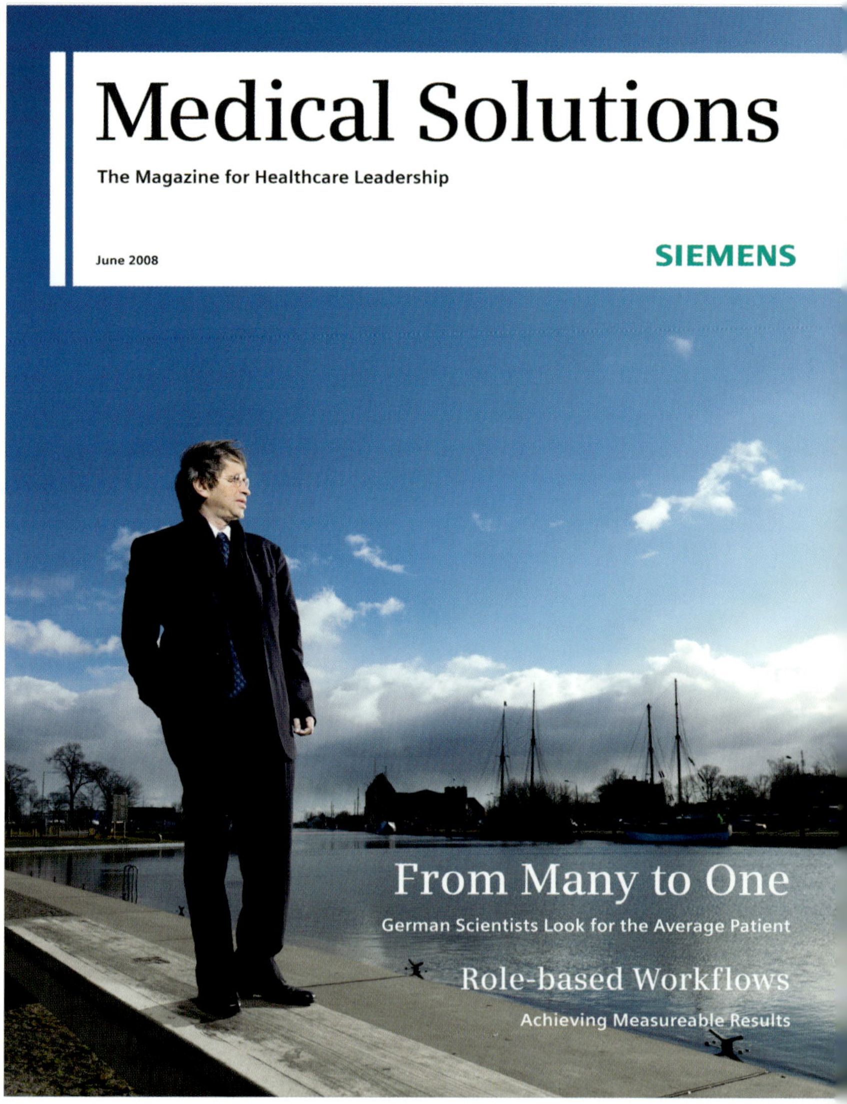

Proactive Instead of Reactive: Recognizing Problems Before System Failure

Today, purchasing decisions are no longer made solely on the basis of product features. System availability and service are other important criteria that help decide the competitiveness of supplying companies. The Medical Director of the Diagnostic and Interventional Radiology Department at the University Hospital Tübingen, Professor Claus D. Claussen, MD, and his team speak about the challenges of radiology and why proactive services such as the Siemens Guardian Program support smooth workflow.

By Katja Stöcker, MA

"We are under massive pressure to deliver competent diagnoses to our colleagues in the hospital or to the referring physicians with ever faster turn-around times," says Professor Claussen, describing an essential challenge for radiology. To realize optimized capacity utilization, appointments are scheduled tightly. A system failure would immediately disrupt the workflow in his department and would also have ramifications for the workflow of the University Hospital Tübingen (UKT – Universitätsklinikum Tübingen), Germany, as a whole. "Therefore, in the event of a malfunction, technical service must be just as prompt and competent," continues Claussen.

For the various Siemens computed tomography (CT), magnetic resonance (MR), and angiography systems in Professor Claussen's department, Siemens supports the workflow with different proactive services. The hospital has recently become a reference hospital for medical-technology service by Siemens Healthcare. Customers and interested persons from all over the world may experience a system's virus-protection functions onsite, for example.

Virus Protection is a service that protects Siemens systems from viruses, worms, and trojan horses. System-specific usage and capacity-utilization data can be retrieved through the service Utilization Management. "It is important to recognize errors as early as possible and not

"We are under massive pressure to deliver competent diagnoses to our colleagues in the hospital or to the referring physicians with ever faster turn-around times."

Professor Claus D. Claussen, MD,
Medical Director, Diagnostic and Interventional Radiology,
University Hospital Tübingen, Germany

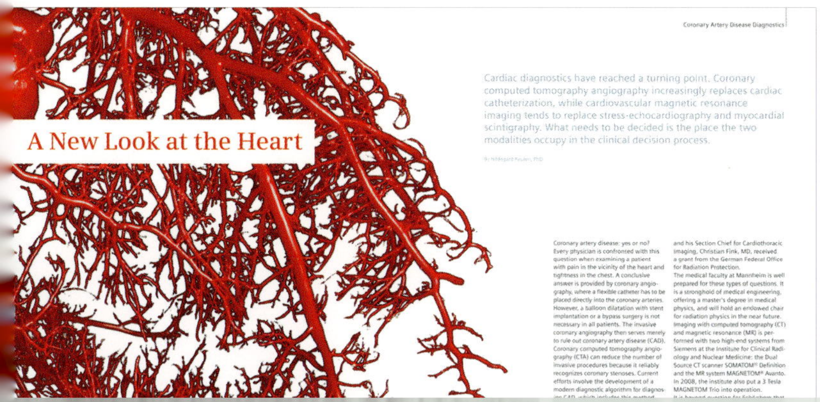

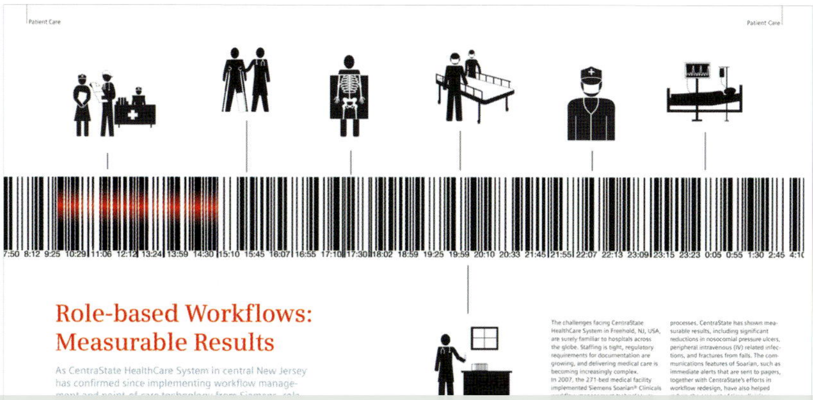

B2B
MEDIEN/ENTERTAINMENT/KULTUR

Preisträger

DAS LEBEN IST BUNT.

PREGO:

DAS MAGAZIN VON EDEL 01/2008

EINE WELT OHNE ERNST Sondermänner, Sonderfrauen, Sonderlinge beantworten hinter jeder Ecke die großen Fragen der Menschheit – der Kosmos des Bernd Pfarr.

MAN MUSS LIEBEN, WAS MAN TUT Ein Herr erklärt, was Bücher mit Musik zu tun haben. Und mit Film. Und was Kultur mit Kommerz. Oder, kürzer: Die Idee vom Medienhaus.

QUALITÄT UND LUST Na, endlich: ein Buch von Christian Rach. Der Denker unter den Köchen über Zutaten, Rezepte, die Verbindlichkeit von Gesetzen, den Spaß am köchelnden Experiment.

ICH BRAUCHE WORTE »Mit 15 war es mein großes Lebensziel, arm und schwarz zu sein. Arm war einfach.« – Helen Schneider zwischen Rock'n' Roll und Jazz.

AUSSERDEM: Vom Überleben in der Luxuswüste | Müll und Mächte in Neapel | Kaiser Kunde | Mut im Alltag | Piratin Paula | Die apokalyptischen Vorlesechöre | Und: Gerhard Steidl in Röbel.

Prego:
Edel AG
Groothuis, Lohfert, Consorten Gesellschaft für Formfindung und Sinneswandel mbH

SEITE 80

Shortlist

periodicum
EGGER & LERCH GmbH
EGGER & LERCH GmbH

SEITE 82

PREGO: heißt das B2B-Kundenmagazin, das Edel mehrmals im Jahr für die Buchbranche herausbringt – für Buchhändlerinnen und Buchhändler, Verlagsmenschen und Zwischenhändler. Das Motto des Magazins spiegelt das Buchprogramm wider: „Das Leben ist bunt“. Heiter und unterhaltsam beleuchtet *prego*: Neues, Wissenswertes, Interessantes aus der Buch- und Musikwelt und stellt dabei auch Themen, Autoren und Künstler des Verlagsprogramms vor. Die klare, moderne Gestaltung signalisiert: Bei uns zählen Qualität und Inhalt. Edel mit Hauptsitz in Hamburg ist mit über 700 Mitarbeitern in acht Ländern Europas präsent. Das Unternehmen beschäftigt sich mit der Herstellung und Vermarktung von Entertainment-Produkten. Seit Anfang 2007 gehören auch Buchverlage zu Edel.

Herausgeber
Edel

CP-Dienstleister
Groothuis, Lohfert, Consorten Gesellschaft für Formfindung und Sinneswandel

Chefredakteur
Bernd Hocke

Creative Director
Rainer Groothuis

Redaktion
Niko Müller, Christiane Jessen

Gestaltung
Susan Schulz, Antje Haack

Herstellung
Katja Jaeger

Erscheinungsweise
mehrmals jährlich

Heftformat
210 mm x 288 mm

Umfang
60 Seiten

Auflage
15.000 Exemplare

Vertriebsweg
Direktvertrieb

Zielgruppe
Teilnehmer der Buchbranche – Verlage, Buchhandlungen, Zwischenhändler

Website
www.edel.de

Kontakt zur Redaktion
christiane.jessen@glcons.de

DAS LEBEN IST BUNT.

PREGO:

DAS MAGAZIN VON EDEL 01/2008

EINE WELT OHNE ERNST Sondermänner, Sonderfrauen, Sonderlinge beantworten hinter jeder Ecke die großen Fragen der Menschheit – der Kosmos des Bernd Pfarr.

MAN MUSS LIEBEN, WAS MAN TUT Ein Herr erklärt, was Bücher mit Musik zu tun haben. Und mit Film. Und was Kultur mit Kommerz. Oder, kürzer: Die Idee vom Medienhaus.

QUALITÄT UND LUST Na, endlich: ein Buch von Christian Rach. Der Denker unter den Köchen über Zutaten, Rezepte, die Verbindlichkeit von Gesetzen, den Spaß am köchelnden Experiment.

ICH BRAUCHE WORTE »Mit 15 war es mein großes Lebensziel, arm und schwarz zu sein. Arm war einfach.« – Helen Schneider zwischen Rock'n' Roll und Jazz.

AUSSERDEM: Vom Überleben in der Luxuswüste | Müll und Mächte in Neapel | Kaiser Kunde | Mut im Alltag | Piratin Paula | Die apokalyptischen Vorlesechöre | Und: Gerhard Steidl in Röbel.

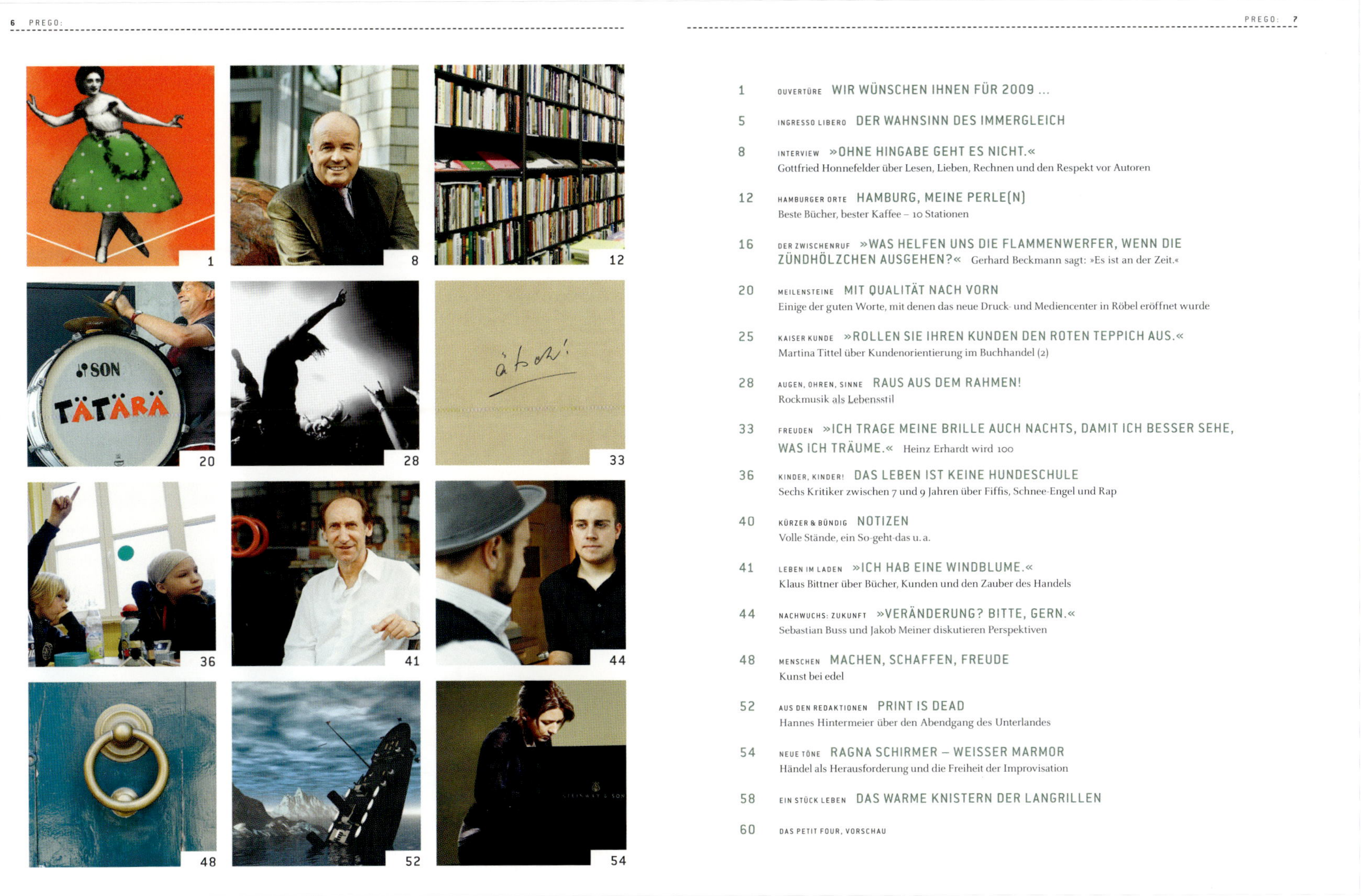
6 PREGO:

PREGO: 7

54 NEUE TÖNE

NEUE TÖNE 55

Zu Beginn ihrer Karriere gewann Ragna Schirmer 15 erste Preise, darunter zweimal den Internationalen Johann-Sebastian-Bach-Wettbewerb in Leipzig. Mit 28 Jahren wurde sie Professorin an der Mannheimer Musikhochschule. Sie musiziert mit großen Dirigenten wie Kurt Masur, Zubin Mehta, Herbert Blomstedt oder Andrey Boreyko, und im Jahr 2003 gewann sie den ECHO Klassik.

Musikalische Pionierarbeit: Die Pianistin Ragna Schirmer hat die 16 Cembalo-Suiten Georg Friedrich Händels erstmalig komplett auf einem modernen Konzertflügel eingespielt. Im Interview spricht sie über diese Herausforderung, die Freiheit der Improvisation und über ihre Lieblingsstadt Halle.

INTERVIEW: MARTIN HOFFMEISTER FOTOS: FRANK EIDEL

Das Händel-Jahr 2009 wirft seine Schatten voraus. Auffällig ist, dass im Rahmen aller Feierlichkeiten und Veröffentlichungen Händels Werke für Tasteninstrumente für Markt und Interpreten von untergeordnetem Interesse zu sein scheinen. Was hat Sie dazu gebracht, die Händel-Suiten einzuspielen?
Je mehr ich mich mit den Händel-Suiten beschäftigt habe, desto größer wurde das Interesse. Irgendwann habe ich mir gesagt: Es hat zwar noch niemand gemacht, aber ich mach' sie alle! (*lacht*). …

Dann habe ich Stück für Stück einstudiert und die 16 Suiten im Sommer innerhalb von drei Wochen komplett aufgenommen.
Was wird das Besondere an den neuen Einspielungen sein?
Ich habe mir vorgenommen, die Suiten, jede für sich, besonders zu gestalten. Einige Sätze ähneln sich natürlich, aber ich möchte jeder Suite ein eigenes Gesicht geben. Jede CD soll einen emotionalen und strukturellen Spannungsbogen haben, damit der Zuhörer Händel in all seinen Facetten erleben kann.
War die Freiheit, die man als Interpret von Händels Suiten …

44 LEBEN IM LADEN

LEBEN IM LADEN

Wilfried Weber in gelassener Erwartung neuer Kunden.

Wir hätten ein superlanges Schaufenster mit Rückwand, ob wir vielleicht für seine Bücher ein Sonderfenster machen könnten. Entzückt rief Kempowski an und lud mich ins dörfliche Idyll, in seine Lehrerwohnung. Auf der Rückfahrt hatte ich dann sein Kostbarstes – die Konzeption seiner künftigen Romane per Zettellegenden, mit Reißzwecken auf dün-

»Auch Prominente sind Menschen.«

ner Holzplatte genagelt. Und mehrere Aktenordner mit zahllosen alten Familienfotos, Postkarten und weitere Unüberschaubarkeiten. Die Leute drückten sich später an der Schaufensterscheibe die Nase platt. Kempowski, der sonst ständig was zu granteln hatte, war glücklich – wir auch. Viel Mühe, viel Spaß und über Jahrzehnte bis in sein letztes Lebensjahr hinein Kempowski als Kunden für Tagebücher und Briefe jeder Art.

Als mir damals die Häufung prominenter Gäste auffiel, sagte Felix Jud lakonisch: »Schauen Sie, auch Prominente sind Menschen, die Bücher brauchen – und Zuwendung. Folglich sollte man ihnen beides verschaffen.« Daran kann man auch heute noch arbeiten, täglich. Wer weiß, wen Absicht oder Zufall als Nächsten hereinschneien lässt.

Meine Karriere im Kunsthandel begann sehr früh. Damals lebte der unglückliche Ehemann von Romy Schneider, …

Es war eine Serie »Artistin am Schminktisch« aus Picassos Zirkusbildern. Wir fanden beide, dies sei das ideale Versöhnungsgeschenk. Ich nahm einen Scheck in bis dahin ungeahnter Höhe entgegen.

Hamburg/Paris, Paris/Hamburg. In Paris lebt ein Kunde, den wir seit Jahren als Freund der Buchhandlung betrachten dürfen. Da er selber unsere Firma gelegentlich öffentlich nennt, wage ich, seinen Namen zu nennen: Karl Lagerfeld, Büchersammler und Connaisseur der Literatur und der Künste. Vor einigen Wochen erzählte ich ihm von der Anfrage eines deutschen Museums – ob er nicht diesem Hause seine Bücher vermachen wolle. Amüsiert reagierte er – haben die bereits einen Anbau geplant? »Und, cher ami, Sie wissen doch, von meinen Büchern trenne ich mich zuallerletzt.« Diese vieljährige Beziehung funktioniert nach dem einfachen Prinzip: Jede neue Aufgabe wird umfassend, äußerst rasch und absolut nachhaltig erledigt. Und die älteren Aufgaben behält man im Auge – dauerhaft. Und was vorhanden ist, weiß man auch, ungefähr.

Aber auch dort, wo es so persönlich zugeht, ist man vor bitterer Erfahrung nicht gefeit. So hatten wir jahrelang einen Samstagskunden, den Oberarzt eines Krankenhauses, der mit Tüten beladen erschien, Stunden bei uns zubrachte, literarisch bestens Bescheid wusste …

wir uns einig: Ich hätte es wohl nicht gekonnt. Macht aber nichts.

Alles verschenken kann man nicht.

Dieser Tage erreichte mich der Brief eines deutschen Schriftstellers, der in Schweden lebt – »Lieber Herr Weber, nicht genug, dass wir ein wunderbares Gespräch in Ihrem Bücherreich führen konnten und ich einen Originalbrief von Leo Trotzki lesen durfte; nicht genug, dass Sie mir auch gleich die Biographie des unglaublichen Lev Nussimbaum alias Essad Bey zum Geschenk machten – kaum bin ich zurück in Schweden, liegt dessen Stalin-Biographie der 30er-Jahre im Briefkasten. Als Sie mir erzählten, dass Sie das lädierte Stück in Paris bekommen hätten, hatte ich angenommen, es sei auch postwendend wieder dorthin zurückgegangen.«

Am Hamburger »Neuen Wall« fegt der scharfe Wind der Luxuswüste, da ist kein Platz für müde Händler. Man muss sich für Kunden etwas einfallen lassen, damit sie zu »Freunden« werden, die gerne und häufig kommen. Alle Bücher, über die man gesprächsweise in der Begegnung mit Kunden berichtet, kann man natürlich nicht verschenken. Felix Jud pflegte bei einem fragenden Kundenblick zu sagen: »Schauen Sie, wir verschenken unsere Bücher gegen geringes Entgelt.« ■

PERIODICUM ist die Ausnahme von der Regel „Eigenes Handwerk leidet Not". Als Corporate-Publishing-Dienstleister investiert Egger & Lerch in ein eigenes 68-seitiges Magazin, das drei Funktionen übernimmt: Kundenbindung, Akquisitionsunterstützung und nicht zuletzt Spielwiese und Experimentierfeld für das Team. Hier gibt es keine Ausreden mehr à la „Der Herausgeber wollte es so!" Inhaltlich bietet *periodicum* einen Mix aus großzügig angelegtem Lesestoff und konkretem Nutzen für alle, die mit Corporate Publishing zu tun haben, insbesondere für (potenzielle) Auftraggeber. Grafisch ist ein jährlicher Relaunch geplant, damit es in der Versuchsküche niemals langweilig wird – weder für die Köche noch für die Gäste.

Herausgeber
Egger & Lerch

Chefredakteur
Mag. Klaus Lerch

Art Direction und Gestaltung
Elisabeth Ockermüller

Erscheinungsweise
zweimal jährlich

Heftformat
230 mm x 280 mm

Umfang
68 Seiten

Auflage
4.000 Exemplare

Vertriebsweg
Info-Mail

Zielgruppe
Egger & Lerch-Kunden sowie CP-, Marketing- und PR-Verantwortliche in Österreich und Deutschland

Anzeigenpreise
auf Anfrage

Website
www.egger-lerch.at

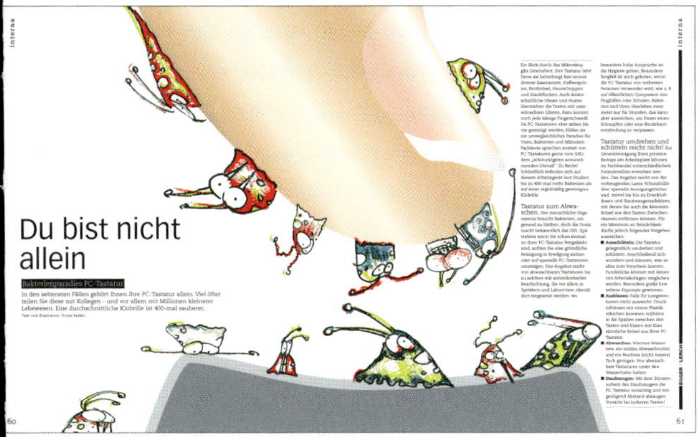

Spendenziele im Langzeitvergleich, in Prozent

	1996	2000	2004
Kinder	42	42	47
Katastrophen Inland	12	21	25
Behinderte	30	30	22
Hunger in der Welt	24	25	21
Tierschutz	25	23	21
Katastrophen Ausland	11	25	14
Umwelt	22	23	13
Entwicklungszusammenarbeit	11	23	12

Quelle: ÖIS-Studien

Spendenvolumen nach Zielen im Vergleich
Ausgewählte Organisationen, in Millionen Euro

		1995	2000	2003	2005	2006
Kinder	SOS-Kinderdorf*	12,1	17,9	15,9	16,0	28,4
EZA	DKA	8,9	10,3	12,2	15,4	12,8
Humanitäre Hilfe	Ärzte o. Grenzen	0,1	4,1	6,5	11,7	10,1
Umwelt	Greenpeace	3,4	5,3	8,8	8,7	8,5
Tiere	Vier Pfoten	1,7	3,3	4,6	5,7	5,4
EZA	Caritas/August	4,2	3,6	3,1	3,3	3,7

Quelle: ÖIS-Erhebungen
* Zahlen SOS-Kinderdorf ohne Legate und Patenschaften, 2006 inkl.

non-profit

2.874 Zeitschriftenseiten hat Egger & Lerch im Jahr 2007 produziert, davon 1.410 für den Non-Profit-Bereich

0,25 Euro pro Viennale-Six-Bock-Ticket für die Veranstaltungen der Viennale von 17. bis 29. Oktober gehen an Ute Bock, die sich in Wien für Flüchtlinge und Asylwerber einsetzt. **1** Schmuckfarbe, nämlich Blau, ziert das sonst schwarz-weiße Magazin Diakonie des Diakoniewerkes. Nur **2** Fische verteilte Jesus dem Johannesevangelium gemäß unter einer großen Menge Menschen, und alle sollen satt geworden sein. Alle **5** Sekunden verhungert ein Kind unter 10 Jahren. Seit **5** Jahren gibt es an der WU Wien ein eigenes NPO-Institut. Jedes **6.** Kind in Deutschland lebt laut Kinderreport Deutschland 2006 in Armut. **8** Buchstaben hat der Name der Hilfsorganisation für psychisch Kranke, Pro Mente. Etwa **10** ältere Menschen leben in einer betreuten Hausgemeinschaft des Diakoniewerkes zusammen unter einem Dach. Seit **12** Jahren lautet der Licht-ins-Dunkel-Slogan: „Ist da jemand?". Jeder **12.** Einwohner Deutschlands galt laut Statistischem Bundesamt 1999 als schwer behindert. **13** afrikanische Asylwerber bilden das Fußballteam FC Ute Bock Shooters. **15** Menschen mit kognitiver und mehrfacher Behinderung leben im Mathiashof der Caritas in Fuschl zusammen. **19** Euro pro Monat und Kind kostet eine Patenschaft bei „Rettet das Kind" mindestens. Genauso viel kostet auch eine Tierpatenschaft bei Bons Amigos. Der **20.** Juni ist Weltflüchtlingstag. **25** % der Marke Nachbar in Not gehören dem ORF. Etwa **30** m² groß ist ein Einzelappartment im Haus für Senioren des Diakoniewerkes. **38,7** % der Gesamtausgaben wendete Care Österreich 2006 für Projekte in Afrika auf. **40** % seiner Mittel hat das World-Food-Programm der UNO durch die Preissteigerungen bei Nahrungsmitteln in den letzten Wochen und Monaten verloren. **43** % der österreichischen Bevölkerung weisen mindestens eine Sehbeeinträchtigung auf. Um **53** % stieg der Reispreis in Mali in den vergangenen Monaten. **74** Jahre ist der unermüdliche Kämpfer gegen den Hunger, Jean Ziegler, mittlerweile alt. Mit **100** Schilling Startkapital begann die Hilfsgemeinschaft der Blinden und Sehschwachen 1948 ihre Arbeit. Knapp **100** Euro beträgt die durchschnittliche Spendenhöhe pro Person und Jahr in Österreich. Zirka **110** Menschen werden regelmäßig im Wiener Integrationshaus betreut. **182** Organisationen sind derzeit mit dem offiziellen österreichischen Spendengütesiegel ausgezeichnet. **193** Staaten sind in der UNESCO vertreten. **358** Kilo Mais verbrennt, wer ein vollgetanktes 50-Liter-Ethanolauto leer fährt. **572** Hilfsprojekte weltweit unterstützte die österreichische Caritas 2006. **1.129** Personen nahmen 2006 an den Bildungs- und Kulturprojekten der MigrantInnenakademie des Wiener Integrationshauses teil. Etwa **1.500** Kinder pro Tag werden mit Aids infiziert, die meisten schon als Neugeborene. **1953** wurde Caritas-Präsident Franz Küberl in Graz geboren. **1971** wurde die Organisation Ärzte ohne Grenzen gegründet. **1999** erhielt Ärzte ohne Grenzen den Friedensnobelpreis. **6.200** Anrufe registrierte die Wiener Tierschutzombudsstelle 2005 im ersten Jahr ihres Bestehens. **7.515** Preise konnte man bei der diesjährigen Lotterie Augenstern der Hilfsgemeinschaft der Blinden und Sehbehinderten Österreichs gewinnen. Über **8.000** Schulen gehören zum UNESCO Associated Schools Project Network, sind also sogenannte UNESCO-Schulen. **8.000** Menschen demonstrierten 1998 auf dem Berner Bundesplatz für die Gleichstellung von behinderten und nichtbehinderten Menschen. Über **10.204** Pflegeheimbetten verfügte das Land Steiermark 2006. Etwa **14.500** Menschen weltweit arbeiten für Care International. Etwa **28.000** ehrenamtlich Engagierte arbeiten in Pfarren und Einrichtungen der Caritas Österreich. **43.044** Euro spendeten die Hörerinnen und Hörer von FM4 anlässlich eines Spendenaufrufs für Licht ins Dunkel 2007. **48.460** ehrenamtliche Mitarbeiter engagierten sich 2007 beim Roten Kreuz in Österreich. Zirka **60.000** größtenteils behinderte Menschen wurden in Schweden zwischen 1935 und 1941 sterilisiert. Mit **100.000** Euro ist der Crystal-of-Hope-Award dotiert, den Care heuer für Aids-Projekte in Kenia zugesprochen bekam. **115.000** MigrantInnen in Österreich sind laut Statistik Austria manifest arm. **454.254** Blutspenden zapfte das Rote Kreuz 2007 den ÖsterreicherInnen ab. **460.000** Menschen in Österreich sind von Armut und sozialer Ausgrenzung betroffen. **2.615.089** Einsatzfahrten österreichweit leistete das Rote Kreuz 2007. **7,4 Millionen** Euro an Spendengeldern für die Aktion Menschen für Menschen wurden allein im Zuge einer Fernsehsendung anlässlich des 80. Geburtstags von Karlheinz Böhm lukriert. **854 Millionen** Menschen waren 2007 permanent schwerstens unterernährt. **2,2 Milliarden** Menschen leben laut Weltbank unter dem Existenzminimum. **4 Milliarden** Euro nimmt der österreichische Non-Profit-Sektor laut Statistik Austria und WU Wien jährlich ein. **2 Billionen** Dollar setzen laut Johns-Hopkins-Universität die NPOs jährlich weltweit um.

B2B
HANDWERK/BAU/ARCHITEKTUR

Preisträger

new spaces
Gaggenau Hausgeräte GmbH
HOFFMANN UND CAMPE
Corporate Publishing

SEITE 86

Shortlist

concepts BY HOCHTIEF
HOCHTIEF Aktiengesellschaft
HOFFMANN UND CAMPE Corporate Publishing

SEITE 88

Profile – Magazin über Architektur
Schüco International KG
Bauverlag BV GmbH

SEITE 90

Switch – Das Magazin von Merten
Merten GmbH & Co. KG
Trademark Publishing Verlag Karl W. Henschel

SEITE 92

NEW SPACES ist das B2B-Magazin von Gaggenau, dem Hersteller exklusiver Kücheneinbaugeräte. Das Magazin richtet sich speziell an die Zielgruppe Planer und Architekten. Sinnlich und inspirierend wird ein breites Spektrum an architektonischen Themen präsentiert. Eine klare Struktur führt den Leser hinter die Kulissen der Gaggenau Welt, fasziniert mit packenden Reportagen über ungewöhnliche architektonische Trends und bietet darüber hinaus handfesten Nutzwert in Form von Ideenansätzen und Musterbeispielen für den Einsatz von Gaggenau Produkten.

Herausgeber
Gaggenau Hausgeräte

CP-Dienstleister
HOFFMANN UND CAMPE
Corporate Publishing

Chefredaktion
Peter Würth

Art Direction
Dirk Linke

Erscheinungsweise
zweimal jährlich

Format
A4 (210 mm x 297 mm)

Umfang
60 Seiten

Auflage
20.000 Exemplare (3 Sprachausgaben)

Vertriebsweg
personalisierter Versand

Zielgruppe
Architekten und Entscheider aus den Bereichen Innenausbau und Küchenplanung sowie Bauträger

Website
www.gaggenau.com/newspaces

Kontakt zur Redaktion
newspaces@gaggenau.com

Der auffallende Titel weckt Neugier und ist sofort wiedererkennbar. Die Zahl auf dem Titel greift eine Produktspezifikation eines im Magazin vorgestellten Gaggenau Produkts auf. Einzelne überraschende, auffallende Geschichten werden mit einem ungewöhnlichen Ansatz erzählt und präsentiert. Die Architekten sollen sehen, wie Gaggenau Produkte in verschiedenen Situationen eingesetzt werden und was sie zu leisten imstande sind. Diese Musterbeispiele können sie auch ihren Kunden zeigen und so eigene Ideen erläutern. Ein achtseitiger Teil auf speziellem Werkpapier stellt innovative Ideen für Küchenräume vor.

Historiker, Architekt, Visionär

Um Japan zu erneuern, zeigt Terunobu Fujimori seinen Landsleuten den Weg in die Vergangenheit

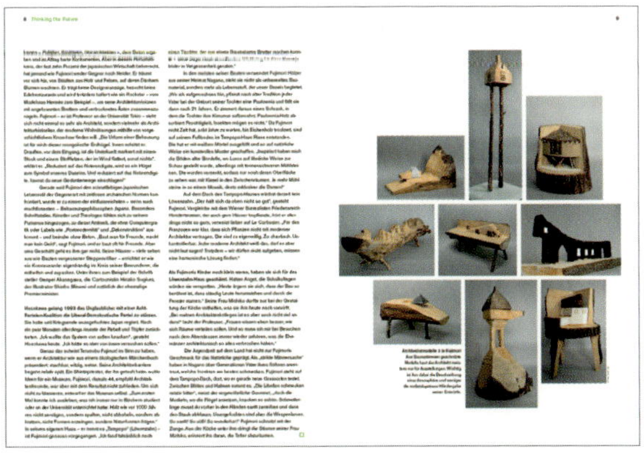

Historie und modernes Design

Eine Wiener Familie machte das großelterliche Haus zum neuen Zuhause – ein stilistischer Brückenschlag

Kitchen in Heaven

Ob im 47. Stock eines Hochhauses in Schanghai oder in einem Belle-Époque-Gebäude in London – die exklusiven Showrooms von Gaggenau passen sich immer lokalen Bedürfnissen an

Sachliche Schönheit

Logik und Logistik sind die Kerngedanken hinter einem Prefab-Wohncontainer aus Vorarlberg, der es ins Museum of Modern Art in New York geschafft hat – Gaggenau war als Sponsor mit von der Partie

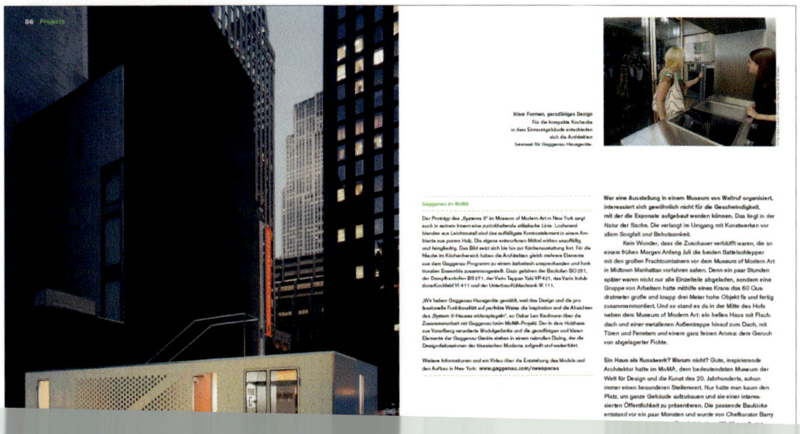

CONCEPTS BY HOCHTIEF ist das B2B-Magazin von Hochtief, dem internationalen Baudienstleister. Das Magazin richtet sich speziell an Geschäftspartner des Unternehmens sowie an Entscheider aus Politik und Wirtschaft. Innovation, Kompetenz, Partnerschaftlichkeit und Transparenz prägen das Geschäft von Hochtief. Das spiegelt sich sowohl in der klaren, modernen und technischen Optik des Magazins als auch in den Texten wider: Faszinierende Reportagen und hochwertige Wirtschaftsberichte nehmen den Leser mit in die Welt der modernen Baudienstleistungen und in das globale Netzwerk eines internationalen Konzerns mit seinen Leistungen, Gesichtern und Geschichten. In jedem Heft greift die Titelgeschichte ein Thema von besonderer strategischer Relevanz für Hochtief auf.

Herausgeber
Hochtief

CP-Dienstleister
Hoffmann und Campe Corporate Publishing

Chefredaktion
Oliver Driesen

Art Direction
Dirk Linke

Erscheinungsweise
zweimal jährlich

Heftformat
280 mm x 210 mm

Umfang
44 Seiten

Auflage
24.000 Exemplare

Vertriebsweg
personalisierter Direktversand

Zielgruppenprofil
Geschäftspartner von Hochtief sowie Entscheider in Politik und Wirtschaft

Website
www.hochtief.de/concepts

Kontakt zur Redaktion
concepts@hochtief.de

AMERIKAS SCHAUKASTEN

SCHÖNER KÜHLEN

U-BAHN NACH ÜBERSEE

ALLES SCHLÄFT, EINE SCHÜRFT

64 500 MENSCHEN ...

„DASS DER STAAT NICHT BAUEN KANN, WEISE ICH ZURÜCK"

IM MORGEN-LAND

„Wir sind bei diesem Projekt im Prinzip dankbar für jedes Problem und jeden Fehler. Denn was hier falsch läuft, passiert so schnell kein zweites Mal"

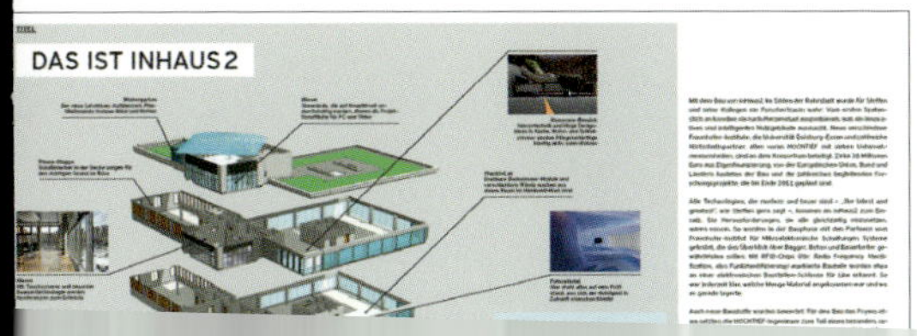
DAS IST INHAUS2

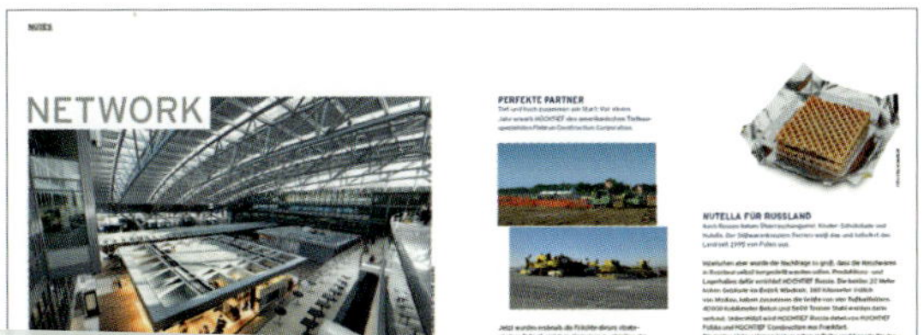
NETWORK

1001 PROJEKTE ...

PROFILE. Die Vorstellung interessanter internationaler Architekturprojekte nach Themenschwerpunkten durch den jeweiligen Architekten bildet den Schwerpunkt des *Profile-Magazins.* Die textliche Darstellung der Objekte in Interviewform wird durch hochwertige Architekturfotografie begleitet und mit Zeichnungen und technischen Details unterlegt. Fachbeiträge, Diskussionen und Standpunkte verschiedener internationaler Architekten vervollständigen das Gesamtbild und schließen den jeweiligen Themenschwerpunkt ab. Abgerundet wird das Magazin durch die aktuellen Entwicklungen und Zukunftstrends aus dem Hause Schüco, die detailliert aufgezeigt und besprochen werden. Das Magazin erscheint zweisprachig in Deutsch und Englisch. Zudem gibt Schüco Beilagen in verschiedenen Sprachen sowie separate Ausgaben beispielsweise in Spanisch/Englisch und eine Version speziell für die USA heraus. Die Inhalte sind auch online abzurufen: deutsch unter www.schueco-profile.de sowie englisch unter www.schueco-profile.com.

Herausgeber / Konzeption
Schüco International

CP-Dienstleister
Bauverlag BV

Redaktion
Bauverlag BV

Erscheinungsweise
zweimal jährlich

Heftformat
234 mm x 297 mm

Umfang
118 Seiten

Auflage
200.000 Exemplare

Vertriebswege
Direktversand, Außendienst, Packaging mit der Architekturzeitschrift Detail (deutsche und englische Vollauflage)

Zielgruppen
Architekten, Investoren, Planer

Website
www.schueco-profile.de.
www.schueco-profile.com

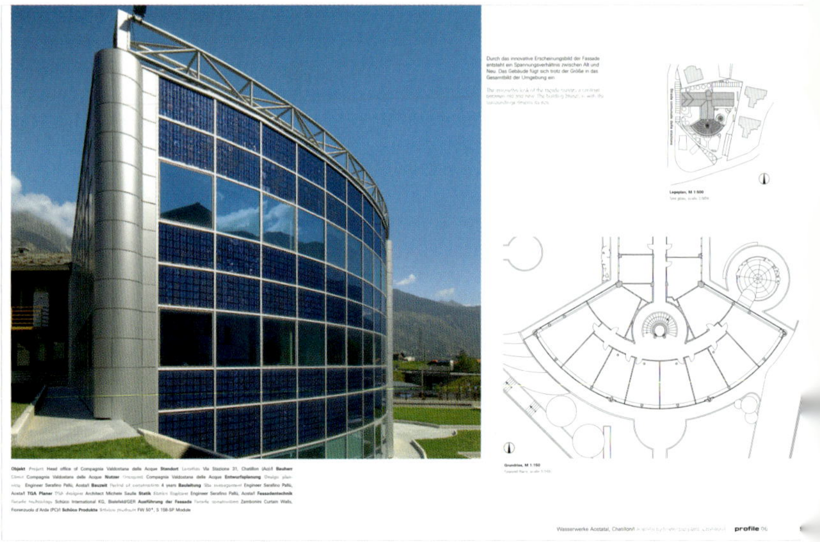

Impressum profile
Ausgabe 06 Issue 06
Herausgeber Published by Schüco International KG
Marketing Jochen Wilms, Tanja Brinks
Redaktion Editorial team Burkhard Fröhlich, Maike Merkel
Layoutkonzeption Graphical design formba, Hamburg
... in Zusammenarbeit mit Bauverlag BV GmbH, Gütersloh
... in conjunction with Bauverlag BV GmbH, Gütersloh

Schüco International KG, Karolinenstraße 1–15, 33609 Bielefeld
Tel. +49 521 783-0, Fax +49 521 783-451
www.schueco.com

profile Magazin über Architektur 06
Architecture Magazine 06

„Gutes Umweltdesign ist eine Mischung aus Low Technology und High Technology"
"Good environmental design is the mix of low technology and high technology" Architect Stephen Kieran

New Building Bionorica AG, Neumarkt/GER
Architects: Brummer and Retzer GmbH, Amberg/GER

Photo: Schüco International KG, Bielefeld/GER

SWITCH – Das Magazin von Merten. Die Marke Merten steht für wegweisende und designstarke Lösungen für intelligente Gebäude. Die Gestaltung technischer Prozesse und die Reflexion kultureller Zusammenhänge sind wesentlicher Bestandteil der Merten-Philosophie. Design ist dabei ein Motor für neue Entwicklungen und Innovationen. Das Magazin Switch ist das Kommunikationsinstrument in die Design- und Architekturszene hinein und richtet sich darüber hinaus an designinteressierte Kunden.

Herausgeber
Merten

CP-Dienstleister
Trademark Publishing

Creative Director
Antonia Henschel
(SIGN Kommunikation)

Erscheinungsweise
zweimal jährlich

Heftformat
225 mm x 300 mm

Umfang
68 Seiten

Auflage
30.000 Exemplare

Vertriebswege
Postversand, Kiosk

Zielgruppen
Architekten, Investoren, gewerbliche und private Bauherren, Bauträger, Designer

Website
www.merten.de/html/de/10378.html

Kontakt zur Redaktion
info@trademarkpublishing.de

Mit dem Magazin *Switch* stellt Merten erstmals eine Publikation vor, die sich mit den Themen „Schalten" und „Steuern" in ihrer ganzen Faszination und kulturellen Bandbreite befasst. *Switch* zeigt aber auch die neuesten Lösungen für das intelligente Haus der Zukunft und stellt Architekten und Gestalter vor, die den neuen Trends ein Gesicht verleihen. Das Magazin erscheint in deutscher Sprache mit englischen Summaries.

PROZESSE

Grünspan ist das neue Schwarz
Die Wiederentdeckung der Patina

Und während sich die sprichwörtlichen goldenen Wasserhähne lange nur noch in arabischen Luxushotels oder der verkitschten Welt der Romantikhotels fanden, halten sie nun tatsächlich wieder Einzug ins avantgardistische Bad.

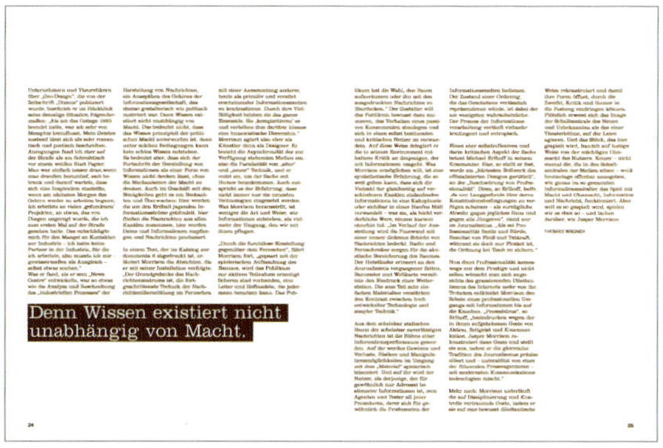
Denn Wissen existiert nicht unabhängig von Macht.

PRODUKTE

Erlebnisse zum Einschalten
Der Merten-Messestand von Studio Urquiola / Martino Berghinz auf der Light+Building 2008

PERSPEKTIVEN

Das Ellington Hotel Berlin

PERSPEKTIVEN

Zufluchtsmöbel und neurotische Roboter
Die hypothetischen Objekte von Dunne & Raby

ENGLISH SUMMARIES

B2B
TRANSPORT/LOGISTIK/AUTOMOBIL

Shortlist

MAN Forum
MAN AG
BurdaYukom Publishing GmbH

SEITE 96

trailer world
BPW Bergische Achsen KG
DVV Kundenmagazine GmbH

SEITE 98

Teilnehmer

BONJOUR
Total Deutschland GmbH
Zitrusblau GmbH

SEITE 100

Bridgestone Magazin
Bridgestone Deutschland GmbH
von Quadt & Company GmbH

SEITE 102

Deutsche Seeschifffahrt
Verband Deutscher Reeder
Lohrengel Mediendesign

SEITE 104

logistics
DB Mobility Logistics AG
KircherBurkhardt GmbH

SEITE 106

MAN FORUM. Das internationale Magazin der MAN Gruppe positioniert MAN als visionären und zukunftsfähigen Transport-related-Engineering-Konzern. Dabei kommuniziert das auf Deutsch und Englisch erscheinende Magazin strategische Zielsetzungen – wie die verstärkte weltweite Präsenz von MAN – und unterstreicht die Technologie- und Marktführerschaft der einzelnen Geschäftsbereiche des Konzerns. Neben der Vorstellung von neuen Produkten, Dienstleistungen und innovativer Technik setzt sich das Medium kritisch mit Managementthemen und Zukunftstechnologien auseinander. Damit trägt *MAN Forum* dazu bei, das Unternehmensprofil nachhaltig zu schärfen und die Faszination des Unternehmens MAN zu vermitteln.

Herausgeber
MAN

Chefredaktion
Inés Gutiérrez, Claudia Weber

Verlag
BurdaYukom Publishing

Redaktion
Klaus-Peter Hilger (Ltg.)

CvD
Marlies Viktorin

Art Director
Blasius Thätter

Gestaltung
Robert Neuhauser, Olaf Puppe

Bildredaktion
Bea Blank, Elke Latinovic

Erscheinungsweise
viermal jährlich

Heftformat
280 mm x 220 mm

Umfang
60 Seiten

Auflage
25.000 Exemplare (deutsch/englisch)

Vertriebswege
Direktversand, Auslage

Zielgruppen
internationale Top-Entscheider bei Kunden und Lieferanten, Aktionäre, Investoren und Multiplikatoren in der Öffentlichkeit wie Hochschulen, Analysten und Medien

Website
www.man.eu

Kontakt zur Redaktion
klaus.hilger@burdayukom.de

In emotionalen Reportagen, spannenden Interviews und unterhaltenden Features rund um die Themen Antrieb, Transport und Energie präsentiert *MAN Forum* internationale Persönlichkeiten aus Wirtschaft, Wissenschaft und Technik. Ein prägnantes und klares Layout führt den Leser dabei durch die Rubriken Kompetenz, Technologie, Chancen und Spektrum. Durch eine üppige Bildsprache im Mix mit viel Hintergrundinformationen, durch ungewöhnlich aufbereitete Infografiken und interessante Themen für eine heterogene Leserschaft bietet das Konzernmagazin jede Menge Lesegenuss. *MAN Forum* erscheint viermal pro Jahr und kann kostenlos abonniert werden.

inhalt
standards
panorama
chancen
kompetenz
technologie
spektrum

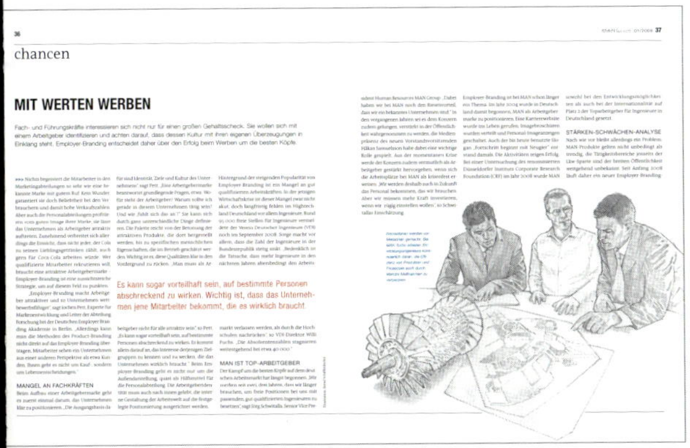
chancen
MIT WERTEN WERBEN

kompetenz
ALLE UNTER EINEM DACH
MAN expandiert mit dem Erwerb der Nutzfahrzeugsparte von VW in Brasilien auf den südamerikanischen Markt.
Das Werk in Resende zählt zu den fortschrittlichsten weltweit – sein Produktionssystem gilt als revolutionär.
MODULARE ABLÄUFE IM WERK
„Wir werden sowohl von der MAN-Technologie als auch vom weltweiten MAN-Vertriebsnetz profitieren."

chancen
Anders als in Deutschland gehört in Indien ein Jobwechsel nach etwa zwei Jahren zum Berufsweg.

曼透平机械（常州）有限公司
AUFBRUCH INS REICH DER MITTE

spektrum
Red Bull racing
FORMULA ONE TEAM
DIE FORMEL 1 IM GEPÄCK
Die Formel-1-Saison 2009 hat begonnen. MAN Nutzfahrzeuge trägt wieder zur reibungslosen Logistik in den Rennställen bei. Ein Heer von Sattelzugmaschinen bringt die Show auf die Straße und die PS-Boliden zu den Rennen.
BRIDGESTONE

technologie
REVOLUTION DER ZWERGE
Winzige Nanoteilchen – bis zu eine Million Mal kleiner als ein Sandkorn – erzielen riesige Wirkungen: Keramik bricht nicht mehr, Lacke widerstehen Kratzern, Stoffe jedem Schmutz. Auch für MAN sind verschiedene Anwendungen denkbar.
MOLEKULARE WINZLINGE

TRAILER WORLD. Mit *trailer world* unterstreicht die BPW Bergische Achsen Kommanditgesellschaft ihren Anspruch als Qualitätsführer im Bereich Fahrwerksystem für gezogene Nutzfahrzeuge (Sattelauflieger). Dabei verfolgt *trailer world* das Ziel, einen Gefühls- und Werterahmen für die Produktwelt von BPW zu schaffen, ohne zu direkt auf das Unternehmen und dessen Angebotsspektrum einzugehen. Bei aller Faszination für Innovation und Hightech spielen die Menschen – ob bei BPW, Zulieferern oder Kunden – und ihre Geschichten eine wichtige Rolle.

Herausgeber
BPW Bergische Achsen

CP-Dienstleister
DVV Kundenmagazine

Objektleitung
Bastienne Rohsiepe (BPW),
Kai Jacobsen (DVV)

Gestaltung
Sebastian König (DVV)

Erscheinungsweise
dreimal jährlich

Heftformat
220 mm x 270 mm

Umfang
36 Seiten

Auflage
27.000 Exemplare auf Deutsch und Englisch

Vertriebsweg
personalisierter Direktversand

Zielgruppen
Entscheidungsträger (Einkäufer sowie strategische Entscheider in Geschäftsführung und Vorstand) in der Nutzfahrzeugindustrie, bei Transport- und Logistikdienstleistern, Multiplikatoren im Bereich Transport, Verkehr, Logistik

Website
www.trailerworld.de

Kontakt
info@dvv-kundenmagazine.de
trailerwolrd@bpw.de

trailer world stellt sich mit jeder Ausgabe einem Lei thema, ohne sich diesem monothematisch unterzuordner Die Titelgeschichte überrascht und fasziniert dabei den Le ser und stellt nur unterschwellig den Bezug zu BPW un der Produktwelt her. Die Leserzielgruppe wird emotional siert und in ihrer Technikfaszination ernst genommen. *tra ler world* legt Wert auf eine starke Bildsprache mit zum Te ungewöhnlichen Inszenierungen. Es gibt ein festes Raste aus dem farblich, stilistisch oder typografisch immer wie der überraschend, aber zielgerichtet ausgebrochen wird.

Editorial
Inhalt
06 Titel Boxenkampf
12 Reportage
16 Verantwortung
18 Technik
22 Innovation Wenn schon – dann richtig
24 International
28 Portrait Mobile Eingreiftruppe
32 Innovation
04 Panorama
34 Dialog
35 Impressum

Titel
Boxen-Kampf

Titel
»Die Karbon-Bremsscheiben erreichen beim Bremsen mehr als 1.000 Grad Celsius. Während des Rennens müssen die glühenden Bremsen mit Stickstoff herabgekühlt werden, ehe sie ausgewechselt werden können.«

Titel

Portrait
Mobile Eingreiftruppe
Unterwegs mit einer Reifenpanne liegen zu bleiben, gleicht bei Fuhrunternehmern einer Katastrophe. In Zeiten von Just-in-time-Transporten kann sich niemand lange Ausfallzeiten leisten. Gut, wenn man da auf den schnellen Reifen- und Pannenservice der Continental AG zählen kann.
Professionelle Hilfe europaweit
Fahrzeugbezogene Servicecard
DIE PANNE

Innovation
Wenn schon – dann richtig
Die Produktion von BPWs neuer Trailerscheibenbremse ECO Disc braucht Platz. Deshalb entschied sich das Unternehmen für einen Neubau. In nur neun Monaten entstand eine moderne, gut durchdachte Produktionshalle.
»Bei diesem Projekt haben wieder einmal alle an einem Strang gezogen, sowohl von unserem Unternehmen und den ausführenden Kräften aus als auch von politischer Seite.«

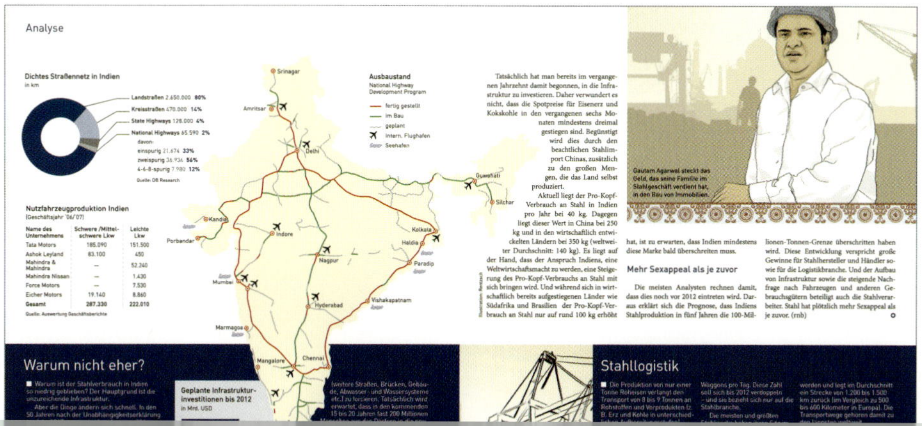
Analyse
Dichtes Straßennetz in Indien
Nutzfahrzeugproduktion Indien
Mehr Sexappeal als je zuvor
Warum nicht eher?
Stahllogistik

BONJOUR geht mit großen Schritten auf die 50. Ausgabe zu – das ist viel Kontinuität in einem sehr bewegten Markt. Doch die Absicht des Mineralölkonzerns Total, die Kommunikation mit den Tankstellenpartnern in eine offene, ansprechende Form zu bringen, bewährt sich noch immer. Nicht weil es alle zwei Monate „same procedure as last year" heißt – sondern weil im Gegenteil sehr genau hingehört wird, wie der Alltag an der Station ist. Und weil die dort gewonnenen Erkenntnisse meist ganz unverschnitten in das Magazin fließen: Als Expertengespräch, Fotoroman, Titelthema. Als Themenvielfalt, die nie langweilt und nie ohne Relevanz ist!

Herausgeber
Delphine Saucier (Total Deutschland)

Chefredakteurin
Alice Schumann (Total Deutschland)

Gestaltung
Zitrusblau

Art Director
Martin Keune (Zitrusblau)

Erscheinungsweise
fünfmal im Jahr

Heftformat
220 mm x 297 mm

Umfang
44 Seiten

Auflage
4.500 Exemplare

Anzeigenpreis 1/1 4c
2.600 Euro

Vertriebsweg
personalisierter Direktversand an Tankstellenpächter

Zielgruppe
alle Tankstellen- und Industriepartner von Total

Website
www.total.de

Kontakt zur Redaktion
alice.schumann@total.de

SHOP | CONVENIENCE

CONVENIENCE | SHOP

Convenience hat viele Gesichter

Dass Convenience nur etwas für gestresste Großstädter sei und dass die Unterwegsversorgung hauptsächlich Männer anspreche, widerlegt eine aktuelle, von Prof. Sabine Möller an der European Business School (EBS) in Oestrich-Winkel durchgeführte Studie.

Convenience ist das Hauptgeschäft der Lekkerland-Gruppe, die in zwölf europäischen Ländern 140.000 Tankstellenshops, Kioske, Fast-Food-Ketten und Fachgeschäfte beliefert. Um bei Entwicklungen und Trends im Bereich Convenience auch in Zukunft die Nase vorn zu haben, hat das Unternehmen den weltweit ersten Lehrstuhl für Convenience und Marketing an der EBS in Oestrich-Winkel gestiftet. Sabine Möller, Inhaberin des Lehrstuhls, hat kürzlich ihre Studie „Convenience in Europa" vorgelegt, für die rund 2.300 Konsumenten aus Deutschland, den Niederlanden und Rumänien befragt wurden. Diese drei Länder wurden bewusst ausgewählt: Die Niederlande gelten als stark convenienceorientiert, während die deutsche Convenience-Landschaft noch nicht so weit entwickelt ist. Und Rumänien erzielt derzeit die höchsten Wachstumsraten und hat enormes Zukunftspotenzial für die Unterwegsversorgung.

Nicht nur die Jugend mag Convenience.

Wichtigstes Fazit der Studie: Den typischen Convenience-Konsumenten gibt es nicht, denn Unterwegsversorgung hat viele Gesichter und ist in allen Bereichen der Gesellschaft fest etabliert. Sabine Möller erläutert: „Egal ob junge Frau, Familie mit Kindern oder älteres Ehepaar – fast alle Alters- und Bevölkerungsgruppen kaufen sich unterwegs gerne etwas zu essen oder zu trinken."

Einige verbreitete Annahmen konnten von der Studie widerlegt werden, zum Beispiel die, dass Unterwegsversorgung hauptsächlich Männer anspricht. Auch Frauen kaufen sich unterwegs gern etwas zu essen, doch sie wählen die Anbieter nach anderen Kriterien aus: Sie achten mehr als Männer auf den Preis und auf gesundheitliche Aspekte und sie kaufen deshalb eher im Supermarkt oder im Fachgeschäft als im Tankstellenshop. Auch mit einem weiteren Vorurteil räumt die Studie auf: „Nicht nur junge Menschen versorgen sich gerne unterwegs", so Sabine Möller, „auch mehr als die Hälfte der über 60-Jährigen gönnt sich beispielsweise unterwegs gerne einen kleinen Snack" – allerdings eher beim Metzger oder im Café als im Fast-Food-Restaurant oder Tankstellenshop.

Überhaupt wird der Tankstellenshop – eigentlich einer der klassischen Vertriebskanäle für Convenience – von den deutschen Kunden leider bisher eher stiefmütterlich behandelt (s. Grafik). Das liegt sicher auch daran, dass Tankstellenshops als teuer gelten; dafür können Tankstellen bei der Schnelligkeit punkten: Während für die Kunden bei allen anderen Kanälen vor allem ein breites Sortiment wichtig ist, zählen an der Tanke die schnelle Erreichbarkeit und die schnelle Kaufabwicklung. Um sie noch attraktiver für die Kunden zu machen, rät Sabine Möller den Tankstellenbetreibern, am Preisimage zu feilen. Und dazu sei es nicht einmal nötig, die Preise zu senken, so Möller, sondern, den Kunden beim Einkauf einen Mehrwert zu bieten: zum Beispiel ein freundliches Lächeln, das ihnen zum belegten Baguette geschenkt wird!

Rückfragen an Franck Schmiedt

Prof. Sabine Möller, Inhaberin des Lekkerland-Lehrstuhls für Convenience und Marketing, kennt alle Motive für die Unterwegsversorgung.

	DEUTSCHLAND	NIEDERLANDE	RUMÄNIEN
Fachgeschäft	1.	5.	2.
Fast-Food-Restaurant	2.	4.	3.
Supermarkt	3.	1.	1.
Imbissbude	4.	6.	6.
Restaurant/Coffeeshop	5.	3.	5.
Tankstelle	6.	2.	4.
Kiosk	7.	7.	7.

VORLIEBEN | Convenience-Kanäle: Unterschiede nach Ländern

Convenience in Europa: In Deutschland ist das Fachgeschäft die Nummer eins. In exemplarisch ausgesuchten anderen Ländern liegt dagegen der Supermarkt vorn. In Holland spielt auch die Tankstelle eine führende Rolle.

16 | bonjour

bonjour | 17

Der französischen Provenienz von Total ist es geschuldet, dass die Redaktion von *Bonjour* in der Bebilderung nicht nur auf schnöde Agenturfotos angewiesen ist, sondern ungebremst die Kreativität sprudeln lassen kann. Mehr und mehr bedeutet das auch: Illustration, wo ein Sachverhalt (hier: unterschiedliches Shoppingverhalten unterschiedlicher Nationalitäten) fotografisch kaum rübergebracht werden kann.

BRIDGESTONE MAGAZIN. Das *Bridgestone Magazin* ist die Kundenzeitschrift für Bridgestone-Händler im deutschsprachigen Raum. Es transportiert die Werte der Weltmarke Bridgestone und zeigt die Leidenschaft für das Produkt, seine Leistungen und die Technologie dahinter ebenso wie das soziale Engagement des Unternehmens. Es bildet das Thema in seiner ganzen Vielfalt ab und zeigt immer die Menschen, die damit verbunden sind. Gründliche redaktionelle Arbeit, lebensnahe und großformatige Bilder und eine thematische Vielfalt zeigen: Das Thema Reifen ist vielseitiger, als es der Berufsalltag der Reifenhändler oftmals zeigt.

Herausgeber
Bridgestone Deutschland

CP-Dienstleister
Von Quadt & Company
Integrierte Kommunikation

Chefredaktion
Wilfried Rulands, Nora Schöne

Artdirektion
Thomas Huber, Yvonne Günther

Erscheinungsweise
zweimal jährlich

Heftformat
220 mm x 280 mm

Umfang
32 Seiten

Auflage
7.500 Exemplare

Vertriebsweg
Direktversand

Zielgruppe
Bridgestone-Händler

Kontakt zur Redaktion
thuber@vqco.de

Das *Bridgestone Magazin* setzt auf großzügiges, emot onales Layout, mit klar gegliederten Flächen, opulente Reportage-Strecken, unterschiedlichen Leseansätzen un Informationsebenen. Die Themen haben Raum, um zu wi ken. Ziel ist neben der Information für den Leser – de Händler – vor allem der Imagetransfer der Marke Bridge stone. Das *Bridgestone Magazin* präsentiert B2B-Informa tion mit hoher Emotionalität und zeigt, dass Beruf un Privatleben sich immer häufiger vermischen, gerade wa die Interessen der Leser angeht. Es spricht somit den pro fessionellen wie den privaten Aspekt beim Leser an un zeigt, wie spannend Fachinformation sein kann.

ERFOLG IST DAS PRODUKT VON TEAMARBEIT. SIE MÜSSEN DAS GESAMTE VERTRAUEN IHRER MANNSCHAFT GEWINNEN, DAMIT SICH JEDER FÜR DIE GEMEINSAMEN ZIELE UND IDEEN EINSETZT.
DER NEUE GESCHÄFTSFÜHRER DER BRIDGESTONE DEUTSCHLAND GMBH:
FÜNF FRAGEN AN BENOÎT RAULIN

FAHR FIT
BRIDGESTONE UND SPORTMEDIZINER FÖRDERN FITNESS
„FAHR FIT-TRAINING KANN DOPPELT LEBEN RETTEN"

EIN GANZ NORMALER TAG IM LEBEN EINES BIATHLON-TEAMBETREUERS:
DER HÄRTETEST FÜR REIFEN UND ATHLETEN
Vom Ski-Sportler zum Ski-Guru
Mehr als Wachs

VIEL NEUES IN DER MOTOGP-KLASSE
EINHEITSREGELN ENTZWEIEN DIE GEISTER

DER HÄRTESTE
TEST DER WELT
WER MEINT, DASS TESTS IM HOHEN NORDEN AUF SCHNEE UND EIS ODER FAHRTEN DURCH EXTREME HITZE REIFEN WIRKLICH AUFS GEMÜT SCHLAGEN, DER IRRT.
DIE HÄRTESTEN REIFENTESTS DER WELT FINDEN NICHT UNBEDINGT AUF ABGESCHIRMTEN TESTGELÄNDEN STATT. GANZ IM GEGENTEIL.
SIE BANNEN IN DEN SOMMERMONATEN AN FAST JEDEM ZWEITEN SONNTAG MILLIONEN VON ZUSCHAUERN VOR DEM FERNSEHER...
BRIDGESTONE

FORMEL 1 – DIE WICHTIGSTEN NEUHEITEN 2009
KERS – mehr Power durch Bremsenergie:
KERS steht für Kinetic Energy Recovery System. Dieses Energierückgewinnungssystem speichert – ähnlich wie bei Hybriden – die Bremsenergie und liefert dann durch einen Elektromotor für einen kurzen Zeitraum zusätzliche Power. Das Ziel: Die Formel 1 soll umweltfreundlicher werden. KERS kann, muss aber nicht von den Teams eingesetzt werden. Nach ersten Informationen sind die Verantwortlichen skeptisch. Auch John Howett, der Toyota-Motorsportchef, setzt erst mal nicht auf dieses System: „Wir haben die Technologie zwar, werden sie aber erst dann einsetzen, wenn sie uns wirklich Vorteile bringt." Will sagen, mehr Gewicht und eine nicht ausreichend erprobte Zuverlässigkeit lassen KERS zunächst auf der Strecke bleiben.
Slicks jetzt wieder glatt:
Eis und heiße Reifen
Mit 300 Stundenkilometern
Astronomische Preise

INTERVIEW: TIMO GLOCK ÜBER
SLICKS, DIE WIEDER WELCHE SIND
Kennen Sie die Übersetzung des Begriffs „slick"? Es bedeutet „glatt". Schaut man in den letzten Jahren auf die Trockenreifen der Formel 1, könnte man auf den Gedanken kommen, dass sich da jemand mit der Übersetzung vertan hat und „slick" eben nicht mit „glatt", sondern mit „rillig" gleichgesetzt hat. Wie ist es sonst zu erklären, dass die Königsklasse des Motorsports seit 1998 mit profilierten „slicks" unterwegs ist? Geringere Kurvengeschwindigkeiten und damit mehr Sicherheit für die Fahrer haben sie nämlich nicht gebracht. Aber gut, ab dieser Saison sind die Slicks ja wieder slick, also glatt – sehr zur Freude der Fahrer, wie uns der deutsche Toyota-Pilot Timo Glock bestätigt.
Bridgestone: Timo, was halten Sie von den neuen Slicks?
Glock: Nun, sie haben keine Rillen mehr auf den Reifen – das ist für mich schon mal ein Vorteil, denn ich hab jetzt nur ein Jahr mit Rillenreifen verbracht. Sie waren nicht wirklich einfach zu verstehen für jemanden, der sein Fahren auf Slickreifen gelernt hat. Deswegen bin ich eigentlich ganz happy darüber, dass wir wieder zurückgegangen sind auf echte Slicks. Außerdem sehen sie auch noch deutlich besser aus...
Jahr war es häufig so, dass, wenn du im Qualifying in der Outlap ein bisschen zu schnell gefahren bist, der Vorderreifen schon Graining bekommen hat und du dadurch Performance verloren hast. Das ist mit den Slickreifen viel einfacher einzuschätzen. Ich bin wie gesagt sehr zufrieden mit dieser Änderung und habe ein sehr gutes Gefühl.
Bridgestone: Für Sie sind die Reifen ja wie eine Lebensversicherung. Wie bauen Sie Vertrauen zu diesem Material auf?
Glock: Da herrscht sozusagen blindes
RENNTERMINE FORMEL 1

DEUTSCHE SEESCHIFFFAHRT. Ferne Länder, beeindruckende Technik, starkes Wachstum – die Faszination, die von der Schifffahrt ausgeht, ist ungebrochen. Die *Deutsche Seeschifffahrt* als Magazin des Verbandes Deutscher Reeder (VDR) transportiert die erfolgreiche Entwicklung dieser Branche. Mit einer Mischung aus Reportagen, aktuellen Geschichten und Nachrichten aus den Themenfeldern Politik, Umwelt, Technik und Wirtschaft spricht der VDR maritim interessierte Leser an: Mitarbeiter der Reedereien und den personellen Nachwuchs, Investoren und politische Entscheidungsträger. Das moderne Layout erleichtert den Zugang zu den Themen und spiegelt den weltläufigen Charakter der Schifffahrt wider. Die Zeitschrift steht für eine gemeinsame Identität all jener, die in dieser boomenden Branche arbeiten – an Land und auf See. Ein Magazin wie die *Seeschifffahrt*: hochmodern und mit glänzenden Zukunftsaussichten. Siehe auch Seite 314.

Herausgeber
Verband Deutscher Reeder

Verlag
Verlagsgruppe Hüthig Jehle Rehm Storck Verlag

CP Dienstleister
Lohrengel Mediendesign

Chefredakteur
Max Johns

Art Director
Oliver Lohrengel

Erscheinungsweise
monatlich

Heftformat
210 mm x 297 mm

Umfang
80 Seiten

Auflage
8.500 Exemplare

Vertriebswege
Post, Einzelverkauf

Zielgruppe
maritime Wirtschaft, Investoren, politische Entscheider, Mitarbeiter der Reedereien (Land und See), Nachwuchs, maritim Interessierte

Anzeigenpreis 1/1 4c
2.425 Euro

Website
www.reederverband.de

Kontakt zur Redaktion
johns@reederverband.de
Fon +49 40 350 972 38

UNTERNEHMEN & MÄRKTE
Neue Notschlepper für die Küste

WIRTSCHAFT & HAFEN
Auf Nummer Sicher
Beim Thema Gesundheit überlassen die deutschen Reedereien nichts dem Zufall. Ob an Land oder auf See: Das nationale Gesundheitssystem gilt weltweit als vorbildlich.
Prävention
Vorbildliche Standards

UMWELT & TECHNIK
Praktisches auf See
Unser Zuhause für 2 Monate
Eine Seefahrt ist romantisch
Schülerpraktikum auf dem Weltmeeren
Eigene Olympische Spiele
Voll von der Rolle: Der Lack ist ab
Gruppenbild mit Containern
Auch die Möbels müssen mit anpacken

UNTERNEHMEN & MÄRKTE
Eine feste Choreographie

UNTERNEHMEN & MÄRKTE
140 Jahre Sues-Kanal

LOGISTICS ist das Kundenmagazin von DB Schenker, dem Logistikressort der DB AG. Es informiert Kunden über Angebote von DB Schenker, einem der weltweit führenden Logistikdienstleister, und zeigt Trends und Entwicklungen in der Branche auf. Mit *logistics* präsentiert DB Schenker seine Aufstellung und Angebotspalette weltweit und wird weltweit als hoch kompetenter Akteur bei der Gestaltung komplexer logistischer Prozesse wahrgenommen. Gleichzeitig hat das Magazin eine Integrationsfunktion in einem expandierenden Unternehmen. Weil nur *logistics* die Dachmarke DB Schenker international positioniert, ist es zum einzigen weltweiten DB Schenker-Medium geworden. Kontinuierlich steigende Auflagen zeigen: Langfristig hat sich *logistics* erfolgreich als Werbemedium und als anspruchsvolle Zeitschrift für die Transport- und Logistikbranche etabliert.

Herausgeber
DB Mobility Logistics

CP-Dienstleister
KircherBurkhardt

Redaktion
KircherBurkhardt

Gestaltung
KircherBurkhardt

Erscheinungsweise
viermal jährlich

Heftformat
210 mm x 280 mm

Umfang
48 + 4 Seiten

Auflage
ca. 30.000 Exemplare

Vertriebsweg
Direktvertrieb

Zielgruppe
Kunden von DB Schenker Logistics, Meinungsbildner und Wirtschaftspresse

Anzeigenpreis 1/1 4c
nach Vereinbarung

Website
www.dbschenker.com

Kontakt zur Redaktion
redaktion.logistics@kircher-burkhardt.com

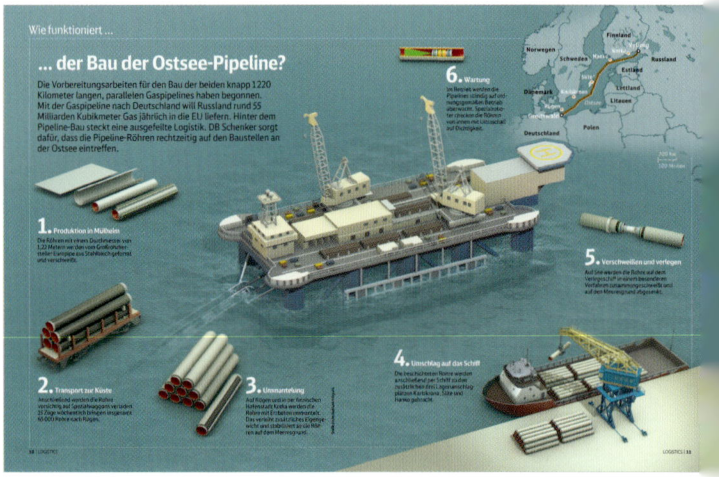

Solution

DOWS DISKRETE LOGISTIK

Einer der größten Chemiekonzerne der Welt würde auf Transporte am liebsten verzichten. Wenn's sein muss, darf aber die Bahn ran

[Text] **Axel Novak** [Fotos] **Max Lautenschläger**

Kostbare Fracht: An den Ladestationen herrscht höchste Sicherheit

32 | LOGISTICS

logistics berichtet über die gesamte Logistikbranche, über Visionen, Lösungen, Beispiele, die über einzelne Regionen hinaus Aufsehen erregt haben. Das Transportkonzept von Dow, dem größten Kunststoffhersteller weltweit, ist ein Must-read für die Branche. Sir Richard Bransons Spaceport ist – noch – kühne Vision, aber dennoch für Logistiker spannend. Die infografische Aufbereitung der Gaspipeline durch die Ostsee erklärt schließlich eines der spannendsten Infrastrukturprojekte der Neuzeit. DB Schenker-Leistungen, zum Beispiel für eine baltische Regatta, kommen im Magazin vor, wo es objektiv gerechtfertigt ist und zur Information wesentlich beiträgt.

Vision

Vision

Noch Vision: Flugzeuge der Virgin Galactica brechen vom Spaceport America auf zum Flug ins All

Wer baut den Global Airport 2020?

Die weltweite Luftfracht läuft über immer weniger Hubs. Flughäfen werden mehr als kontinentale Knotenpunkte. Das erschwert Architekten die Logistik – schon bei der Planung von Airports

[Text] **Marc Winkelmann**

News

Seeleuten geht das Herz auf: Das größte historische Vollholzschiff der Welt, die Götheborg

News

Teamlösung für Schwergewicht

■ **Die Herausforderung** wog knapp 300 Tonnen. Zwei Zementmühlen musste DB Schenker aus Hamm nach Erwitte bringen, wegen des hohen Gewichts der Mühlen auf der Schiene. Schnell fanden die Logistiker eine Lösung. „Die Zusammenarbeit mit den Kollegen vom Schienengüterverkehr klappte vorzüglich", sagt Karl Hammerschmidt, Abteilung Spezialverkehre der Schenker Deutschland AG.

Verladung: Schwerlastkräne heben die 145-Tonnen-Mühlen auf Spezialanhänger

Auf Reisen nach 2000 Jahren

■ **Rund 300 Objekte** geben Auskunft über ein kaum bekanntes Land: Pakistan. Bis März 2009 stellt die Bundeskunsthalle in Bonn die buddhistische Kunst der Region Gandhara aus. Die Grenzregion zwischen

Spezialsitz für Flugzeugsitze

B2C
AUTOMOBIL

Preisträger

BMW Magazin
Bayerische Motorenwerke
HOFFMANN UND CAMPE
Corporate Publishing

SEITE 110

Shortlist

Adeyaka
Infiniti Europe
köckritzdörrich
Agentur für Kommunikation
GmbH

SEITE 112

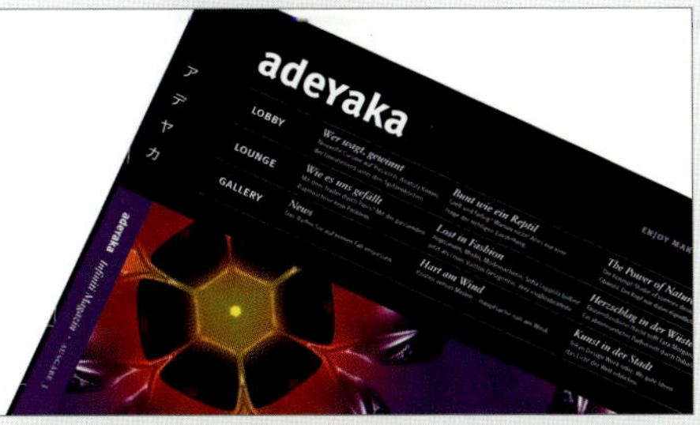

Audi magazin 01/09
Audi AG,
Internationales Kunden- &
Handelsmarketing
loved gmbh

SEITE 114

Lamborghini Magazin
Automobili Lamborghini SPA
köckritzdörrich
Agentur für Kommunikation
GmbH

SEITE 116

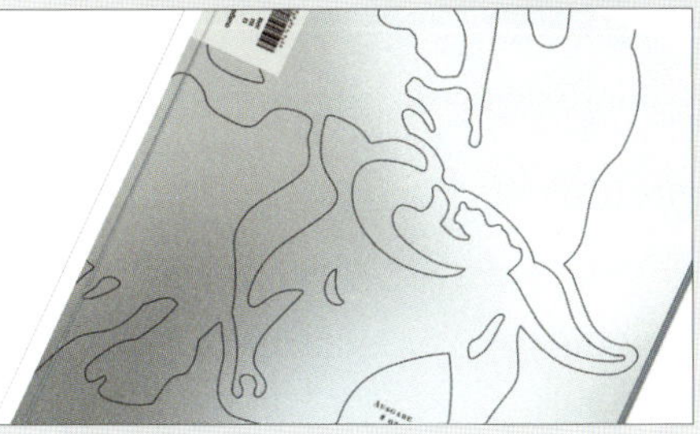

Teilnehmer

Skriptmanufaktura Nr. 11
Automobilmanufaktur
Dresden GmbH
Gingco.Net Werbeagentur
GmbH & Co. KG

SEITE 118

BMW MAGAZIN ist eine Premium-Kundenzeitschrift, die den Charakter des Unternehmens BMW und seiner Produkte in allen Facetten kommuniziert – die Technik- und Design-Qualität der Fahrzeuge, das Image und das Lebensgefühl. Der Look des Magazins ist modern und ästhetisch und transportiert die Markenwerte dynamisch, herausfordernd und kultiviert. Der hohe Anspruch an die Seriosität der Recherche sowie die Qualität und Originalität der Texte und Fotos bilden das Fundament des intelligenten und spannenden Hefts. Das inhaltliche Spektrum erstreckt sich über die BMW-spezifischen Themen hinaus auf Reise und Lebensart, Kunst und Kultur bis hin zu gesellschaftspolitisch relevanten Beiträgen. Siehe auch Seite 306.

Herausgeber
Bayerische Motoren Werke

CP-Dienstleister
HOFFMANN UND CAMPE
Corporate Publishing

Chefredaktion
Bernd Zerelles

Art Direction
Dirk Linke

Erscheinungsweise
zweimal jährlich

Heftformat
215 mm x 280 mm

Umfang
116 Seiten

Auflage
3.300.000 Exemplare

Vertriebswege
personalisierter Direktversand, ausgewählte Flughafen- und Bahnhofsbuchhandlungen, BMW-Händler, Auslage auf Messen und Events

Zielgruppen
BMW-Fahrer, Freunde der Marke BMW

Anzeigenpreis 1/1 4c
14.900 Euro

Website
www.bmw.com

Kontakt zur Redaktion
redaktion@bmw-magazin.de

Die Wüste bebt

Premiere für ein Motorraderlebnis der besonderen Art:

Bei der BMW GS Trophy kämpften
30 Fahrer aus fünf Ländern
in der tunesischen Sahara mit Hitze,
Durst und feinstem Dünensand –
einem gnadenlos nachgiebigen Gegner.

Text Timo Großhans Fotos Arnold Debus

35 Grad Celsius im
Schatten. Nur dass es hier keinen
Schatten gibt. Der Sand ist
so weich, als wäre er fein gesiebt.

BMW Magazin 41

Text
Steffan Hauer

Fotos
Simon Puschmann

Ein
Künstler,
fünf
Farben
und

ADEYAKA ist das globale Magazin der Automobilmarke Infiniti und erschien erstmalig zur Markteinführung in Europa im Jahr 2008. Der japanische Begriff *Adeyaka* steht für faszinierende, facettenreiche Eleganz, für reiche, dynamische Farbigkeit und eine ganz besondere, japanische Form von Luxus: die Konzentration auf das Wesentliche in höchster Perfektion. Konzipiert für eine erfolgreiche, selbstbewusste und kosmopolitische Zielgruppe, gliedert sich das Magazin in die Bereiche „Lobby", „Lounge" und „Gallery" und spiegelt damit das Konzept der Infiniti Center wider, wo die Kunden weltläufiges Designhotel-Flair statt Autohaus-Atmosphäre erwartet. *Adeyaka* ist auch Basis für strategische Markenpartnerschaften und bietet unter www.adeyaka.com multimedial erweiterte Leseerlebnisse.

Herausgeber
Infiniti

Herausgebender Dienstleister
köckritzdörrich
Agentur für Kommunikation

Chefredakteurin
Patricia Gebhart

Kreativ-Direktor
Michael Köckritz

Zielgruppenprofil
Selbstbewusste, kosmopolitische Eliten

Erscheinungsweise
zweimal jährlich

Heftformat
230 mm x 280 mm

Umfang
172 Seiten

Auflage
50.000 Exemplare, dt./eng./it./sp./fr./ae./ru.

Anzeigenpreis 1/1 4c
7.500 Euro

Vertriebswege
Einzelheftversand, PoS, Airports, Hotels und Flagshipstores

Website
www.adeyaka.com

Kontakt
michael.koeckritz@gokd.net

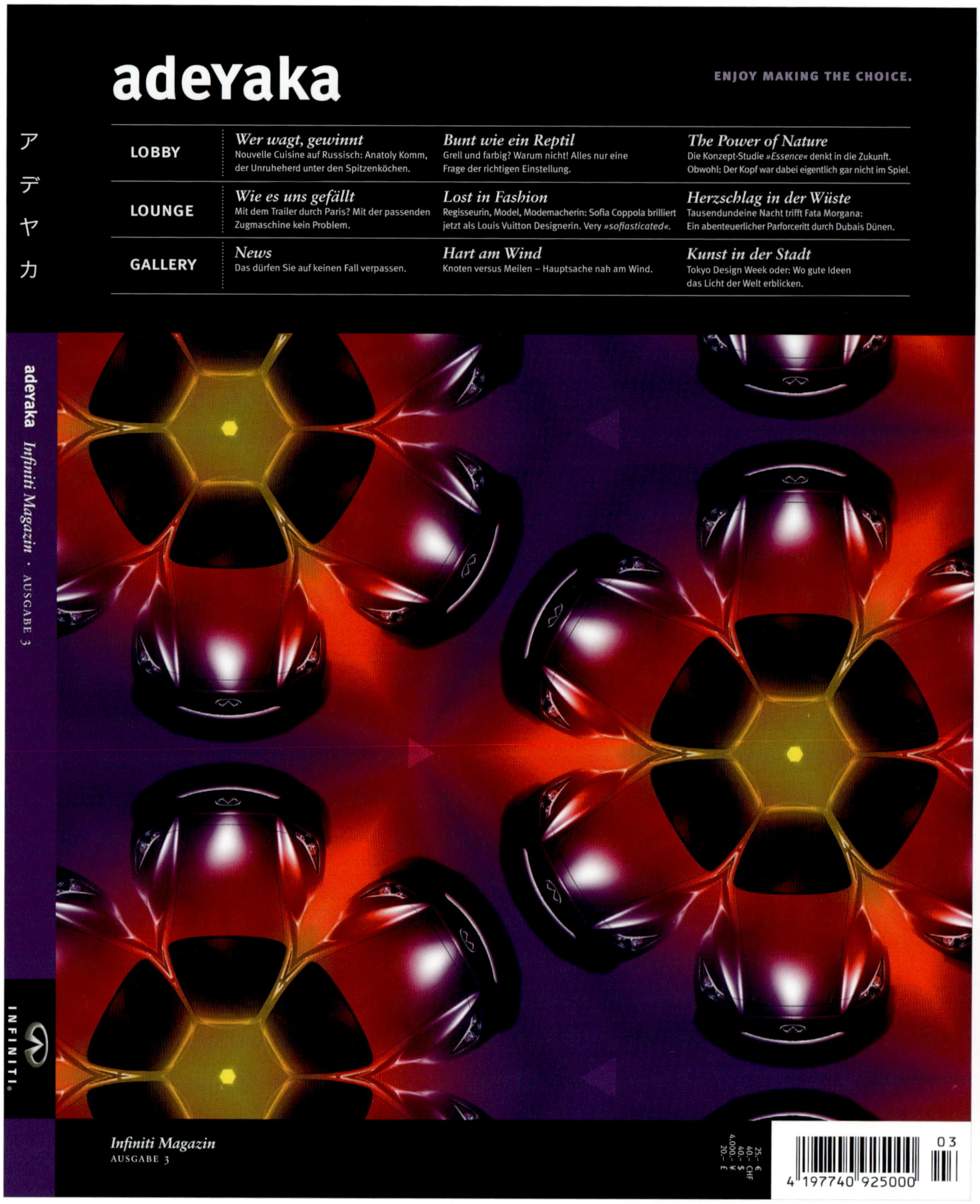

Das Biotop der Freigeister

»Design wird die Welt retten«

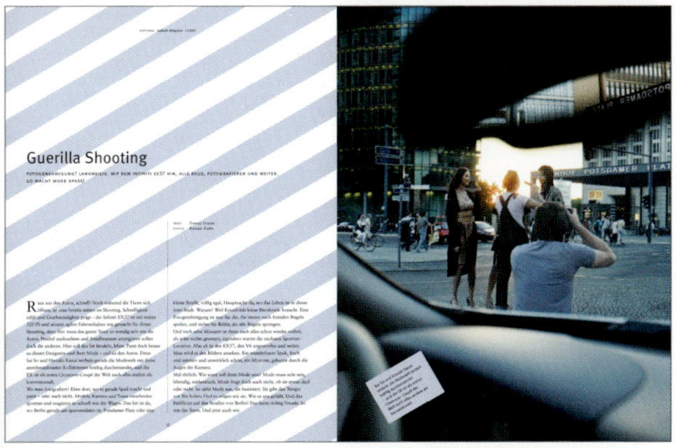
Guerilla Shooting

FX50S
Das Rennen ist eng. Verdammt eng.

DER SONNENKÖNIG

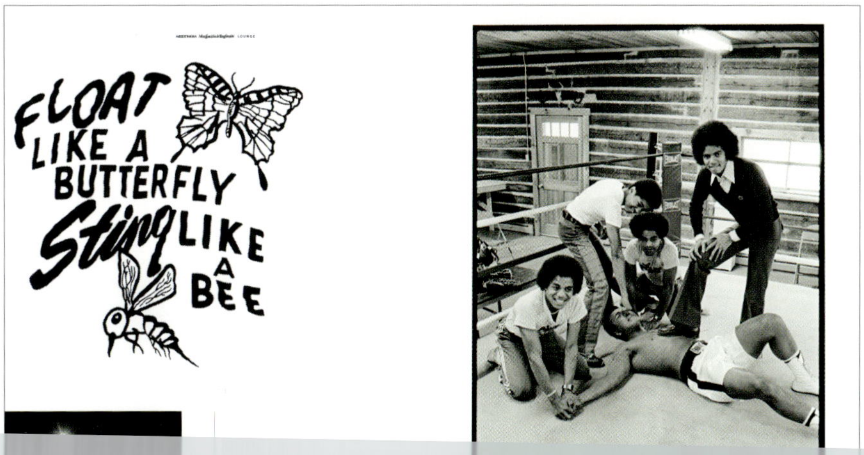
FLOAT LIKE A BUTTERFLY
Sting LIKE A BEE

AUDI MAGAZIN versteht sich als Premium-Automobilmagazin. Sein redaktionelles und visuelles Konzept orientiert sich an klassischen Publikumstiteln aus den Bereichen Automobil, Sport und Lifestyle. In den Kapiteln „drive", „move" und „inspire" gibt das *Audi magazin* in Form von Reportagen, Features und Interviews Einblicke in Produkt, Unternehmen und Markenwelt. Bekannte Journalisten und Fotografen aus dem Magazinbereich garantieren höchste Qualität, außergewöhnliche Ideen und eine professionelle Umsetzung. Das *Audi magazin* ist an Flughäfen und Bahnhöfen am Kiosk erhältlich und wird an alle Mitglieder des Audi A plus Programms versandt. Weltweit hat das *Audi magazin* eine Auflage von 9 Millionen Exemplaren und erscheint in 34 Sprachen.

Herausgeber
AUDI

CP-Dienstleister
loved

Objektleitung Unternehmen
Liane Scheinert

Objektleitung Agentur
Sandra Rehder

Chefredakteurin
Sabine Cole

Gestaltung
Creative Director Mieke Haase,
Art Director Jan-Christoph Prilop

Erscheinungsweise
viermal jährlich

Heftformat
215 mm x 280 mm

Umfang
106 Seiten

Auflage
452.430 Exemplare (IVW IV/08)

Vertriebswege
Direktabo und Kiosk

Website
www.audi.de

Kontakt zur Redaktion
info@loved.de

Klassisch schön
HH CN 139

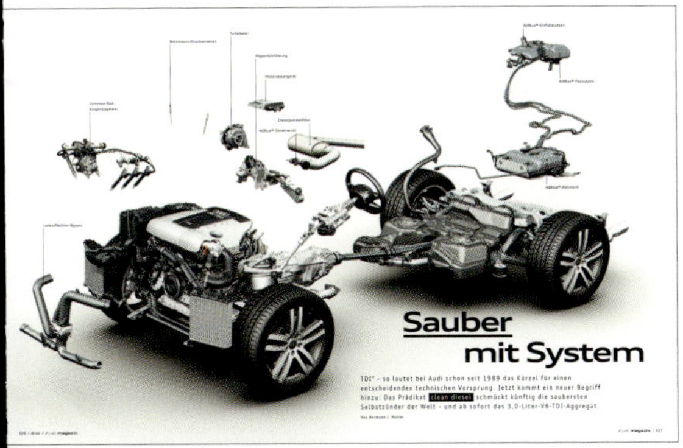
Sauber
mit System

Die Zehn

Horch

drive
HH MF 442
Schönheiten: Star-Sopranistin Annette Dasch und das elegante Audi A5 Cabriolet 18
Sauber mit System: die Audi TDI clean diesel Technologie 26
100 Jahre Audi: die Meilensteine des Audi Motorsports 32

move
Fundsache: Der legendäre GT Malzoni kommt nach Deutschland 46
Space Cowboy: Jamiroquai-Sänger Jay Kay und der Audi Q5 in München 54
Chaos ohne Methode: Michèle Mouton über den Verkehr in Indien 60
Echte Klassiker: das Audi A plus Programm 62

inspire
Erbarmungslos gut: Mr. Eastwood denkt immer nur an den nächsten Film 78
Horch: elegante Männermode vor beeindruckender Kulisse 84
Dynamisch: das Werk der Berliner Künstlerin Monika Grzymala im Porträt 92
Warum hier? DTM-Champion Timo Scheider an einem besonderen Ort 100

LAMBORGHINI MAGAZIN. Wie die Marke Lamborghini bietet auch das *Lamborghini Magazin* authentische Markenerlebnisse, geprägt von den drei Attributen „extrem", „kompromisslos" und „italienisch". Dabei ist jede Ausgabe als solitäres Kunstwerk angelegt - eine zentrale Idee als Kristallisationspunkt für den von Ausgabe zu Ausgabe wechselnden monothematischen Ansatz, dazu überraschende und mutige Perspektivwechsel, mitunter auch begleitet von scharfen Kontrasten und harten Provokationen. Ein anspruchsvolles Autorenmagazin mit Ecken und Kanten. Alles integriert in eine multimediale Konzeption mit eigenem Internetauftritt. So ist eine erlebnisintensive Präsenz des *Lamborghini Magazins* über den eigentlichen Erscheinungstermin hinaus möglich. Hierzu ist ein eigener Button „Magazin" auf der Website von Lamborghini installiert (www.lamborghini.com).

Herausgeber
Lamborghini Automobili

Herausgebender Dienstleister
köckritzdörrich
Agentur für Kommunikation

Chefredakteur
Michael Köckritz

Kreativ Direktor
Lutz Sündermann

Zielgruppenprofil
Lamborghini-Besitzer, Interessenten, journalistische Fachöffentlichkeit, Partner und Mitarbeiter des Unternehmens, jeweils weltweit

Erscheinungsweise
zweimal jährlich

Heftformat
230 mm x 285 mm

Umfang
172 Seiten

Auflage
20.000 Exemplare, dt./engl./ital.

Anzeigenpreis 1/1 4c
7.500 Euro

Vertriebswege
Einzelheftversand und PoS

Website
www.lamborghini.com → Rubrik „Magazin"

Kontakt
michael.koeckritz@gokd.net

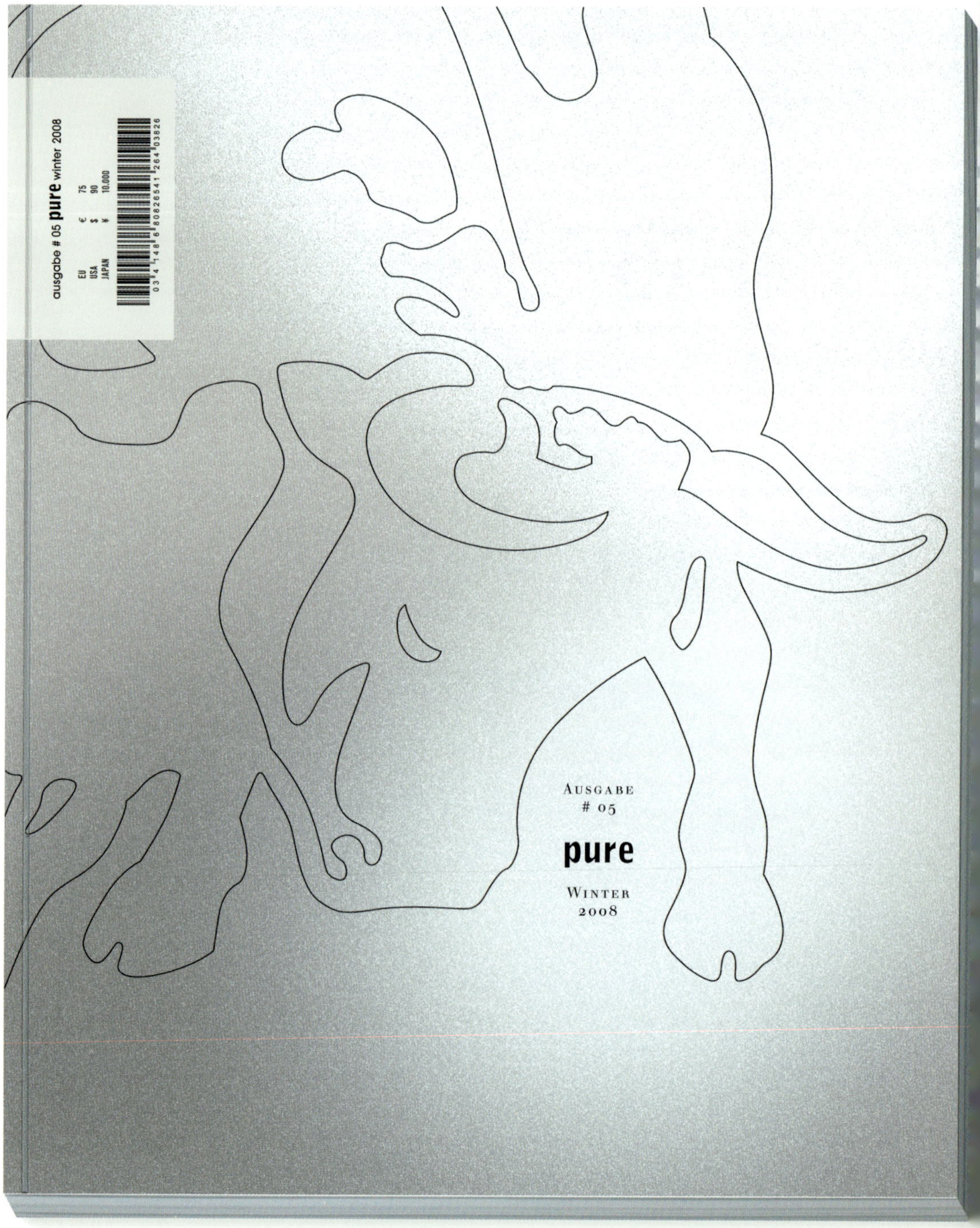

die entstehung eines
mythos
ICH BIN ZU SPÄT. DAS IST NORMAL FÜR MICH, ...
Wie erlebt man ein Auto pur und unverfälscht? Am besten, indem man es selbst baut. Mann und Maschine, und sonst nichts. Michael Taylor hat sich drangemacht.
Teil Eins

SIGNORINA SUPERLEGGERA – DIE WILDE GÖTTIN VON SANT'AGATA

TRAUST DU DICH DAS AUCH IN EINEM ECHTEN SUPERSPORTWAGEN?

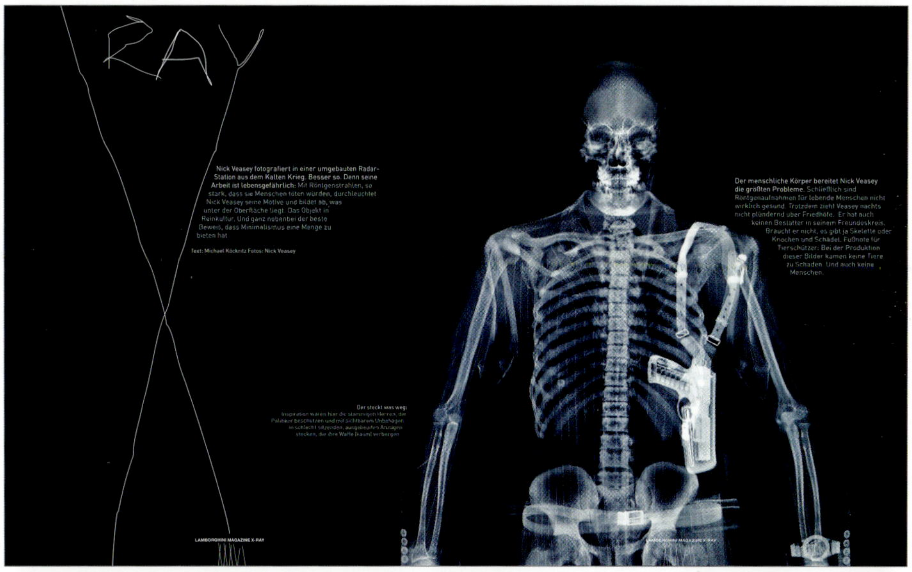
RAY
Nick Veasey fotografiert in einer umgebauten Radar-Station aus dem Kalten Krieg. Besser so. Denn seine Arbeit ist lebensgefährlich: Mit Röntgenstrahlen, so stark, dass sie Menschen töten würden, durchleuchtet Nick Veasey seine Motive und bildet ab, was unter der Oberfläche liegt. Das Objekt in Reinkultur. Und ganz nebenbei der beste Beweis, dass Minimalismus eine Menge zu bieten hat
Text: Michael Köckritz Fotos: Nick Veasey
Der menschliche Körper bereitet Nick Veasey die größten Probleme. Schließlich sind Röntgenaufnahmen für lebende Menschen nicht wirklich gesund. Trotzdem zieht Veasey nachts nicht plündernd über Friedhöfe. Er hat auch keinen Bestatter in seinem Freundeskreis. Braucht er nicht, es gibt ja Skelette oder Knochen und Schädel. Fußnote für Tierschützer: Bei der Produktion dieser Bilder kamen keine Tiere zu Schaden. Und auch keine Menschen.
LAMBORGHINI MAGAZINE X-RAY

074_075_ 05 (2008)
SS1
E80
SP152
VIA AURELIA SS1

SKRIPT MANUFAKTURA stellt zweimal jährlich die Welt der Gläsernen Manufaktur – dem Entstehungsort der automobilen Oberklasse von Volkswagen – vor. Berichte aus der Manufaktur werden durch Artikel des Kulturraumes Dresden und General-Interest-Themen ergänzt. Das Magazin ist sehr spezifisch auf die anspruchsvolle Zielgruppe und die Manufaktur abgestimmt. Die Themen sind inhaltlich an die Region, an das Produkt sowie an das Unternehmen gebunden, wodurch ein stimmiges Gesamtbild entsteht. Schwerpunkte sind neben automobilen und technischen Themen auch Kunst, Kultur, Design, Sport, Musik, Reisen und Manufakturen.

Herausgeber
Automobilmanufaktur Dresden

CP-Dienstleister
Gingco.Net Werbeagentur

Chefredaktion
Jörg-Uwe Argo

Textchef
Martin Bretschneider

Art Direction
Barbara Geising

Erscheinungsweise
zweimal jährlich

Heftformat
220 mm x 290 mm

Umfang
ca. 80 Seiten

Auflage
30.000 Exemplare

Vertriebswege
Versand an Abonnenten und Verteilung über Kooperationspartner/ Messen/Veranstaltungen

Zielgruppen
Kunden der Gläsernen Manufaktur, Interessierte, Potentials und Multiplikatoren

Anzeigenpreis 1/1 4c
4.000 Euro

Website
www.glaesernemanufaktur.de

Kontakt zur Redaktion
skriptm@gingco.net

uszeichnungen:
CP-Award | Silber · Mercury Award | Honors

B2C
FINANZEN UND VERSICHERUNGEN

Preisträger

■ **Kunstsammler** Jörg Thiede kauft Kunstwerke, um mit ihnen zu leben. Besuchern ermöglicht er einen Blick auf seine Exponate. ■ **Der Baum-Mensch** Zu Besuch bei Bernd Oelkers, einem der erfolgreichsten Weihnachtsbaumproduzenten Deutschlands. ■ **Privatschulen** Eine Schulform macht mit neuem pädagogischem Konzept Furore: Phorms. ■ **Galerien** Warum Kunsthändler aus aller Welt dem Ruf der neuen Hochburg Berlin folgen. ■ **Musikprojekt** Ein kleiner Chor wird zum Musikevent der Extraklasse: das Gospelprojekt-Ruhr. ■ **Messermanufaktur** Die Produktionstechnik bei Güde ist traditionell – und entpuppt sich als Erfolgsgeheimnis.

family values
Weberbank Actiengesellschaft
corps. Corporate Publishing Services GmbH

SEITE 122

Shortlist

Bonviva
Credit Suisse AG
Primafila AG

SEITE 124

Bulletin
Credit Suisse AG
Arnold. Inhalt und Form AG

SEITE 126

Departures
American Express Services Europe Ltd.
Journal International Verlags- und Werbegesellschaft mbH

SEITE 128

Teilnehmer

Cortal Consors Magazin
Cortal Consors S.A.
wdv Gesellschaft für Medien & Kommunikation mbH & Co. OHG

SEITE 130

Forum
MLP Finanzdienstleistungen AG
independent Medien-Design

SEITE 132

MehrWert
Deutsche Postbank AG
Verlag HMC, Hamburg
Media Company GmbH

SEITE 134

FAMILY VALUES – das Kundenmagazin der Weberbank. Als eine von Deutschlands erfolgreichsten Privatbanken hat die Weberbank sehr anspruchsvolle Kunden. Für diese besondere Zielgruppe des gehobenen Privatkundensegments wurde mit *family values* auch ein besonderes Kundenmagazin geschaffen. Eins, das sich nicht etwa – wie man vielleicht erwarten könnte – mit Finanzprodukten und Anlagestrategien beschäftigt, sondern das sich auf Werte konzentriert, die damit geschaffen werden. Das wird honoriert: von den Kunden und Fachleuten. 2008 bereits errang *family values* Platz 1 in der Kategorie B2C Finanzen und Versicherungen.

Herausgeber
Weberbank

Verlag
corps. Corporate Publishing Services

Redaktion
Florian Flicke (Ltg.), Dorothee Vogt

Gestaltung
BBDO Berlin

Erscheinungsweise
dreimal jährlich

Heftformat
240 mm x 305 mm

Umfang
52 Seiten

Auflage
12.000 Exemplare

Vertriebsweg
Direktversand

Zielgruppe
gehobene Privatkundschaft

Anzeigenpreis 1/1 4c
3.500 Euro

Website
www.weberbank.de

Kontakt zur Redaktion
familyvalues@weberbank.de

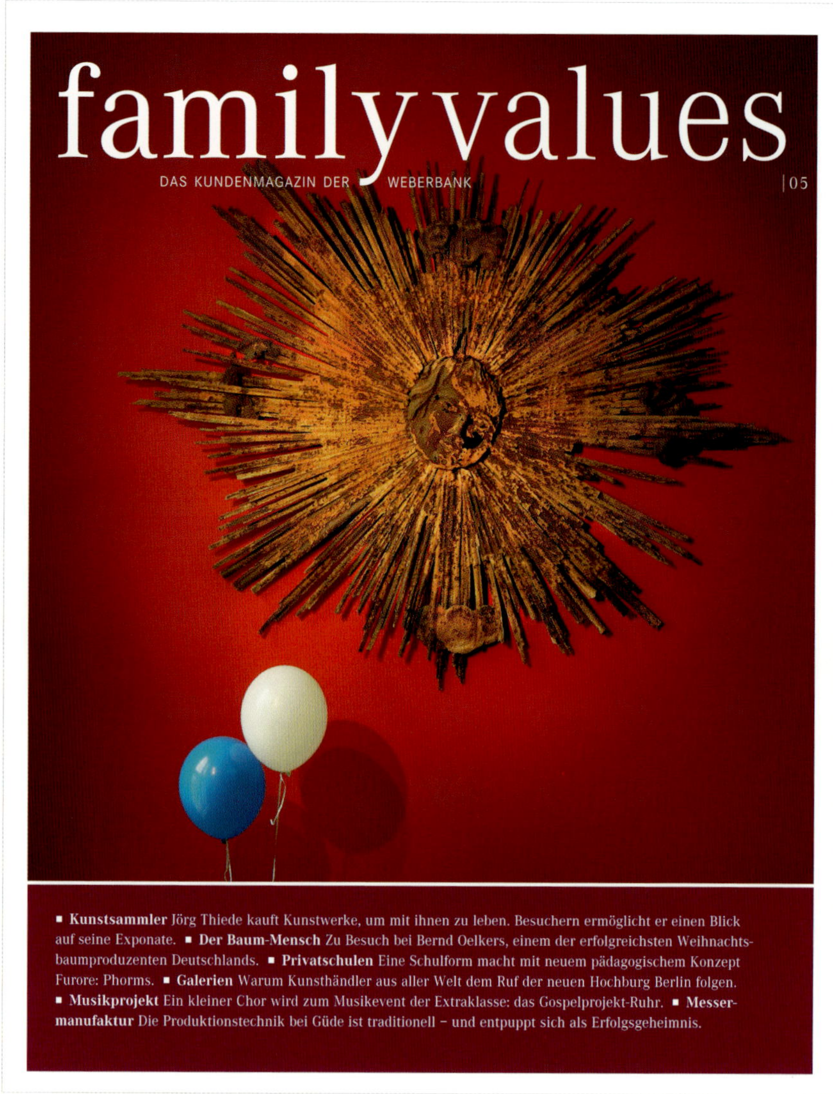
family values
DAS KUNDENMAGAZIN DER WEBERBANK
| 05

▪ **Kunstsammler** Jörg Thiede kauft Kunstwerke, um mit ihnen zu leben. Besuchern ermöglicht er einen Blick auf seine Exponate. ▪ **Der Baum-Mensch** Zu Besuch bei Bernd Oelkers, einem der erfolgreichsten Weihnachtsbaumproduzenten Deutschlands. ▪ **Privatschulen** Eine Schulform macht mit neuem pädagogischem Konzept Furore: Phorms. ▪ **Galerien** Warum Kunsthändler aus aller Welt dem Ruf der neuen Hochburg Berlin folgen. ▪ **Musikprojekt** Ein kleiner Chor wird zum Musikevent der Extraklasse: das Gospelprojekt-Ruhr. ▪ **Messermanufaktur** Die Produktionstechnik bei Güde ist traditionell – und entpuppt sich als Erfolgsgeheimnis.

Die gute Nachricht aus dem Pott

Im Gospelprojekt-Ruhr e.V. macht Christa Merle Musik mit den Menschen im Revier und nicht bloß für sie. Aus der kleinen Gesangsgruppe einer evangelischen Gemeinde erwuchs ein Chor aus Kindern und Erwachsenen, der ganze Arenen füllt.

Erfolgreich in einer **strauchelnden** Branche:
Dr. Karl-Peter Born, **Chef** der Manufaktur Güde

Eliteschmiede

Mit Großvaters Produktionstechnik im globalisierten Messermarkt punkten zu wollen, klingt abenteuerlich. Doch genau diese aus der Not geborene Strategie brachte der Messermanufaktur Güde den Erfolg. Besonders Spitzen- und ambitionierte Hobbyköche setzen auf die Edelklingen aus Solingen.

Text von Mirko Hackmann   Fotos von Tom Peschel

Gehörschutz, Stirnband, Schutzbrille – vom Schmied ist nicht viel zu sehen. Öffnet sich die Metallklappe des Ofens neben ihm, leuchtet sein Gesicht kurz im Licht des Feuers auf. Mit einer langen Zange greift Mitarbeiter Steffen Claus eines der orangeroten Spaltstücke und legt es behände in die Gesenkform.

Eine Sekunde später verrichtet der Riemenfallhammer über ihm sein Werk. Zweieinhalb Tonnen rasen im freien Fall auf glühenden Stahl hernieder und bringen ihn in Form. Der Boden bebt. Wäre das 30-Tonnen-Gewerk nicht im Keller auf Federn gelagert, es würde sich selbst in Grund und Boden rammen. Trotz Hightech: ein altertümlich anmutendes Procedere. So archaisch und zugleich hochentwickelt wie das Produkt, das es formt: ein Messer aus „Stahl 1.4116". Qualität von Weltruf. Made in Solingen.

Die Stadt im Bergischen war einst Heimat von rund 550 Betrieben des Schneidwarenhandwerks. Heute existieren davon noch etwa 50. „Zu Hoch-Zeiten arbeitete jeder vierte Solinger in der Branche. Heute ist es nur noch jeder zwanzigste", sagt Dr. Karl-Peter Born, Chef der Messermanufaktur Güde. Der Niedergang der Branche ist in Solingen allgegenwärtig.

Abwandern nach China

Eingeschlagen sind die Scheiben der ehemals so stolzen Jagdmesserfabrik Othello, der imposante Backsteinbau des früheren Delta-Werks wird fremdgenutzt, von den einst 500 Angestellten von Richard Abraham Herder sind magere 15 verblieben. Und die Maschinen und Werkzeuge der Besteckfabrik Kierdorf gingen komplett nach China. Die gescheiterten Unternehmen gehörten früher zu den größeren am Ort. Die Messermanufaktur Güde zählte nie dazu.

Eine Produktionsstraße oder Automatisierung konnte sich der Betrieb zu keiner Zeit leisten. Es war der Mangel an Mitteln für die Modernisierung, der Güde hat überleben lassen. Die Not erwies sich als Tugend. „Unsere Messer stellen wir genauso her, wie es einst mein Großvater Franz tat", sagt Born.

Die Klingen werden geschmiedet, nicht gestanzt. In Handarbeit, aus einem Stück Stahl. Küchenchefs und die wachsende Zahl von Hobbyköchen schätzen die schweren und wohlausbalancierten Messer des Unternehmens. Und zahlen für die Preziosen den entsprechenden Preis.

Das Konzept funktioniert international. Rund 35 Prozent der Produktion gehen in die USA. 80 Prozent der Kunden sind Männer. Die jedoch kaufen nicht einfach ein Messer, sondern ein Küchenwerkzeug. „Der Kochboom und die neue Popularität von Wertarbeit und traditionellem Handwerk haben uns in einer Premiumnische überleben lassen", sagt Born. Sorge bereiten ihm momentan jedoch der schwache US-Dollar und die zunehmende Kaufzurückhaltung von Amerikanern aus der oberen Mittelschicht. ↗

In Interviews, Reportagen und Features erzählt *family values* Geschichten über kulturelle, soziale, emotionale, aber auch materielle Werte, die Menschen über unterschiedliche Generationen und Interessen hinweg verbinden. Die Texte werden durch großzügige, eigens für das Magazin entwickelte Bildstrecken ergänzt und in einem hochwertigen Layout präsentiert.

Der Waldmeister

Bernd Oelkers ist einer der erfolgreichsten Weihnachtsbaumproduzenten Deutschlands. Weil er, der aus der Nähe von Hamburg stammt, norddeutschen Pragmatismus, landwirtschaftliche Leidenschaft und ein Talent fürs Marketing auf seine ganz eigene Weise vereint.

BONVIVA-MAGAZIN – Event-Publishing vom Feinsten. Das *Bonviva*-Magazin von Credit Suisse ist das Dialoginstrument des Eventprogramms innerhalb des Kundenbindungsinstruments „Erlebniswelt Bonviva" der Schweizer Großbank. Jedes publizierte Thema kulminiert in einem Event. Tragendes Element des Konzepts ist der ganz persönliche Aspekt: Für die Magazinbeiträge und Events wird mit Persönlichkeiten zusammengearbeitet, die für die Lifestyle-Themen stehen, also mit Kapazitäten aus den Bereichen Kunst, Kulinarik, Technologie, Film, Musik, Reisen etc. Es werden überraschende Ansätze in der Themenaufbereitung gewählt. Dies macht das Eventprogramm und das Publishing exklusiv.

Herausgeber
Credit Suisse (Bonviva)

Herausgebender Dienstleister
Primafila/independent Medien-Design

Chefredakteurin
Elisabeth Dennler

Art Director
Horst Moser

Erscheinungsweise
dreimal jährlich in Deutsch, Französisch und Italienisch

Format
230 mm x 280 mm und 250 x 175 mm

Umfang
52 Seiten

Auflage
150.000 Exemplare

Vertriebsweg
Direktvertrieb

Zielgruppe
Kunden, Mitarbeiter, Shareholders, Medien

Website
www.credit-suisse.com

Kontakt zur Redaktion
dennler@primafila-cp.ch

Green Glamour – ein Trend wirkt nachhaltig
Themen wie Nachhaltigkeit, Gesundheit und Umweltbewusstsein liegen im Trend eines angesagten Lebensstils, welcher die Verbissenheit einstiger Öko-Ideologen durch ein neues Selbstverständnis des Konsums ablöst. Das aktuelle Zauberwort der Trendbranche lautet LOHAS (Lifestyle of Health and Sustainability – auf Gesundheit und Nachhaltigkeit basierender Lebensstil). Es bezeichnet stilbewusste Menschen, für die Technikaffinität und grünes Gewissen, Konsumfreude und Nachhaltigkeit keine Widersprüche mehr sind.
18
bonviva 03/2009
bonviva 03/2009
19

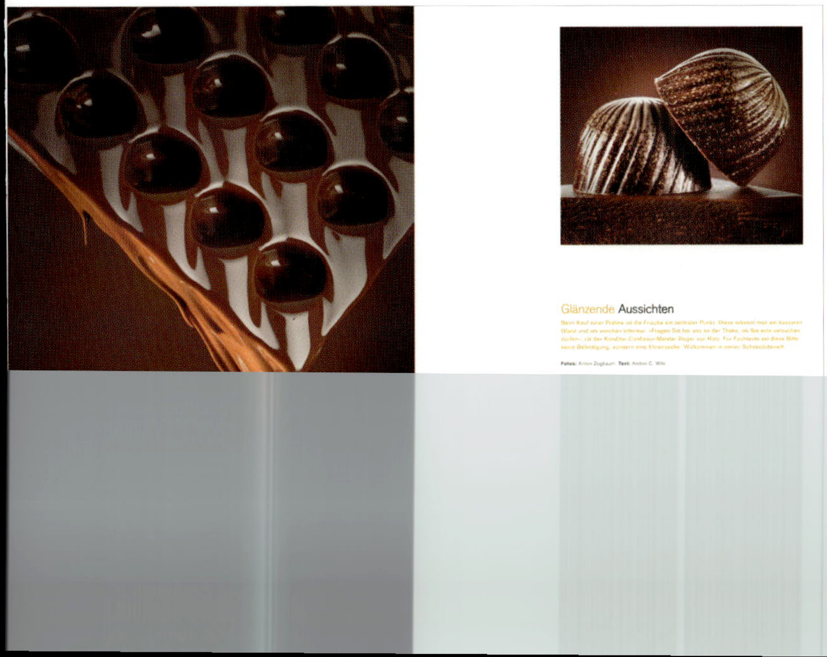
Glänzende Aussichten

LEBENSPHASEN
Der kleine Arbeitsplatz & die grosse Welt
Fotos: Daniel Gerber Text: Viviane Egli

BULLETIN. Jede Ausgabe des *Bulletins* ist einem Thema gewidmet. Geschichten von allgemeinem Interesse aus dem Schwerpunkt sowie den Sponsoring Engagements hüllen die Bank- und finanzwirtschaftlichen Themen in einen unterhaltsamen Mantel. Zudem sorgen feste Rubriken der Bereiche Research, Produkte und Sponsoring für Konstanz. Die Kernkompetenz des *Bulletins* liegt darin, das vielseitige, fundierte Fachwissen der Experten journalistisch aufzubereiten und einem interessierten und anspruchsvollen Publikum zugänglich zu machen. Ein Response-Element (mit Bestellmöglichkeit sämtlicher Publikationen der Credit Suisse) ermöglicht die Interaktion mit dem Kunden und generiert zudem „Marketing-Leads" (50 Prozent Anteil Unternehmens- und Fachinformationen der Bereiche Finanz und Wirtschaft, 20 Prozent Unterhaltung, 25 Prozent General Interest, 5 Prozent Responseelement). Siehe auch Seite 310.

Herausgeber
Credit Suisse

Chefredaktor
Daniel Huber

Koordination
Petra Feusi

Realisation
Arnold. Inhalt und Form

Redaktion
Dorothée Enskog, Regula Gerber, Michael Krobath, Mandana Razavi, Andreas Schiendorfer

Gestaltung
Arno Bandli, Monika Häfliger, Michele Iseppi, Petra Siegenthaler

Zielgruppe
Stakeholder der Credit Suisse

Erscheinungsweise
fünfmal jährlich

Heftformat
220 mm x 297 mm

Umfang
76 Seiten

Website
www.credit-suisse.com/bulletin

Kontakt
urs.arnold@a-if.ch

Im freien Fall durch die Schallmauer

In den USA laufen die Vorbereitungen für den höchsten Fallschirmsprung aller Zeiten. Gelingt der freie Fall aus 36 Kilometern Höhe, so würde erstmals ein Mensch aus eigenem Antrieb die Schallmauer durchbrechen. Damit noch nicht genug: Bereits in Planung sind auch Weltraumsprünge aus 91 Kilometern Höhe.

Wehe, wenn die Dämme brechen!

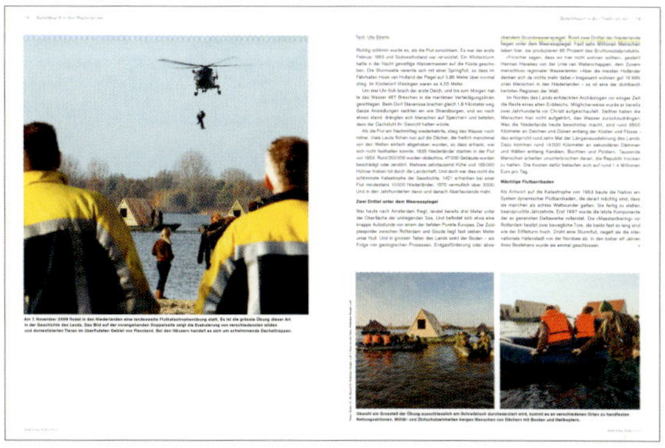

«Macht den Schlagbaum auf»

Wie Grenzwächter Harald Jäger, der den alles entscheidenden Befehl gab, den 9. November 1989 erlebte.

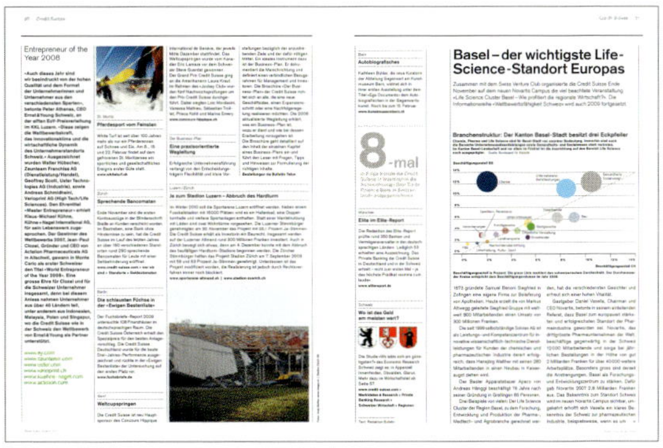
Entrepreneur of the Year 2008

Basel – der wichtigste Life-Science-Standort Europas

Ausstellung «Kunst und Unternehmertum» endet mit erfolgreicher Benefizauktion

Die Kunst, in bildende Kunst zu investieren

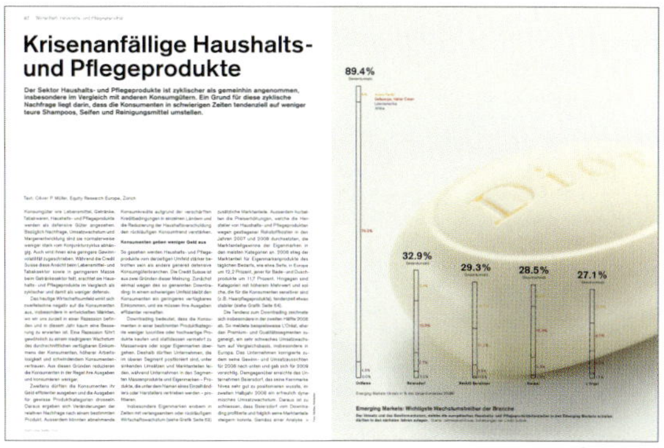
Krisenanfällige Haushalts- und Pflegeprodukte

Das Internet aus dem Weltall

Meisterdirigent Maazel: «Wir Musiker sind Menschen des Augenblicks»

DEPARTURES ist eines der weltweit führenden Reise- und Lifestyle-Magazine und repräsentiert das außergewöhnlich exklusive Serviceversprechen der American Express Platinum Card gegenüber den Inhabern. Einer der Grundwerte der American Express-Qualität findet in diesem Magazin seinen Ausdruck: Es spiegelt die exklusiven Lebenswelten der Karteninhaber wider und dient dabei als verlässliche und nahezu unerschöpfliche Inspirations- und Informationsquelle. Bei den Lesern handelt es sich um eine höchst anspruchsvolle, kaufkräftige, markenbewusste und luxusaffine Premium-Zielgruppe. *Departures* erscheint mit Ausgaben unter anderem in den wichtigsten europäischen Ländern (Frankreich, Großbritannien, Deutschland, Schweiz, Italien, Benelux) sowie in Asien und Australien.

Herausgeber
American Express Services Europe

CP-Dienstleister
Journal International Verlag

Redaktion
Christian Schwalbach

Gestaltung
Florian Wagner, Anja Richter

Erscheinungsweise
viermal jährlich

Heftformat
210 mm x 297 mm (DIN A4)

Umfang
100 Seiten und mehr

Auflage
40.000 Exemplare

Vertriebsweg
Mailing

Anzeigenpreis 1/1 4c
19.940 Euro

Beflügelte Fantasien
Frühling – Zeit, aus dem Kokon zu kommen. Mit der ersten Wärme blühen frische Farben und neue Formen in der Mode auf. Sie verführen mit Leichtigkeit und machen Lust auf schillernde Auftritte
PRODUKTION ELISA VALLATA
FOTOS DIRK MESSNER
Baumwollmantel mit Blumenprint von Joop!, Plisseekleid von Sonia Rykiel, Kette aus Rubinen, Saphiren und Brillanten mit Schmetterlingsanhängern von Chopard
52 DEPARTURES

Epicurean
Die baskische Leidenschaft für Essen hat San Sebastián zu einer kulinarischen Hochburg werden lassen. VON BRUCE PALLING
SAN SURREAL
Epicurean

MARFA: GRENZ ERFAHRUNG
Aus dem einst verschlafenen 2.000-Seelen-Nest Marfa in Texas ist ein Pilgerort der internationalen Kunstszene geworden. Von C. J. HUGHES

CORTAL CONSORS MAGAZIN – eine Bank zeigt ihr Gesicht. Gerade wenn es an der Börse turbulent zugeht, kommt es darauf an, die Chancen und Risiken von Trends und Produkten richtig einzuschätzen. Cortal Consors, eine Tochtergesellschaft von BNP Paribas, unterstützt die Kunden dabei: Das Magazin der Direktbank setzt nicht auf abstrakte Zahlen, sondern lässt die handelnden Personen zu Wort kommen. Statt nüchtern über Fakten zu berichten, werden authentische Menschen in ihrem realen Umfeld gezeigt. Die Beiträge machen auf diese Weise anonyme Prozesse und Anlageformen greifbarer. Das Vertrauen der Kunden wird durch eine glaubwürdige journalistische Aufbereitung der Themen fundiert.

Herausgeber
Cortal Consors S.A.,
Zweigniederlassung Deutschland

CP-Dienstleister
wdv Gesellschaft für Medien & Kommunikation

Chefredaktion
Dr. Björn P. Böer

Gestaltung
Margarete Mazur

Erscheinungsweise
viermal jährlich

Heftformat
200 mm x 260 mm

Umfang
36 Seiten

Auflage
300.000 Exemplare

Vertriebsweg
Postversand

Zielgruppen
Premium-Kunden von Cortal Consors

Anzeigenpreis 1/1 4c
9.500 Euro

Website
www.cortalconsors.de

Geld
Baufinanzierung

Mit „Wohn-Riester" ins eigene Heim

Die eigenen vier Wände sind der Traum vieler Deutscher. Dieser Wunsch lässt sich jetzt leichter erfüllen: mit der staatlichen Riester-Förderung für Immobilien – ideal ergänzt durch eine Baufinanzierung über Cortal Consors.

Riester-Sparer genießen künftig noch mehr Freiheiten: Mit staatlicher Unterstützung können sie jetzt nicht nur Zusatzrenten ansparen, sondern auch eine selbst genutzte Immobilie erwerben. Dazu dürfen Vorsorgesparer ihr Riester-Guthaben bis zu 100 Prozent in die Finanzierung einbringen. Zusätzlich ist die direkte Einzahlung von Beiträgen und Fördermitteln in Riester-Baudarlehen erlaubt. Diese Verbesserungen bringen enorme Vorteile: „Viele Familien können sich dank staatlicher Hilfe den Traum von den eigenen vier Wänden schneller erfüllen", resümiert Hans-Ulrich Krüger, Bundestagsabgeordneter und Mitinitiator der Eigenheimrente.

Beachtliche Vorteile verspricht die neue Eigenheimförderung auch nach Meinung von Experten. Nach Ansicht von Boris Üblacker, Leiter Baufinanzierung bei Cortal Consors, stechen zwei Punkte besonders hervor: „Erstens können Riester-Guthaben das Eigenkapital erhöhen und damit den notwendigen Kreditbedarf verringern." Unterm Strich sparen Darlehensnehmer dadurch Zinsen und vermindern ihre monatliche Kreditrate. „Zweitens kann man laufende Riester-Sparbeiträge direkt in Hypothekendarlehen einzahlen, das beschleunigt die Entschuldung." Das ist aber noch nicht alles: Ein willkommener Gewinn an flüssigen Mitteln kann obendrein ins Haus stehen. Und zwar dann, wenn die urspünglich monatlich eingeplante Baufinanzierungsrate nun ausreicht, um in den Genuss der Riester-Zulagen zu kommen. „Dadurch ergibt sich ein Liquiditätsvorteil von bis zu 160 Euro im Monat", erläutert Üblacker. Der auf diese Weise gewonnene finanzielle Spielraum lässt sich zum Beispiel für eine umfassende Absicherung des Eigenheimprojekts nutzen. „Schon ein kleiner Teil reicht aus, um sich gegen Alltagsrisiken wie Berufsunfähigkeit oder sogar Arbeitslosigkeit zu versichern – und mit dem Rest wird zum Beispiel die Altersvorsorge aufgestockt", rät der Finanzierungsfachmann, der mit seinem Team jedem Kunden individuelle Lösungspakete rund um die Baufinanzierung schnürt.

Die öffentliche Hand fördert grundsätzlich alle Riester-Sparer gleich. Die Grundzulage beträgt 154 Euro je Vertrag, für jedes kindergeldberechtigte Kind spendiert der Staat 185 Euro, bei Geburt im Jahr 2008 oder später sind es sogar 300 Euro. Zusätzlich lassen sich die Eigenbeiträge plus Zulagen als Sonderausgabe von der Steuer absetzen. „Ist der Steuervorteil größer als die erhaltenen Zulagen, schreibt das Finanzamt den Überschuss gut", erläutert Peter Kauth von Steuerrat24. Voraussetzung für die volle Riester-Förderung ist, dass Arbeitnehmer vier Prozent ihrer rentenpflichtigen Einkünfte in den Vertrag einzahlen. Der förderfähige Höchstbetrag beläuft sich auf 2.100 Euro pro Jahr. Dabei sollte einkalkuliert werden, dass die erhaltenen staatlichen Zulagen auf die geforderten vier Prozent angerechnet werden – dadurch sinkt der nötige Eigenbeitrag ensprechend. So muss ein Sparer mit zwei Kindern, geboren 2005 und >>

„Die staatliche Förderung spart Liquidität – so kann man sich gut absichern."

Boris Üblacker, Leiter Baufinanzierung, Cortal Consors

Fotos: Jurgo Graf; Corbis

Cortal Consors Magazin 01 | 2009 19

In den fünf Segmenten „Top Thema", „Chancen", „Geld", „Wissen" und „Meine Bank" erfahren die Leserinnen und Leser des *Cortal Consors Magazins* Neuigkeiten und Hintergründe rund um ihre Finanzen. Durch eine ausgewogene, variationsreiche Mischung von Text und Bild wird der Zugang zu komplexen Themen erleichtert.
Über Internetlinks, E-Mail-Adressen und Telefonnummern führen die Artikel des Hefts direkt zu den Experten und Beratern von Cortal Consors. So ist das *Cortal Consors Magazin* auch ein wirksames Instrument, um zusätzliche Impulse für den Vertrieb zu setzen.

FORUM. Das Kundenmagazin von MLP mit seiner Premium-Zielgruppe (ausschließlich Akademiker) bietet seinen Kunden Information und Lesevergnügen zugleich. Die Themen umfassen sowohl das gesamte Leistungsspektrum des Unternehmens als unabhängiger Finanzdienstleister – kompetent, informativ und mit Blick über die eigenen Grenzen hinaus – als auch Lifestyle- und Karriere-Themen. Das Magazin, das 2007 von independent Medien-Design relauncht wurde, versteht sich als Wirtschaftsmagazin (mit spezieller Ausgabe für Mediziner) und sein journalistischer Anspruch misst sich mit den wichtigsten Kiosktiteln auf diesem Gebiet. *Forum* wurde in den vergangenen 13 Jahren mehrfach als bestes Kundenmagazin mit Preisen ausgezeichnet.

Herausgeber
MLP Finanzdienstleistungen

Herausgebender Dienstleister
independent Medien-Design

Chefredaktion
Melanie Contoli

Art Director
Horst Moser

Erscheinungsweise
dreimal jährlich

Format
A4 (210 mm x 297 mm)

Umfang
76 Seiten

Auflage
452.360 Exemplare

Anzeigenpreis 1/1 4c
10.610 Euro

Vertriebswege
Deutsche Post und Außendienst/ Mitarbeiter

Zielgruppe
alle Kunden von MLP

Website
www.mlp-forum.de

Kontakt zur Redaktion
info@redaktionforum.de

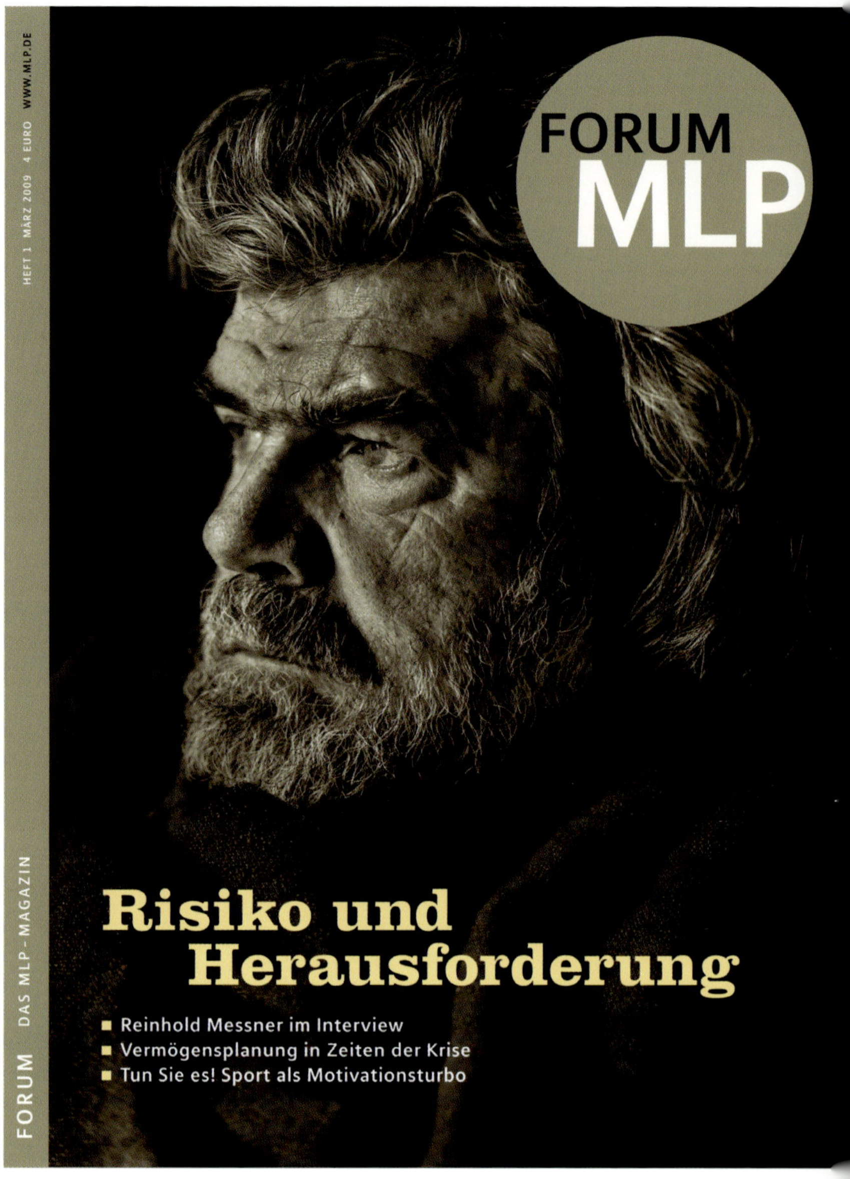

Bilder im Kopf

„Was machen Sie eigentlich beruflich?" Eine scheinbar einfache Frage – auf die jedoch die meisten eine viel zu komplizierte Antwort geben. Wer bei seinem Gegenüber in Erinnerung bleiben will, sollte sich auf das Wesentliche konzentrieren. Der „Elevator Pitch" hilft dabei.

Von **Sabine Olschner** Illustration **Franziska Misselwitz/independent**

Im Zug, im Flieger, auf einer Party, in der Kneipe – überall besteht die Chance, mit Menschen ins Plaudern zu kommen, die früher oder später Genaueres über ihren Gesprächspartner wissen wollen. „Die meisten erzählen dann in epischer Breite über ihren Job und kommen einfach nicht auf den Punkt", so die Beobachtung von Martina Bloch, Fachfrau für Akquise. „Davon bleibt bei ihrem Gegenüber nichts hängen." Die Inhaberin der Hamburger „Agentur für Unternehmenskontakte" rät stattdessen: „Präsentieren Sie sich so, dass bei Ihrem Gesprächspartner ein Bild im Kopf entsteht. Wird er später wieder einmal mit Ihrem Thema konfrontiert, wird er automatisch an Sie denken."

„Elevator Pitch" nennt sich diese Methode des Bilderverankerns im Kopf. Seinen Ursprung hat der Elevator Pitch (zu Deutsch etwa: Präsentation im Fahrstuhl) in den 80er-Jahren: Aufstrebende Vertriebsmitarbeiter nutzten die kurze Zeit im Aufzug, um Kunden für ihre Anliegen zu gewinnen. Nach maximal 30 Sekunden ging die Fahrstuhltür auf – wer bis dahin seine Sache nicht überzeugend rüberbringen konnte, hatte verloren. Etabliert hat sich der Begriff dann zu Zeiten der New Economy, als Unternehmer Kontakte im Fahrstuhl nutzten, um an Finanzierungen für ihre Geschäftsideen zu gelangen.

Unternehmer und Selbstständige tun auch heute noch gut daran, sich einen Elevator Pitch zuzulegen. „Schließlich weiß man nie, ob die neue Bekanntschaft nicht ein potenzieller Kunde ist oder einen zumindest weiterempfehlen kann", so Martina Bloch. Doch auch für andere Menschen ist ein Elevator Pitch eine gute Sache, zum Beispiel für diejenigen, die gerade auf Jobsuche sind. „Stellen Sie kurz und knackig Ihre Fähigkeiten vor", rät die Trainerin, die mit ihren Seminarteilnehmern häufig auf die Suche nach guten Vorstellungssätzen geht. Bei einer Buchhalterin könnte der Beginn eines Elevator Pitch zum Beispiel lauten: „Mathematik ist ja für viele ein Graus. Für mich allerdings sind Zahlen alles. Ohne sie könnte ich mir mein Leben gar nicht vorstellen."

Auch Angestellte, die ja im Grunde als „Botschafter für ihre Firma" durch die Welt gehen, können bei informellen Gesprächen für ihren Arbeitgeber werben. Was macht die Firma zu einem so tollen Betrieb? Was ist das Besondere an den Produkten oder den Dienstleistungen des Hauses? Wer seinen Gesprächspartner in wenigen Sätzen von den Vorzügen überzeugen kann, betreibt erfolgreiches Networking. „Man muss nicht immer gleich mit einem neuen Kunden nach Hause gehen – aber er sollte sich bei Bedarf wieder an Sie und Ihre Firma erinnern", so Martina Bloch. „Mit einem Elevator Pitch setzt man auf langfristige Kontakte und weniger auf schnelle Erfolge." Je spannender und interessanter die Formulierung gewählt ist, umso länger wird das Bild, das man erzeugt hat, beim Gegenüber im Kopf bleiben. Manchmal genügen dazu schon zwei, drei Sätze.

Einen guten Elevator Pitch zu entwickeln dauert seine Zeit. Hat man genügend gefeilt, probiert man seine Kurzvorstellung am besten bei jeder sich bietenden Gelegenheit aus. An der Reaktion des Gegenübers merkt man meist, ob man sein Anliegen vermitteln konnte: „Fragt er interessiert nach, bittet er vielleicht sogar um eine Visitenkarte? Oder wird ihm nicht klar, was Sie eigentlich anzubieten haben? Dann sollten Sie weiter an Ihrer Präsentation arbeiten", so Martina Bloch. Üben, üben, üben heißt die Devise, bis man seine Vorstellung selbstbewusst und authentisch rüberbringen kann. Martina Bloch: „Am Ende muss der Elevator Pitch so sitzen, dass man aus dem Schlaf gerissen werden kann und seinen Spruch sofort parat hat." ■

Elevator Pitch: 8 Tipps

- Die Besonderheiten Ihres Unternehmens und die Einzigartigkeit Ihrer Person formulieren
- Eine zentrale Kernaussage verankern
- Dem Gegenüber einen Nutzen verschaffen
- Falsch: ein platter Werbetext, der laut nach Aufmerksamkeit schreit. Richtig: die Einladung zum Gespräch
- Der Einstieg macht's: ein Bild oder eine Metapher, eine spannende Frage, eine kurze Geschichte oder eine erstaunliche Information
- Richtig: Kürze mit Würze. Falsch: langwierige Fakten
- Elevator Pitch in der Gruppe entwickeln
- Elevator Pitch ständig weiterentwickeln und variieren

MEHRWERT, *das Magazin der Postbank-Vermögensberater*, ist ein maßgeschneidertes Vertriebstool mit Fokus auf den Angeboten der Deutschen Postbank und ihrer Produktpartner. Primäres Ziel des Magazins ist die Gesprächsanbahnung zwischen Kunde und Berater: Mehr als 165.000 besonders vermögende Postbank-Kunden lesen das Magazin regelmäßig. 67 Prozent finden Anregungen zu einer konkreten Produktanfrage bei ihrem Berater. Zusätzlich zu den Rubriken „Weitblick" (Vorsorge), „Werte" (Geldanlage) und „Wünsche" (Lebensart) finden sich neun Extraseiten zum Select-Programm – dem exklusiven Kunden-Betreuungsprogramm der Postbank. *MehrWert* sorgt so für einen nachweislich besonders erfolgreichen Kunden-Berater-Dialog auf allen Ebenen.

Herausgeber
Deutsche Postbank

Herausgebender Verlag
Verlag HMC
Hamburg Media Company

Redaktion
Ulf Dyrssen (Ltg.)

Art Director
Stephan Halm

Erscheinungsweise
viermal jährlich

Heftformat
210 mm x 297 mm

Umfang
72 Seiten

Auflage
210.000 Exemplare

Zielgruppe
Kunden und Potenzialkunden der Postbank-Vermögensberater

Anzeigenpreis 1/1 4c
8.500 Euro

Vertriebsweg
personalisierter Versand

Kontakt zur Redaktion
dyrssen@hmc.de

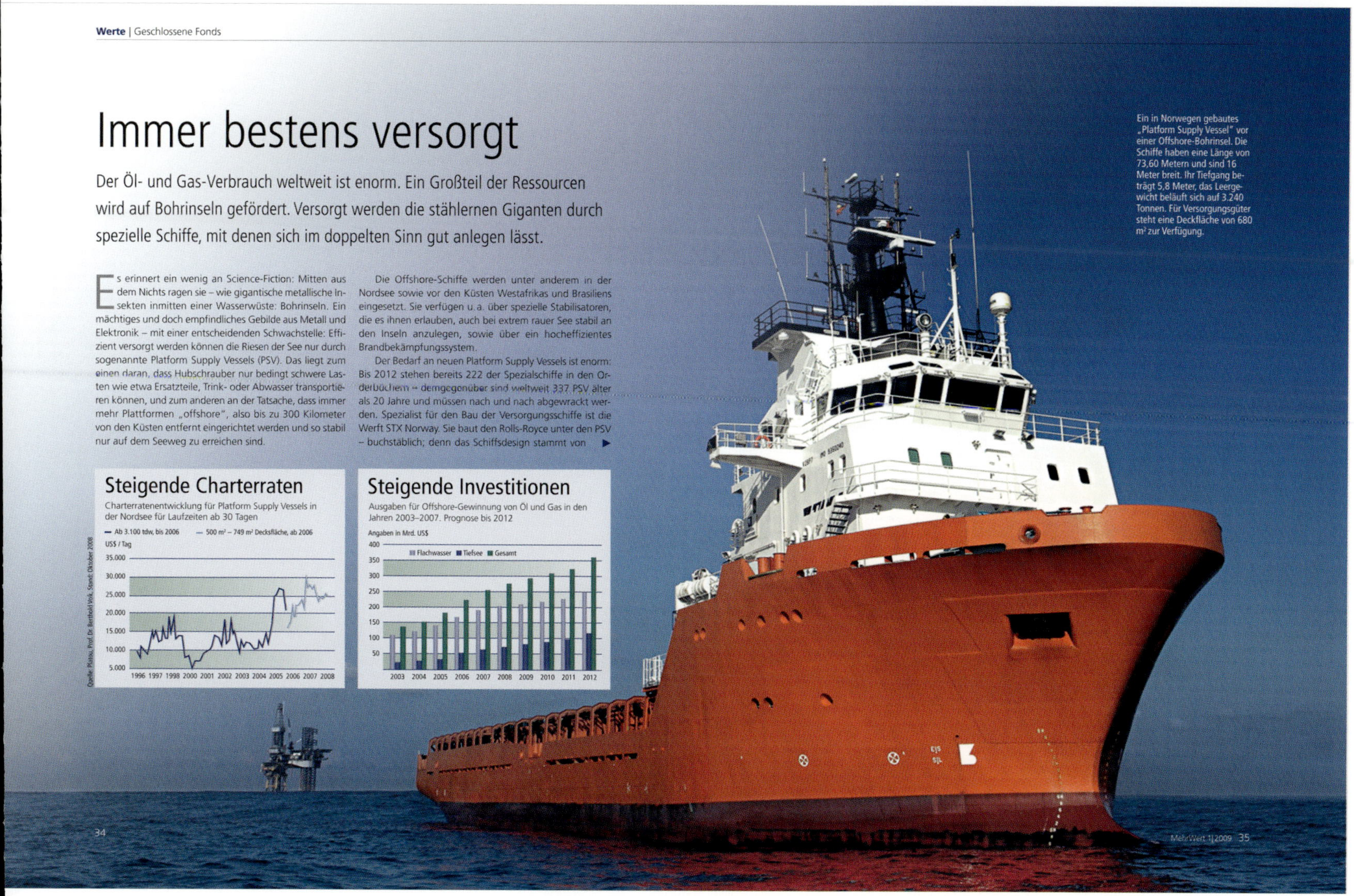

Werte | Geschlossene Fonds

Immer bestens versorgt

Der Öl- und Gas-Verbrauch weltweit ist enorm. Ein Großteil der Ressourcen wird auf Bohrinseln gefördert. Versorgt werden die stählernen Giganten durch spezielle Schiffe, mit denen sich im doppelten Sinn gut anlegen lässt.

Es erinnert ein wenig an Science-Fiction: Mitten aus dem Nichts ragen sie – wie gigantische metallische Insekten inmitten einer Wasserwüste: Bohrinseln. Ein mächtiges und doch empfindliches Gebilde aus Metall und Elektronik – mit einer entscheidenden Schwachstelle: Effizient versorgt werden können die Riesen der See nur durch sogenannte Platform Supply Vessels (PSV). Das liegt zum einen daran, dass Hubschrauber nur bedingt schwere Lasten wie etwa Ersatzteile, Trink- oder Abwasser transportieren können, und zum anderen an der Tatsache, dass immer mehr Plattformen „offshore", also bis zu 300 Kilometer von den Küsten entfernt eingerichtet werden und so stabil nur auf dem Seeweg zu erreichen sind.

Die Offshore-Schiffe werden unter anderem in der Nordsee sowie vor den Küsten Westafrikas und Brasiliens eingesetzt. Sie verfügen u. a. über spezielle Stabilisatoren, die es ihnen erlauben, auch bei extrem rauer See stabil an den Inseln anzulegen, sowie über ein hocheffizientes Brandbekämpfungssystem.

Der Bedarf an neuen Platform Supply Vessels ist enorm: Bis 2012 stehen bereits 222 der Spezialschiffe in den Orderbüchern – demgegenüber sind weltweit 337 PSV älter als 20 Jahre und müssen nach und nach abgewrackt werden. Spezialist für den Bau der Versorgungsschiffe ist die Werft STX Norway. Sie baut den Rolls-Royce unter den PSV – buchstäblich; denn das Schiffsdesign stammt von ▶

Steigende Charterraten

Charterratenentwicklung für Platform Supply Vessels in der Nordsee für Laufzeiten ab 30 Tagen

Steigende Investitionen

Ausgaben für Offshore-Gewinnung von Öl und Gas in den Jahren 2003–2007. Prognose bis 2012

Ein in Norwegen gebautes „Platform Supply Vessel" vor einer Offshore-Bohrinsel. Die Schiffe haben eine Länge von 73,60 Metern und sind 16 Meter breit. Ihr Tiefgang beträgt 5,8 Meter, das Leergewicht beläuft sich auf 3.240 Tonnen. Für Versorgungsgüter steht eine Deckfläche von 680 m² zur Verfügung.

34 MehrWert 1|2009 35

as inhaltliche Konzept von *MehrWert* basiert auf dem nsatz des „Content driven commerce": Storytelling, das ei den Leserbedürfnissen ansetzt, statt bei imagegetrie-enen Vorstellungen des Unternehmens, und das authen-sche Lebenswelten der Leser aufnimmt, statt schematisch roduktmerkmale anzupreisen. *MehrWert* thematisiert mit einen Geschichten die „Problemlage" des Kunden und räsentiert das Produkt beziehungsweise den Vermögens-erater als „Problemlöser".

Weitblick | Zukunftssicherung

Rentenversicherungen: Wie ein Fels in der Brandung

Renditechancen nutzen und gleichzeitig volle Kapitalgarantie genießen? Das geht – mit klassischen Rentenversicherungen. Für einen sicheren Vermögensaufbau selbst in Zeiten heftiger Börsenturbulenzen. Und das garantiert abgeltungsteuerfrei!

Kontakt

Rürup-Rente – steuerlich gefördert

Werte | Interview

„Der Staat ist kein Retter – aber er muss Brücken bauen"

Die Finanzkrise bestimmt auch weiterhin die Schlagzeilen. Wir sprachen mit Professor Dr. Michael Hüther, Direktor des Instituts der deutschen Wirtschaft, darüber, wie lange die Krise noch andauern wird, welche staatlichen Hilfen nötig sind und mit welchen Folgen Deutschland rechnen muss.

» In der Mitte des Jahres 2009 werden wir auch wieder positive Entwicklungen sehen können. «

B2C
IT/TELEKOMMUNIKATION/ENERGIE

Preisträger

energy forum
BKW FMB Energie AG und Youtility AG
Infel AG

SEITE 138

Shortlist

das magazin
EnBW Energie Baden-Württemberg AG
G+J Corporate Media GmbH

SEITE 140

Strom
Infel AG und 150 Partner
Infel AG

SEITE 142

Teilnehmer

t-mobile_life
T-Mobile Deutschland GmbH
JDB MEDIA GmbH

SEITE 144

ENERGY FORUM. Mit der Kundenzeitschrift *energy forum* stärken die Herausgeber BKW FMB Energie und Youtility die gemeinsame Strommarke „1to1 energy" und die Partnerschaft der bereits über 130 beteiligten Energiepartner. Die Energiepartnerschaft wächst; in diesem Prozess hilft das Magazin, die Marke bei den Kunden neuer Partner schneller zu verankern. Eingebettet in eine breite Palette unterschiedlichster Geschichten wird Energie in (nicht) alltäglicher Form in Bild und Wort thematisiert. Im Zentrum der Geschichten stehen Menschen aus der Region. Jedes Heft hat sein Schwerpunktthema, das über die drei Ausgaben des Jahres hinweg in eine Trilogie eingebettet wird. *energy forum* erscheint auf Deutsch und Französisch – dabei werden Texte nicht nur übersetzt, sondern teilweise auch bewusst ausgewechselt und von muttersprachigen Journalisten verfasst.

Herausgeber
BKW FMB Energie und Youtility

Herausgebender Dienstleister
Infel

Projektleitung
Paul Widmer

Chefredaktion
Denise Liebchen, Guido Lichtensteiger

Art Director
Brigitte Mathys

Erscheinungsweise
dreimal jährlich, deutsch und französisch

Heftformat
220 mm x 285 mm

Umfang
je nach Version 20 oder 24 Seiten

Auflage
500.000 Exemplare

Vertriebsweg
Postversand

Website
www.1to1energy.ch

Kontakt zur Redaktion
Infel
Fon +41 31 320 1313

Extras prägen das *energy forum* in mehrfacher Hinsicht. Das Magazin bietet exklusive Leseraktionen und Wettbewerbe an, die der Leserschaft einen zusätzlichen Nutzen bringen. In dieser Ausgabe wurde durch eine Leserumfrage (in Form eines Umhefters) die Kundenzufriedenheit und Akzeptanz des Magazins erhoben. Aber auch formell bietet *energy forum* Extras. Das Heft erscheint in bis zu 21 Sorten, wobei die beteiligten Energiepartner diese Ausgaben nach ihren Wünschen auf drei bis sechs Seiten individualisieren oder mit einem eigenen Umhefter ergänzen und somit den Bezug zu ihren Kunden vertiefen können.

Auto, Roller, Bike & Co. selbst testen
Für Experten, Interessierte und Neugierige der Mobilität von morgen: Zusammen mit dem Verband e'mobile organisiert 1to1 energy fünf Testfahrtage.
Energissima: Messe der grünen Energie

Elektropioniere auf Achse
Sie sind leise, sauber und werden sogar hübscher, doch ein paar Launen müssen ihnen noch ausgetrieben werden: die Elektromobile. In Wengen gehören sie schon seit den Sechzigern zum Strassenbild.

«Das ist eine ernste Sache.»
«CO₂-Emissionen reduzieren»

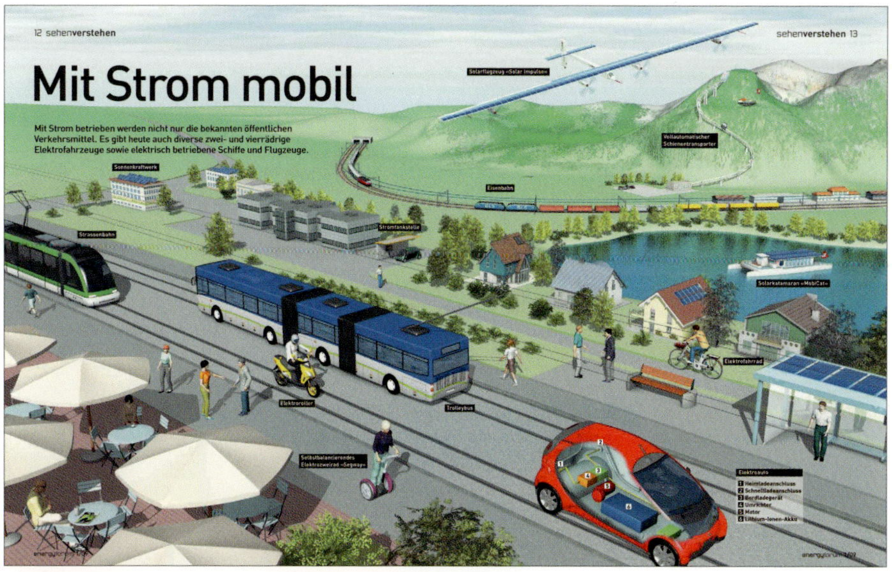
Mit Strom mobil
Mit Strom betrieben werden nicht nur die bekannten öffentlichen Verkehrsmittel. Es gibt heute auch diverse zwei- und vierrädrige Elektrofahrzeuge sowie elektrisch betriebene Schiffe und Flugzeuge.

Der Büffel fliegt
In Heimiswil «erfunden», in Burgdorf und Kirchberg produziert – das erfolgreiche Elektrovelo Flyer ist tief in der Region verwurzelt. Nun zieht es die Hersteller nach Huttwil.

Zum Mitnehmen
In der Schweiz legt ein Mensch pro Tag durchschnittlich 40 Kilometer zurück. Damit die dazu benötigten 100 Minuten nicht hungrig verbracht werden müssen, hier zwei Rezeptideen.
Hackfleischwähe
Kaffee-Brownies
Elektrisierende Spassmobilität!
Elektrogefährte für den Mond, für James Bond, Skater und andere harte Jungs.
Immer ein Parkplatz!
Schüttelbecher
Die neue Welle
Harte Kerle

DAS MAGAZIN. EnBW Energie Baden-Württemberg ist mit rund sechs Millionen Kunden das drittgrößte deutsche Energieunternehmen. Mit der Herausgabe des Magazins will die EnBW vor allem ihre Markenpositionierung als Vorreiter und Innovationstreiber stärken und diese in einem redaktionellen Kontext erlebbar machen. Die zentrale Botschaft lautet: Die EnBW beantwortet die Energiefragen der Zukunft, sie übernimmt gesellschaftliche Verantwortung für die Menschen in der Region, und sie hilft den Kunden auf innovative Weise beim Energiesparen. Die Online-Ausgabe – www.enbw.com/magazin – flankiert den Magazin-Auftritt multimedial und erlebnisreich durch Audio- und Video-Beiträge.

Herausgeber
EnBW

Herausgebender Verlag
G+J Corporate Media

Redaktion
Oliver Schulz, Ursula Meister, Alexandra Schaan, Thomas van Laak

Gestaltung
Büro Hamburg

Art Director
Jürgen Kaffer

Erscheinungsweise
viermal jährlich

Heftformat
210 mm x 280 mm

Umfang
36 bis 40 Seiten

Auflage
2.270.000 Exemplare

Vertriebsweg
Hauswurfverteilung

Zielgruppe
Privatkunden von EnBW in Baden-Württemberg

Website
www.guj-corporate-media.de

Kontakt zur Redaktion
a.schaan@enbw.com

entdecken | Elektromobilität

Traumauto Elektromobil. Fahren wir bald elektrisch?

Das Auto der Zukunft kommt aus den Schweizer Alpen. Im beschaulichen Sankt Niklausen, romantisch gelegen am Vierwaldstätter See vor einem malerischen Bergpanorama, tüftelt der ehemalige VW-Chefdesigner, Murat Günak, zusammen mit erfahrenen Ingenieuren aus aller Welt an einem völlig neuen „Typ Auto“: ein Fahrzeug, das Umweltschutz und Fahrspaß verbinden soll – das Elektromobil Mindset. „Man kann das Auto nicht von den Empfindungen und Träumen der Menschen trennen“, sagt Günak. „Wenn wir eine Chance haben wollen, dass die Menschen sich für ein umweltfreundliches Auto begeistern, dann müssen wir sie in ihrem Herzen erreichen.“

04 05

das magazin spannt einen dramaturgischen Bogen von der globalen Energiezukunft in das konkrete Hier und Jetzt in Baden-Württemberg. So ist der Aufmacher der Ausgabe 1/09 einem faszinierenden Thema gewidmet: der Zukunft der Mobilität. Der ehemalige VW-Chefdesigner Murat Günak gibt dazu seine Visionen preis. Die anschließende Reportage zeigt, wie Ingenieure der EnBW neue Strategien zur effizienten Gewinnung und Nutzung von Strom entwickeln. Darüber hinaus erhalten die Leser zahlreiche Tipps zum Energiesparen und lernen neue Ausflugsziele in der Region kennen.

informieren | Energiesparen

Zum Genießen! Wie Sie Ihren Kaffee energiesparend zubereiten.

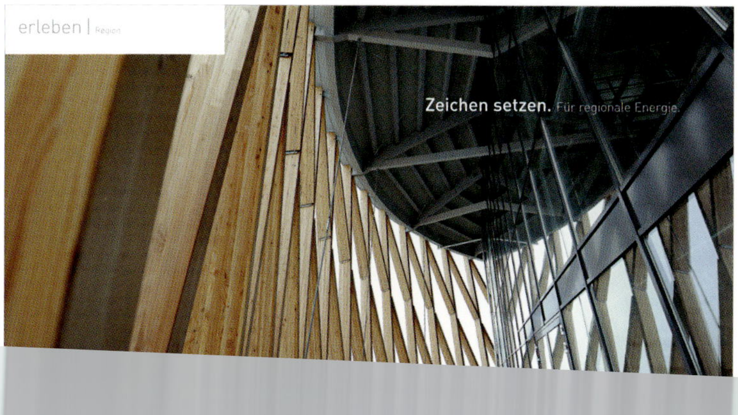
erleben | Region

Zeichen setzen. Für regionale Energie.

STROM. Fast zwanzig verschiedene Ausgaben der Zeitschrift *strom*, angepasst an die jeweiligen Bedürfnisse eines lokalen Elektrizitätsversorgungsunternehmens, werden jährlich viermal getextet, fotografiert, gelayoutet und gedruckt: *strom* ist als Servicemagazin von 150 Schweizer EVUs für viele Kundinnen und Kunden eine wichtige, zuverlässige Informationsquelle. Eine hochstehende Basisversion der Zeitschrift steht allen Partnern zur Verfügung, daneben nutzen verschiedene Werke die Möglichkeit, Seiten mit ihren eigenen, auf das Unternehmen zugeschnittenen Inhalten zu produzieren. Dies bedingt ein ausgereiftes und professionelles Projektmanagement und eine intensive Beratung mit Kundenbesuchen, Newslettern (viermal jährlich) und regelmäßigen Up-dates. Neben journalistisch professionell aufbereiteten Wissensseiten zu Stromthemen finden auch Lifestyle-Themen und Leseraktionen ihren Platz im Magazin. Ein klares Layout verstärkt die Wirkung der Inhalte sehr positiv.

Herausgeber
Infel und 150 Partner

Verlag
Infel

Chefredakteur
Hansjörg Ruh

Art Director
Maya Schneeberger

Erscheinungsweise
viermal jährlich

Heftformat
233 mm x 300 mm

Umfang
32 Seiten

Auflage
835.000 Exemplare

Zielgruppe
Kundenhaushalte

Website
www.strom-zeitschrift.ch

Kontakt zur Redaktion
ruh@infel.ch

Inhaltlich setzt strom auf die Bereiche „Energie zum Leben“ mit Lifestyle-Themen, „Energie direkt“ mit energienahen Themen und „Energie zum Erleben“ mit Leser-Events, Rätsel usw. Prägend ist der Servicebalken im oberen Seitenbereich: Er bietet Tipps, Infos und zusätzliche Einstiegsmöglichkeiten in die Themen. Strom ist auch im Internet spannend: Unter www.strom-zeitschrift.ch gibt es zu ausgewählten Artikeln Zusatzmaterial wie eine MP3-Datei oder ergänzende Texte und Bilder.

Auch das Online-Angebot von Leserveranstaltungen wie nationalen und internationalen Reisen sowie Konzert- und Carving-Events wird sehr rege genutzt. Ein besonderer Service ist die Internet-Plattform www.stromonline.ch, in der Magazin-Content animiert, interaktiv aufbereitet und als E-Learning-Tool zur Verfügung gestellt wird.

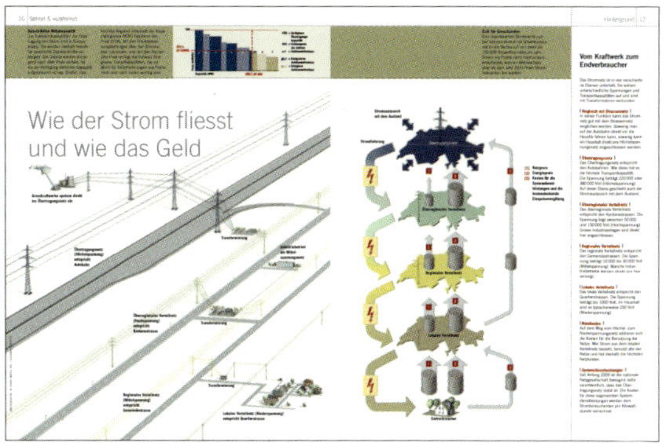

T-MOBILE_LIFE. Eine größtmögliche Themenbreite mit viel Nutzwert und Unterhaltung steht an erster Stelle bei *t-mobile_life*. Neben produktbezogenen Inhalten – etwa zu Handys, Tarifen oder neuen Funktionen – gehören auch Themen aus dem Bereich Digital Lifestyle dazu. Die Leseransprache erfolgt direkt und unter journalistischen Kriterien. News- und Nutzwert kommen zuerst. Die Texte sind kurz und knackig gehalten. Produktthemen werden in ein journalistisches Umfeld eingebunden. So wird beispielsweise das Thema „Handynavigation" über eine Reisegeschichte transportiert. Benchmark: Die Inhalte sind journalistisch so gut umgesetzt, dass *t-mobile_life* konkurrenzfähig zu Publikumszeitschriften ist. Gängige journalistische Darstellungsformen wie Interviews, Reportagen oder Meldungen sorgen für Abwechslung.

Herausgeber
T-Mobile Deutschland

Herausgebender Dienstleister
JDB MEDIA

Chefredaktion
Angelika Pak (T-Mobile)
Miriam Steinmetz (T-Mobile)

Redaktion
Marc-Oliver Prier (Ltg.)

Art Direction
Claudia Schiersch (Ltg.)

Zielgruppenprofil
Leser aus allen Bildungsschichten und Altersklassen, Kernleserschaft ist zwischen 18 und 49 Jahren alt, 64 Prozent der Leser sind männlich

Erscheinungsweise
viermal jährlich

Heftformat
260 mm x 200 mm

Umfang
36 Seiten

Auflage
560.000 Exemplare

Anzeigenpreis 1/1 Seite 4c
16.500 Euro

Vertriebsweg
Direktversand

Website
www.t-mobile.de

Kontakt zur Redaktion
prier@jdb.de

life & style

1. connect Platz Mobilfunk-Netzbetreiber des Jahres 2008
Laut connect-Leserwahl Heft 06/2008

Schnitzeljagd 2.0

Der klassische Spaziergang ist nicht mehr gefragt. Wer an die frische Luft geht, betätigt sich als Schatzsucher beim Geocaching. Finden kann den Schatz jedoch nur, wer die Koordinaten kennt.

Am Hamburger Hafen ruft die große weite Welt. Ein idealer Ort, um auf Entdeckungsreise zu gehen. Auch Johanna Esser und Frederik Staats haben ihn angelaufen, denn hier wollen sie einen Schatz suchen. Schatzsuche? Nein: Dieser Freizeittrend nennt sich Geocaching. Dahinter verbirgt sich eine elektronische Schnitzeljagd, die rund um den Globus immer mehr Abenteurer fesselt. Geocaching basiert auf der Satellitennavigation per GPS und hat seine Wurzeln in den USA. Dort wurde im Jahr 2000 der erste Schatz – der sogenannte Cache – vergraben, den es anhand von Koordinaten zu suchen galt. Mittlerweile gibt es weltweit etwa 500.000 Verstecke, über 50.000 allein in Deutschland. Die Cache-Anleitung wird auf einer der definierten Internetseiten wie zum Beispiel www.geocaching.com hinterlegt. Dort finden sich neben den Start- und Zielkoordinaten für die Suche auch Angaben zu Art und Größe des Caches sowie zum Schwierigkeitsgrad der Wegstrecke.

Auch Promis wie der Comedian Bernhard Hoëcker haben den Freizeittrend als Ausgleich zum Berufsalltag entdeckt. Hoëcker sucht die Caches vor allem in der Umgebung seiner Auftrittsorte. Seine Erlebnisse beschreibt er in dem Buch „Aufzeichnungen eines Schnitzeljägers".

NICHTS FÜR STUBENHOCKER

„Wir sind seit einem Jahr begeisterte Geocacher", erzählt Johanna Esser. „So entdecken wir die Stadt, denn wir sind gerade erst nach Hamburg gezogen", ergänzt ihr Freund. Er hat für T-Mobile den brandneuen MDA compact IV getestet, der in Kürze erhältlich ist. „Damit geht Geocaching wirklich überall", freut er sich. „Jetzt suchen wir mit dem Handy im Internet die passenden Koordinaten und dann geht's los", beschreibt Johanna Esser den Ablauf. NaviGate führt sie in den Freihafen. „Dass Hamburg einen so faszinierenden Hafen hat, wusste ich nicht", schwärmt die 27-Jährige.

Vorbei an Containerschiffen und riesigen Kränen bis zu einer schönen Wiese an einem Fleet – NaviGate lotst die Geocacher sicher zum Ziel. Kein Problem im leistungsstarken Mobilfunknetz von T-Mobile. Erst kürzlich wurde T-Mobile von den Lesern der Zeitschrift connect (Ausgabe 6/08) zum neunten Mal in Folge zum Mobilfunk-Netzbetreiber des Jahres gewählt.

ENDLICH AM ZIEL

„Das muss der Fundort sein", stellen die Neu-Hamburger nach einem Blick auf den MDA fest. Vorsichtig sehen sie sich um, denn Geocacher achten stets darauf, sorgsam mit ihrer Umwelt umzugehen. Sie schauen hinter Sträucher und die Mauerreste eines alten Gebäudes. „Ich hab ihn, er liegt in einem Erdloch." Johanna Esser zieht den Cache unter einer alten Holzbohle >>

Geocaching mit T-Mobile

Mit der neuen NaviGate Version 2.5 ist Geocaching auch per Mobiltelefon möglich. Besonders gut für die Schatzsuche ist der in Kürze verfügbare T-Mobile MDA compact IV. Zudem steht T-Mobile NaviGate 2.5 für die aktuellen BlackBerry® Geräte 8310 curve, 8110 und 8800, den T-Mobile MDA compact III sowie das Samsung SGH-i550 zur Verfügung. Sie erhalten NaviGate per Download direkt vom Handy über das web'n'walk Portal unter http://navigate.t-mobile.de oder im Internet unter www.t-mobile.de/navigate.

Tipp: Richtig günstig wird Geocaching mit der NaviGate Flatrate für 9,95 Euro pro Monat inklusive Datenübertragung im T-Mobile Netz.

life & style

MOBIL INS INTERNET: Die richtigen Koordinaten und alle Informationen zum Cache gibt es online

DER WEG IST DAS ZIEL: Auf der Suche ergeben sich neue Blickwinkel auf die gewohnte Umgebung

CACHE GEFUNDEN: Kreativität und körperlicher Einsatz führen die Geocacher am Ende zum Versteck

KLEINE GESCHENKE: Wer etwas Gleichwertiges hineinlegt, darf sich eine Belohnung mitnehmen

SEHENSWERT: Geocacher entdecken bei der Schatzsuche viele außergewöhnliche Orte

18 t-mobile_life 0208 · t-mobile_life 0208 19

Die Artikel in *t-mobile_life* zahlen auf die Interessen und Lesegewohnheiten der Leser ein. Beispiele: Prominente, die auf ein Handy nicht mehr verzichten können, Trends wie der GPS-Freizeitspaß Geocaching, Fußgängernavigation auf Reisen, T-Mobile Events und gute Musik, die mobil bei T-Mobile Music heruntergeladen werden kann. Längere und kürzere Geschichten, verkäuferische und weniger verkäuferische Artikel wechseln sich ab. *t-mobile_life* setzt auf ein flexibles Layout. Eine großzügige Optik, eindrucksvolle Fotos und mutige Motive fungieren als Blickfang und wecken die Neugierde.

B2C
MEDIEN/ENTERTAINMENT/KULTUR

Preisträger

Festspielhaus-Magazin
Festspielhaus und
Festspiele Baden-Baden GmbH
zweidreieins - visuelle kommunikation
und unternehmenskultur

SEITE 148

Shortlist

Musikfreunde
Gesellschaft der Musikfreunde in Wien
OPEN communication

SEITE 150

Teilnehmer

Ramp
köckritzdörrich Agentur für Kommunikation GmbH
Red Indians Publishing GmbH & Co. KG

SEITE 152

FESTSPIELHAUS-MAGAZIN. Ein Relaunch zur aktuellen Ausgabe hat die gestalterischen Prinzipien des *Festspielhaus-Magazins* noch einmal gestärkt: Verständlichkeit und ästhetisches Vergnügen. Interviews mit Stars, Berichte renommierter Autoren und Blicke hinter die Kulissen geben ein Bild von der Lebendigkeit des Betriebs in Deutschlands größtem Opernhaus. Mit Fotos, die Kunst als Erlebnis von Mensch zu Mensch zeigen, und einem offenen Sprachstil richtet sich das Magazin an ein neues, breiteres Publikum jenseits der eingeschworenen Klassik-Gemeinde. Ziel der Redaktion ist es, das Programm des Festspielhauses Baden-Baden so zu präsentieren, wie es das Publikum in den Vorstellungen erlebt: als Fest für die Sinne.

Herausgeber
Festspielhaus und
Festspiele Baden-Baden
Michael Drautz (verantwortlich)

CP-Dienstleister
zweidreieins –
visuelle kommunikation und
unternehmenskultur

Redaktion
Rüdiger Beermann (Leitung),
Rodger Masou, Dr. Wolfgang Müller,
Dariusz Szymanski

Gestaltung
zweidreieins –
visuelle kommunikation und
unternehmenskultur

Künstlerische Beratung
Markus Rasp
(Anzinger | Wüschner | Rasp)

Erscheinungsweise
zweimal jährlich

Heftformat
210 mm x 265 mm

Umfang
90 Seiten

Auflage
100.000 Exemplare

Vertriebswege
Postvertrieb, Auslage im Haus

Zielgruppe
alle Kulturinteressierten

Anzeigenpreis 1/1 4c
9.800 Euro

Website
www.festspielhaus.de

Kontakt zur Redaktion
w.mueller@festspielhaus.de

DIE JAGD NACH FORM

DUNKEL SCHIMMERNDE TEPPICHE
Ein Leben wie ein Film: Der sowjetische Komponist Dmitri Schostakowitsch wurde vom Staatsapparat abwechselnd bedroht und gefeiert. Er überlebte – und hinterließ das imposanteste Sinfoniewerk des 20. Jahrhunderts.
ПРАВДА

VON NULL AUF HUNDERT
Sol Gabetta sprüht Funken vor lauter Energie – nicht nur im Konzertsaal. Beim Frühstück erzählt sie mit solcher Hingabe, dass der Espresso kalt wird.

MASSE UND KLASSE

MARIINSKY-BALLETT
WIE GEMALT

PFINGSTFESTSPIELE
DER FREISCHÜTZ
-1+1=3
Gegensätze ziehen hier an. Die Modedesigner Viktor und Rolf aus Amsterdam machen die Kostüme zum „Freischütz" und sind stolz, mit Robert Wilson zusammenzuarbeiten. Wir sprachen mit den Top-Couturiers.

RÜCKBLICK
IL BARBIERE DI SIVIGLIA
DER MOMENT DES TRIUMPHES

MUSIKFREUNDE, *Magazin der Gesellschaft der Musikfreunde in Wien.* Ein Markenzeichen der klassischen Musik: Die Gesellschaft der Musikfreunde in Wien ist Dreh- und Angelpunkt des internationalen Konzertlebens und Herzstück der Musikstadt Wien. 1812 gegründet, verschrieb sie sich als innovatives Unternehmen der „Emporbringung der Musik in allen ihren Zweigen". Schon damals, vor bald 200 Jahren, dachte man daran, das Erlebnis Musik auch durch die Herausgabe einer Zeitschrift zum Leseerlebnis werden zu lassen. Seit 1988 wird das Vorhaben mit dem Magazin *Musikfreunde* konsequent umgesetzt. Musik in allen ihren Zweigen – mit einem blühenden Konzertleben verbindet sich so auch ein blühendes publizistisches Projekt.

Herausgeber
Gesellschaft der Musikfreunde in Wien

Redaktion
Dr. Joachim Reiber (Chefredakteur)
Mag. Ulrike Lampert

Gestaltung
Thomas Apel

Erscheinungsweise
achtmal jährlich

Heftformat
210 mm x 280 mm

Umfang
68 bis 100 Seiten

Auflage
64.000 Exemplare

Vertriebswege
Gratis-Direktversand an Abonnenten, Auslage in Foyers und Partnerbetrieben

Zielgruppen
Abonnenten und Mitglieder der Gesellschaft der Musikfreunde in Wien, Liebhaber klassischer Musik; Menschen, für die Kunst zum Leben gehört

Anzeigenpreis 1/1 4c
3.600 Euro

Website
www.musikverein.at

Kontakt zur Redaktion
j.reiber@musikverein.at

Manhattan Transfer

Die überraschende Bestellung Alan Gilberts zum musikalischen Leiter des New York Philharmonic Orchestras hat weltweit Schlagzeilen gemacht. Nicht nur, weil dieses legendäre Orchester plötzlich und erstmalig einen Maestro zum Chefdirigenten bestellte, der noch keinen vertrauten Namen trug, sondern auch deshalb, weil der derart ausgewählte Orchesterchef zum ersten Mal ein waschechter New Yorker ist. Und mit Sicherheit ist es auch zum ersten Mal, dass der Stabführung des neuen Chefdirigenten in New York ein Ensemble folgen wird, zu dem seine eigene Mutter gehört.

Ins Rampenlicht katapultiert

Der 41-jährige Gilbert ist dennoch alles andere als ein Neuling, sondern hat eine Bilderbuchkarriere hinter sich: fünf Jahre Musikdirektor der Oper von Santa Fe, dann acht Jahre lang (2000–2008) Chefdirigent des Königlichen Philharmonischen Orchesters von Stockholm – wo er seine Frau, die schwedische Cellistin Kajsa William-Olsson, kennenlernte. Dennoch: Gilberts Sprung von soliden und angesehenen Positionen zu einem Orchester, das vor ihm Weltstars wie Lorin Maazel, Kurt Masur und Leonard Bernstein geleitet haben, katapultierte ihn mit einem Mal ins Rampenlicht; wenn er seine Stelle im Herbst 2009 antritt, wird sicherlich jede kleinste seiner Bewegungen genau verfolgt werden.

Bevor er im Herbst 2009 die Chefposition des New York Philharmonic Orchestra übernimmt, debütiert er mit den Wiener Symphonikern im Musikverein: Alan Gilbert.

Alan Gilbert

„Natürlich bringen die Auszeichnung und die Verantwortung, die mit der Übernahme einer solchen Tradition verbunden sind, jede Menge Herausforderung und Stress mit sich", räumt Gilbert ein. „Aber ich tröste mich damit, dass ich vor allem dafür engagiert wurde, ich selbst zu sein. Ich denke, das muss jeder tun, der eine solche Position übernimmt, aber ganz besonders, wenn es sich um das New York Philharmonic handelt."

„Ich bin der, der ich bin"

Illusionen über die Größe seiner Aufgabe macht er sich keine, aber er hat auch ganz klare Vorstellungen über den Weg, den er mit dem Orchester gehen will. „Es ist ein ganz wunderbares Orchester – und doch, so sehr ich es in all diesen Jahren bewundert habe, war ich manchmal nicht sicher, wofür die Organisation hinsichtlich Präsentation und Programmgestaltung eigentlich stand", erklärt er. „Ich hoffe, dass das, was ich hier einbringen kann, nicht nur eine persönliche Note ist, sondern eine *erkennbare* persönliche Note. Ich versuche nicht, perfekt zu sein – obwohl ich natürlich mein Bestes geben werde! –, aber ich möchte den Eindruck vermeiden, dass die Entscheidungen vom Ausschuss und der ‚Focus Group' getroffen werden. Ich möchte, dass die künstlerische Sensibilität, die das Orchester anstrebt, ein klar erkennbares humanes Element beinhaltet. Es braucht einen anderen, persönlichen Zugang – und ich denke, den habe ich. Ich bin der, der ich bin, ich tue die Dinge auf meine Art, und es ist tröstlich, daran zu denken, dass das, was ich leisten will, vielleicht gerade das ist, was ich leisten kann."

Ein Kind des Orchesters

Es wäre wohl keine Übertreibung, zu sagen, dass Gilbert in das New York Philharmonic Orchestra hineingeboren wurde. Seine beiden Eltern waren Geiger in diesem Orchester: Seine japanische Mutter, Yoko Takebe, ist noch immer dabei; sein Vater Michael Gilbert ist nach zahlreichen Dienstjahren mittlerweile im Ruhestand. Und natürlich sind die frühesten Erinnerungen des Dirigenten Gilbert eng mit dem Berufsleben seiner Eltern verknüpft. „Zu Hause war immer Musik, und ich habe nie gedacht, dass das für meine Bekannten keine normale Erfahrung sein könnte", erinnert er sich. „Ich habe Geige und Klavier gelernt, wann ich damit begonnen habe, weiß ich gar nicht mehr. Aber ich habe Musik immer geliebt und bin immer gerne in Konzerte gegangen." Natürlich war sein erstes Konzert eines des New York Philharmonic Orchestra; eines der Konzertserie für die Jugend, die von Bernstein begonnen und von Michael Tilson Thomas fortgeführt wurde. „Da gab es viel Diskussion über die Musik, und als ich dann zu meinem ersten ‚richtigen' Konzert ging, war ich ziemlich enttäuscht, dass dort gar nicht gesprochen wurde!"

Das erste Mal

Als seine Mutter in das New York Philharmonic Orchestra aufgenommen wurde, machte das Aufsehen: Damals war es noch ungewöhnlich, dass Frauen im Orchester spielten, und dazu waren die Gilberts auch noch das erste Ehepaar im Orchester. „In der Praxis hieß das, dass sie meine Schwester und mich auf die Tourneen mitnehmen mussten", erzählt Gilbert. „Es kam nicht in Frage, dass einer von ihnen zu Hause blieb, und dabei habe ich die Musiker so richtig kennengelernt. Wir saßen miteinander im Flugzeug, da gab es diese elektronischen Spielzeuge, die die Musiker mithatten, und ich spielte mit ihnen und löste das Problem des Rubik-Würfels … Mit einem Wort: Ich bin mitten im New York Philharmonic Orchestra aufgewachsen, und nun als Musikdirektor dorthin zurückzukehren, das ist einfach unglaublich schön!"

8

9

Dass Kunst den Menschen „besser" macht, wollen auch wir nicht behaupten. Aber Kunst verwandelt – sie weckt Kräfte, sie berührt und bewegt, sie beflügelt die Sinne und lenkt hin auf den Sinn. Was die Musik im vielleicht schönsten Konzertsaal der Welt bewirken kann, das sucht auch das *Magazin der Gesellschaft der Musikfreunde* in Wort und Bild: die Kunst der Verwandlung.

RAMP. Wie zeigt man als progressiver CP-Dienstleister seinen potenziellen Kunden die agenturübergreifende Kreativ- und Kommunikationskompetenz? Zum Beispiel, indem man ein stilprägendes Magazin launcht und mit ihm am Markt überzeugt, und das in einem Segment, das eigentlich als ausgereizt galt. So geschehen mit *ramp*. Das Autokulturmagazin funktioniert als kreatives Entwicklungslabor und präsentiert auf diese Weise eindrucksvoll, wie aufregend CP sein kann. Dazu gehört ein innovativer Dramaturgieaufbau, der mit herkömmlichen Heftstrukturen bricht und sich über drei Kapitel zu einem Höhepunkt steigert. Jede Ausgabe ist monothematisch. Die Themen im Kontext von Menschen, Mode und Design sind subjektiv, überraschend und manchmal übermütig, oft augenzwinkernd gewählt. In *ramp* ist das Auto nicht Mittel-, sondern Kristallisationspunkt. Charakteristikum von *ramp* sind die opulenten Layouts und Bildstrecken.

Herausgeber
köckritzdörrich
Agentur für Kommunikation

Herausgebender Dienstleister
Red Indians Publishing

Chefredakteur
Michael Köckritz

Art-Direktor
Wolfgang Seidl (seidldesign)

Zielgruppe
Auto- und Kulturinteressierte, Meinungsbildner und Multiplikatoren, Creative Community

Erscheinungsweise
viermal jährlich

Heftformat
220 mm x 280 mm

Umfang
mindestens 240 Seiten

Auflage
50.000 Exemplare, dt./engl.

Anzeigenpreis 1/1 4c
9.000 Euro

Vertriebswege
Zenit Presse, MZV

Website
www.ramp-magazin.de

Kontakt
michael.koeckritz@gokd.net

Start
AUF DER FLUCHT

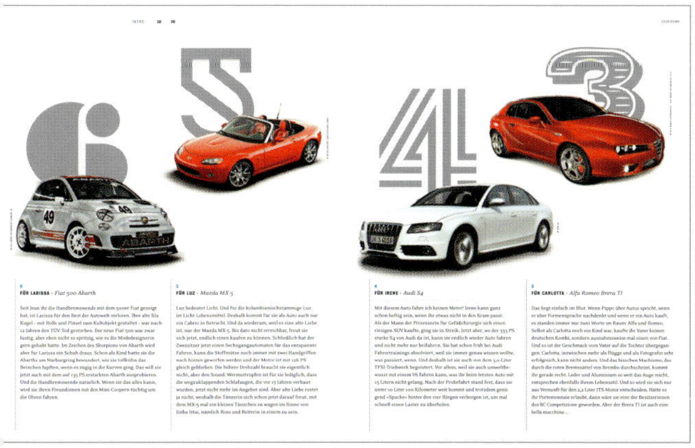
6
5
4
3

SIX APPEAL

MACHT'S GUT UND DANKE FÜR DEN LAMBO!

SIE WAR EIN MODEL UND SIE SAH GUT AUS: EINE HOMMAGE AN BRIGITTE BOY, DAS ERSTE PROFESSIONELLE MODEL DER AUTOINDUSTRIE.
BOY-ZONE

SMARTSHARING
Stell dir vor: Du brauchst ein Auto und eins steht rum. Immer. Überall. Für dich. Alles wird plötzlich einfach. Und preiswert. Weil du es nur mietest. Und natürlich auch nur so lange du es tatsächlich brauchst. Wie man auf so etwas kommt? Man dupliziert einfach mal munter eine gute Idee, die Idee des smart.

Let's Party! Den smart gibt es zum Handytarif: Jede Minute kostet nur 19 Cent. Stundenpauschale in Ulm: 9,90 Euro, die Tagespauschale liegt bei 49 Euro. Ach ja, und während Zwischenstopps bleiben die car2go-smarties für die Teilnehmer reserviert. Alles entspannt.

B2C
TOURISMUS/REISEN

Preisträger

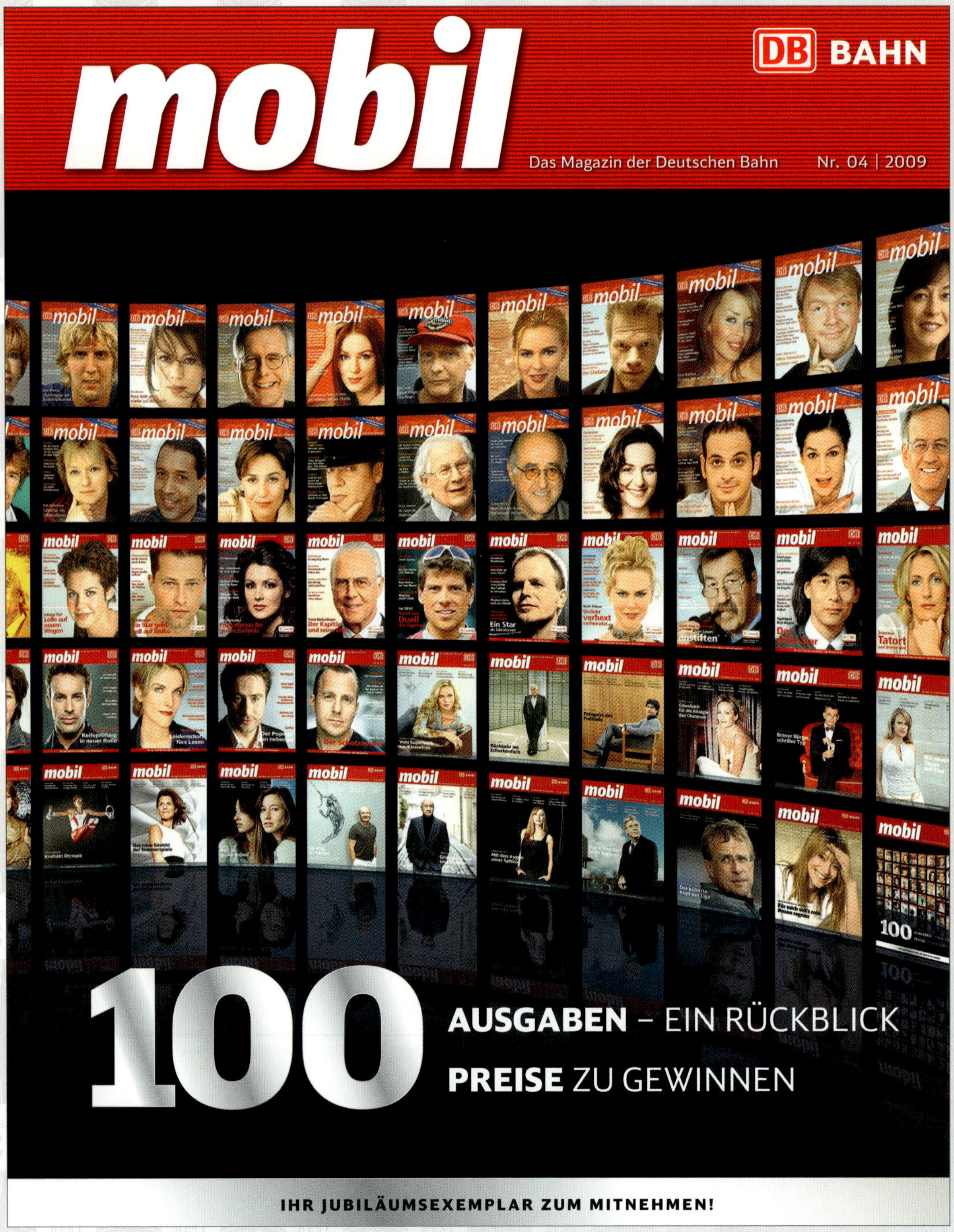

mobil
DB Mobility Logistics AG
G+J Corporate Media GmbH

SEITE 156

Shortlist

air – The Magazine of Blue Wings
Blue Wings AG
V8 Verlag GmbH

SEITE 158

Lufthansa Magazin
Deutsche Lufthansa AG
G+J Corporate Media GmbH

SEITE 160

Teilnehmer

Welcome!
TUI Deutschland
wdv Gesellschaft für Medien & Kommunikation mbH & Co. OHG

SEITE 162

MOBIL, das Magazin der Deutschen Bahn, bietet Geschichten über alles, was uns bewegt. Im Kopf. Im Zug. Reiseerlebnisse aus Deutschland und der Welt, Gespräche mit Entscheidern aus Wirtschaft und Gesellschaft, Porträts interessanter Persönlichkeiten, Reportagen von allen Erdteilen, Tipps und Termine aus der Kulturszene und natürlich Informationen und Berichte rund um die Deutsche Bahn. Die Kundenzeitschrift aus dem Verlagshaus Gruner + Jahr spricht ein heterogenes Publikum an und zeichnet sich durch Qualität, starke Präsenz und große Reichweite aus.

Herausgeber
DB Mobility Logistics

Herausgebender Verlag
G+J Corporate Media

Chefredakteur
Harm Clüver

Stellv. Chefredakteurin
Christiane Tichatschek

Art Director
Jens Ehrenreich

Redaktion
Hans Saalfeld, Kay Dohnke, Dr. Kai-Uwe Scholz, Olaf Krohn, Uwe Pütz, Kristina von Klot, Jutta Priebe, Birte Kaiser, Anja Kneller, Ingrid Weber

Zielgruppenprofil
Kunden der Deutschen Bahn

Erscheinungsweise
monatlich

Heftformat
210 mm x 280 mm

Umfang
ca. 100 Seiten

Anzeigenpreis
16.900 Euro

Auflage
ca. 500.000 Exemplare

Vertriebswege
Fernverkehrszüge der Bahn,
DB Reisezentren

Website
www.deutschebahn.com/db-mobil

Kontakt zur Redaktion
www.guj-corporate-media.de

Seit 1990 produziert G+J Corporate Media die Kundenzeitschrift der Deutschen Bahn. Zunächst hieß das Magazin *Intercity*, dann Zug und schließlich *mobil*. Seit 2001 erscheint *mobil* mit dem General-Interest-Konzept, das dem Heft bis heute sein unverwechselbares Gesicht verleiht. Das Magazin ist mit verschiedenen internationalen Preisen ausgezeichnet worden, zuletzt mit der Nominierung für den Designpreis der Bundesrepublik Deutschland 2008, dem Mercury Excellence Award 2009 in Bronze und dem Astrid Award 2009 in Silber.

AIR. Das Reisemagazin *air* erscheint seit Anfang 2005 und ist das Bordmagazin der Fluggesellschaft Blue Wings. Von Anfang an war das Ziel, ein Magazin zu machen, das einen frischen Blick auf die Welt des Unterwegsseins wagt. *air* setzt dabei auf eine ausdrucksstarke Bildsprache, fundiert recherchierte und unterhaltsam geschriebene Texte sowie ein großzügiges Layout. Zusätzlich zur deutsch-englischen Ausgabe ist *air* seit Mitte 2008 auch in einer deutsch-russischen Version erhältlich. Seit seinem ersten Erscheinen ist *air* mehrfach prämiert worden.

Herausgeber
Blue Wings

CP-Dienstleister
V8 Verlag

Chefredaktion
Frank Lorentz, Antonia Loick

Gestaltung
Jürgen und ich

Art Direction
Holger Risse, Jürgen Frost

Erscheinungsweise
viermal jährlich

Heftformat
275 mm x 225 mm

Umfang
80 Seiten

Auflage
10.000 Exemplare

Vertriebswege
Verteilung auf den Flügen von Blue Wings, im Abonnement, Verkauf am Kiosk

Zielgruppen
Kunden, Partner und Freunde von Blue Wings sowie reiseaffine Leser, die sich kein X für ein U vormachen lassen

Anzeigenpreis 1/1 4c
1.980 Euro

Website
www.air-magazine.de

Kontakt zur Redaktion
info@v8-verlag.de

Für die 14. Ausgabe von *air* reiste das Reporter-Team durch Botswana. Das im südlichen Afrika gelegene Land ist berühmt für seine spektakuläre Tierwelt. Die „Big Five" (Löwe, Elefant, Nashorn, Leopard, Büffel) durften daher auch in der *air*-Reportage nicht fehlen. Ein ebenso großes Gewicht legt die Geschichte aber auch auf die Menschen in Botswana und ihr Alltagsleben. Großzügig und abwechslungsreich wie das Land ist auch das Layout der Reportage: Ganzseitige Fotos, die abwechselnd Tiere, Menschen und Landschaften zeigen, vermitteln einen authentischen Eindruck.

LUFTHANSA MAGAZIN. Das hat keine andere Airline der Welt: eine ganze Magazinfamilie, deren Objekte genau auf verschiedene Zielgruppen zugeschnitten sind. Zum klassischen Inflight-Magazin an Bord (*Lufthansa Magazin*) kommen ein Magazin für Vielflieger und Entscheider (*Lufthansa Exclusive*) sowie Lufthansa woman´s world für die vielreisende Businessfrau. Das Lufthansa Magazin ist in Auflage und Reichweite die Nummer 1 unter Europas Inflight-Magazinen. Das zweisprachige Lufthansa Magazin (deutsch/englisch) beschreibt die faszinierende Welt des Fliegens. Aviation, Travel, People, Entertainment sind die Themen.

Herausgeber
Deutsche Lufthansa

Herausgebender Verlag
G+J Corporate Media

Chefredakteur
Uly Foerster

Gestaltung
Büro Hamburg

Art Direction
Jürgen Kaffer

Zielgruppe
Leserinnen und Leser an Bord, weltweit

Erscheinungsweise
zwölfmal jährlich

Heftformat
260 mm x 205 mm

Seitenumfang
116 Seiten

Auflage
586.338 Exemplare (IVW 01/09 mit Lufthansa Exclusive)

Anzeigenpreis 1/1 Seite 4c
29.025 Euro (nur in Verbindung mit Lufthansa Exclusive)

Vertriebsweg
Angebot an Bord in der Sitztasche auf allen Flügen der Lufthansa

Website
www.lufthansa.com
www.guj-corporate-media.de

Kontakt zur Redaktion
LHmagazin@guj.de

94 People **Jan von Holleben** Text **Hans Oberländer** Lufthansa Magazin 09/08 People **Jan von Holleben** 95

Kleiner Zauberer

Magician of sorts

Mit großer Fantasie und geringem technischen Aufwand gestaltet der Fotograf Jan von Holleben „Träume vom Fliegen“: Kinder-Spiele, die schwerelos wirken – und doch auf dem Boden bleiben

Photographer Jan von Holleben uses lots of imagination and minimum technical effort to make children appear weightless in his photo series "Dreams of Flying"

Auf und davon, fortgetragen von bunten Luftballons – ein wunderschöner Kindertraum, nachgestellt im Strandsand. Fotograf Jan von Holleben ließ dafür nicht den Knaben, sondern seine Kamera „fliegen“ // Up, up and away, my beautiful balloons – a delightful children's dream, acted out in a sandpit. All that really "flew" in this production was Jan von Holleben's camera

nnensichten: Wie es ist, wenn unser eigener Reporter zuammen mit angehenden Lufthansa-Piloten in Arizona das liegen lernt. Wie Moritz Bleibtreu die zeitgenössische Jugendkultur sieht und sein eigenes Wunschbild vom Menchen beschreibt. Wie fünf türkische Schriftsteller in exkluiven Interviews ihre Stadt Istanbul beschreiben. Wie der ummer in die Reuse kommt und wie ihn unser Reporter vieder rausholt. Wie Georg Stefan Troller durch sein Paris laniert. Lauter Innensichten, die in exklusiven Texten und ildern zeigen: Das *Lufthansa Magazin* ist nah dran an den hemen, nah dran an den Lesern und bringt in jeder Ausgae das Besondere.

36 Sky Talk **Moritz Bleibtreu** Text **Helga Othenin-Girard** Fotos **Christian Schoppe** Lufthansa Magazin 09/08 Sky Talk **Moritz Bleibtreu** 37

Flugnummer // Flight No.

LH 057

Moritz Bleibtreu „Ich sehe nur ein wildes Durcheinander", sagt der deutsche Kinostar Moritz Bleibtreu über die zeitgenössische Jugendkultur und bedauert den Mangel an Vorbildern und Werten. Auf Flug LH 057 von Hamburg nach München sprach er mit Helga Othenin-Girard über sein Wunschbild vom Menschsein // "All I can see is chaos and confusion," says German movie star Moritz Bleibtreu, talking about today's youth culture and mourning the lack of role models and values. He spoke with Helga Othenin-Girard about his human ideal on flight LH 057 from Hamburg to Munich

54 Aviation & Technology **Flughäfen** Text **Tim Cappelmann** Foto **Michael Penner** Lufthansa Magazin 09/08 Aviation & Technology **Flughäfen** 55

Modell mit Zukunft // A model of the future

WELCOME! Ausgefeilte Ideen zur Kundenbindung sind erforderlich, um aus skeptischen Reisenden treue Stammgäste zu machen. So entstand das Magazin *Welcome!* als ideale Kommunikationsplattform für die „World of TUI Card", die exklusive Kunden- und Kreditkarte des TUI-Konzerns. Eingebettet in informative Berichte über Urlaubsziele in der ganzen Welt, präsentiert *Welcome!* die Vorteile, die mit der Nutzung der „World of TUI Card" verbunden sind – von der Reiseversicherung über die Sitzplatzreservierung bis hin zum innovativen Bonusprogramm „Bonitos". Dank einer genauen inhaltlichen und zeitlichen Abstimmung der Themen auf die jeweiligen saisonalen Verkaufsaktivitäten der TUI wird der Absatz unmittelbar forciert. Zusätzlich wird Welcome! auch an Kunden der „Robinson Card" verschickt. Diese erhalten das Magazin mit einem speziell für Ihre Interessen aufbereiteten Innenteil.

Herausgeber
TUI Deutschland

CP-Dienstleister
wdv Gesellschaft für Medien & Kommunikation

Chefredaktion
Anja Keul, Ann P. Strauch, Jessica Harazim

Gestaltung
Sabine Schmid

Erscheinungsweise
viermal jährlich

Heftformat
210 mm x 280 mm

Umfang
68 Seiten

Auflage
448.000 Exemplare (IVW I/2009)

Vertriebswege
Postversand, Auslage am PoS, Bordexemplare

Zielgruppen
Inhaber der „World of TUI"- und „Robinson"-Card, potenzielle Kunden, Meinungsbildner, Multiplikatoren

Anzeigenpreis 1/1 4c
8.600 Euro

Opulente Optik und spannende Storys machen Lust auf Reisen. Dialogorientierte Rubriken wie „Leser schreiben für Leser“, Fotowettbewerbe und Lesertipps zu Reisedestinationen regen zum aktiven Austausch an und lassen letztlich aus individuellen Kunden eine enge Gemeinschaft werden. Die Exklusivität dieses Zirkels wird durch besondere Angebote – beispielsweise Leserreisen, die ausschließlich in *Welcome!* offeriert werden – zusätzlich betont.

B2C
GESUNDHEITSWESEN/PHARMA

Preisträger

GEKKO
Gmünder ErsatzKasse GEK
Süddeutscher Verlag onpact GmbH

SEITE 166

Shortlist

AOK-c@re
AOK Baden-Württemberg und
AOK Westfalen-Lippe
wdv Gesellschaft für Medien &
Kommunikation mbH & Co. OHG

SEITE 168

Gesundheits Journal BKK Gilsei
BKK Gildemeister Seidensticker
PMI Publishing Verlag/Journal Group

SEITE 170

MS Welt
Floriani-Apotheke / Oster-Apotheke
Florian Schmitz Kommunikation GmbH

SEITE 172

Teilnehmer

DocMorris Apothekenmagazin
DocMorris-Kooperationen GmbH
wdv Gesellschaft für Medien &
Kommunikation mbH & Co. OHG

SEITE 174

SECURVITAL
SECURVITA Gesellschaft zur Entwicklung
alternativer Versicherungskonzepte mbH
Breitenbach & Pötschick GmbH

SEITE 176

GEKKO ist das Jugendmagazin der Gmünder ErsatzKasse GEK und richtet sich an Leser zwischen 14 und 19 Jahren. Im handlichen Pocket-Format bereitet *GEKKO* Informationen aus den Bereichen Gesundheit, Sport, Gesellschaft, Kultur sowie Schule, Beruf und Karriere spannend und jugendgerecht auf. *GEKKO* nimmt seine jungen Leser ernst und wagt sich auch an schwierige oder kritische Themen heran. Dabei werden die Dinge oft aus überraschenden, ungewöhnlichen Blickwinkeln präsentiert. Unterstützt wird dieser Ansatz durch ein modernes, jugendliches Layout, das redaktionelle Aussagen aufgreift und widerspiegelt.

Herausgeber
Gmünder ErsatzKasse GEK

Herausgebender Dienstleister
Süddeutscher Verlag onpact

Chefredakteurin
Katrin Lange

Art Director
Ephi Kassner

Erscheinungsweise
viermal jährlich

Heftformat
150 mm x 210 mm

Seitenumfang
48 Seiten plus Umschlag

Auflage
215.000 Exemplare

Vertriebswege
Postvertrieb, GEK-Filialen

Zielgruppenprofil
junge Versicherte der GEK von 14 bis 19 Jahren

Anzeigenpreis 1/1 4c
1.500 Euro

Website
www.gek.de

Kontakt zur Redaktion:
Katrin Lange
Fon +49 89 759 003 164
katrin.lange@sv-onpact.de

gekko » 8-9 « thema

Immer mehr Menschen in unserer Gesellschaft können nicht mehr normal essen. Sie hungern, essen übermäßig viel oder erbrechen alles wieder. Oft wollen sie damit ihre Probleme oder Sorgen in den Griff kriegen. Bei Essstörungen unterscheidet man zwischen drei Formen der Krankheit: Magersucht (Anorexia nervosa), Ess-Brech-Sucht (Bulimie) und Esssucht (Adipositas). GEKKO erklärt Ursachen und Folgen von Essstörungen – aber auch den richtigen Umgang mit dem verkorksten Schönheitsideal in den Medien

„Ich esse immer weiter...

... auch wenn ich schon satt bin! Selbst wenn ich mir fest vorgenommen habe, rechtzeitig aufzuhören, esse ich immer weiter!" Schlanke Menschen gelten als attraktiv – in den Medien, in der Werbung und insbesondere in der Modewelt. Extrem dünne Frauen wie Victoria Beckham oder Nicole Richie präsentieren den Mager-Look auf Galas. Abgemagert und gerippig wie sie sind auch die Models, die das Schönheitsideal in den Medien verkörpern. Jugendliche können sich diesen Bildern kaum entziehen. Und nicht wenige arbeiten verbissen an der eigenen Unsichtbarwerdung.

Die Mode-Industrie in den USA hat seit Kurzem auch eine neue Formel dafür gefunden, einen skelettierten Körper einzukleiden: Size Zero – Kleidergröße null. Das entspricht der Größe 32, die es in Deutschland gar nicht gibt, es sind die Maße eines zwölfjährigen Mädchens. Doch ein Körpergewicht von 30 Kilo ist kein Glamour-Accessoire, sondern eine Krankheit. *Magersucht* oder auch *Anorexia nervosa*, ob auf dem roten Teppich oder nicht, macht Körper und Gemüt kaputt.
Häufig ist es die Angst vor dem Dickerwerden, die am Anfang von Essstörungen steht. Aus einer harmlosen Diät wird schnell ein Teufels-

texte → lucia jay von seldenbeck
illustrationen → gina mueller

Mit dem Magazin möchte die GEK primär gesundheitliche Aufklärung leisten, der Anteil an reinen Unternehmensthemen ist gering. Durch *GEKKO* kann sich die GEK den Jugendlichen als verlässlicher und glaubwürdiger Partner in Fragen der Gesundheit präsentieren.

Awards:
Silber BCP Award 2003, Gold BCP Award 2004, Gold BCP Award 2007, Silber BCP Award 2008, Gewinner PR Report Award 2009 in der Kategorie Corporate Media

AOK-c@re - das interaktive Gesundheitsmagazin. Die Kundenzeitschrift der AOK Baden-Württemberg und der AOK Westfalen-Lippe soll einem besonders wichtigen Kundensegment ein zusätzliches und außergewöhnliches Nutzenerlebnis vermitteln. Nur Mitglieder der beiden Kassen erhalten das Magazin und haben exklusiven Zugang zum Internet-Portal www.aok-care.de. Das Gesundheitsmagazin *AOK-c@re* hat mit seinen hochwertigen Textbeiträgen zu den Themenbereichen Wellness, Fitness, Ernährung, Forschung, Medizin und Sozialversicherung sowie einer großzügigen Bildsprache einen hohen Unterhaltungswert und Lifestyle-Charakter. Es entspricht damit der Philosophie der AOK – Die Gesundheitskasse: Der Titelbestandteil care steht nicht von ungefähr für die umfassende Sorge um das gesundheitliche Wohlergehen ihrer Kunden.

Herausgeber
AOK Baden-Württemberg und AOK Westfalen-Lippe

CP-Dienstleister
wdv Gesellschaft für Medien & Kommunikation

Produktverantwortlicher
Wolfgang Frenken

Chefredakteur
Hans-Peter Bröckerhoff

Art Director
Lisa Schamschula

Zielgruppenprofil
20- bis 40-jährige AOK-Mitglieder

Erscheinungsweise
zweimal jährlich

Format
205 mm x 280 mm

Umfang
52 Seiten

Auflage
710.000 Exemplare

Anzeigenpreis 1/1 4c
10.000 Euro

Vertriebsweg
Postzeitungsdienst

Website
www.aok-care.de

Das Konzept von *AOK-c@re* setzt auf Nutzwert, Dialog, Individualität, Aktualität und Emotionalität. Dieses crossmediale System verbindet konsequent die Vorzüge eines attraktiven Printmediums mit denen des personalisierten Internetangebots, das durch Elemente aufgewertet wird, die nicht in direktem Zusammenhang mit der Printausgabe stehen, dort aber gezielt promotet werden.

GESUNDHEITS-JOURNAL. Das *Gesundheits-Journal* der BKK GILSEI ist ein Familien- und Gesundheitsratgeber mit Guide-Charakter – gerade die Themenvielfalt ist ein zentraler USP. Auch kritische Themen werden aufgegriffen und ernsthaft vertieft. Beratung wird ernst genommen, dabei wird aber das Thema Gesundheit ganzheitlich gesehen, das heißt auch im Sinne positiver Lebensberatung. Ziel ist es, Kundenbindung, Serviceausbau, persönlichen Kontakt etc. der Krankenkasse bewusst durch ein frisches, ungewöhnliches Profil zu stärken – und mit vielen Themen, Farben, Beratung ein persönliches Bild der Kasse als aktiver Partner im Gesundheitswesen zu schaffen. Mit lebendiger Grafik und klaren Farben soll zudem ein kompetentes Lesegefühl optisch transportiert werden.

Herausgeber
BKK Gildemeister Seidensticker

CP-Dienstleister
PMI Publishing Verlag / Journal Group

Redaktion
Kristina Salaba

Gestaltung
Frank Krüger

Erscheinungsweise
viermal jährlich

Heftformat
168 mm x 219 mm

Umfang
52 Seiten

Auflage
95.500 Exemplare

Vertriebsweg
Mailing

ERNÄHRUNG
Brühwarm aufgetischt aus aller Herren Länder
Supersuppen
Suppe stammt vom mittelhochdeutschen „supfen" ab, was damals „trinken" hieß, und bezeichnet für gewöhnlich eine warme, flüssige bis dünnbreiige Speise. Das mag wohl so sein! Doch ist Suppe viel mehr, als diese profane Beschreibung vermittelt. Suppen bringen uns dem Himmel ein Stück näher, weil sie Wärme und Geborgenheit schenken, sich des Kindes in uns annehmen. Das mag daran liegen, dass sie wahre Multitalente sind. Sie offenbaren sich nicht nur als Wärmespender – sie sind Wunderheiler, Seelentröster, Fitnesstrainer und schlichte Sattmacher gleichermaßen. Und das Schönste daran: Sie werden nie langweilig. Denn Suppen sind international. Egal, ob uns exotische Aromen wegträumen lassen oder wir uns mit regionalen Zutaten die heimische Küche schmackhaft machen, egal, ob sie fein und edel oder deftig-kräftig daherkommen – als echte Geschmacksexplosion betören sie all unsere Sinne und beweisen sich so als kulinarisches Phänomen: Glück kann man löffeln!
1 Tom Kha Gai
Die thailändische Schöne kommt in aller Unschuld daher – rein und weiß. Doch so sanft sie auf den ersten Blick erscheinen und sich bei erster Kontaktaufnahme auch dem Gaumen präsentieren mag, so sensationell ist das Feuerwerk, das sie nach und nach entzündet. Es ist die Ambivalenz, die sie so interessant macht. Und mit diesem Reiz spielt sie aufs Allerschönste: Von Zitronengras, Koriander und Limetten hat sie Frische genug, unsere Sinne zu beleben, von der Chilischote ausreichend Glut, unser Innerstes zum Lodern zu bringen – und doch schafft sie es mit der sahnigen Milde der Kokosnuss und dem duftenden Aroma der Galgantwurzel, uns in sanfte, wohlige Zufriedenheit zu betten. Eine wahrhaft vorbildliche Vertreterin ihrer Suppenzunft!
16
17

FITNESS
Schnelle Bälle
Speedminton
Der absolute Sommer-Sport-Spaß heißt Speedminton. Eine Mischung aus Badminton, Squash und Tennis. Überall zu spielen, sehr sehr schnell
Text Kristina Specht
Ran an die Schläger! Auch Ballsportmuffel, denen bisher schon beim bloßen Gedanken an eine nach Schweiß riechende Squashhalle oder an einen teuer zu mietenden Tennisplatz die Lust auf körperliche Betätigung verging, haben jetzt eine echte Alternative. Wie das gute alte Federball spielt man Speedminton (ein dem Badminton ähnelndes Rückschlagspiel) unter freiem Himmel. Das Spielfeld kann einfach abgesteckt oder aufgemalt werden. Jeder der beiden Spieler braucht ein etwa 58 Zentimeter langes Racket, das denen des Squashs ähnelt. Gespielt wird dann mit sogenannten Speedern. Durch ihr höheres Eigengewicht sind sie nicht nur windstabiler, sondern erlauben auch ein schnelleres Spieltempo, eine größere Reichweite und präzisere Flugbahnen.
Erfunden hat diese Speeder, die dem klassischen Feder- oder Badmintonball ähnlich sehen, ein Berliner Seemann namens Bill Brandes. Er hat die neue Sportart zunächst Shuttleball genannt, weil man das Spiel ohne Netz einfach draußen spielt. 2001 gründeten Shuttleball-Fans dann die Speedminton GmbH und sicherten sich so gewinnbringend den Namen. Speedminton wird auch wettkampfmäßig gespielt: auf einem Speedcourt mit zwei Quadraten von jeweils 5,5 x 5,5 Metern, die einen Abstand von 12,8 Metern haben. Auch hier wird ohne Netz gespielt. Der Spielsatz endet mit 16 Gewinnpunkten.
Prominenteste Speedminton-Spielerin ist die derzeitige Nummer 3 der Tennisweltrangliste
zwar nicht wettkampfmäßig, schwärmt aber trotzdem: „Ich liebe es – es macht so viel Spaß und hält fit!" Das zeigen auch Untersuchungen an der Charité Berlin. Speedminton wirkt sich positiv auf die Fitness aus, verbrennt 620 Kalorien pro Stunde und stärkt das Herz-Kreislauf-System. Die „Schnellkraft" wird gesteigert und das Reaktionsvermögen geschult. Wer hingegen so gar nicht auf Wettstreit steht, für den bietet sich die Funplay-Variante an, bei der man versucht, den Ball möglichst lange im Spiel zu halten. Mit Speedlights, einer Art leuchtender Knicklichter, kann man sogar bei Dunkelheit spielen. Oder die bei Nacht gespielte Party-Variante Blackminton, wo sich Spieler unter Blacklight-Pyramiden die Bälle um die Ohren zischen lassen.
DAS WICHTIGSTE IN KÜRZE:
Für wen: für alle, die entweder in ihrer Freizeit spielerisch ein paar Bälle schlagen oder auch an Wettkämpfen teilnehmen möchten; Partyspiel
Trainingsart: Ausdauertraining für die „Schnellkraft", schult das Reaktionsvermögen, laufintensiv, optimiert die Kondition
Gesundheitsfaktor: macht schlank, verbrennt pro Stunde 620 kcal, stärkt das Herz-Kreislauf-System
Noch mehr Tipps über Regeln, Online-Shop, Spieltreffs etc. gibt's im Internet
Sie müssen schon auf Zack sein, wenn die Speeder-Bälle auf Sie zuschießen – dafür geht es aber legerer und spaßiger zu als etwa beim Tennis
32 GILSEI GESUNDHEITSJOURNAL 04|08
GILSEI GESUNDHEITSJOURNAL 04|08 33

SPEZIAL
Unsere Hoffnungsträger
Wir bauen auf sie: Menschen und Organisationen, die Mut machen, die sich engagieren, die anderen helfen und oft Großartiges leisten, um die Welt ein kleines bisschen besser zu machen ...
Wangari Muta Maathai aus Kenia ist Professorin und Wissenschaftlerin, stellvertretende Ministerin für Umweltschutz und Gründerin der Green-Belt-Bewegung. Für ihren Einsatz als Umweltaktivistin erhielt sie den Friedensnobelpreis 2004.
Die Wissenschaftler und Experten des Club of Rome stammen aus vielen Nationen und Kulturen. Die Mitglieder diskutieren Zukunftsfragen der Menschheit und fördern den globalen Gedankenaustausch.
Barack Hussein Obama II, Sohn eines kenianischen Vaters, geboren auf Hawaii, zur Schule gegangen in Jakarta, Studium in Harvard, ist 44. Präsident der USA: Menschen in der ganzen Welt setzen auf ihn und seinen proklamierten „Change".
Lars Hoffmann ist einer, der niemals aufgibt. Er führt sein Unternehmen, ist Familienvater und hat ein Motorrad-Rennteam gegründet. Ein ganz normaler ... Rollstuhlfahrer!
Andreas Niedrig aus Recklinghausen war heroinsüchtig, ein Junkie, ein Wrack. Doch er kämpfte sich raus aus seinem tiefen Tal, entdeckte den Sport und ist heute einer der besten Triathleten Deutschlands. Seine bewegende Geschichte kann jeder nachlesen: Das Buch heißt „Vom Junkie zum Ironman".
Jean Ziegler, Schweizer Soziologe und Sonderberichterstatter der UN, ist ein scharfzüngiger Globalisierungskritiker, der multinationale Konzerne als mitverantwortlich für den Welthunger und als Bedrohung für die Demokratie sieht. Ein Querdenker, der aneckt, aber auch aufrüttelt.
Krishnammal Jagannathan und ihr Mann Sankaralingam kämpfen unermüdlich für soziale Gerechtigkeit im Sinne Gandhis. Für ihre lebenslange Arbeit erhielten sie 2008 den Alternativen Nobelpreis.
Monika Hauser, Gynäkologin aus Köln, gründete die Hilfsorganisation Medica Mondiale und leistet kriegstraumatisierten Frauen in Afghanistan, im Irak und in Uganda medizinische, soziale und psychologische Hilfe.
26
27

Adieu Tristesse!
Unsere Tiefs können das Leben so sehr verändern, dass selbst die alltäglichsten Dinge eine Last werden. Doch es gibt immer einen Weg aus dem Stimmungstief
Wenn ich zurückschaue, geisterte der schwarze Hund durch mein Leben, seit ich Anfang zwanzig war. Wann immer er sich blicken ließ, fühlte ich mich leer, und das Leben schien nur verlangsamt abzurollen.
Dinge, die mir normalerweise Spaß machten, wurden auf einmal schal und leer.
Text Kirsten Khaschei
Illustrationen/Illustrationstext Matthew Johnstone
Morgens das schöne warme Bett verlassen, zur Arbeit oder zum Einkaufen gehen, mit anderen Menschen sprechen – es gibt Tage, da kostet einen selbst der ganz normale Alltag eine Menge Kraft. Vielleicht, weil man sehr gestresst im Job ist, gerade krank war oder einen geliebten Menschen durch Trennung oder Tod verloren hat. Dann möchte man sich am liebsten in eine stille Ecke zurückziehen und einfach nur seine Ruhe haben. Das ist vollkommen verständlich und nachvollziehbar. Die Frage „Und, wie geht's?" beantwortet man an solchen Tagen meistens mit einem leicht gequälten: „Ach, ich bin gerade depri ..."
So ein kurzzeitiges Tief unterscheiden Ärzte und Psychologen allerdings deutlich von der ernst zu nehmenden und behandlungsbedürftigen Depression (siehe dazu auch den Infokasten auf Seite 14), an der in Deutschland nach Angaben der Stiftung Deutsche Depressionshilfe etwa vier Millionen Menschen leiden. Dabei ist der Stoffwechsel im Gehirn gestört, sodass die Betroffenen Empfindungen wie Freude oder Zufriedenheit weniger oder gar nicht mehr spüren können. Negative Gefühle wie Ohnmacht und Verzweiflung, Angst und Stress werden dagegen übermächtig. Alles fühlt sich gleich grau, trostlos und leer an, zu den kleinsten Aufgaben muss man sich genauso aufraffen wie zu jeder netten Einladung. Oft kommen quälende Schuldgefühle dazu. Das macht den Alltag unerträglich, und wenn sich so ein Zustand über einen längeren Zeitraum hinzieht, sollten Betroffene auf jeden Fall einen Arzt aufsuchen. Am besten wendet man sich an seinen Hausarzt. Bei einer schweren Depression oder nach zwei bis drei Monaten ohne Besserung wird er den Patienten an einen Nervenarzt oder Psychiater überweisen. Oft sind an der Behandlung auch Psychologen und Psychotherapeuten beteiligt.
Er schaffte es, dass ich mich älter fühlte und älter aussah, als ich in Wirklichkeit war.
Auch echte Depressionen werden heute mit sehr guten Erfolgen behandelt
Wer also mehr als nur ein bisschen depri ist, holt sich am besten ärztlichen Rat, statt immer wieder allein zu probieren, die Krankheit zu bewältigen. Daneben kann man aber auch versuchen, an der eigenen Einstellung zu arbeiten – ein Prozess, den der Illustrator und Autor Matthew Johnstone mit seinen hier abgebildeten Illustrationen aus seinem neuen Buch „Mein schwarzer Hund" sensibel und humorvoll beschreibt. Was hilft heraus aus dem Stimmungstief?
12
13

Fern(k)östliche Ernährung für jeden Tag
Küchen-Alchemie mit den fünf Elementen
Fünf Zutaten mit fünferlei Geschmack machen ein gesundes Gericht und rundum fit, denn die Kochkunst der Chinesen ist Teil ihrer Medizin. Weil sie auch Typsache ist, genießt jeder, was er mag und braucht. Mehr über die geheimnisvolle Lehre zum Nachkochen
1. Scharfes Metall
2. Salziges Wasser

MS WELT – *LEBEN MIT MULTIPLER SKLEROSE.* Das vierteljährlich erscheinende Heft wendet sich an Menschen mit Multipler Sklerose und deren Angehörige. Hauptanliegen der *MS Welt* ist es, dem Leser hilfreiche Tipps für den täglichen Umgang mit der Krankheit zu geben, nützliche Informationen zu liefern und vielfältige Anregungen zu bieten. Neben wechselnden Schwerpunktthemen und Bei-trägen von Experten findet der Leser regelmäßig Erfahrungsberichte von Betroffenen sowie informative News-Seiten. Darüber hinaus bietet die *MS Welt* neurologischen Schwerpunktpraxen die Möglichkeit, sich auf der zweiten Umschlagseite mit einem eigenen Praxisporträt zu präsentieren.

Herausgeber
Floriani-Apotheke und Oster-Apotheke

CP-Dienstleister
Florian Schmitz Kommunikation

Redaktion
Helmut Broeg

Gestaltung
Maike Tiedemann

Erscheinungsweise
vierteljährlich

Heftformat
210 mm x 280 mm

Umfang
28 Seiten

Auflage
ca. 5.000 Exemplare

Vertriebswege
Direktversand, Arztpraxen, Beratungsstellen

Zielgruppe
MS-Patienten und Angehörige

Anzeigenpreis 1/1 4c
5.000 Euro

Kontakt zur Redaktion
moin@fskom.de

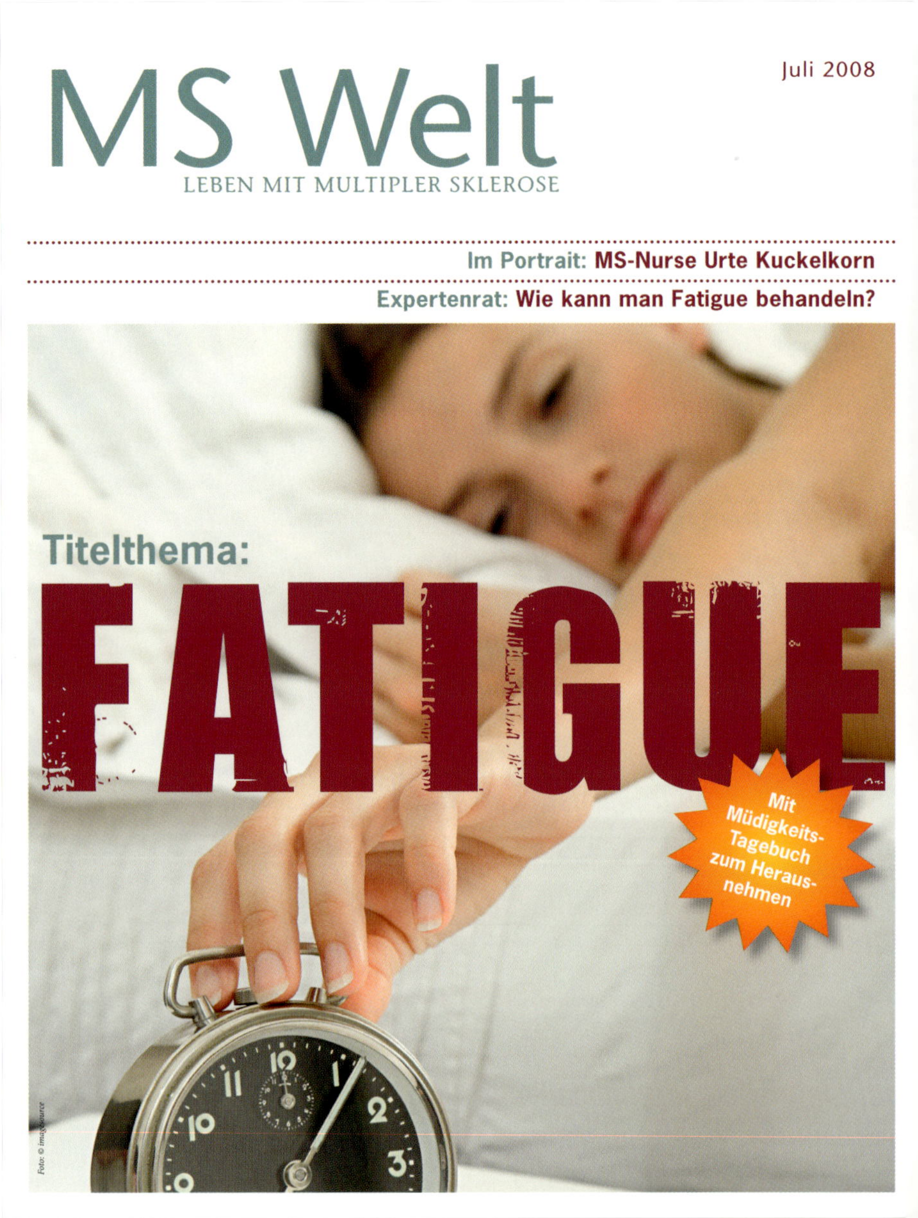

TITELTHEMA
STÄNDIG SCHLAPP
Für den einen gleicht es einem ständigen Leben wie im Wattebausch, dem anderen werden die Glieder schwer, obwohl er kaum etwas getan hat, der Nächste möchte sich am liebsten ständig ins Bett legen: Das chronische Erschöpfungssyndrom (die Fatigue) hat viele unterschiedliche Gesichter. Doch nur wenn es erkannt wird, kann es auch wirksam behandelt werden.
Die chronische Müdigkeit betrifft in Deutschland mehr Menschen als man vermuten mag. Experten schätzen, dass mindestens 300.000 unter dem Erschöpfungssyndrom, auch Fatigue genannt, leiden. Besonders häufig tritt die Dauermüdigkeit bei Menschen mit Multipler Sklerose auf. Rund 80 Prozent aller MS-Patienten leiden nach inoffiziellen Zahlen unter Fatigue. Für viele ist sie die schlimmste Auswirkung ihrer Nervenerkrankung.
Ein ständiger Kampf, nicht nur gegen die eigene Erschöpfung, sondern oft auch gegen das soziale Umfeld. Denn wer von Fatigue betroffen ist, wirkt auf sein Umfeld nicht nur müde, sondern erweckt auf Außenstehende oft den Eindruck, lustlos zu sein oder kein Interesse zu haben. Manche Arbeitskollegen, die nichts von der Erkrankung wissen, mutmaßen auch gerne, dass man seinen beruflichen Aufgaben einfach nicht gewachsen sei. Für die Betroffenen sind solche Vermutungen und Äußerungen oft sehr verletzend. Häufige Ursache dafür ist jedoch meist nicht böse Absicht, sondern schlichtweg mangelndes Wissen um die Erkrankung und ihre Auswirkungen.
Daher ist es wichtig, über die Fatigue zu informieren, wie das etwa der Bundesverband Chronisches Erschöpfungssyndrom, Fatigatio e.V seit Jahren tut. Als Selbsthilfegruppe gegründet, will der Verein die Situation der Erkrankten verbessern: durch Informationen der Öffentlichkeit, Broschüren für Ärzte und Betroffene und durch den Erfahrungsaustausch untereinander.
Trotz dieser Aufklärungsarbeit und vieler Forschungen ist bis heute nicht klar, was Fatigue überhaupt auslöst. Noch weniger ist bekannt, warum es gerade Menschen mit Erkrankungen wie MS, Krebs oder Schilddrüsenproblemen besonders häufig betrifft. Wissenschaftler vermuten jedoch, dass Stress ein wichtiger Auslöser sein könnte, Stress, den eine chronische Erkrankung unweigerlich mit sich bringt.
Leider gibt es keinen Test, mit dem sich die Fatigue-Erkrankung einfach und eindeutig diagnostizieren ließe. Daher ist es wichtig, auf mögliche Anzeichen zu achten und mit seinem behandelnden Arzt darüber zu sprechen, denn die chronische Erschöpfung kann gerade bei MS-Patienten zu einer massiven Beeinträchtigung des Tagesablaufs führen.
Schnelle Ermüdung kann ein Anzeichen für das chronische Erschöpfungssyndrom sein.den.
6 MS Welt
MS Welt 7

TITELTHEMA
TITELTHEMA
Der Arzt für Neurologie und Psychiatrie Dr. Wolfgang-Gerhad Elias berichtet aus seinem Praxisalltag
Alternative Medizin bei der multiplen Sklerose
Jeder Neurologe kennt diese Szene: nach der Diagnose und Besprechung der therapeutischen Strategie druckst der Patient herum und rückt damit heraus, dass er auch noch andere therapeutische Möglichkeiten zur Bekämpfung der multiplen Sklerose prüfe oder sogar einsetzen werde. Dann werden manchmal schriftliche Unterlagen hervorgeholt und es wird erläutert, weshalb diese alternative Therapie sinnvoll sei.
Der typische Schulmediziner fühlt sich zunächst als kompetenter Fachmann ins Vertrauen gezogen, beschäftigt sich mit den meist paramedizinischen Methoden und sucht nach Möglichkeiten, die sehr fragliche Wirkung dieser alternativen Methoden wertfrei zu beurteilen, ohne das beginnende Vertrauensverhältnis aufs Spiel zu setzen. Allmählich entsteht aber auch ein Konkurrenzgefühl im Sinne von: was kann diese alternative Methode, was die Schulmedizin nicht kann. Zurück bleibt das Gefühl, dass die Schulmedizin zwar die Krankheit bekämpfen, nicht aber den ganzen Menschen einbeziehen oder motivieren kann.
6 MS Welt
MS Welt 7

TITELTHEMA
TITELTHEMA
Alternative Therapien im Überblick
Ernährung
Diät nach Evers:
Die Diät nach Dr. Evers basiert auf der Annahme, dass denaturierte und konservierte Lebensmittel schädlich für den Organismus seien. Dementsprechend propagiert sie den ausschließlichen Verzehr von naturbelassenen Nahrungsmitteln wie rohe Eier, Früchte, Gemüse und Bienenhonig. Meist steigt durch die fettarme und rohkostreiche Ernährung das Allgemeinfinden, ein direkter, positiver Effekt auf die MS ist bislang jedoch wissenschaftlich nicht erwiesen.
Weitere bekannte Ernährungsvorschläge sind die Diät nach Dr. Fratzer/Habener, die Reduktion tierischer Fette, das Trinken von Ruta-Tee sowie die Einnahme von Vitaminpräparaten.
Physikalische Therapien
Cranio-Sacral-Therapie:
Die alternative Behandlungsmethode hat sich aus der Osteopathie entwickelt. Grundlage dafür ist die Annahme, dass eine rhythmische Bewegung der Gehirn-Rückenmarksflüssigkeit sich auch auf Knochen und anderes Gewebe im Körper auswirkt. Therapeuten versuchen diese pulsierenden Flüssigkeitsbewegungen zu ermitteln und mögliche Blockaden aufzulösen. Wissenschaftliche Studien konnten die Wirkung der Cranio-Sacral-Therapie nicht belegen.
Weitere Methoden sind z.B. Volta- und Bobath-Technik.
Bewegung
Feldenkraismethode:
Diese Therapieform basiert auf den Erkenntnissen des Ingenieurs, Physikers und Judoexperten Moshé Feldenkrais. Er entwickelte ein System, mit dem neue Bewegungen erlernt werden können. Auf spielerische Weise sollen Bewegungen bewusst erfahren werden. Negative Bewegungsmuster, die Schmerzen verursachen können, sollen verändert werden. Die Methode wird vor allem in der Rehabilitation angewendet.
Andere Methoden, die auf Bewegungsvorgängen basieren sind Qi-Gong und Tai-Chi.
Körpererfahrung und Entspannung
Biofeedback:
Viele Vorgänge im Körper, wie beispielsweise die Steuerung des Pulsschlages oder die Ausbildung von Hirnströmen, laufen ab, ohne dass sie direkt spürbar sind. Beim Biofeedback-Verfahren (Biorückmeldung) werden solche Körpervorgänge mit Hilfe von Messvorrichtungen aufgezeichnet und in sichtbare oder hörbare Signale umgewandelt. Dadurch können Menschen lernen, wie sie bestimmte Körperabläufe bewusst beeinflussen können – beispielsweise durch Entspannungsübungen.
Weitere oft angewandte Entspannungsmethoden sind die progressive Muskelrelaxation nach Jacobson, autogenes Training, Atemtherapie sowie Aroma- und Musiktherapie.
Ganzheitliche Methoden
Traditionelle Chinesische Medizin:
Die Ursprünge der chinesischen Heilkunde liegen etwa 6000 Jahre zurück. Ihr liegt die Vorstellung zugrunde, das Heilung dadurch zustande kommt, dass bestimmte Körpersysteme ins Gleichgewicht gebracht werden müssen. Die hierzulande bekanntesten Formen der traditionellen Chinesischen Medizin sind die Akupunktur, die Behandlung mit langen dünnen Nadeln und die Akupressur, bei der Druck auf bestimmte Druckpunkte am Körper ausgeübt wird. Manche Krankenkassen übernehmen inzwischen die Kosten für eine solche Behandlung, die sich vor allem bei der Linderung von Schmerzen bewährt hat.
Weitere ganzheitliche Methoden sind die traditionelle indische Heilkunst Ayurveda sowie die häufig eingesetzte Homöopathie.
Unwirksame oder potentiell gefährliche Therapien:
Auf diese Behandlungsformen sollten Sie verzichten:
• Amalgam-Entfernung
• Bienenstich-Therapie
• Chirotherapie
• Eigenblut-Therapie
• Enzymtherapie
• Frischzellen-Therapie
• Schweinehirn-Implantate
• Hyperbarer Sauerstoff-Therapie
• Schlangengift-Therapie
• Thymusextrakt
10 MS Welt
MS Welt 11

TITELTHEMA
TITELTHEMA
THERAPIEN
BEI DER MULTIPLEN SKLEROSE
Die MS ist nach wie vor nicht heilbar, aber es steht mittlerweile eine ganze Palette an Medikamenten zur Verfügung, um akute Krankheitsschübe zu behandeln und das Fortschreiten der Nervenerkrankung langfristig zu beeinflussen.
Langzeittherapien

TITELTHEMA
TITELTHEMA
Therapieart
Wirkstoff
Medikament
Hersteller
Wirkungsweise
Anwendungsart
Besonderheiten

DOCMORRIS APOTHEKENMAGAZIN. Das Apothekenmagazin der anderen Art: größer als ein Magazin, farbiger als eine Zeitung, nutzwertiger als ein Prospekt – und trotz Massenkommunikation individueller auf den Einzelapotheker zugeschnitten als alle drei zusammen. Neben dem saisonalen Titelthema erhält der Kunde Informationen zu Naturheilkunde, Wellness, Beauty sowie speziellen Indikationen. Einen besonderen Mehrwert bieten eine Kinder- und eine Rätselseite mit hochwertigen Gewinnen. Integrierte Coupons und Gutscheine tragen zur Verkaufsförderung bei. Die Herstellung erfolgt im Inline-Verfahren für aktuell 101 Apotheken-Versionen und circa 7.600 Individualisierungen – beide Parameter können kostenneutral beliebig variiert werden.

Herausgeber
DocMorris Retail

Herausgebender Verlag
wdv Gesellschaft für Medien & Kommunikation

Chefredakteurin
Alexandra Müller

Gestaltung
Björn Kapsch, Silke Kischka

Erscheinungsweise
monatlich

Heftformat
285 mm x 400 mm (Tabloid-Format)

Umfang
8 Seiten

Auflage
700.000 Exemplare

Vertriebswege
Apotheken, Postwurfsendungen, Zeitungsbeilagen, Versandapotheke

Zielgruppe
Apothekenkunden

Website
www.docmorris.de

Kontakt
Stephan Tiersch
s.tiersch@wdv.de

DocMorris
Apothekenmagazin
AUSGABE: MAI 2009
00000000

MIT Preisrätsel!

Alles gepackt?

Jungbrunnen gesucht >> Seite 5

Schnelle Hilfe im Notfall >> Seite 6

Foto: Jan Baldwin

Apotheker
Hans Mustermann
DocMorris Apotheke Mustername
Musterstraße 88
88888 Musterstadt
Tel.: 01234-56789

Sonne satt, Erholung pur – bald beginnt die Urlaubszeit. Klar, dass noch ein paar **Reisevorbereitungen** getroffen werden müssen, ehe es endlich losgehen kann. Wichtig, dass Weltenbummler dabei auch an ihre Gesundheit denken.

Liebe Kundin, lieber Kunde,

Tauchen auf den Malediven oder Wandern in den Dolomiten: Steht Ihr Ferienziel schon fest? Dann ist jetzt der richtige Zeitpunkt, die Reiseapotheke aufzufüllen und Vorbereitungen für unbeschwerte Urlaubstage zu treffen. Egal, ob Medikamente gegen Malaria, Verbandszeug für kleine Notfälle oder den Sonnenschutz für empfindliche Haut. Wir beraten Sie gerne, was in Ihr Gepäck gehört.
Viel Spaß beim Lesen wünscht

Ihr Apothekenteam

Im Meer schnorcheln, am Strand faulenzen, ausschlafen, Sport treiben und nach Herzenslust schlemmen – die Vorfreude auf den Urlaub ist riesig. Doch die gute Ferienlaune wird getrübt, wenn uns die Gesundheit einen Strich durch die Rechnung macht. Wer hat schon Lust, sich in den schönsten Wochen des Jahres mit den Folgen eines Infekts wie Husten, Fieber und Durchfall oder mit einem schmerzhaften Sonnenbrand herumzuschlagen? Auch wenn es keine Garantie für gesunde Ferien gibt, so hilft eine systematische Reisevorbereitung doch, die Risiken zu minimieren und im Akutfall schnell handeln zu können.

Impfen schützt
Jede geplante Reise ist ein guter Anlass, den eigenen Impfschutz vom Arzt überprüfen zu lassen. Eventuell müssen Standardimpfungen, beispielsweise gegen Tetanus, Diphtherie und Kinderlähmung (Polio), aufgefrischt werden. Durchaus möglich, dass der Mediziner zu einer Hepatitis-A-Impfung rät, denn die tückische Leberentzündung können sich Weltenbummler nicht nur auf Fernreisen, sondern auch in Süd- und Osteuropa über verunreinigte Nahrung oder Trinkwasser zuziehen. Abhängig vom Reiseziel sind weitere Impfungen empfehlenswert oder sogar zwingend vorgeschrieben.

Medizin muss mit
Frühzeitig sollten Urlauber auch beginnen, ihre Reiseapotheke zusammenzustellen. Mit den gängigen Arzneimitteln im Koffer ist es nämlich möglich, kleinere Gesundheitsprobleme wie leichtere Infektionen am Urlaubsziel auf eigene Faust zu behandeln. Das erspart im Krankheitsfall vor allem im Ausland jede Menge Stress. Gut zu wissen: Wichtige Medikamente, die regelmäßig eingenommen werden müssen, sollten bei Flugreisen >>

IHR VORTEIL
Trennen Sie die Couponleiste ab und sichern Sie sich Preisvorteile und günstige Aktionen bei uns, in Ihrer DocMorris-Apotheke. Weitere Angebote für eine entspannte Ferienzeit finden Sie auf
>> Seite 3

Einfach abtrennen und Einkaufsvorteile nutzen! Alle Preise inkl. der gesetzl. MwSt. Alle Preise sind Abholpreise in der hier genannten Apotheke.

Bahnhofstraße
Musterweg
Musterstraße
Landstraße
Hauptstraße
<< Hier finden Sie uns!

COUPON
Calcium-Sandoz Sun
Brausetabletten
-28 % ggü. UVP 6,95 €
4,95 €
20 Stück
Der Coupon ist gültig bis zum 31.05.2009

GUTSCHEIN
Aktions-Gutschein
Check Ihrer Reiseapotheke!
Urlaub geplant? Wir beraten Sie gern bei der Zusammenstellung und/oder überprüfen Ihre Reiseapotheke auf Vollständigkeit.
Der Coupon ist gültig bis zum 31.05.2009

DocMorris Apothekenmagazin 4 | Mai 2009

kurzgefasst

WÜSTENWUNDER Ihr schlichtes Äußeres täuscht, denn die Aloe vera hält unter ihrer stachligen Hülle viel Gutes parat. So kann das Gel, das aus ihren dicken Blättern gewonnen wird, die Folgen eines Sonnenbrands lindern. Es nimmt der Haut die aufgestaute Hitze und spendet Feuchtigkeit. Der Frischpflanzensaft enthält reichlich Vitamine, Mineralsalze und Aminosäuren. Getrocknet und in Kapselform kommen besonders die verdauungsfördernden Enzyme der Wüstenpflanze zum Einsatz. Sie können den Darm in Schwung bringen.

Tipp für Eltern

Schnelle Hilfe

Beim Spielen und Toben können sich Kinder schnell einmal verletzen und auch ein Infekt kommt oft unerwartet, oft am Wochenende. Deshalb ist es wichtig, das Richtige in der Hausapotheke bereitzuhalten, denn Kinder dürfen nicht mit Arzneimitteln für Erwachsene behandelt werden. Sie brauchen auf den kindlichen Organismus abgestimmte Medikamente. Nicht fehlen sollten im Arzneischränkchen deshalb eine Wund- und Heilsalbe, Zäpfchen gegen Schmerzen und Fieber, abschwellende Nasentropfen, Zinkoxidsalbe gegen Hautausschlag (wunder Po), Hustensaft sowie ein Antihistamingel gegen Sonnenbrand und Insektenstiche.

JETZT NEU DOCMORRIS-SONNENSCHUTZ Apothekenqualität ohne Apothekenpreise: Mit den ersten wärmeren Sonnenstrahlen erhalten Sie bei uns, in Ihrer DocMorris-Apotheke, den neuen Sonnenschutz für die allergische Haut, die trockene und sensible Haut sowie die empfindliche Kinderhaut. Alle Produkte bieten einen ausgewogenen UVA- und UVB-Schutz, spenden 24 Stunden Feuchtigkeit, sind ohne Duft-, Farb- und Konservierungsstoffe sowie frei von Mineralölen und Fetten. Die Sonnenschutz-Gele für allergische Haut verringern das Risiko von Mallorca-Akne und Sonnenallergie. Die Produkte für trockene und sensible Haut sind auch bei Neurodermitis geeignet. Speziell für empfindliche Kinderhaut empfehlen wir Sonnenschutz-Spray und -Milch, leicht aufzutragen und mit sofortigem Schutz. Das Après-Feuchtigkeits-Gel pflegt die sonnengestresste Haut. Es kühlt angenehm, lindert Juckreiz und Spannungsgefühl. Für Kinder und alle Hauttypen. Fragen Sie Ihr DocMorris-Apothekenteam nach den neuen Sonnenschutz-Produkten passend zu Ihrem Hauttyp – natürlich zu besonders attraktiven Preisen.

was zählt ...

Die Reiselust der Deutschen ist auch **2009** ungebrochen: **57 Prozent** von rund tausend Befragten planen eine Ferienreise; bei **3 Prozent** davon wird es ein Gesundheitsurlaub. Im Urlaub selbst wird allerdings gespart: Im vorigen Jahr haben die Deutschen rund **61,5 Milliarden Euro** bei ihren Auslandsreisen ausgegeben. In diesem Jahr wird es voraussichtlich eine Milliarde weniger sein.

SITZDRÜCKEN Lange Staus in der Ferienzeit oder Wartephasen an roten Ampeln bescheren Autofahrern oft unfreiwillige Pausen. Die können allerdings optimal genutzt werden, um Körper und Rücken zu entspannen. Das geht ganz einfach: Mit beiden Händen auf den Autositz aufstützen und den Oberkörper kräftig nach oben drücken. Wenn sich das Gesäß etwas von der Sitzfläche gelöst hat, tief ausatmen und die Muskeln anspannen. Etwa drei Atemzüge lang halten, dann Spannung lösen und sanft wieder in den Sitz absenken. Die Übung kann beliebig oft wiederholt werden und eignet sich auch gut für den Bürostuhl.

TRÖPFCHENWEISE Die richtige Anwendung von Augentropfen will gelernt sein: Am besten das Medikament auf Körpertemperatur anwärmen und beim Tropfen die Flasche so im Winkel halten, dass die sterile Spitze das Lid nicht berührt. Ist der Tropfen im Auge, bleibt es eine Zeitlang geschlossen, um die Wirkung zu unterstützen. Wenn Sie bei der Anwendung unsicher sind, hilft Ihr DocMorris-Apothekenteam gerne weiter.

Fotos: getty images; wdv/J. Lauer; DocMorris; Illustration: wdv/E. Nohel

Mai 2009 | 5 Apothekenmagazin DocMorris

Zeitlos

Der Traum vom **Jungbrunnen** ist so alt wie die Menschheit selbst. Bisher hat ihn zwar noch niemand gefunden, doch es gibt einige Möglichkeiten, länger jünger auszusehen und fit zu bleiben.

Altern ist keine Krankheit – jede einzelne Zelle des Körpers altert ständig. In jungen Jahren greifen allerdings wirksame Reparaturmechanismen, die die gealterten Zellen entsorgen und durch neue ersetzen. Jenseits der 30 werden diese „Reparaturtrupps" aus Enzymen und Immunzellen immer träger. Die Zellerneuerung läuft nicht mehr so schnell ab und die Zeichen der Zeit zeigen sich: Die Haut verliert an Spannkraft und wird trockener, erste Fältchen treten auf. Muskelmasse wird abgebaut und vermehrt durch Fett ersetzt – die Konturen des Körpers verändern sich. Auch der Stoffwechsel wird träger. Deshalb bekommen viele Menschen mit zunehmendem Alter Gewichtsprobleme.

Gene oder Umwelt?

Mit den Ursachen des Alterns und der Frage, wie man die Prozesse verlangsamen kann, befasst sich die Anti-Aging-Forschung. Einerseits beeinflussen die Gene Geschwindigkeit und Intensität des Alterns. Andererseits sind Experten inzwischen der Ansicht, dass die Umwelt viel wichtiger ist. Dazu gehören viele Faktoren, unter anderem der Lebensstil. So wurde festgestellt, dass Menschen, die „lange jung bleiben", engagiert sind – zum Beispiel im Beruf oder in der Familie. Sie legen meist Wert auf eine gesunde Ernährung, sind sportlich aktiv und offen für Neues. Bei Menschen mit vielen sozialen Kontakten sind die natürlichen Alterungsprozesse oft abgeschwächt. Positiv denkende Menschen können seelische Belastungen besser bewältigen. Sie setzen sich weniger Stress aus und schonen damit ihre Abwehrkräfte. Wer über sich selbst lachen kann, zeigt Souveränität und Gelassenheit – gute Voraussetzungen, glücklich und gesund alt zu werden.

Freie Radikale einfangen

Neben dem Lebensstil begünstigen auch sogenannte freie Radikale den Alterungsprozess. Das sind aggressive Sauerstoffverbindungen, die die Körperzellen in Stress versetzen und beträchtliche Schäden anrichten können. Alterskrankheiten wie Alzheimer, grauer Star oder Arteriosklerose werden mit freien Radikalen in Verbindung gebracht. Sie entstehen durch Stoffwechselprozesse im Körper, können aber auch durch äußere Faktoren ausgelöst werden: Infektionen, Stress, Nikotin, Alkohol, UV-Strahlen und einseitige, vitaminarme oder fettreiche Ernährung. Viele freie Radikale kann der Körper aus eigener Kraft binden und unschädlich machen. Er nutzt dafür Stoffe, die als Antioxidanzien bezeichnet werden. Zu diesen zählen unter anderem Vitamine, Mineralstoffe oder sekundäre Pflanzenstoffe. Sie finden sich reichlich in Obst, Gemüse und Vollkornprodukten. Daher ist eine gesunde, ballaststoffreiche Ernährung neben regelmäßiger Bewegung und ausreichend Schlaf eine der Säulen des Jungbleibens. Oft gelingt es nicht, allein mit der Nahrung genügend Vitamine und Mineralstoffe aufzunehmen. Dann können individuelle Ergänzungspräparate sinnvoll sein.

Gesunde Haut, schönes Haar

Haut und Haare zeigen meist als Erste Zeichen des Alterns. Eine gezielte Pflege kann helfen, Alterserscheinungen wie Fältchen und trockener Haut sowie dünnem und glanzlosem Haar entgegenzuwirken. Lassen Sie sich dazu einfach von Ihrem DocMorris-Apothekenteam beraten. Vor allem B-Vitamine wie Biotin, die unter anderem in Hefe enthalten sind, aber auch das Coenzym Q10 wirken sich positiv auf die Hautgesundheit aus. Zudem sorgen sie für kräftiges, glänzendes Haar. Diese Substanzen sind hoch dosiert in speziellen Cremes und Lotionen enthalten.

Produkte Anzeige

Schutz für Haut und Haare

Eucerin EGH Q10 Active Antifaltenpflege
- reduziert sichtbar die Faltentiefe
- die Haut ist spürbar glatter, straffer und intensiv gepflegt
- mit körpereigenem Coenzym Q10
- ohne Duftstoffe

Olivenöl Anti-Mimikfalten Gesichtsmaske
- regeneriert mit kaltgepresstem Olivenöl und Vitamin E den Feuchtigkeitsgehalt der Haut
- stimulierende Granatapfelextrakte entspannen und glätten die Haut

Pantovigar*

Anwendungsgebiete:
- traditionell angewendet als mild wirkendes Arzneimittel bei diffusem Haarausfall und brüchigen Fingernägeln

Tipps ...

... gegen das Altern

Jeder kann selbst viel tun, um das Ticken der biologischen Uhr zu verlangsamen:

- Gewicht normalisieren.
- Ernährung mit ballaststoff- und vitaminreicher Kost (Obst, Gemüse, Vollkornprodukte, Seefisch, wenig Fleisch, wenig Fett).
- Genug trinken (täglich 1,5 bis 2 Liter über den Tag verteilt).
- Regelmäßige Bewegung und Sport im Freien: Ausdauersportarten wie Nordic Walking, Laufen, Fahrradfahren sind besonders geeignet.
- Ausreichend schlafen.
- Weitgehender Verzicht auf Alkohol und Nikotin.
- Keine Medikamente einnehmen, die nicht wirklich gebraucht werden.
- Stressbewältigung durch Entspannungstechniken wie Yoga oder autogenes Training.
- Immunsystem stärken: Wechselduschen, Saunagänge und Bürstenmassagen regen die Durchblutung an und unterstützen die körpereigene Abwehr.

Einfach abtrennen und Einkaufsvorteile nutzen! Alle Preise inkl. der gesetzl. MwSt. Alle Preise sind Abholpreise in der hier genannten Apotheke. *Zu Risiken und Nebenwirkungen fragen Sie Ihren Arzt oder Apotheker.

COUPON Korodin Herz-Kreislauf-Tropfen, Tropfen, 40 ml – 14 % ggü. UVP 12,85 € – 10,95 € (27,38 € pro 100 ml). Der Coupon ist gültig bis zum 31.05.2009

COUPON EINLÖSEN BEI DocMorris Meine neue Apotheke – DocMorris Apotheke Mustername, Musterstraße 88 • 88888 Musterstadt, Tel.: 01234-56789 • Fax: 01234-56789, Geöffnet: Mo – Fr: 8.30 – 18.30 Uhr, Sa: 9.00 – 13.00 Uhr

COUPON ASS-ratiopharm protect 100 mg, Magensaftresistente Tabletten, 50 Stück – 26 % ggü. UVP 3,99 € – 2,95 €. Der Coupon ist gültig bis zum 31.05.2009

COUPON EINLÖSEN BEI DocMorris Meine neue Apotheke – DocMorris Apotheke Mustername, Musterstraße 88 • 88888 Musterstadt, Tel.: 01234-56789 • Fax: 01234-56789, Geöffnet: Mo – Fr: 8.30 – 18.30 Uhr, Sa: 9.00 – 13.00 Uhr

COUPON Priorin Neu, Kapseln, 30 Stück – 11 % ggü. UVP 14,65 € – 12,95 €. Der Coupon ist gültig bis zum 31.05.2009

COUPON EINLÖSEN BEI DocMorris Meine neue Apotheke – DocMorris Apotheke Mustername, Musterstraße 88 • 88888 Musterstadt, Tel.: 01234-56789 • Fax: 01234-56789, Geöffnet: Mo – Fr: 8.30 – 18.30 Uhr, Sa: 9.00 – 13.00 Uhr

ie Titelseite des *DocMorris* Apothekenmagazins besteht zur Hälfte aus einem Bildnotiv. Dieses Schlüsselmotiv dient der thematischen Verzahnung mit der jeweiligen hemenaktion in den Apotheken. Die Bildwelt emotionalisiert und stärkt darüber inaus die Marke.

ro Ausgabe erfolgen über 600 Namens-, Adress- und Foto-Individualisierungen, ehr als 2.800 Produkt- und Preisindividualisierungen sowie über 4.200 Coupon- nd Gutscheinindividualisierungen.

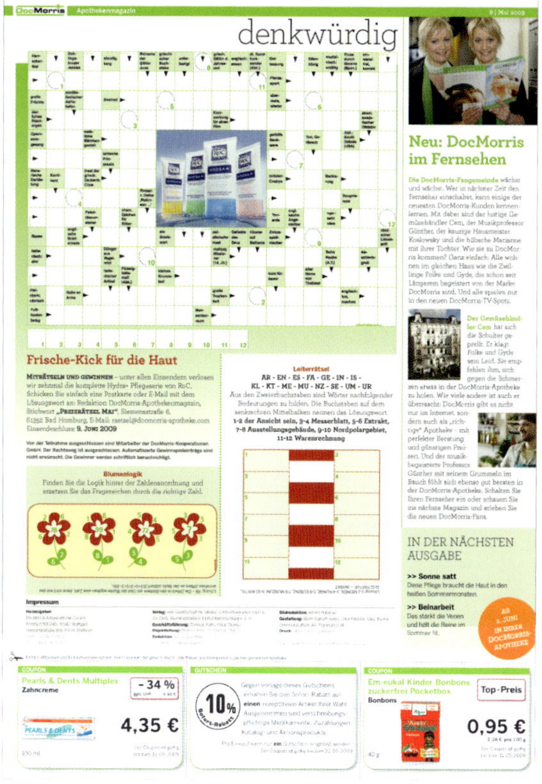

SECURVITAL ist die Kundenzeitschrift für die Versicherten und Kunden der Unternehmensgruppe SECURVITA. Die Zeitschrift informiert über das Leistungsspektrum aller Geschäftsbereiche und stellt neue Produkte und Angebote vor. Das Magazin ist ein wesentliches Element der Imagekommunikation der Unternehmensgruppe SECURVITA. Es erfüllt PR-Aufgaben und Marketingfunktionen und dient als Instrument zur Gewinnung von Interessenten und Neukunden. In diesem Rahmen bietet es Informationen über Alternativen im Versicherungs- und Gesundheitswesen. Dazu gehören schwerpunktmäßig: alternative Medizin, Aufklärung über aktuelle gesundheitspolitische und medizinische Themen, Verbraucherschutz, ethisch-ökologische Finanzdienstleistungen sowie der ausdrückliche „Blick über den Tellerrand“ auf einen weiten Horizont von internationalen humanitären Aufgaben. Siehe auch Seite 318.

Herausgeber
SECURVITA Gesellschaft zur Entwicklung alternativer Versicherungskonzepte

Chefredakteur
Norbert Schnorbach (V.i.S.d.P.)

Design & Produktion
Breitenbach & Pötschick

Art Director
Thomas Pötschick

Bildredaktion
Susanne Oehlschläger

Erscheinungsweise
sechsmal jährlich

Zielgruppenprofil
LOHAS, 30 - 50 Jahre, hohes Einkommen, gute Schulbildung, gesunder, qualitätsbewusster ganzheitlicher Lebensstil

Format
210 mm x 297 mm

Umfang
36 Seiten

Auflage
254.000 Exemplare

Anzeigenpreis 1/1 4c
8.900 Euro

Vertriebswege
Postvertrieb und Außendienst

Website
www.securvita.de

Kontakt zur Redaktion
norbert.schnorbach@securvita.de

SECURVITAL, ein modernes Kundenmagazin gedruckt auf 100% Recyclingpapier, abwechslungsreich und klar gegliedert gestaltet, mit hohem Bildanteil, erfüllt die inhaltlichen Erwartungen der höhergebildeten Leserschaft (LOHAS) und verbindet Glaubwürdigkeit und Emotionalität. Die thematische Ausrichtung des Magazins in Verbindung mit einem stringenten Corporate Design bildet ein tragendes Element der Image- und Markenkommunikation der SECURVITA Unternehmensgruppe.

CHLEICHWERBUNG
M INTERNET?
IST MEIN ARZT EIN GUTER ARZT

ISIKO TODESFALL
WEITERE INFORMATIONEN
WAS IST EINE RISIKOLEBENSVERSICHERUNG?

TEUERFREIE GEWINNE
JETZT SCHNELL HANDELN: WENIGER STEUERN, MEHR RENDITE
ABGELTUNGSSTEUER

IACH DEM ZYKLON

SECURVITA · KRANKENKASSE 6|08
REFORMEN IM GESUNDHEITSWESEN
EINE IDEE WEITER
Vor zwölf Jahren wurde die SECURVITA Krankenkasse gegründet, als Alternative im Gesundheitswesen. Sie hat neue Ideen in die Tat umgesetzt, Reformen in Bewegung gebracht und konkrete Verbesserungen erreicht.
ROTER FADEN
WAHLFREIHEIT
6
7

SECURVITA · KRANKENKASSE 5|08
KASSEN IM VERGLEICH
SPITZENLEISTUNGEN
Es gibt viele gesetzliche Krankenkassen in Deutschland, insgesamt über 200.
Gesetzlich vorgeschriebene Mindestleistungen bieten alle. Doch keine andere Krankenkasse hat sich inhaltlich so profiliert wie die SECURVITA.
SECURVITA IST VORREITER
TOP
Auszeichnung für SECURVITA: Top-Krankenkasse für Naturheilverfahren und Zusatzleistungen.
26
27

SECURVITA · KRANKENKASSE 4|08
GESUNDHEITSFONDS
DIKTAT VON OBEN
Im Herbst wird die Regierung den Einheitsbeitrag für alle Krankenkassen festlegen.
Ab Januar soll der gigantische Gesundheitsfonds funktionieren. Ist diese Zentralisierung wirklich das, was das Gesundheitswesen braucht?
6
7

B2C
HANDEL

BEST
CP

Shortlist

STILikonen
MHG Group AG/ WK Wohnen GmbH & Co. KG
PMI Publishing Verlag/Journal Group

SEITE 180

Teilnehmer

stadtleben
degewo AG
KircherBurkhardt GmbH

SEITE 182

STILIKONEN. Die Kunst des Wohnens steht bei WK Wohnen und auch redaktionell bei *Stilikonen* im Mittelpunkt. Kunden von WK Wohnen investieren beim Möbelkauf gerne in Qualität mit Tradition und stellen zudem höchste Anforderungen an ein zeitloses Design. Dem hohen Anspruch der WK Wohnen-Kunden fühlt sich auch die Kundenzeitschrift *Stilikonen* in hohem Maß verpflichtet. Das Magazin setzt daher bei Inhalt und Aufmachung auf ein hohes inhaltliches sowie optisches Niveau und auf eine kreative Mischung intelligenter Wohn-, Design-, Architektur-, Kultur-, Genuss- und Lifestyle-Themen. *Stilikonen* wird zweimal pro Jahr von den insgesamt über 105 autorisierten Händlern in Deutschland an Stammkunden von WK Wohnen im Postversand mit einem persönlichen Anschreiben ihres WK Wohnen-Händlers verschickt.

Herausgeber
MHK Group

CP-Dienstleister
PMI Publishing Verlag / Journal Group

Redakteur
Gerd Giesler

Gestaltung
Frank Krüger

Erscheinungsweise
zweimal jährlich

Heftformat
220 mm x 280 mm

Umfang
52 Seiten

Auflage
130.000 Exemplare

Vertriebsweg
über die Händler

Zielgruppenprofil
Kunden und potenzielle Kunden

Anzeigenpreis 1/1 4c
9.900 Euro

MADONNA – IM SOMMER MACHTE SIE MIT DER TOUR ZU IHREM NEUEN ALBUM STATION IN DEUTSCHLAND

madonna

— Von LUCY O'BRIEN

Im August wurde Madonna 50 – und doch erscheint sie alterslos. Worin liegt das Geheimnis der Stilikone?

Gefüllte Schokoladeneier, Kaugummi jeglicher Art, Twizzlers Fruchtgummistäbchen ... das Vergnügen beim Naschen steht ihr deutlich ins Gesicht geschrieben. „Sie liebt es", erzählt Madonnas Freundin Ingrid Casares. Madonna ist berühmt für ihre beneidenswerte Selbstbeherrschung und ihre 800-Kalorien-Diät. Weniger bekannt ist ihre Leidenschaft für Süßes. Wenn man diese filigrane, trainierte Person aus der Nähe betrachtet, glaubt man kaum, dass sie so gern nascht. Ihrem geheimen Laster frönt sie dieses Jahr mit ihrem Album Hard Candy und der „Sticky & Sweet"-Tour. Ihre achte Welttournee fällt mit ihrem 50. Geburtstag zusammen und rundet fast drei Jahrzehnte im Musikbusiness ab. Dass Madonna weltweit zum Star wurde, liegt jedoch nicht nur an ihrer Musik und der erstaunlichen Vielfalt unterschiedlicher Rollen, die sie verkörperte, sondern auch daran, dass sie keine entrückte Göttin ist, sondern eine Frau aus Fleisch und Blut.

Der Ursprung einer Ikone

Am Anfang ihrer Karriere hatte Madonna noch nichts gemein mit dem Star, den man heute kennt. „Ihre Haare waren braun und hochgegelt, sie trug ein Kruzifix und wirkte ein wenig plump", erinnert sich ihr damaliger Gitarrist Jon Gordon an Madonnas erste Auftritte in New York. Voller Ehrgeiz, nahezu besessen verfolgte sie ihr Ziel. Das war es auch, was ihre Fans anfangs am meisten an ihr faszinierte. Ihre erste Managerin, Camille Barbone, erinnert sich: „Sie wollten wie Madonna sein, sie sahen in ihr einen freien Geist." Das Bild, das viele noch heute von Madonna haben, ist das einer Frau, die gewissenlos manipuliert und alles daransetzt, die Kontrolle zu behalten. Doch privat ist sie eine sensible Frau, die von Selbstzweifeln geplagt wird. Manchmal ist sie wie ein Kind, und sie besitzt einen einnehmenden, trockenen Humor. „In der Öffentlichkeit kann sie sehr hart und herrisch sein", erzählt ihr Freund, Regisseur James Foley. „Aber wenn sie heimkommt und ihren Mantel auszieht, ist es, als ob sie damit auch eine bestimmte Persönlichkeit ablegt. Sogar ihr Akzent verändert sich: von falschem Britisch zu angeborenem Detroit." 1980, am Beginn ihrer Karriere, war Madonna ein junges und vielversprechendes Pop-Starlet aus Detroit, das sich ohne festen Wohnsitz nur mit viel Einfallsreichtum durchschlagen konnte. Sie hatte ihr Tanzstudium an der Universität in Michigan geschmissen und war nach New York gekommen, in der Hoffnung auf den großen Durchbruch. „Als ich nach New York kam, war mein Ziel ursprünglich, professionelle Tänzerin zu werden. Erst als ich realisierte, dass das ein Leben von der Hand in den Mund bedeuten würde, entschloss ich mich zu singen", erzählt Madonna. Mark Kamins, ein ehemaliger Kollege von Madonna erinnert sich sogar, dass sie anfangs auf Milchkisten schliefen, weil sie kein Geld hatten. Doch schon damals war Madonna eine Stilikone. Frei nach der Do-it-Yourself-Ästhetik des Punk, kreierte sie ihre Outfits nach eigenem Gusto: Sie band sich Strümpfe ins Haar, trug Schreibmaschinenbänder als Armschmuck, Kruzifix-Ohrringe. Tausende weibliche Fans entdeckten von ihr inspiriert ihr eigenes anarchi- >

Fotos: Warner Music Group, Getty Images

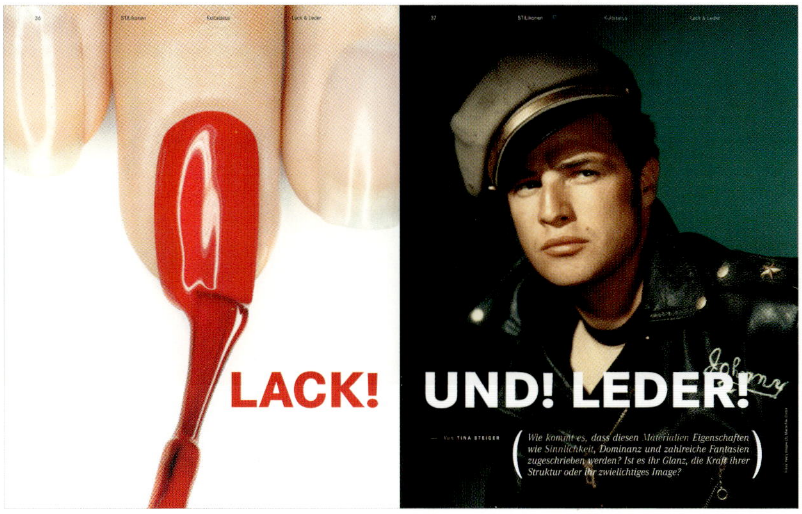

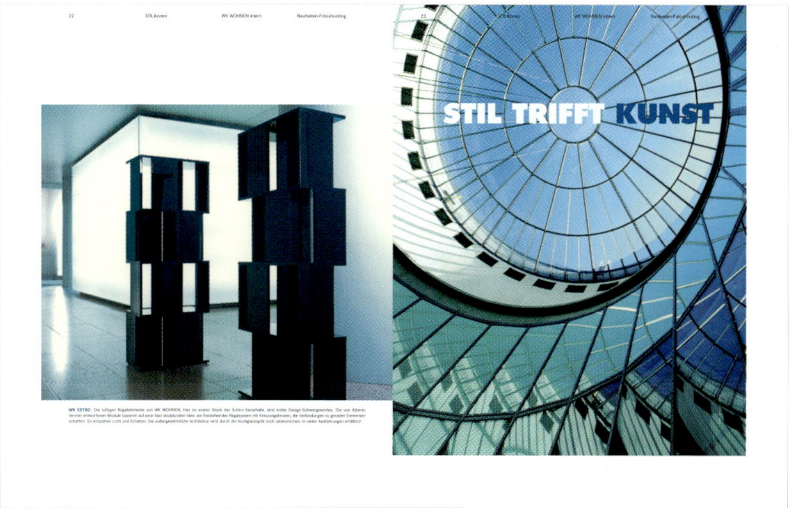

STADTLEBEN positioniert die degewo als verantwortungsvollen Partner der Mieter. Ausgangspunkt und Zentrum jeder Geschichte im Magazin sind die Menschen. Die redaktionellen Inhalte der Beiträge zeichnen sich durch große Nähe zum alltäglichen Leben der Mieter aus. Journalisten bereiten regionale, kieznahe Themen so auf, dass sie auch für Leser anderer Stadtteile interessant sind. Je mehr degewo-Mieter in einem Stadtteil wohnen, desto häufiger erscheint das entsprechende Quartier thematisch im Magazin. In einer kürzlich erschienenen Umfrage gaben 64 Prozent der Berliner ihrem Quartier die Note gut bis sehr gut. *Stadtleben* leistet dazu einen identitätsstiftenden Beitrag.

Herausgeber
degewo

CP-Dienstleister
KircherBurkhardt

Redaktion
KircherBurkhardt

Gestaltung
KircherBurkhardt

Erscheinungsweise
quartalsweise

Heftformat
210 mm x 297 mm

Umfang
30 + 4 Seiten

Auflage
72.500 Exemplare

Vertriebsweg
Direktvertrieb

Zielgruppenprofil
degewo-Mieter und deren Angehörige

Anzeigenpreis 1/1 4c
nach Absprache

Website
www.degewo.de

Kontakt zur Redaktion
stadtleben@degewo.de

Neun Treppen bis zur Gartenpforte

SCHREBERGÄRTEN IN DER GROSSSTADT sind Oasen der Ruhe. Die Gartenfreundin Ingrid Kantin aus Marienfelde liebt alles, was wächst und gedeiht. Mit Hingabe kümmert sie sich um ihre kleine Parzelle.

[TEXT] MICHAELA HARNISCH [FOTOS] DOMINIK BUTZMANN

Der Teich im Nachbargarten muss ausgepumpt werden. Zu viel Schlamm bedroht das Leben der Goldfische in der eingegrabenen Plastikwanne. Ingrid Kantin stellt ihrer Laubenpieper-Kollegin dafür Schlauch und Gartengeräte zur Verfügung. „Das ist kein Thema. Wir helfen uns gegenseitig", sagt Ingrid Kantin. Kleingartensolidarität in Marienfelde. Drei Parzellen weiter hat sie ihr Reich: 100 Quadratmeter Beschaulichkeit zwischen Plattenbauten und Parkhaus am Tischenreuther Ring. Sie kann darauf schauen, von oben aus ihrer Wohnung im neunten Stock.

Im Garten steht ein kleines Teehaus für Hacke und Spaten. „Kaffeetrinken können wir auch unterm Sonnenschirm." Da ist Ingrid Kantin ganz entspannt. Ihre ganze Aufmerksamkeit gilt den Pflanzen. Unzählige hat sie in den neun Jahren als Kleingartenpächter in die Erde gebracht. Die meisten selbst gezogen. Ihr Gärtchen grünt und blüht. Eine Hecke grenzt die Oase ab, der obligatorische Teich ist Tankstelle für Meisen, Elstern und Eichhörnchen. „Ich habe kein Konzept. Alles, was mir gefällt, kommt in den Garten", erklärt die ehemalige Friseurmeisterin: der Deko-Kranich und die Rhabarberstaude, die Windmühlen und die Stockrosen. Für die Hecke ist Ingrid Kantin nicht allein zuständig. Die degewo kümmert sich um Außenschnitt und die Höhe.

Die degewo vergibt seit 17 Jahren kostenlos die grünen Parzellen vor den Häusern als Mietergärten. Die Anrainer können sich bewerben und müssen bei Zuschlag nur eins versprechen: Hege und Pflege, keine festen Bauten, keine Grillpartys, kein Lärm. Damit haben Ingrid Kantin und ihr Mann Herbert, sie 67, er 69 Jahre alt, kein Problem. Hauptsache, sie haben es grün vor der Haustür.

IM GRÜNEN BEREICH: Fischteich, Rosen und Windmühlen – Hauptsache schön bunt. Die Gartenfreundin Ingrid Kantin holt sich alles in die Parzelle, was ihr gefällt

Wer hat Interesse an einer der begehrten Parzellen? Das Kundenzentrum Süd hilft weiter: Telefon 030 26485-2188 oder per E-Mail sued@degewo.de

10 stadtleben 3/2008

n der Rubrik „Tür an Tür" werden degewo-Mieter mit einem besonderen Beruf oder Hobby, Engagement und/oder besonderer Biographie vorgestellt. Im Reportage-Stil erzählt, erhält der Leser ein menschliches Bild des Protagonisten.

Die Rubrik „Wohnen und Leben" soll Tipps und Vorschläge für eine schöne Freizeit oder auch Situationen im täglichen Leben geben.

n jedem Heft gibt es einen „Kiezspaziergang". In Begleitung eines Journalisten zeigt und erzählt ein degewo-Mieter aus dem Leben in seinem Quartier. Die Stationen des Rundganges werden durch einen Locator und mit Adressen nachvollziehbar.

Die Rubrik „Stadtgeschichte" stellt ein Quartier, einen Baustil oder einen berühmten Architekten vor. Hier erhält der Leser zugleich Wissenswertes und Amüsantes.

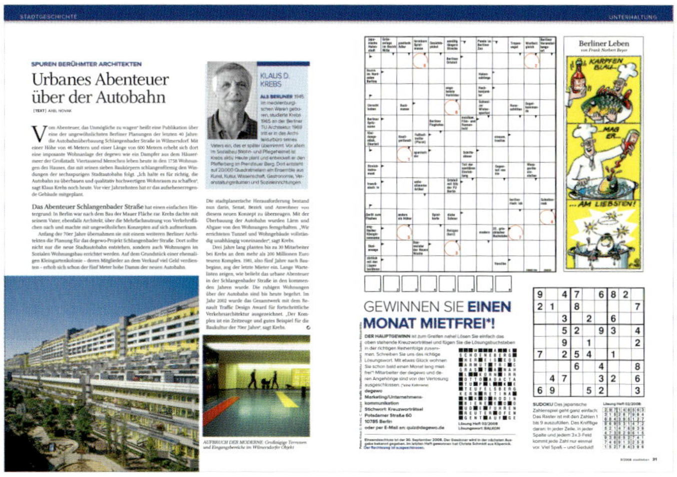

B2C
KONSUM

Preisträger

Cut – Leute machen Kleider
Verlag Moser/Pfaff und Gütermann
independent Medien-Design

SEITE 186

Shortlist

GartenEden
Gärtner von Eden e.G. / medienfabrik Gütersloh GmbH
medienfabrik Gütersloh GmbH

SEITE 188

la beauté
Clarins GmbH
BurdaYukom Publishing GmbH

SEITE 190

Momentum
Glashütter Uhrenbetrieb GmbH
Journal International Verlags- und Werbegesellschaft mbH

SEITE 192

verde – Das Bio-Magazin von Coop
Coop
Agentur Paroli AG

SEITE 194

Teilnehmer

Bei uns zu Hause
Kraft Foods Deutschland GmbH
KircherBurkhardt GmbH

SEITE 196

CUT – LEUTE MACHEN KLEIDER dreht das übliche Konzept von Corporate-Publishing-Magazinen um. Bisher haben die Dienstleister gewartet, bis sie zu einem Pitch eingeladen wurden. independent Medien-Design baut als Alternativkonzept stabile Medien-Plattformen. Zunächst werden Trends, unabhängig von konkreten Branchen, aufgespürt. Aufgrund dieser Recherchen entstehen Zeitschriften-Konzepte. Diese werden auf Kompatibilität mit dem Markt überprüft. Danach wird die Zeitschrift gelauncht. In der ersten Phase bestehen in der Regel noch keine Kontakte zu Unternehmen. Das Ziel ist einzig und allein, die Erwartungen der Leser-Zielgruppe optimal zu erfüllen. In der Endphase vor dem Erscheinen werden Kontakte zu Unternehmen geknüpft. Das Magazin ist Gastgeber für unterschiedliche Kooperationen.

Herausgeber
moser verlag

Herausgebender Dienstleister
independent Medien-Design

Chefredaktion
Lucie Schmid, Anja Kellner

Art Director
Lucie Schmid

Erscheinungsweise
viermal jährlich

Format
210 mm x 270 mm

Umfang
172 Seiten

Auflage
30.000 Exemplare

Anzeigenpreis 1/1 4c
5.000 Euro

Vertriebswege
Dienstleister Saarbach, Internet, Trendshops

Zielgruppe
Frauen und Männer von 18 bis 36 Jahren

Website
www.cut-magazine.com

Kontakt zur Redaktion
info@cut-magazine.com

STAR-SCHNITTE
MRS WESTWOOD
WANTS YOU TO
DO IT
YOUR
SELF
ILLUSTRATION FRANZISKA MISSELWITZ

LEGGINGS VON MARCEL OSTERTAG
GLIEDERARMBAND VON CELINE

EINE
RUNDE
UM
DEN
BLOG
TAGEBÜCHER IM INTERNET GEHÖREN HEUTE ZUR MODESZENE WIE DAS RINGELSHIRT ZU JEAN PAUL GAULTIER. NUR VERLIERT MAN LANGSAM DEN ÜBERBLICK. KEIN GRUND ABZUBLOGGEN. CUT HILFT.

GARTENEDEN. Das anspruchsvolle Gartenmagazin wird von der medienfabrik Gütersloh komplett erstellt und greift in erster Linie auf hochwertige, inhouse produzierte Fotografie und Redaktion zurück. Die 70 Mitglieder der Gärtner von Eden eG – ein Zusammenschluss von Gartengestaltern aus Deutschland, Österreich und der Schweiz – nutzen das Magazin erfolgreich als Kundenbindungsinstrument im Direktvertrieb. *GartenEden* ist darüber hinaus ein erfolgreiches Kioskmagazin mit positiver Auflagenentwicklung. Die medienfabrik Gütersloh betreut die Gärtner von Eden über die redaktionelle Einbindung im Magazin hinaus bei der Konzeption und Erstellung von Regelmedien wie Kunden-Newslettern und anderen Produkten; sie entwickelte und betreut auch das Corporate Design der Gruppe.

Herausgeber
Gärtner von Eden eG, medienfabrik Gütersloh

Herausgebender Verlag
medienfabrik Gütersloh

Produktverantwortlicher
Stephan Braun

Chefredakteur
Oliver Kipp

Art Director
Tania Schmidt

Zielgruppenprofil
30- bis 75-jährige Gartenliebhaber mit gehobenem Anspruch

Erscheinungsweise
viermal jährlich, zusätzlich Themenhefte

Heftformat
220 mm x 297 mm

Umfang
132 Seiten

Anzeigenpreis 1/1 4c
6.200 Euro

Auflage
75.000 Exemplare

Vertriebswege
Presse-Einzelhandel, Abonnement, Direktvertrieb, Kundenbindungsinstrument

Website
www.garten-eden.de

Kontakt zur Redaktion
redaktion@garten-eden.de

Das Konzept von *GartenEden* setzt auf Nutzwert und Aktualität. Emotionale Bildsprache, ein breites Themenspektrum und redaktionelle Kompetenz stellen den Lebensraum Garten in seiner ganzen Vielseitigkeit dar. Ein Online-Auftritt inklusive Newsletter mit Inhalten, die weit über das aktuelle Magazin hinausgehen, vervollständigt das crossmediale Angebot. So ist eine vielseitige Kommunikationsstrategie entstanden, die Markenbildung und Qualitätsdenken der Gartengestalter zielgruppengenau verbindet.

LA BEAUTÉ von Clarins ist ein Style- und Beauty-Magazin mit internationalem Auftritt, ein Magazin, das den Vergleich mit den großen World-Class-Frauenmagazinen nicht scheut. *la beauté* soll die Kundenbindung stärken, das Image der Marken der Groupe Clarins schärfen und den Abverkauf der neuen Produkte fördern. Zudem bietet das neue Magazin ein luxuriöses Umfeld für Anzeigen hochwertiger Produkte. Es wird direkt an rund 50.000 Kundinnen und Kunden von Clarins verschickt und liegt aus in Top-Parfümerien, Weltstadtwarenhäusern sowie Spas und Clarins-Instituten. Zudem wird es über ausgewählte Lesezirkelpunkte verteilt.

Herausgeber
Clarins

Verlag
BurdaYukom Publishing

Redaktionsdirektion
Dr. Ralph Fischer

Redaktion
Nina Kröber (Ltg.)

Objektleitung
Nadja Schmidt

Art Director
Hildegund Stollberg

Bildredaktion
Bea Blank, Michelle Otto

Erscheinungsweise
zweimal jährlich

Heftformat
205 mm x 260 mm

Umfang
68 Seiten

Auflage
200.000 Exemplare

Vertriebswege
Einzelversand an Kunden der Groupe Clarins, Auslage bei autorisierten Händlern der Groupe Clarins (Kosmetikinstitute, Warenhäuser und Parfümerien), Lesezirkel

Zielgruppe
Frauen, die sich für Schönheitsprodukte interessieren und diese regelmäßig nutzen

Anzeigenpreis 1/1 4c
9.700 Euro

Website
www.clarins.com

Kontakt zur Redaktion
nadja.schmidt@burdayukom.de

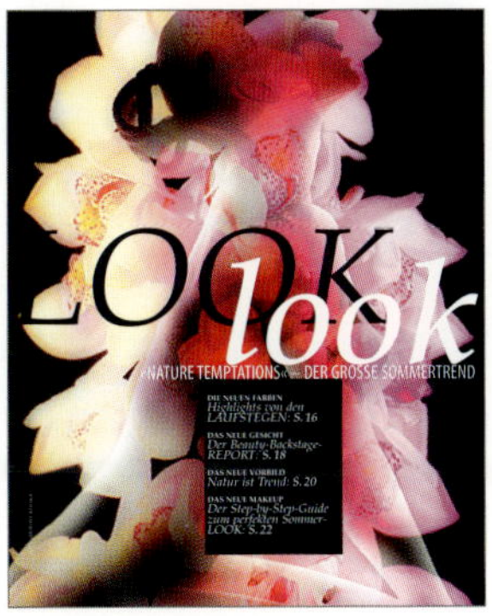

la beauté präsentiert Clarins, Azzaro, Thierry Mugler, Porsche Design und Kibio als Top-Marken der internationalen Beauty- und Fashionwelt. *la beauté* hat Stil, hat Prominenz, hat Luxus, hat Mode. *la beauté* ist das Magazin, das Frauen schöner macht.

MOMENTUM. Die Zeit durchdringt alles menschliche Tun. Die redaktionelle Leitlinie von *Momentum* ist, das Thema Zeit in allen seinen bedeutenden und faszinierenden Facetten zu beleuchten. Wie auch Glashütte Original Uhren fühlt sich *Momentum* höchsten Ansprüchen verpflichtet. Eine Reihe von Auszeichnungen dokumentieren das hohe Niveau von Journalismus. In New York erhielt *Momentum* höchste Anerkennung: den Grand Award bei den Mercury Awards 2007/08 und den Astrid Award 2008 in der Kategorie Luxury, außerdem Gold bei den Pearl Awards 2008 in der Kategorie „Design – Best Overall". *Momentum* wendet sich an die Kunden von Glashütte Original in deutscher Sprache sowie einer englischen Ausgabe für alle wichtigen europäischen und asiatischen Märkte, den Mittleren Osten, Kanada und die USA.

Herausgeber
Glashütter Uhrenbetrieb

CP-Dienstleister
Journal International Verlag

Redakteur
Gerd Giesler

Gestaltung
Frank Krüger

Erscheinungsweise
dreimal jährlich

Heftformat
220 mm x 290 mm

Umfang
52 Seiten

Auflage
64.000 Exemplare

Vertriebswege
via Händler und Mailing

Anzeigenpreis 1/1 4c
deutsche Auflage: 5.900 Euro,
internationale Auflage 2.500 Euro,
Gesamtauflage 7.800 Euro

Zeitzonen
Norwegen
Gar nicht so eisig – dank Golfstrom
lässt es sich auch im Meer baden und Wassersport treiben
Im Land der glücklichen
Menschen
Text Ebba D. Drolshagen
Norwegen hat Landschaften von legendärer Schönheit, es ist demokratisch, sicher, friedlich – und schafft den Spagat zwischen Tradition und Moderne. Ein Porträt über das Land der positiven Schlagzeilen
18 Momentum 1·2009
Momentum 1·2009 19

Schwarze Magie
Vorbei die Zeiten kitschig süßer Massenware – Schokolade ist wieder zu ihrem Ursprung zurückgekehrt: Chocolatiers und Schokophile schätzen den dunklen Teint ursprünglicher Kakaosorten. Samt ihrer unendlich sinnlichen Aromenvielfalt
„Kein zweites Mal hat die Natur eine solche Fülle der wertvollsten Nährstoffe auf einem so kleinen Raum zusammengedrängt wie gerade bei der Kakaobohne“

VERDE – *das Bio-Magazin* von Coop erscheint dreimal jährlich. Es ist ein Lifestyle-Magazin, das die Kompetenz von Coop im Bereich Bio glaubhaft und authentisch aufzeigt. verde orientiert sich an der aktuellen Lohas-Entwicklung und baut auf der 3G-Strategie (Genuss, Gerecht, Gesund) auf. Es steht für Genuss ohne Reue, Verantwortung durch Fairness und Gesundheit ohne Verzicht. *verde* kommuniziert diese Botschaften anschaulich, leicht, locker, ansprechend und mit einer genussvollen Prise Lifestyle. Das Konzept besteht aus einer starken, aussagekräftigen und großzügigen Bildsprache, kombiniert mit leicht lesbaren, nach journalistischen Grundsätzen erarbeiteten Texten. *verde* erscheint in drei Sprachen: Deutsch, Französisch und Italienisch. Die Auflage beträgt über eine Million.

Herausgeberin
Coop Genossenschaft

CP-Dienstleister
Tanja Hollenstein (Agentur Paroli), Birgitta Willmann (Lüchinger Publishing)

Projektleitung
Jürg Peritz, Christian Waffenschmidt (beide Coop)

Verantwortung Realisation
Oliver Suter (Agentur Paroli)

Verantwortung Kreation
Daniel Krieg, Uwe Schlupp (beide KSB/SJ Werbeagentur)

Gestaltungskonzept / Art Director
Simone Fennel

Realisation
Christiane Gothuey

Erscheinungsweise
dreimal jährlich

Auflage
1.050.000 Exemplare

Umfang
48 Seiten

Kontakt zur Redaktion
verde@coop.ch

CUCINA *Bio-Käse*

Bündner Käsewunder

Ohne den Biotrend wäre Graubünden heute wahrscheinlich noch immer ein unscheinbarer Fleck auf der Schweizer Käselandkarte. Innovative Käserinnen und Käser sorgen mit Bio-Produkten dafür, dass der Gebirgskanton zu seiner Käsetradition zurückfindet.

Text Dominik Flammer Fotos Fabian Scheffold

Von weitem hört man die mit vollen Milchkannen beladenen Leiterwägelchen über das Kopfsteinpflaster klappern. Bläulich umschimmert die Morgendämmerung die Spitzen der noch im nächtlichen Dunkel liegenden Berge. Das Dorf erwacht nur langsam. Erst vereinzelt ist in den tief liegenden Fenstern der dickmaurigen Bündner Häuser Licht zu sehen. Noch bevor die Glocken der Dorfkirche halb sieben schlagen, lädt der erste Bauer vor der «Stizun da latg» – der Sennerei von Andeer – seine Milch ab.

Drinnen hat die Käserin schon ihre Arbeit aufgenommen. Der Fussboden dampft vom heissen Wasser. Wenig später schäumt die frische Milch in grossen Blasen im Sammelbecken. Bio-Milch wohlgemerkt, samt und sonders. 400 000 Liter liefern hier fünf Bauern jährlich ab. Vor sieben Jahren hat Maria Meyer in der «Stizun da latg» das Zepter übernommen, zusammen mit ihrem Partner Martin «Flo» Bienerth, der für die Pflege der vielen Laibe Bio-Käse zuständig ist, die in den Kellern der Käserei lagern. Käse, für den Liebhaber auf ihrer Reise über den San Bernardino im idyllischen Andeer gerne einen Zwischenhalt einlegen. Denn Maria Meyers Kreationen gehören zum Besten, was Graubünden an Käse zu bieten hat. Und vor allem Käse, der sich auch vor den grossen und bekannten Schweizer Käsespezialitäten nicht zu verstecken braucht.

Das ist alles andere als selbstverständlich, auch wenn die Wiesen und Alpen dieser Gegend seit je Milch von hoher Qualität hergeben. Denn hier oben, in den Bündner Tälern, hatte die Tradition des Käsens bei den Bauern lange Zeit nicht den Stellenwert inne gehabt wie etwa im Emmental, im Urserental oder im Toggenburg. Während Jahrzehnten wurden hier vorwiegend Rinder für den Fleischverkauf gezüchtet. Milchkühe waren nicht beliebt, und gute einheimische Käser gab es wenige. Gekäst wurde bis um 1900 auf den Bündner Alpen vor allem von

Käser Martin Bienerth schultert Bündner Bio-Bergkäse.

 Scherenschnitte: Esther Gerber

BEI UNS ZU HAUSE. Das Kundenmagazin von Kraft Foods tritt in den ständigen Dialog mit den Verbrauchern. Dadurch steigert es den Share of Basket bei den Most Valuable Consumers erheblich, erhöht die Loyalty und Advocacy und schafft echte Kaufanreize. Mit zahlreichen Rezepten, Tipps und Tricks rund ums Kochen, Wohnen, Gärtnern und Wohlfühlen bietet es anregende, unterhaltsame und hilfreiche Inhalte. Auch die Homepage www.beiunszuhause.de ist ganz auf die Zielgruppe zugeschnitten. Dort findet sie zusätzliche Features wie Rezeptdatenbanken, Fitness-Checks und Kochvideos. Außerdem kann man sich in dieser Community jederzeit auch mit Gleichgesinnten austauschen. CRM von seiner besten Seite. Siehe auch Seite 260.

Herausgeber
Kraft Foods Deutschland

CP-Dienstleister
KircherBurkhardt

Redaktion
Kraft Foods Deutschland

Gestaltung
KircherBurkhardt

Erscheinungsweise
dreimal jährlich

Heftformat
Magazin (etwas kleiner als A4)

Umfang
62 Seiten

Auflage
600.000 Exemplare

Vertriebsweg
Pressesendung

Zielgruppenprofil
Primär Frauen mit Familie im Alter von 30 bis 60 Jahren als Hauhaltsführende (wertkonservative Einstellung, bürgerliche Mitte, markenaffin)

Website
www.beiunszuhause.de

Kontakt zur Redaktion
Dorothee Senfleben
dsenfleben@krafteurope.com

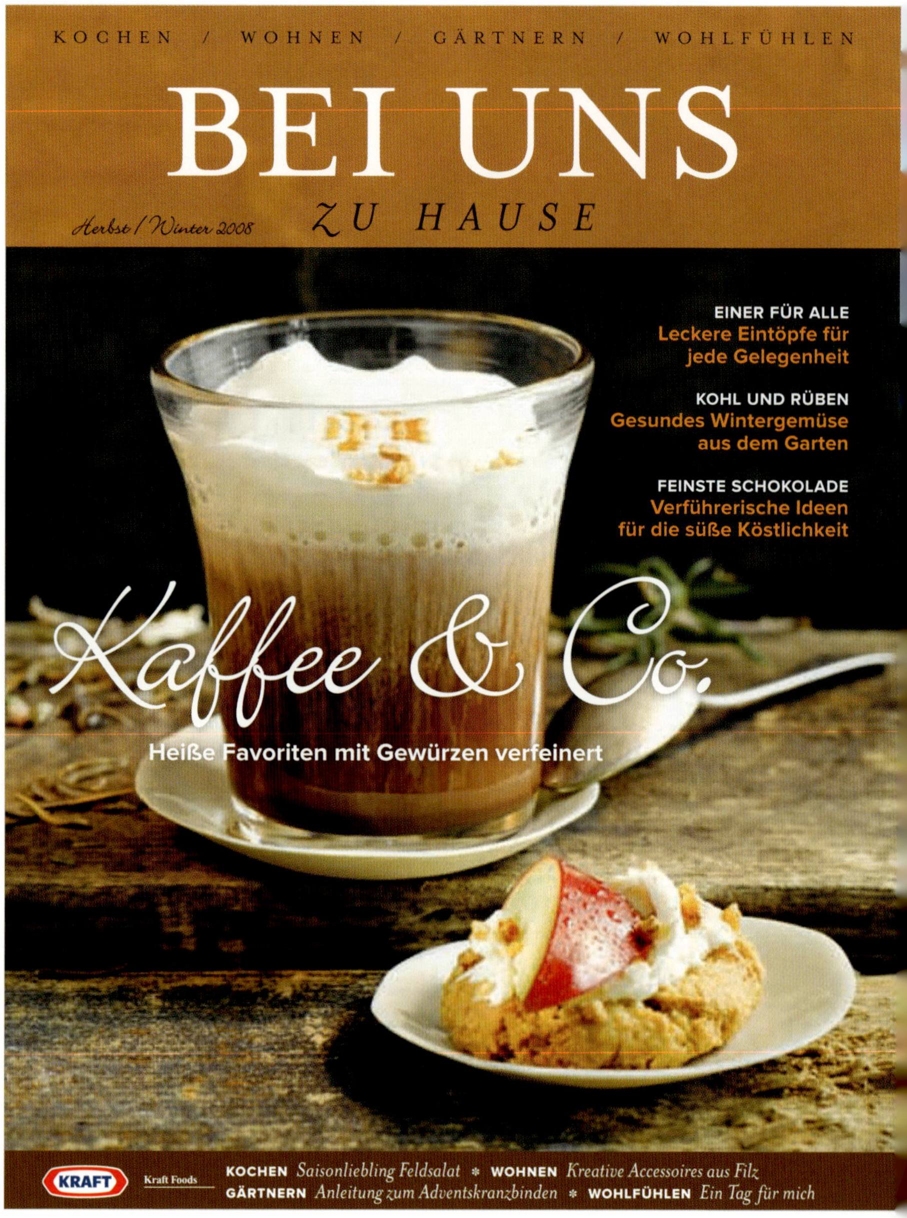

Elevating the ordinary. Stundenlanges Kochen, abgehobene Feinschmecker-Küche und alltagsferne Traumwelten sind nichts für *Bei uns zu Hause*. Es holt seine Leser da ab, wo sie sich am wohlsten fühlen: nämlich zu Hause. Durch originelle Tricks und Tipps erfahren sie, wie einfach und schnell man wundervolle Dinge zaubern kann. Ob leckere Kaffee-Spezialitäten, raffinierte Gemüse-Gerichte oder kreative Basteleien. Das trifft den Geschmack der Kraft-Zielgruppe und lädt zum Ausprobieren in den eigenen vier Wänden ein.

Das Geheimnis der braunen Bohne

Einfach dreifach!
Winning-Hähnchenpfanne
Thailändische Paprika mit Winning-Curry
Rustikaler Kartoffel-Lauchauflauf mit Schinken

ALLES WIRD GEFILZT
Das traditionsreiche Kunsthandwerk des Filzens wird wieder neu entdeckt

Ich hab's verbommelt

Schokolade!
als Tafel, Praline oder Heißgetränk. Wir präsentieren Ihnen Rezepte,
die garantiert gute Laune machen!
Schoko-Special
Schokorange!
[ORANGEN-
SCHOKOLADENTARTE]

Heißgetränke
Heiß auf Kaffee & Co.
raffiniert
Kaffee herb-würzig
aromatisch lecker
Zimt-Kaffee mit Mandellikör

Wintergemüse
Kohl und Rüben
Auch in der kühlen Jahreshälfte ist die Natur fleißig und lässt frisches Gemüse wachsen.
Wirsing, Kohl & Rote Bete

B2C
NON-PROFIT/VERBÄNDE/INSTITUTIONEN

Preisträger

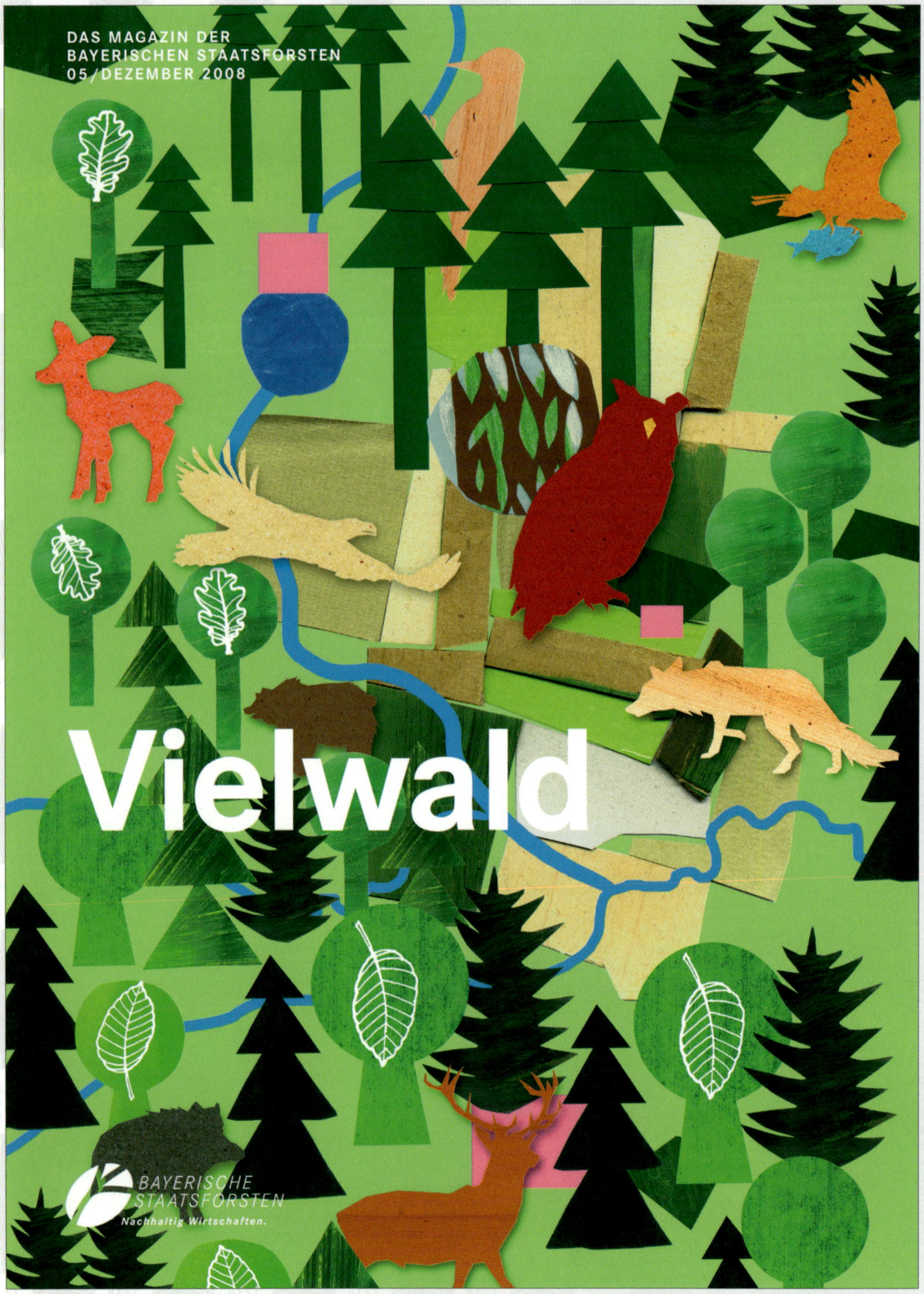

Vielwald
Bayerische Staatsforsten AöR
Anzinger | Wüschner | Rasp Agentur für Kommunikation GmbH

SEITE 200

Shortlist

Amnesty Journal
Amnesty International
schrenkwerk

SEITE 202

chrismon – Das evangelische Magazin
Landesbischof Dr. Johannes Friedrich, MdB Hermann Gröhe, Bischof Prof. Dr. Wolfgang Huber,
Landesbischöfin Dr. Margot Käßmann
Hansisches Druck- und Verlagshaus GmbH

SEITE 204

BAYERISCHE STAATSFORSTEN MAGAZIN. Den Bayerischen Staatsforsten geht es ein bisschen so wie dem Trainer der deutschen Fußballnationalmannschaft. Sie sind geradezu umzingelt von Freunden – und nicht nur Freunden. Und jeder weiß sehr genau, wofür der Wald da ist. Die Jäger, die Naturschützer, die Holzindustrie, die Kommunen, die Presse und die Öffentlichkeit. Kommunikation tut also Not und das Magazin ist das Medium, in dem sich die vielen Interessengruppen wiederfinden. In jeder Ausgabe wird das Thema Wald unter einem anderen zentralen Aspekt angeboten. Zum Beispiel als „Zukunftswald" oder „Kraftquelle". Beide Ausgaben wurden von BCP mit Gold ausgezeichnet. Diese Ausgabe dreht sich um den „Vielwald".

Herausgeber
Bayerische Staatsforsten

CP-Dienstleister
Anzinger | Wüschner | Rasp
Agentur für Kommunikation

Objektleitung
Dr. Hermann S. Walter
Leiter Vorstandsbüro Bayerische Staatsforsten

Chefredakteur
Gernot Wüschner

Gestaltung
Markus Rasp

Erscheinungsweise
zweimal jährlich

Heftformat
210 mm x 297 mm

Umfang
ca. 50 Seiten

Auflage
7.500 Exemplare

Zielgruppenprofil
Interessengruppen, Kunden und interessierte Öffentlichkeit

Website
www.baysf.de

Kontakt zur Redaktion
office@agentur-awr.de

Der „Vielwald" entziffert sich leicht als die „Vielfalt", die bei diesem Heft das zentrale Thema ist. Es heißt nämlich ganz zu Recht nicht der „Forst", sondern „die Bayerischen Staatsforsten". Von den Kiefernwäldern des Spessart bis zu den Hochwäldern der Alpen. Kein Revier gleicht dem anderen. Allein die Vielfalt der Dialekte von Nord nach Süd sorgt dafür, dass eine schlichte Holzaxt die unterschiedlichsten Bezeichnungen erfährt. Und die unzähligen Varianten des Knödels, der zu Wildgerichten serviert wird. Ganz zu schweigen von den Sehenswürdigkeiten und Erlebnissen in den Bayerischen Staatsforsten. Da muss gleich ein ordentliches Poster eingelegt werden, um zu zeigen, wie und wo der Staatswald sein Bestes zu bieten hat. In der Tat, Vielfalt ist das Prinzip des belebten Vielwalds, frei nach Konrad Lorenz.

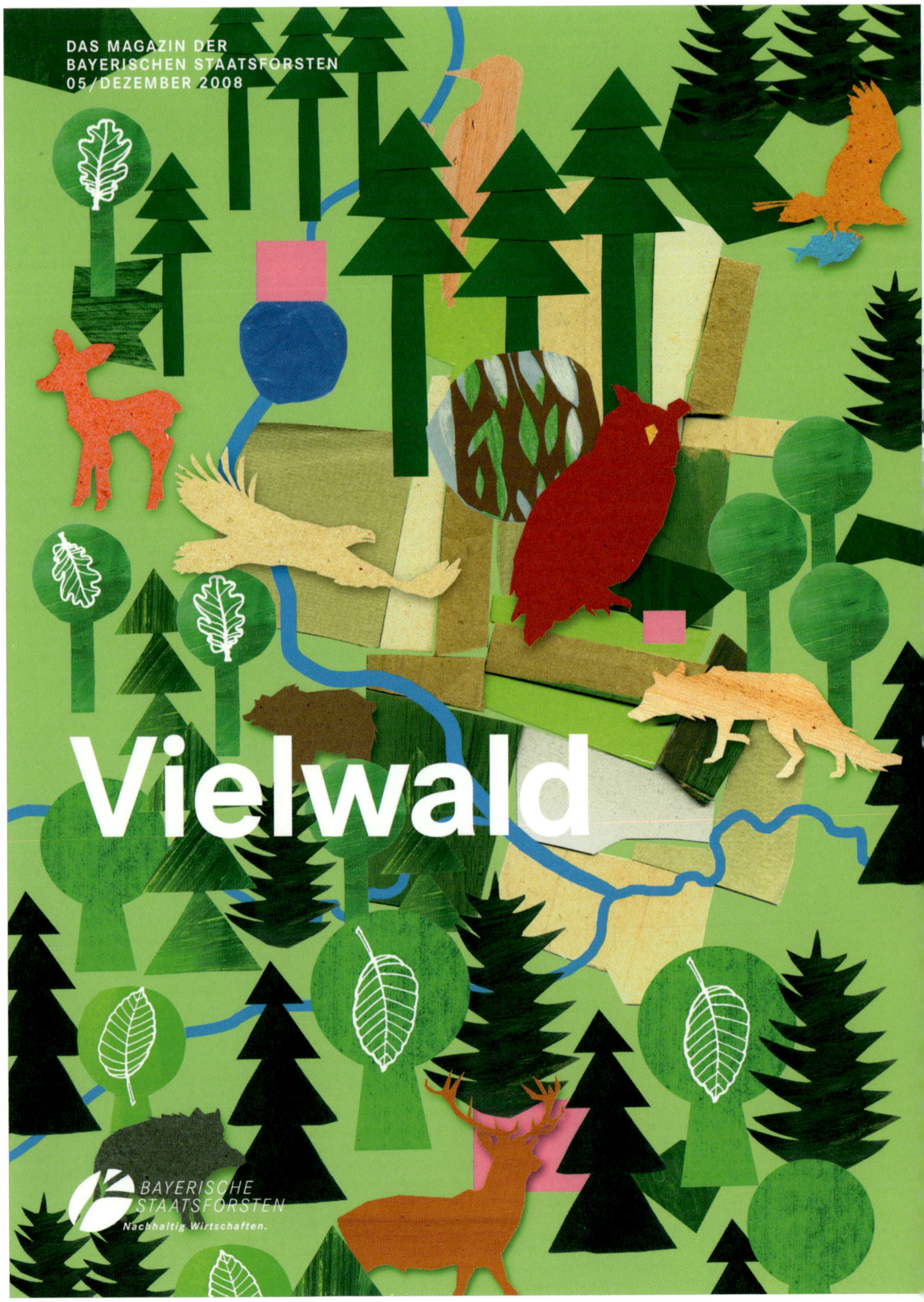

DIE REINE
MEINUNGSVIELFALT

EINE DER WICHTIGSTEN
AUFGABEN VON WOLFGANG
DISTLER IST ES, DEN
WALD AUF DIE ZUKUNFT
VORZUBEREITEN,...

DAS GLEICHE, NUR GANZ ANDERS
Bayerische Variationen zum Wichtigsten am Essen: den Beilagen

DIE
NATUR
KANN AUCH
SEHR
EINFÄLTIG
SEIN
Ein Gespräch mit
dem Evolutionsbiologen
Josef Reichholf und
dem Naturschutzbeauf-
tragten der Bayeri-
schen Staatsforsten,
Axel Reichert

DIE GROSSE UNBEKANNTE
Wie schön ein Fleckchen Erde ist, lässt sich nicht aus dem Auto erfahren –
selbst dann nicht, wenn man zehnmal vorüber fährt. Zu Fuß ist am meisten zu entdecken.
Auf dem Goldsteig, einer der schönsten Wanderstrecken am Rande Bayerns, durch
bayerischen Staatswald, bieten sich tausend und eine Gelegenheit, Füße, Augen und
Ohren auszuprobieren. Wir haben uns ein paar Hingucker angeschaut.
Marktredwitz

AMNESTY JOURNAL – DAS MAGAZIN FÜR DIE MENSCHENRECHTE. Das *Amnesty Journal* ist das Magazin für Mitglieder und Förderer der deutschen Sektion von Amnesty International und berichtet über alle Regionen der Welt. Fast alle Themen des Heftes liegen außerhalb Deutschlands, was für hiesige Zeitschriften recht ungewöhnlich ist. Ziel ist es, das schwierige Thema Menschenrechtsverletzungen so aufzubereiten, dass sich das Publikum trotzdem zum Lesen eingeladen fühlt. Das *Amnesty Journal* berichtet über Hintergründe und spricht mit denjenigen, die sich weltweit für die Menschenrechte einsetzen. Das vorliegende Titelthema beschreibt die Situation von Frauenbewegungen in islamisch geprägten Ländern und stellt Frauen vor, die sich vor Ort für ihre Rechte engagieren.

Herausgeber
Amnesty International, Sektion der Bundesrepublik Deutschland

Leitender Redakteur
Anton Landgraf

Gestaltung
schrenkwerk

Art Director
Heiko von Schrenk

Erscheinungsweise
sechsmal jährlich

Format
210 mm x 280 mm

Umfang
84 Seiten

Auflage
80.000 Exemplare

Vertriebsweg
Post

Zielgruppenprofil
Mitglieder und Förderer von Amnesty International, Interessenten für Menschenrechtsthemen

Website
www.amnesty.de/journal

Kontakt zur Redaktion:
anton.landgraf@amnesty.de

Nach dem Relaunch von 2005 wurde das Layout des *Amnesty Journal* im Sommer 2008 an die neue Global Identity von Amnesty International angepasst. Dabei mussten aus der plakativen Sprache der neuen Gestaltungsvorgaben Formen entwickelt werden, mit denen man diese in ein Magazin integrieren kann. Das Konzept setzt nach wie vor auf die Wirkung der Fotografie und unterstützt die Autorität und Glaubwürdigkeit der Texte. Zudem wurde mit der Umstellung auf eine zweimonatliche Erscheinungsweise der Umfang des Heftes verdoppelt, wodurch Stuktur, Dramaturgie und Haptik deutlich verbessert werden konnten.

Entwurf und Umsetzung: Heiko von Schrenk (www.schrenkwerk.de)

Typografie: Lucas de Groot (www.lucasfonts.com)

CHRISMON ist das evangelische Monatsmagazin, das in einer Auflage von 1,6 Millionen Exemplaren großen Zeitungen beiliegt. *chrismon* richtet sich an Leserinnen und Leser, die sich mit der Welt auseinandersetzen, die Konflikten nicht aus dem Weg gehen und sich den großen Fragen des Lebens stellen – und das mit Freiheit und Gottvertrauen. Die Optik ist modern, aber nicht zeitgeistig. Überraschend, aber nicht beliebig. Anspruchsvoll, aber nicht abgehoben. *chrismon* zeigt in Reportagen, Porträts und Interviews Menschen, die ihr Leben meistern, die beherzt entscheiden und Krisen bewältigen – ohne dabei den Anfang und das Ende des Lebens aus den Augen zu verlieren. *chrismon* bezieht in Kolumnen und Gesprächen Position zu politischen und gesellschaftlichen Themen unserer Zeit.

Herausgeber
Landesbischof Dr. Johannes Friedrich,
Hermann Gröhe, MdB,
Bischof Prof. Dr. Wolfgang Huber,
Landesbischöfin Dr. Margot Käßmann

CP-Dienstleister
Hansisches Druck- und Verlagshaus

Erscheinungsweise
monatlich

Heftformat
Magazin (etwas kleiner als DIN A4)

Umfang
56 Seiten

Auflage
1.600.000 Exemplare

Vertriebswege
Supplement in „Frankfurter Allgemeine Zeitung", „Süddeutsche Zeitung", „Zeit", „Mitteldeutsche Zeitung", „Schweriner Volkszeitung", „Der Tagesspiegel"

Zielgruppenprofil
Alle, die sich mit den Fragen der Zeit beschäftigen, auch Menschen, die zwar „religiös musikalisch" sind, aber keiner Konfession angehören. Die Leser sind Buch- sowie Tages- und Wochenzeitungsleser, haben einen ethischen Anspruch und leben eher in Familien als allein.

Anzeigenpreis 1/1 4c
18.800 Euro

Website
www.chrismon.de

Kontakt zur Redaktion
Rahel Kleinwächter
Fon +49 69 58 09 880 03
kontakt@chrismon.de

„Ich freue mich jeden Tag, dass es wieder hell wird“

SEVERIN HOLZER

NUR NOCH DIESER SOMMER?

Stellen Sie sich vor, die Ärzte sagen Ihnen, dass Sie nur noch eine begrenzte Zeit zu leben haben. Was machen Sie dann? Schmeißen Sie den Job hin, nehmen die Ersparnisse, gehen auf Reisen und tun endlich all das, was Sie schon immer tun wollten? Drei Menschen erzählen, wie es tatsächlich ist: das Leben vor dem Sterben

Text: Christine Holch Fotos: Anja Lehmann

04. 2008 chrismon 13

„Nur noch dieser Sommer?“ (o.): Menschen, die nur noch kurze Zeit zu leben haben. Was bewegt sie, was ist jetzt wichtig – und was nehmen sie noch wahr von ihrer Umwelt?

„Die 10 Gebote“ (linke Seite): Zehn bekannte Schriftsteller schreiben Kurzgeschichten zu den Geboten. Hier Feridun Zaimoglu, illustriert von der New Yorker Künstlerin Paola Piglia.

„Begegnung“ (unten links): In jeder Ausgabe ein langes Gespräch zwischen zwei klugen, meist prominenten Köpfen. Aufwendig fotografiert. Hier: Ex-Innenminister Gerhart Baum und Kabarettist Georg Schramm alias Rentner Dombrowski.

„Portal“ (unten rechts): In jedem Heft ein opulenter Einstieg ins Heft, doppelseitiges Foto mit hintergründigem Text.

begegnung

Zwei Männer zeigen Haltung: der Politiker und der Kabarettist über Wahrheiten, die man den Leuten ruhig zumuten darf

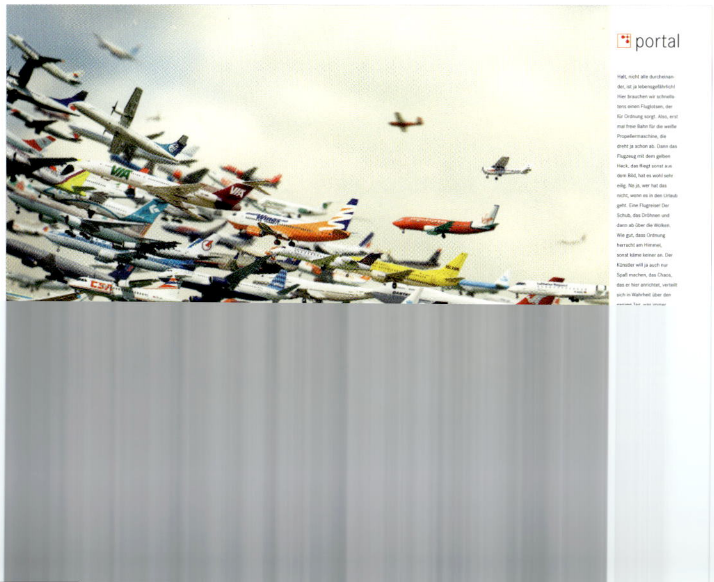
portal

MITARBEITERMEDIEN
PRINT (AUFLAGE 1.000 BIS 10.000 EXEMPLARE)

Preisträger

atrium

Was steht 2009 an?
Betriebsratschef Dieter Keller im Interview über aktuelle Themen **Seite 23**

DIE MITARBEITERZEITUNG VON TOTAL IN DEUTSCHLAND — NR. 1 / JANUAR 2009

TESTFAHRER GESUCHT FÜR HYDROGEN 4

Beim Gewinnspiel auf Seite 5 können Mitarbeiter eine Probefahrt gewinnen

Das neue H_2-Automobil von Opel, der HydroGen 4, wird in den kommenden sechs Monaten bei Probefahrten und auf TOTAL Veranstaltungen zum Einsatz kommen. Auch Mitarbeiter haben die Chance, das Modell für zwei oder drei Tage im Umkreis von 100 Kilometern von Berlin zu fahren. Wer sich einmal ans Steuer eines Wasserstoffautos setzen möchte, kann am Quiz auf Seite 5 teilnehmen. Mit etwas Glück ist der HydroGen 4 für ein paar Tage der Ihre. Voraussetzungen gibt es natürlich auch: Testfahrer müssen eine „reine Weste" mitbringen und sich umfassend in die technischen Abläufe und in die Bedienung des Wagens durch den Fachbereich einweisen lassen.

Mehr zum Thema auf S. 5

Dieses Auto *können die Gewinner im Raum Berlin für ein paar Tage fahren*

„Ihr Alter *sieht man Ihnen gar nicht an!" Darum ist Kontrolle Pflicht*

TOTAL ZEIGT FLAGGE

Mit der Charta zum verantwortungsvollen Verkaufen übernimmt die TOTAL Gruppe eine Vorreiterrolle bei der Einhaltung des Jugendschutzgesetzes

Die TOTAL Gruppe hat eine „Charta zum verantwortungsvollen Verkaufen" ins Leben gerufen. Damit übernimmt das Unternehmen eine Vorreiterrolle in Deutschland bei der Einhaltung des Jugendschutzgesetzes. Alle Tankstellenpartner erhielten im Januar eine detaillierte Informationsbroschüre, um die Verkaufsmitarbeiter in den Regeln der Charta zu schulen. Ein interner Kontrollmechanismus soll diese Umsetzung sicherstellen. Fehlverhalten wird entsprechend geahndet. Auch vom Gesetzgeber sind bei Missachtung der Verkaufsverbote von Alkohol, Tabakwaren und Pornografie an Minderjährige, sowie bei deren Teilnahme an Glücksspielen, konsequente Maßnahmen vorgesehen. Ein Verstoß kann ein Bußgeld in einer Höhe von bis zu 50.000 Euro nach sich ziehen.

Weiterhin beteiligen sich alle im Mineralölwirtschaftsverband zusammengeschlossenen Tankstellenketten an der Jugendschutzinitiative des Arbeitskreises Alkohol und Verantwortung des Bundesverbands der Deutschen Spirituosen-Industrie und -Importeure – kurz SchuJu.

Klaus Picard, Hauptgeschäftsführer des Mineralölwirtschaftsverbandes, hält das Informationspaket für sinnvoll, um die Befolgung der gesetzlichen Vorschriften zu gewährleisten. Weitere Gesetze seien überflüssig, so Picard, weil sie das eigentliche Problem nicht anpackten.

Mehr zum Thema auf Seite 6

TOTAL

atrium
Total Deutschland GmbH
KircherBurkhardt GmbH

SEITE 208

Shortlist

member
Alpia Holding AG
Infel AG

SEITE 210

ortszeit
Deutsche Welle
Deutsche Welle

SEITE 212

Teilnehmer

BystronicPeople
Bystronic
Primafila AG / independent
Medien-Design

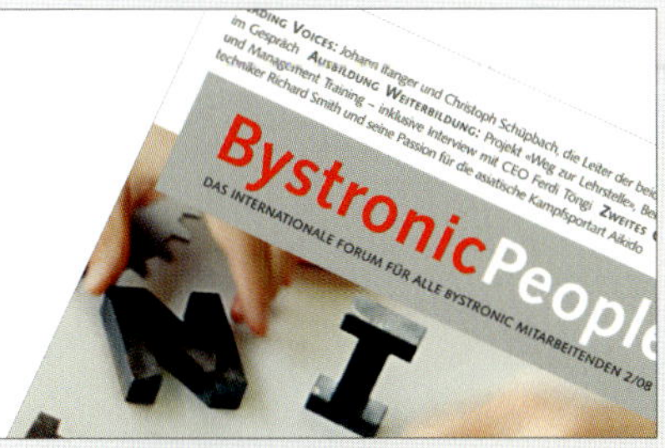

SEITE 214

Die Muse / Thalia
Thalia Holding GmbH
KircherBurkhardt GmbH

SEITE 216

update
Vodafone D2 GmbH
KircherBurkhardt GmbH

SEITE 218

ATRIUM ist die Mitarbeiterzeitung für alle Beschäftigten von Total Raffinage und Marketing in Deutschland. Im Stil einer echten Zeitung spiegelt sie in fünf Ressorts mit Reportagen, Interviews und Porträts sowie kleineren Text- und Gestaltungselementen das Unternehmen in seiner Gesamtheit wider. Ein Ressort ist den Raffinerie-Aktivitäten gewidmet, welches als wichtiges Bindeglied die Mitarbeiter beider Bereiche integriert und den Austausch fördert. Total Deutschland verbindet die Vielfalt seiner Produkte und Dienstleistungen mit den verantwortlichen Akteuren und fördert so das Wir-Gefühl und die Identifikation mit dem Unternehmen. Das Besondere an der Zeitung sind die Texte: Hier schreiben Mitarbeiter für Mitarbeiter, die Beiträge werden behutsam journalistisch aufbereitet. Auf diese Weise kann Authentizität und eine starke Leser-Blatt-Bindung mit einem hohen professionellen Anspruch an Text, Gestaltung und Bild verbunden werden.

Herausgeber
Total Deutschland

CP-Dienstleister
KircherBurkhardt

Redaktion
Mitarbeiter von Total Deutschland, KircherBurkhardt

Gestaltung
KircherBurkhardt

Erscheinungsweise
sechsmal jährlich

Heftformat
260 mm x 365 mm

Umfang
28 Seiten

Auflage
4.600 Exemplare

Vertriebsweg
Hauspost

Zielgruppe
Mitarbeiter von Total Deutschland

Website
www.total.de

Kontakt zur Redaktion
Fon +49 30 440 322 73
total@kircher-burkhardt.com

atrium

Was steht 2009 an? Betriebsratschef Dieter Keller im Interview über aktuelle Themen **Seite 23**

DIE MITARBEITERZEITUNG VON TOTAL IN DEUTSCHLAND — NR. 1 / JANUAR 2009

TESTFAHRER GESUCHT FÜR HYDROGEN 4

Beim Gewinnspiel auf Seite 5 können Mitarbeiter eine Probefahrt gewinnen

Das neue H_2-Automobil von Opel, der HydroGen 4, wird in den kommenden sechs Monaten bei Probefahrten und auf TOTAL Veranstaltungen zum Einsatz kommen. Auch Mitarbeiter haben die Chance, das Modell für zwei oder drei Tage im Umkreis von 100 Kilometern von Berlin zu fahren. Wer sich einmal ans Steuer eines Wasserstoffautos setzen möchte, kann am Quiz auf Seite 5 teilnehmen. Mit etwas Glück ist der HydroGen 4 für ein paar Tage der Ihre. Voraussetzungen gibt es natürlich auch: Testfahrer müssen eine „reine Weste" mitbringen und sich umfassend in die technischen Abläufe und in die Bedienung des Wagens durch den Fachbereich einweisen lassen.

Mehr zum Thema auf S. 5

Dieses Auto *können die Gewinner im Raum Berlin für ein paar Tage fahren*

„Ihr Alter *sieht man Ihnen gar nicht an!" Darum ist Kontrolle Pflicht*

TOTAL ZEIGT FLAGGE

Mit der Charta zum verantwortungsvollen Verkaufen übernimmt die TOTAL Gruppe eine Vorreiterrolle bei der Einhaltung des Jugendschutzgesetzes

Die TOTAL Gruppe hat eine „Charta zum verantwortungsvollen Verkaufen" ins Leben gerufen. Damit übernimmt das Unternehmen eine Vorreiterrolle in Deutschland bei der Einhaltung des Jugendschutzgesetzes. Alle Tankstellenpartner erhielten im Januar eine detaillierte Informationsbroschüre, um die Verkaufsmitarbeiter in den Regeln der Charta zu schulen. Ein interner Kontrollmechanismus soll diese Umsetzung sicherstellen. Fehlverhalten wird entsprechend geahndet. Auch vom Gesetzgeber sind bei Missachtung der Verkaufsverbote von Alkohol, Tabakwaren und Pornografie an Minderjährige, sowie bei deren Teilnahme an Glücksspielen, konsequente Maßnahmen vorgesehen. Ein Verstoß kann ein Bußgeld in einer Höhe von bis zu 50.000 Euro nach sich ziehen.

Weiterhin beteiligen sich alle im Mineralölwirtschaftsverband zusammengeschlossenen Tankstellenketten an der Jugendschutzinitiative des Arbeitskreises Alkohol und Verantwortung des Bundesverbands der Deutschen Spirituosen-Industrie und -Importeure – kurz SchuJu.

Klaus Picard, Hauptgeschäftsführer des Mineralölwirtschaftsverbandes, hält das Informationspaket für sinnvoll, um die Befolgung der gesetzlichen Vorschriften zu gewährleisten. Weitere Gesetze seien überflüssig, so Picard, weil sie das eigentliche Problem nicht anpackten.

Mehr zum Thema auf Seite 6

INDEX

Editorial ... 2
Ölpreis ... 3
TOTAL Aktie ... 6
Weiterbildung ... 8
TRIR Zahlen ... 12
Produkte ... 20
Balance Score Cd ... 22
Neu bei TOTAL ... 26
TOTAL verbreitet ... 28

ENERGIE
Wie entsteht eigentlich der Benzinpreis? Eine Infografik veranschaulicht seinen Weg bis zur Tankstelle. **Seite 4**

TOTAL
Die Vereinbarkeit von Beruf und Familie ist für viele eine Herausforderung. Auch für TOTAL Mitarbeiter? Das Unternehmen kann noch familienfreundlicher werden. **Seite 10**

RAFFINERIE
Seit mehr als 80 Jahren wird in Leuna Kraftstoff verarbeitet. Während seiner bewegten Geschichte erlebte der Standort Nobelpreise, aber auch Ressourcenengpässe. **Seite 15**

DIREKT
Incentives sind ein beliebtes Instrument im hart umkämpften Markt um Kunden. Der Bereich Schmierstoffe lud Händler an die Seine ein, Werkstattbetreiber konnten eine Reise gewinnen. **Seite 19**

PANORAMA
Arbeitsschutz ist auf der Insel Java ein Fremdwort. Sébastien Decker aus der Raffinerie spendet Atemschutzmasken. **Seite 25**

TOTAL

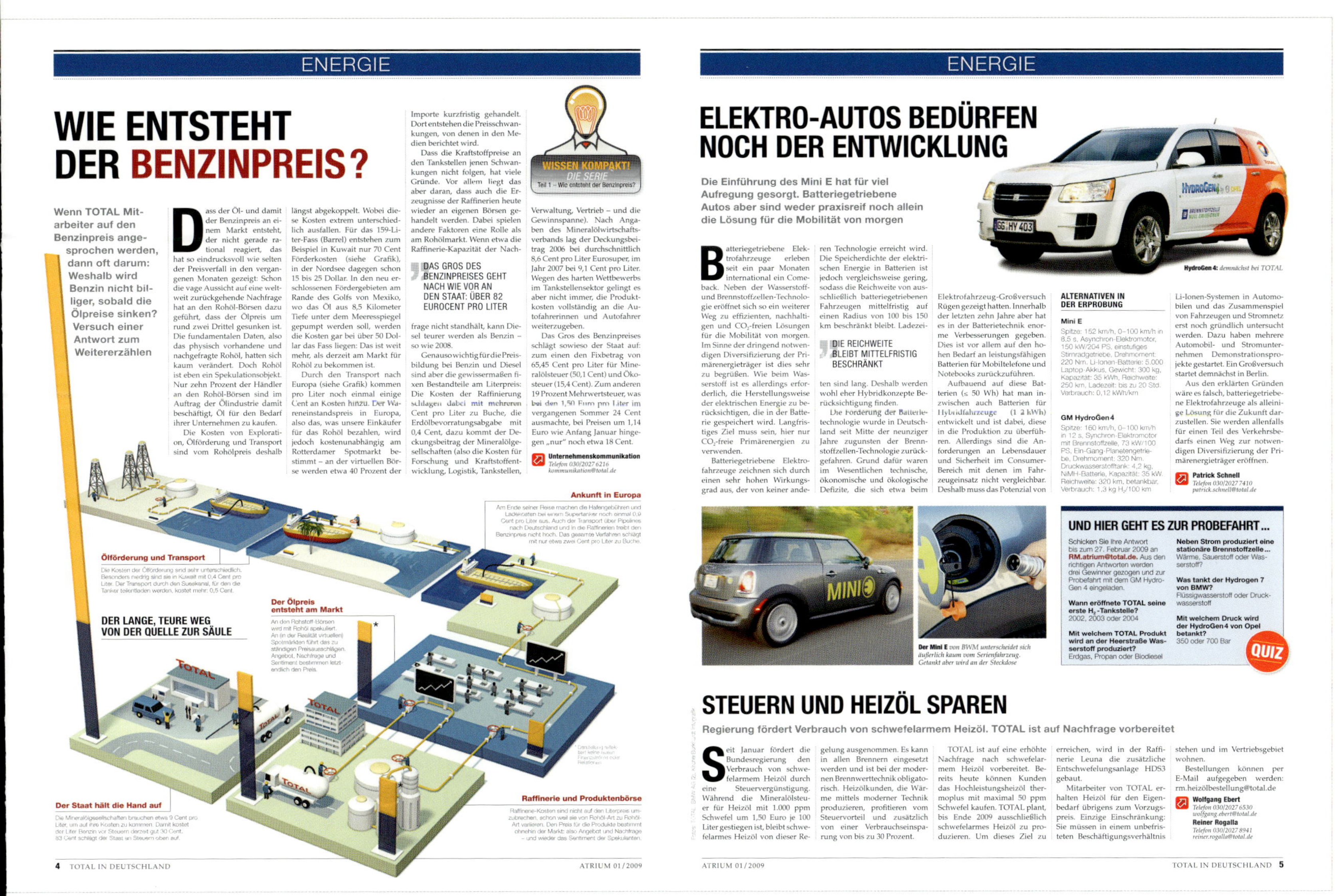

ENERGIE

WIE ENTSTEHT DER BENZINPREIS?

Wenn TOTAL Mitarbeiter auf den Benzinpreis angesprochen werden, dann oft darum: Weshalb wird Benzin nicht billiger, sobald die Ölpreise sinken? Versuch einer Antwort zum Weitererzählen

Dass der Öl- und damit der Benzinpreis an einem Markt entsteht, der nicht gerade rational reagiert, das hat so eindrucksvoll wie selten der Preisverfall in den vergangenen Monaten gezeigt: Schon die vage Aussicht auf eine weltweit zurückgehende Nachfrage hat an den Rohöl-Börsen dazu geführt, dass der Ölpreis um rund zwei Drittel gesunken ist. Die fundamentalen Daten, also das physisch vorhandene und nachgefragte Rohöl, hatten sich kaum verändert. Doch Rohöl ist eben ein Spekulationsobjekt. Nur zehn Prozent der Händler an den Rohöl-Börsen sind im Auftrag der Ölindustrie damit beschäftigt, Öl für den Bedarf ihrer Unternehmen zu kaufen.

Die Kosten von Exploration, Ölförderung und Transport sind vom Rohölpreis deshalb längst abgekoppelt. Wobei diese Kosten extrem unterschiedlich ausfallen. Für das 159-Liter-Fass (Barrel) entstehen zum Beispiel in Kuwait nur 70 Cent Förderkosten (siehe Grafik), in der Nordsee dagegen schon 15 bis 25 Dollar. In den neu erschlossenen Fördergebieten am Rande des Golfs von Mexiko, wo das Öl aus 8,5 Kilometer Tiefe unter dem Meeresspiegel gepumpt werden soll, werden die Kosten gar bei über 50 Dollar das Fass liegen: Das ist weit mehr, als derzeit am Markt für Rohöl zu bekommen ist.

Durch den Transport nach Europa (siehe Grafik) kommen pro Liter noch einmal einige Cent an Kosten hinzu. Der Wareneinstandspreis in Europa, also das, was unsere Einkäufer für das Rohöl bezahlen, wird jedoch kostenunabhängig am Rotterdamer Spotmarkt bestimmt – an der virtuellen Börse werden etwa 40 Prozent der Importe kurzfristig gehandelt. Dort entstehen die Preisschwankungen, von denen in den Medien berichtet wird.

Dass die Kraftstoffpreise an den Tankstellen jenen Schwankungen nicht folgen, hat viele Gründe. Vor allem liegt das aber daran, dass auch die Erzeugnisse der Raffinerien heute wieder an eigenen Börsen gehandelt werden. Dabei spielen andere Faktoren eine Rolle als am Rohölmarkt. Wenn etwa die Raffinerie-Kapazität der Nachfrage nicht standhält, kann Diesel teurer werden als Benzin – so wie 2008.

„DAS GROS DES BENZINPREISES GEHT NACH WIE VOR AN DEN STAAT: ÜBER 82 EUROCENT PRO LITER

Genausowichtig für die Preisbildung bei Benzin und Diesel sind aber die gewissermaßen fixen Bestandteile am Literpreis: Die Kosten der Raffinierung schlagen dabei mit mehreren Cent pro Liter zu Buche, die Erdölbevorratungsabgabe mit 0,4 Cent, dazu kommt der Deckungsbeitrag der Mineralölgesellschaften (also die Kosten für Forschung und Kraftstoffentwicklung, Logistik, Tankstellen, Verwaltung, Vertrieb – und die Gewinnspanne). Nach Angaben des Mineralölwirtschaftsverbands lag der Deckungsbeitrag 2006 bei durchschnittlich 8,6 Cent pro Liter Eurosuper, im Jahr 2007 bei 9,1 Cent pro Liter. Wegen des harten Wettbewerbs im Tankstellensektor gelingt es aber nicht immer, die Produktkosten vollständig an die Autofahrerinnen und Autofahrer weiterzugeben.

Das Gros des Benzinpreises schlägt sowieso der Staat auf: zum einen den Fixbetrag von 65,45 Cent pro Liter für Mineralölsteuer (50,1 Cent) und Ökosteuer (15,4 Cent). Zum anderen 19 Prozent Mehrwertsteuer, was bei den 1,50 Euro pro Liter im vergangenen Sommer 24 Cent ausmachte, bei Preisen um 1,14 Euro wie Anfang Januar hingegen „nur" noch etwa 18 Cent.

Unternehmenskommunikation
Telefon 030/2027 6216
kommunikation@total.de

WISSEN KOMPAKT! DIE SERIE
Teil 1 – Wie entsteht der Benzinpreis?

DER LANGE, TEURE WEG VON DER QUELLE ZUR SÄULE

Ölförderung und Transport
Die Kosten der Ölförderung sind sehr unterschiedlich. Besonders niedrig sind sie in Kuwait mit 0,4 Cent pro Liter. Der Transport durch den Sueskanal, für den die Tanker teilentladen werden, kostet mehr: 0,5 Cent.

Ankunft in Europa
Am Ende seiner Reise machen die Hafengebühren und Ladekosten bei einem Supertanker noch einmal 0,9 Cent pro Liter aus. Auch der Transport über Pipelines nach Deutschland und in die Raffinerien treibt den Benzinpreis nicht hoch. Das gesamte Verfahren schlägt mit nur etwa zwei Cent pro Liter zu Buche.

Der Ölpreis entsteht am Markt
An den Rohstoff-Börsen wird mit Rohöl spekuliert. An (in der Realität virtuellen) Spotmärkten führt das zu ständigen Preisausschlägen. Angebot, Nachfrage und Sentiment bestimmen letztendlich den Preis.

Der Staat hält die Hand auf
Die Mineralölgesellschaften brauchen etwa 9 Cent pro Liter, um auf ihre Kosten zu kommen. Damit kostet der Liter Benzin vor Steuern derzeit gut 30 Cent. 83 Cent schlägt der Staat an Steuern oben auf.

Raffinerie und Produktenbörse
Raffinerie-Kosten sind nicht auf den Literpreis umzubrechen, schon weil sie von Rohöl-Art zu Rohöl-Art variieren. Den Preis für die Produkte bestimmt ohnehin der Markt: also Angebot und Nachfrage – und wieder das Sentiment der Spekulanten.

4 TOTAL IN DEUTSCHLAND | ATRIUM 01/2009

ENERGIE

ELEKTRO-AUTOS BEDÜRFEN NOCH DER ENTWICKLUNG

Die Einführung des Mini E hat für viel Aufregung gesorgt. Batteriegetriebene Autos aber sind weder praxisreif noch allein die Lösung für die Mobilität von morgen

Batteriegetriebene Elektrofahrzeuge erleben seit ein paar Monaten international ein Comeback. Neben der Wasserstoff- und Brennstoffzellen-Technologie eröffnet sich so ein weiterer Weg zu effizienten, nachhaltigen und CO_2-freien Lösungen für die Mobilität von morgen. Im Sinne der dringend notwendigen Diversifizierung der Primärenergieträger ist dies sehr zu begrüßen. Wie beim Wasserstoff ist es allerdings erforderlich, die Herstellungsweise der elektrischen Energie zu berücksichtigen, die in der Batterie gespeichert wird. Langfristiges Ziel muss sein, hier nur CO_2-freie Primärenergien zu verwenden.

Batteriegetriebene Elektrofahrzeuge zeichnen sich durch einen sehr hohen Wirkungsgrad aus, der von keiner anderen Technologie erreicht wird. Die Speicherdichte der elektrischen Energie in Batterien ist jedoch vergleichsweise gering, sodass die Reichweite von ausschließlich batteriegetriebenen Fahrzeugen mittelfristig auf einen Radius von 100 bis 150 km beschränkt bleibt. Ladezeiten sind lang. Deshalb werden wohl eher Hybridkonzepte Berücksichtigung finden.

„DIE REICHWEITE BLEIBT MITTELFRISTIG BESCHRÄNKT

Die Förderung der Batterietechnologie wurde in Deutschland seit Mitte der neunziger Jahre zugunsten der Brennstoffzellen-Technologie zurückgefahren. Grund dafür waren im Wesentlichen technische, ökonomische und ökologische Defizite, die sich etwa beim Elektrofahrzeug-Großversuch Rügen gezeigt hatten. Innerhalb der letzten zehn Jahre aber hat es in der Batterietechnik enorme Verbesserungen gegeben. Dies ist vor allem auf den hohen Bedarf an leistungsfähigen Batterien für Mobiltelefone und Notebooks zurückzuführen.

Aufbauend auf diese Batterien (≤ 50 Wh) hat man inzwischen auch Batterien für Hybridfahrzeuge (1 2 kWh) entwickelt und ist dabei, diese in die Produktion zu überführen. Allerdings sind die Anforderungen an Lebensdauer und Sicherheit im Consumer-Bereich mit denen im Fahrzeugeinsatz nicht vergleichbar. Deshalb muss das Potenzial von Li-Ionen-Systemen in Automobilen und das Zusammenspiel von Fahrzeugen und Stromnetz erst noch gründlich untersucht werden. Dazu haben mehrere Automobil- und Stromunternehmen Demonstrationsprojekte gestartet. Ein Großversuch startet demnächst in Berlin.

Aus den erklärten Gründen wäre es falsch, batteriegetriebene Elektrofahrzeuge als alleinige Lösung für die Zukunft darzustellen. Sie werden allenfalls für einen Teil des Verkehrsbedarfs einen Weg zur notwendigen Diversifizierung der Primärenergieträger eröffnen.

Patrick Schnell
Telefon 030/2027 7410
patrick.schnell@total.de

ALTERNATIVEN IN DER ERPROBUNG

Mini E
Spitze: 152 km/h, 0–100 km/h in 8,5 s, Asynchron-Elektromotor, 150 kW/204 PS, einstufiges Stirnradgetriebe, Drehmoment: 220 Nm. Li-Ionen-Batterie: 5.000 Laptop-Akkus, Gewicht: 300 kg, Kapazität: 35 kWh, Reichweite: 250 km, Ladezeit: bis zu 20 Std. Verbrauch: 0,12 kWh/km

GM HydroGen 4
Spitze: 160 km/h, 0–100 km/h in 12 s, Synchron-Elektromotor mit Brennstoffzelle, 73 kW/100 PS, Ein-Gang-Planetengetriebe, Drehmoment: 320 Nm. Druckwasserstofftank: 4,2 kg, NiMH-Batterie, Kapazität: 35 kW. Reichweite: 320 km, betankbar. Verbrauch: 1,3 kg H_2/100 km

HydroGen 4: *demnächst bei TOTAL*

Der Mini E *von BWM unterscheidet sich äußerlich kaum vom Serienfahrzeug. Getankt aber wird an der Steckdose*

UND HIER GEHT ES ZUR PROBEFAHRT ...

Schicken Sie Ihre Antwort bis zum 27. Februar 2009 an RM.atrium@total.de. Aus den richtigen Antworten werden drei Gewinner gezogen und zur Probefahrt mit dem GM HydroGen 4 eingeladen.

Wann eröffnete TOTAL seine erste H_2-Tankstelle?
2002, 2003 oder 2004

Mit welchem TOTAL Produkt wird an der Heerstraße Wasserstoff produziert?
Erdgas, Propan oder Biodiesel

Neben Strom produziert eine stationäre Brennstoffzelle ...
Wärme, Sauerstoff oder Wasserstoff?

Was tankt der Hydrogen 7 von BMW?
Flüssigwasserstoff oder Druckwasserstoff

Mit welchem Druck wird der HydroGen 4 von Opel betankt?
350 oder 700 Bar

QUIZ

STEUERN UND HEIZÖL SPAREN

Regierung fördert Verbrauch von schwefelarmem Heizöl. TOTAL ist auf Nachfrage vorbereitet

Seit Januar fördert die Bundesregierung den Verbrauch von schwefelarmem Heizöl durch eine Steuervergünstigung. Während die Mineralölsteuer für Heizöl mit 1.000 ppm Schwefel um 1,50 Euro je 100 Liter gestiegen ist, bleibt schwefelarmes Heizöl von dieser Regelung ausgenommen. Es kann in allen Brennern eingesetzt werden und ist bei der modernen Brennwerttechnik obligatorisch. Heizölkunden, die Wärme mittels moderner Technik produzieren, profitieren vom Steuervorteil und zusätzlich von einer Verbrauchseinsparung von bis zu 30 Prozent.

TOTAL ist auf eine erhöhte Nachfrage nach schwefelarmem Heizöl vorbereitet. Bereits heute können Kunden das Hochleistungsheizöl thermoplus mit maximal 50 ppm Schwefel kaufen. TOTAL plant, bis Ende 2009 ausschließlich schwefelarmes Heizöl zu produzieren. Um dieses Ziel zu erreichen, wird in der Raffinerie Leuna die zusätzliche Entschwefelungsanlage HDS3 gebaut.

Mitarbeiter von TOTAL erhalten Heizöl für den Eigenbedarf übrigens zum Vorzugspreis. Einzige Einschränkung: Sie müssen in einem unbefristeten Beschäftigungsverhältnis stehen und im Vertriebsgebiet wohnen.

Bestellungen können per E-Mail aufgegeben werden: rm.heizölbestellung@total.de

Wolfgang Ebert
Telefon 030/2027 6530
wolfgang.ebert@total.de
Reiner Rogalla
Telefon 030/2027 8941
reiner.rogalla@total.de

ATRIUM 01/2009 | TOTAL IN DEUTSCHLAND 5

rium, die Mitarbeiterzeitung von Total Raffinage und Marketing in Deutschland, ist konsequent auf die örderung der Unternehmenskultur und die Vermittlung wichtiger Botschaften ausgerichtet. Indem sie eiträge aus verschiedenen Abteilungen aufnimmt, stärkt sie einerseits „lokale" Identifikation und erıöglicht andererseits den bereichsübergreifenden Austausch der Mitarbeiter, insbesondere zwischen den ereichen Raffinage und Marketing. Großzügig layoutete, mit Infografiken aufgewertete Schwerpunktseiten ır unkomplizierten Wissensvermittlung erhöhen zudem die Lesefreundlichkeit. Strategische Themen aus er Konzernleitung werden, wo möglich, über Mitarbeiter vermittelt, sodass der Leser eine unmittelbare elevanz für sich erkennt. Zusätzliche Elemente, wie Informationskästen oder Zitate, dienen der Zugängchkeit von Informationen. Die Bildsprache transportiert das Selbstverständnis eines offenen, aktiven und or allem lebendigen Unternehmens.

MEMBER. Kaum ein Unternehmen hat sich in den vergangenen Jahren so stark verändert wie Atel. Starkes Wachstum, internationale Expansion und zuletzt die Fusion mit dem Mitbewerber EOS zur neuen Gesellschaft Alpiq haben die Mitarbeiterkommunikation vor besondere Herausforderungen gestellt. Heute beschäftigt das Unternehmen über 10.000 Mitarbeiter in 29 europäischen Ländern und ist in den Bereichen Produktion, Handel und Vertrieb von Energie sowie in der Energietechnik tätig. Das Konzept von *member* postuliert dabei ganz klar: Bühne frei für die Firmenangehörigen. Das Magazin fördert den Dialog, schafft Transparenz, weckt Emotionen. *member* thematisiert aber auch das Arbeitsumfeld, berichtet über Entwicklungsmöglichkeiten und informiert über Strategie, Geschäftsprozesse, Ziele und Strategien.

Herausgeber
Atel Holding (Martin Bahnmüller, Leiter Corporate Communications)

Herausgebender Verlag
Infel

Redaktion
Andreas Meier (Leiter interne Kommunikation Atel Holding), Martin Stutz (Infel)

Art Director
Erwin Hürlimann (Infel)

Erscheinungsweise
viermal jährlich

Umfang
20 Seiten

Auflage
10.000 Exemplare

Vertriebsweg
personalisierter Versand

Zielgruppe
Mitarbeiter von Atel beziehungsweise Alpiq

Kontakt zur Redaktion
andreas.meier@alpiq.com

Das Magazin für die Mitarbeitenden von Atel

atel

member 4|08

Pro & Contra Mobil mit E-Bikes? SEITE 2 | **Nachgefragt** Andreas Kaeser SEITE 4 | **Leonardi** Kraft tanken SEITE 9 | **Interview** Judith Dali über die Mitarbeiterumfrage SEITE 10/11 | **Porträt** Ein Team auf Zeit SEITE 12 | **Reportage** Klein, aber nicht zu unterschätzen SEITE 12/13 | **Weekend** Eine Frau mit klaren Zielen SEITE 14/15 | **Top** Schutz vor Schutzklauseln SEITE 15 | **People** Energy Party 2008 SEITE 20

Heinz Brandenberger: keine Angst vor grossen Namen.

Spezialist für **Madonna & Co.**

Immer wenn die Grossen des Showbusiness die Schweiz beehren, ist auch Kummler+Matter mit von der Partie. Als Spezialistin für Grossanlässe sorgt die Atel-Tochter dafür, dass die Künstler und Fans mit der nötigen Energie versorgt werden und nicht im Dunkeln stehen müssen. Das war auch beim Madonna-Konzert in Dübendorf nicht anders. Rund fünf Wochen waren die Kuma-Mitarbeitenden auf dem Gelände tätig. Dabei hatte das Team unter der Leitung von Heinz Brandenberger alles im Griff, auch die Sonderwünsche des Stars. SEITEN 6–8

porträt reportage 12|13

Keine Chance **dem Datenklau**

Kein Unternehmen will, dass vertrauliche Informationen in die falschen Hände geraten. Ein paar einfache Massnahmen können Datenlecks verhindern.

Mit viel Power **für die Wasserkraft**

Die Gruppe Technik ist bei Atel Hydro AG dafür verantwortlich, dass in den Kraftwerken Gösgen, Ruppoldingen und Flumenthal alles rund läuft.

Voll unter Strom **für die Pop-Queen**

Über 70 000 Fans pilgerten Ende August zum Madonna-Konzert nach Dübendorf. Die Spezialisten von Kummler+Matter sorgten dafür, dass sie nicht im Dunkeln standen.

Nach knapp fünf Stunden war Madonnas Arbeitstag bereits wieder vorbei. Handwerker und Techniker hingegen waren mit dem Mega-Anlass über fünf Wochen beschäftigt, und das teilweise Tag und Nacht. Kein Wunder, denn der bisher grösste Eintagesevent in der Schweiz löste eine noch nie gesehene «Materialschlacht» aus. Alleine für die Tribünen verbaute man mehr als 2000 Tonnen Material. Und das alles für ein Konzert, das knapp zwei Stunden dauern sollte.

An vorderster Front beim Spektakel dabei waren auch die Spezialisten von Kummler+Matter. Die Atel-Tochter besorgte die temporäre Stromversorgung des ganzen Events. Entsprechend lang war die Aufgabenliste: Von der Parkplatzbeleuchtung über die Energieversorgung für Caterer, Tour-Management, VIP-Anlässe bis hin zur gesamten Kommunikation (Telefon und W-LAN) verantworteten die Kuma-Leute ganz zentrale Punkte des Riesenanlasses. «Und natürlich mussten wir auch viele Sonderwünsche des Madonna-Managements erfüllen», erzählt Heinz Brandenberger augenzwinkernd. Der Leiter des Bereichs Elektrische Spezialanlagen ist der Mann für Grossanlässe bei Kummler+Matter.

Und in dieser Funktion ist er sich einiges gewohnt. Alles in allem habe er wohl über 400 Konzerte und Grossanlässe «gemacht», wie er sagt. Alleine die Liste der letzten Jahre kann sich sehen lassen (vgl. Box rechts). Hektik kommt da

Georges Hefti (l.) und Heinz Brandenberger.

Alles im Griff: Einsatzleiter Georges Hefti.

Sechs Skyworker brachten Licht auf das Riesengelände.

Spezialisten für **Grossanlässe**

In den letzten Jahren hat sich Kummler+Matter gerade bei Grossanlässen einen guten Namen gemacht. «Das Geschäft beruht extrem auf Vertrauen», betont Heinz Brandenberger. «Dank unserer langjährigen Erfahrung wissen die Kunden, dass sie sich auf uns verlassen können.» Die Liste der Mega-Events, deren Veranstalter auf Kummler+Matter setzen, ist lang. Einige Beispiele:

- Leichtathletikmeeting Weltklasse Zürich: komplette Stromversorgung seit 1980
- Fussball-Europameisterschaft 2008: komplette Stromversorgung (ZH, BS, BE, GE)
- Rolling Stones-Konzert in Dübendorf 2006: komplette Stromversorgung
- 200 Indoor-Konzerte und 20 Outdoor-Konzerte in Zürich: komplette Stromversorgung seit 1996 (darunter U2, Jon Bon Jovi, AC/DC, Elton John, Pink und viele mehr).
- Bundeslager der Schweizer Pfadfinder 2008: Stromverteilung
- Züri Fäscht (grösste Party der Schweiz): Stromverteilung (das grösste Los)
- Streetparade in Zürich: Radio Streetparade
- Zürcher Silvesterlauf: komplette Stromversorgung seit 1985
- WTA Tennis Zurich Open: komplette Stromversorgung seit 1986
- Davis-Cup-Turniere in ZH und SG: Stromverteilung und Flutlicht für TV

Besonders gefreut hat Brandenberger, dass Kummler+Matter diesen Sommer zum ersten Mal im Auftrag der UEFA gearbeitet hat. «Offenbar haben wir unseren Job nicht schlecht gemacht, denn jetzt haben wir die Chance, vielleicht auch bei der Planung für die nächste EM mit an Bord zu sein. Sicher dürfen wir für das Schweizer Fernsehen während den Champions-League-Spielen in Basel die Stromversorgung sicherstellen.»

er Stromhändler Atel befindet sich in einem Veränderungsrozess und spürt die Entwicklungen an den Energiemärkten anz direkt. Die Ausrichtung wird dabei immer internationaer. Die Kommunikation mit den 2000 Mitarbeitern in der chweiz und in ganz Europa ist deshalb eine zentrale Herusforderung.

Die Mitarbeiterzeitschrift *member* dokumentiert die unterschiedlichen Facetten der internatio-nalen Atel-Familie, lässt ihre Mitglieder zu Wort kommen und beschreibt den dynamischen Alltag des Unternehmens. Infel ist für Layout, Produktion und einen Großteil der Texte ver-antwortlich. Ende 2007 wurde das Magazin inhaltlich und grafisch überarbeitet.

ORTSZEIT fördert die Unternehmenskultur und orientiert sich bei Auswahl und Aufbereitung der Themen am Leitbild der Deutschen Welle. Sie legt den Fokus auf Hintergrund und Analyse und bringt die Menschen in der DW einander näher. *ortszeit* ist serviceorientiert und liefert Informationen, die dabei helfen, die eigene Arbeit zu organisieren und die Arbeit der anderen zu verstehen. Sie fördert die Kommunikation, ist dialogorientiert und unterhält.

Herausgeber
Deutsche Welle

Redaktion
Berthold Stevens, Steffen Heinze, Dr. Johannes Hoffmann

Gestaltung
Alexandra Schottka, Marco Siebertz (AD)

Erscheinungsweise
vierteljährlich

Heftformat
DIN A4

Umfang
24 bis 32 Seiten

Auflage
4.000 Exemplare

Vertriebsweg
unternehmensintern

Zielgruppen
Mitarbeiterinnen und Mitarbeiter, Ehemalige

Anzeigenpreis 1/1 4c
1.000 Euro

Website
www.dw-world.de/presse

Kontakt zur Redaktion
ortszeit@dw-world.de

„Sex und Crime"…

Einen besonderen Grund zum Feiern gab es im September für die Kolleginnen und Kollegen von DW-TV in Berlin: Vor genau 20 Jahren wurden in der Voltastraße die ersten Sendungen von RIAS-TV produziert. Seit nunmehr 16 Jahren sendet DW-TV aus dem Wedding in die ganze Welt. Ein Film von Samira Schellhaas, moderiert von Olaf Krieger, zeigte noch einmal die Entwicklung – vom regionalen Programm zum internationalen TV-Angebot. Der Film ist mittlerweile auf DVD erschienen. Zum Auftakt der Jubiläumsfeier spielte die Band „Sex und Crime". Höhepunkt des Abends war der Auftritt der „Welleburies" um Bandleader Andi Spaeth.

…und „Forbidden Party"

Nur wenige Tage zuvor wurde in Bonn gefeiert. Auch dicke Wolken und zeitweiliger Regen konnten die Stimmung beim DW-Fest am Rhein nicht trüben. Viele Kolleginnen und Kollegen trugen auf der Bühne zum Gelingen des Tages bei: Dina Gouda und AL BESHAR präsentierten Songs auf Englisch, Arabisch und Spanisch. Aude Gensbittel präsentierte orientalischen Tanz, Abdoul-Aziz Diop stellte eigene Kompositionen vor. Dyan-Andriana Kostermans entführte mit ihrem Tanz nach West-Java. Weitere Highlights: Interpretationen türkischer Volksweisen durch „Los Carsambos", klassischer indischer Kathak, getanzt von Abha Mondhe, „Höhlenmalerei und Klänge", die Miguel García-Gonzales und seine Freunde auf die Bühne brachten, und eine von Nabila Karimi-Alekozai organisierte und von Hebatula Ismail Hafis moderierte Schau durch Moden aus Asien und Afrika. Der Auftritt der DW-Band mit Gerd „Chubby" Hildebrandt bildete den furiosen Abschluss des Bühnenprogramms. Im Gremiensaal ging es dann weiter: Bis tief in die Nacht tauchten Moderatorin Şamira Nikaen und DJ Human auf der „Forbidden Party" in die pulsierende Musikszene des Iran ein.

12_ titel

Fragen! Ich betrachte es keineswegs als Einschränkung der Meinungsfreiheit, wenn hierfür Spielregeln gelten. Und dies steht auch nicht – wie manche unterstellen – im Widerspruch zu unserem Eintreten für Meinungs- und Pressefreiheit weltweit. Wenn es in Diskussionsrunden um internationale Themen geht, vor allem um Entwicklungen in totalitären Regimes, stehen die Repräsentanten der DW unter besonderer Beobachtung. Denn ihre Aussagen werden immer in Bezug zur Programmarbeit für das jeweilige Zielgebiet gestellt. Von individuellen Äußerungen wird auf die unternehmenspolitische Linie geschlossen, ob zu Recht oder nicht. Das kann für das gesamte Unternehmen einen erheblichen Imageschaden nach sich ziehen – und schwierige innenpolitische Diskussionen. Zum Selbstverständnis der Deutschen Welle zählt, dass wir unabhängig, umfassend, wahrheitsgetreu, objektiv und pluralistisch berichten. Insofern gibt es hier auch eine Vielfalt an Einschätzungen und Meinungen – die sowohl in den Programmen als auch in öffentlichen Debatten hierzulande deutlich werden. Kritische Auseinandersetzungen gehören zur Unternehmenskultur, der Maulkorb gehört nicht dazu. Zugleich gilt: Wer öffentlich im Namen der Deutschen Welle spricht – und die meisten sind ja nicht als Person, sondern als Mitarbeiter des Hauses gefragt – muss wissen, wo die Grenzen zwischen privater Meinungsäußerung und unternehmens- […] bzw. Fernsehdirektion darüber informiert sein, wenn Mitarbeiter auf externen Veranstaltungen auftreten. Ebenso selbstverständlich sollten Mitarbeiter die Möglichkeit haben, sich inhaltlich darauf vorzubereiten und sich mit Hilfe der DW-AKADEMIE für solche Auftritte fit zu machen.

? Die DW ist seit Wochen Gegenstand meist negativer Presseartikel zur China-Berichterstattung. Was sagen Sie denen, die hier eine zu defensive Kommunikationspolitik beklagen?

Ich fürchte, viele im Haus verkennen die Dimension der Situation, in der wir uns befinden. Zu einer Zeit, in der wir im Dialog mit der Politik über die neue Aufgabenplanung die Zukunft der Deutschen Welle absichern wollen, müssen wir sehr sorgfältig abwägen, wie wir uns in der Öffentlichkeit äußern. Das gilt auch für den Intendanten. Was wir nicht gebrauchen können, ist ein medialer Kleinkrieg, der mit immer neuen Äußerungen der Beteiligten am Köcheln gehalten wird. Daran beteiligen wir uns nicht. Die entscheidende Arbeit geschieht hinter den Kulissen. Da hat der Intendant seinerseits einen Vertrauensvorschuss verdient. Krisenmanagement kann nicht immer lautstark und transparent ablaufen. Es geht hier – wie auch in anderen Fällen, etwa Afghanistan vor zwei Jahren – darum, Schaden von Kolleginnen und Kollegen und von der Deutschen Welle insgesamt abzuwenden und

Die Latte liegt hoch

04_ panorama

ortszeit 05_2008

panorama _05

01-02 Die Feier vor dem Fest: Ex-Volos kamen in der DW-AKADEMIE zusammen und anschließend auf dem DW-Fest (v.l. Britta Kleymann, Claus Hecking, Susanne Henn und Barbara Gruber)

Schön, dich wiederzusehen!

Fröhlich ging es zu beim ersten offiziellen Treffen ehemaliger Volontärinnen und Volontäre am 12. September in Bonn. Rund 70 Gäste kamen zur Premiere.

Gerda Meuer, geschäftsführende Direktorin der DW-AKADEMIE und selbst Ex-Volontärin, begrüßte die Ehemaligen, die der Einladung von Unternehmenskommunikation und Journalistischer Ausbildung gefolgt waren. In den Räumen der DW-AKADEMIE wurden dann Erinnerungen ausgetauscht, Kontakte aufgefrischt und Wiedersehen gefeiert. Und natürlich wollte man herausfinden, wer wo gelandet war – innerhalb der ARD, bei Zeitungen, als Freier oder auch auf der „anderen Seite": in einer Pressestelle oder einer PR-Agentur. „Networken" gehört schließlich zum journalistischen Handwerk. Um den Ehemaligen und denjenigen früheren Volos, die nach wie vor für die Deutsche Welle tätig sind, weitere Kontaktmöglichkeiten zu bieten, ging das Treffen nahtlos über in das am selben Tag laufende DW-Fest.

Dank der Unterstützung DW-interner Alumnis konnten zwar schon einige Kontaktlücken zu ehemaligen Mitstreitern geschlossen werden. Mit Blick auf ein nächstes Treffen sind dennoch weiterhin alle aufgerufen, Hinweise zu Adressen und Adressänderungen ebenso wie Anregungen und Impulse weiterzuleiten an die Journalistische Ausbildung.

bernhard.schulenburg@dw-world.de

Gut zu wissen

Beigeschmack

Bleiberecht für Dreikäsehoch

Zwischen Schreibtisch, Schaukelpferd und Spielzeugkiste hat der Intendant Ende Oktober in Bonn das „Eltern-Kind-Büro" eröffnet. Die DW wolle „ein Zeichen setzen, dass Familienleben und Beruf vereinbar sind", sagte Erik Bettermann vor Mitarbeiterinnen und Mitarbeitern und deren Kindern.

Die jüngsten Gäste nahmen das Angebot gleich freudig in Beschlag und füllten den Raum mit Leben. Der Vorsitzende des Örtlichen Personalrats (ÖPR), Stefan Dege, betonte, das Angebot stehe auch Freien zur Verfügung. Der von der Projektgruppe Kinderbetreuung initiierte „Tag der offenen Tür" im Eltern-Kind-Büro fand eine lebhafte Resonanz.

Eine Vertreterin des „Netzwerks Kinderbetreuung in Familien Bonn" steht für die Betreuung des Nachwuchses zur Verfügung.

Ansprechpartnerinnen sind Christine Ritzen (ÖPR) und Bettina Burkart (Gleichstellungsbeauftragte). Wer kurzfristig Probleme mit der Unterbringung seines Kindes hat, holt sich am Empfang den Schlüssel ab. Empfehlenswert ist auf jeden Fall eine Voranmeldung (T. 2525). In Kürze erleichtert ein Belegungsplan im Intranet die Buchung. Der Raum ist in Haus 6.E1.140a untergebracht und mit PC, Telefon, Fax und Drucker ausgestattet.

03-05 „Wir übernehmen": Nachwuchs-Konferenz mit neuen Konzepten an der Flipchart und kritischen Teilnehmern…

Ein wenig Stolz

BYSTRONICPEOPLE – international ausgefeiltes Publishing. Die Mitarbeiterpublikation *BystronicPeople* des weltweit tätigen und international agilen Unternehmens Bystronic (Branche: Cutting and Bending) zieht durch ausgesprochene Nähe zu den Mitarbeitern in den Bann. Die kleine Auflage (1.600 Exemplare pro Ausgabe) erscheint dreimal jährlich dreisprachig, englisch, deutsch und chinesisch; die Bottom-up-Inhalte werden durch ein filigranes unternehmensinternes internationales Korrespondenten-Netzwerk sichergestellt. Gegenwärtig haben die crossmedialen Konzeptionen und Aufbereitungen von Themen in *BystronicPeople* sowie im Intranet besonderes Gewicht. Hand in Hand (integrierte Redaktion) mit der Mitarbeiterpublikation geht das internationale B2B-Kundenmagazin *BystronicWorld*, (englisch und deutsch, 22.500 Exemplare Auflage, ebenfalls dreimal jährlich).

Herausgeber
Bystronic

Herausgebender Dienstleister
Primafila/independent Medien-Design

Chefredakteurin
Lea Freiburghaus

Art Direction
Horst Moser

Erscheinungsweise
dreimal jährlich

Format
240 mm x 340 mm

Umfang
40 Seiten

Auflage
1.600 Exemplare (englisch, deutsch, chinesisch)

Vertriebswege
Direktvertrieb und via Arbeitsplatz (Asien)

Zielgruppe
Mitarbeiter weltweit

Website
www.bystronic.com

Kontakt zur Redaktion
Dr. Viviane Egli
egli@primafila-cp.ch

LEADING VOICES: Johann Ifanger und Christoph Schüpbach, die Leiter der beiden Market Divisions, im Gespräch AUSBILDUNG WEITERBILDUNG: Projekt «Weg zur Lehrstelle», Berufserkundungstage und Management Training – inklusive Interview mit CEO Ferdi Töngi ZWEITES GESICHT: Servicetechniker Richard Smith und seine Passion für die asiatische Kampfsportart Aikido

DER BYSTRONIC WERT INNOVATION: Was er bedeutet und wie er mit Leben gefüllt wird

LEADING VOICES

«JEDER MUSS WISSEN, WORAN ER IST»

EIN DREIVIERTELJAHR NACH DEREN EINFÜHRUNG WURDE AUCH DIE LETZTE FRAGE ZUR NEUEN BYSTRONIC ORGANISATION BEANTWORTET: DR.-ING. JÜRGEN HOHNHAUS ÜBERNAHM ZUM 1. OKTOBER 2008 DIE LEITUNG DER DIVISION DEVELOPMENT. BYSTRONICPEOPLE TRAF SICH MIT DEM MASCHINENBAUINGENIEUR ZUM GESPRÄCH.

Interview: Martin Engel, Bilder: Michael Meier

BystronicPeople: Herr Hohnhaus, mit Ausnahme vom Wasserstrahlschneiden werden Sie in Kürze für sämtliche Bystronic Entwicklungsaktivitäten zuständig sein, inklusive der Gesamtverantwortung für Bystronic (Tianjin) Machinery Ltd. Wie geht es Ihnen in Anbetracht der grossen Bandbreite der Aufgaben?

Jürgen Hohnhaus: Danke, es geht mir sehr gut. Ich wusste ja, was auf mich zukommt, und die Vielfalt der Aufgaben, also die Summe aus Laserschneiden und Biegen inklusive der Gesamtverantwortung für den Standort in Tianjin – nun, das ist genau das, was ich mir vorgestellt habe. Ich war bereits bei meinem letzten Arbeitgeber sehr breit und international tätig und sehe diese Stelle als Herausforderung, die ich sehr gerne annehme.

B.P.: Sie sind zwar noch nicht einmal vier Wochen bei Bystronic, aber sehen Sie bereits erste Schwerpunkte Ihrer künftigen Arbeit?

J.H.: Was solche Schwerpunkte betrifft, sollte man nicht vorschnell sein. Zunächst möchte ich mir ein umfassendes Bild von der Situation in Niederönz, aber auch in Gotha machen. In dieser ersten Phase geht es für mich darum zu erfahren, welche Technologien eingesetzt werden und – ein ganz wichtiger Punkt – wie die Prozesse laufen. Ausserdem möchte ich die Menschen kennen lernen, die hinter den Technologien und den Prozessen stehen. Vielleicht lassen sich zwei Dinge vorwegnehmen, die mir bereits aufgefallen sind: Ich habe den Eindruck, dass wir in der Entwicklung in Zukunft vernetzter arbeiten müssen, was bereits in den einzelnen Abteilungen und Bereichen beginnt. Es sollte daher nicht nur über den Zaun geblickt werden, um die Sichtweisen und Bedürfnisse der Nachbarabteilungen und Nachbarbereiche zu erkennen; vielmehr sollten diese Zäune am besten gleich ganz abgerissen werden. Die Zusammenarbeit zwischen Niederönz, Gotha und Tianjin werden wir wohl ebenfalls intensivieren, auch um Synergien zu finden. Ein weiterer Punkt ist die Standardisierung. Dieses Thema werden wir etwas verstärkter angehen müssen. Da hat man meines Erachtens in der Vergangenheit zu wenig gemacht.

B.P.: Sie erwähnten, dass Sie sich derzeit noch in der Einarbeitungsphase befinden. Wie sind Sie von Mitarbeitenden und Kollegen aufgenommen worden?

J.H.: Sehr gut, wirklich sehr gut. Das kann man sich nicht besser vorstellen. Ich hätte niemals gedacht, dass man sechs Wochen Zeit bekommt, um die Produkte und Menschen kennen zu lernen …

B.P.: … ist das unüblich?

J.H.: Ich habe das so noch nicht erlebt. Ausserdem haben sich die Mitarbeitenden aus den einzelnen Entwicklungsbereichen enorm viel Mühe gegeben. Alle, mit denen ich bislang zu tun hatte, waren jeweils topvorbereitet. Mit qualitativ sehr guten Unterlagen sind mir die Projekte und Technologien erklärt worden. Das fand ich sehr beeindruckend.

B.P.: Haben Sie schon Kontakt zum Markt aufnehmen können?

J.H.: Wenig bis anhin. Im Augenblick überwiegt die technische Seite.

B.P.: Anders gefragt: Spüren Sie bereits die Erwartung des Marktes?

J.H.: Man spürt die Erwartung des Marktes durch die Projekte, die am Laufen sind. Aber bislang gab es, wie gesagt, noch wenig Berührungspunkte mit den Marktverantwortlichen. Dennoch, die Frage ist richtig gestellt, der Kontakt wird sich definitiv intensivieren und wir sind von der Entwicklung natürlich gefordert, diesen Kontakt ständig zu halten. Für mich wird es künftig auch wichtig sein, direktes Feedback von den Kunden zu bekommen. Ich verstehe die Stelle des Entwicklungsleiters dahingehend, dass man immer beide Seiten sehen muss: Technik und Markt.

B.P.: Was fasziniert Sie eigentlich an der Entwicklung von Werkzeugmaschinen? Das klingt ja zunächst einmal ziemlich «unsexy», klingt nach Labor und langen Nächten des Tüftelns.

DER FAST EWIGE TRAUM

JUMRUS LAPAPONG, EIGENTÜMER DER THAILÄNDISCHEN TPE GROUP, IST EIN ERFOLGREICHER GESCHÄFTSMANN, GLÜCKLICH VERHEIRATET UND DENNOCH EIN GEPLAGTER MANN. EIN FAST VIERZIGJÄHRIGER TRAUM HAT SICH BIS HEUTE NICHT ERFÜLLT.

MUSE. Die Mitarbeiterzeitung *Muse* soll das Thalia-Wir-Gefühl unterstützen. Die Marke Thalia soll für alle Mitarbeiter begreifbar und erlebbar werden. Das Unternehmen will kein Korsett darstellen, sondern einen Hort, an dem man sich gegenseitig hilft, um gemeinsam zu wachsen. Diese Unternehmensphilosophie ist in einem Leitbild festgehalten und zieht sich auch durch *Muse* wie ein roter Faden. Im Mittelpunkt steht der Mensch. Deshalb schreiben Journalisten die Geschichten immer nah an den Mitarbeitern. Das Fundament von Thalia bilden Kultur, Wissen und Bildung. Die Farbwelt der Thalia-Gruppe wurde in *Muse* aufgenommen. Entsprechend dem Markenauftritt ist die Gestaltung der Zeitung offen und luftig. Ein besonderes gestalterisches Merkmal sind Infografiken und Illustrationen im Innenteil der Zeitung. Besonderheit: Das Cover zeigt immer eine Illustration, die das Thema der Doppelseite aufgreift.

Herausgeber
Thalia Holding

CP-Dienstleister
KircherBurkhardt

Redaktion
Thalia,
KircherBurkhardt

Gestaltung
KircherBurkhardt

Erscheinungsweise
viermal jährlich

Heftformat
Zeitungsformat (280 mm x 378 mm, rückstichgeheftet und einmal gefalzt)

Umfang
12 Seiten

Auflage
6.500 Exemplare

Vertriebsweg
Verteilung an die Mitarbeiter erfolgt im Unternehmen

Zielgruppen
alle Mitarbeiter

Website
www.thalia.de

DIE MUSE
DIE THALIA MITARBEITERZEITUNG FÜR DEUTSCHLAND, ÖSTERREICH UND DIE SCHWEIZ
AUSGABE 01/2008

Ich zeige dir die Welt!
Die neue Muse ist da. Ihr Auftrag: inspirieren, faszinieren und informieren. Seite 04

HAUSGEMEINSCHAFT
Thalia ist wie ein großes Haus. Voller Leben, Kreativität, Gemeinsamkeiten und offen für neue Bewohner und Ideen. Seite 06

DATENAUSTAUSCH
Warenwirtschaftssysteme sind das Rückgrat moderner Unternehmen. Thalia führt deshalb eine neue Plattform ein. Seite 08

ZAUBERKRÄFTE
Manchmal stehen guten Taten böse Geister im Weg. Mit Mut und Ideen retteten Schweizer Kollegen eine Buchpremiere. Seite 11

Leserwunsch: mehr Alltag und Themen von der Basis
Mein Schweinehund gehört mir
Neuer Auftritt erweckt die Muse zum Leben

Ein Ort, an dem die Leidenschaft zu Hause ist

PHILOSOPHIE Das Wort Haus kommt aus dem Mittelhochdeutschen hûs und bedeutet das Bedeckende, das Vereinigende. Thalia vereinigt unter seinem Dach Menschen, die Bücher lieben

Es war einmal ein Mann, der hieß Erich Könnecke, und er hatte eine große Liebe. Manche Leute fanden ihn seltsam, denn seine Angebetete war nicht aus Fleisch und Blut. Er aber konnte sie fühlen, hören. Er spürte sie. Er war ihr verfallen. Buchstaben, Worte, Sätze, Bücher. Der Mann liebte: die Literatur. Von klein auf. Als er groß war, erfüllte Erich sich seinen Traum. Er zog mit seiner Liebe, seiner Leidenschaft in Hamburg unter ein Dach. Die Wohnung in dem Haus hatte auch einen Namen. Thalia – die Muse der heiteren Dichtkunst und des Lustspiels. Und Nomen est omen, denn Erich ließ sich inspirieren und begann selbst zu schreiben. Auf Plattdeutsch, die Mundart seiner Heimat.

Bald war die Wohnung zu klein, die Gäste immer mehr und die Bücher stapelten sich. Denn Erich konnte für seine Leidenschaft begeistern. Und er wollte seine Liebe teilen. Aus einer Wohnung wurden viele. Es gab immer mehr Wohnungsbesitzer, alle mit derselben Passion. Einige sogar mit neuen Ideen: Sie brachten Bücher zum Hören mit, leere Bücher als Archiv für Selbstgeschriebenes oder edles Schreibwerkzeug. Sie haben sich zusammengeschlossen und wohnen jetzt in einem Haus – dem Thalia-Haus. Sie machten Thalia zu dem, was es heute ist.

Ein starkes Fundament gibt dem Haus die Basis und die Kraft, gemeinsam an einem Strang zu ziehen. Und so ist es keine Zauberei, dass so viele gute Ideen entstehen können. In jedem Stockwerk arbeiten viele Menschen miteinander. Sie wollen alle das eine. Kleine und große, junge und alte Leseratten faszinieren und inspirieren. Damit das gelingt, tauschen sich die Bewohner der einzelnen Etagen oft untereinander aus.

In den Verkaufsräumen gibt es eine Menge zu entdecken. Bücher, Hörspiele, Kalender … Es ist eine Einladung an die Menschen zu kommen und zu verweilen. Für eine Welt der Inspiration und Faszination zu sorgen, das liegt den ThalianerInnen am Herzen. Und sie wissen nicht nur viel. Sie wollen dieses Wissen auch weitergeben. Das ist ihre Leidenschaft. Es ist ihnen eine Herzensangelegenheit, zu beraten, anzuregen und zu verkaufen. Dabei stellen sie sich auf die Gäste ein. Jederzeit und immer. Ob Kinder, schlaue Professoren oder Ratgeber-Freunde. Was für eine Freude, wenn Schulanfänger sich in den Leseecken große Bilderbücher anschauen. Oder, wenn der sonst so hektische Geschäftsmann versonnen in einem Atlas blättert.

Die Zeiten sind hektisch geworden. Vielleicht gerade deshalb wollen die Menschen abschalten und in die Welt der Phantasie abtauchen. Aber viele müssen lange arbeiten und schaffen den Weg in die Buchhandlung nicht. Also kommt Thalia mit seinen Welten zu ihnen. Auch nachts. Denn die virtuellen Verkaufsräume haben immer geöffnet. Wenig später steht der Postbote mit dem Paket vor der Tür. Oder die bestellte Ware liegt zum Abholen bereit.

> Es ist, ihr möget wollen oder nicht, das Haus der Spiegel eurer selbst.
>
> JEREMIAS GOTTHELF, SCHWEIZER PFARRER UND SCHRIFTSTELLER, 1797–1854

Hinter den Kulissen, aber eng mit den Verkäufern verbunden, sorgen Fachleute dafür, dass sich Thalia immer als perfekter Gastgeber zeigen kann. So kümmern sich Maschinisten darum, dass die Werkzeuge in Ordnung sind und alles im Fluss bleibt. Schnell soll alles gehen und gut laufen. Mit den Nachbarn wird ein intensiver Austausch gepflegt, denn nur so stellt der Hausherr sicher, dass die Gäste immer zum richtigen Zeitpunkt mit den gewünschten Dingen versorgt werden. Und der Gast weiß: Thalia hat, was ich möchte.

Damit das Haus für die Menschen noch anziehender wird, kümmern sich die Hausbesitzer ständig um die Gäste und Bewohner. Dazu hören sie ihnen aufmerksam zu, fragen nach deren Wünschen und setzen diese um. Außerdem arbeiten sie daran, dass noch mehr Menschen von der Muse geküsst werden können. Also beobachten sie andere Hausbesitzer. Welche Wohntrends und neue Bewohner passen zum Thalia-Haus? Wo kann renoviert werden und wo angebaut?

Wer dazukommt, wird in die große Familie aufgenommen. Egal, ob es neue Geschäftspartner sind oder Menschen, deren Leidenschaft den Büchern gilt. Bei allem, das Thalia zu dem gemacht hat, was es heute ist, war eines stets gegenwärtig: Die Liebe zur Literatur und der Wunsch, dieses Gefühl weiterzugeben.

Es leben Menschen im Thalia-Haus, die die Leidenschaft zu Büchern nicht nur teilen, sondern sie auch weitergeben wollen. Als Geschwister im Geiste arbeiten sie an einem Ziel – andere für das Lesen zu begeistern. Und es sollen immer mehr werden.

MICHAEL BUSCH:
„Thalias Wettbewerbsvorteile basieren auf einer klar definierten Kernkompetenz – nämlich der Konzentration auf Bücher und buchnahe Sortimente – hochmotivierten, qualifizierten MitarbeiterInnen sowie auf unverwechselbarem Ambiente. Dafür steht das Thalia-Haus."

Mein Haus, dein Haus?

GEMEINSCHAFT Eine Illustration, viele Sichtweisen. Beim Betrachten des Hauses macht sich jeder so seine Gedanken

Die Muse wohnt in einem Haus – dem Thalia-Haus. Auf dieser Seite ist zu sehen, wer noch darin lebt und wie die große Gemeinschaft funktioniert. Viele Menschen geben diesem Haus seine unverwechselbare Seele. Die Redaktion hat diese Illustration vorab Thalia-Mitarbeitern gezeigt und sie um ihre Meinung gebeten. „Jeder ist willkommen und hat einen Bereich, um sich wohlzufühlen", sagt Marijke Klugger, Abteilungsleiterin Thalia Basel „Es zeigt die vielen Stränge, die zusammenfließen, und das Fundament mit den zentralen Dienstleistungen."

Das Interesse an Büchern ist groß. Viele Eltern lesen ihren Kindern vor.

Alle Bereiche des Hauses sind miteinander verbunden. In einer Gemeinschaft, die die Leidenschaft zum geschriebenen und gesprochenen Wort verbindet, ist der Gedankenaustausch Lebenselixier. Sarah Hofmann, Auszubildende bei Thalia in Gießen: „Ich finde die Einteilung des Hauses sehr gelungen. Ich sehe dieses Thalia-Haus als Zukunftshaus. Die Zentrale ist nah an der Filiale abgebildet. Man muss im Prinzip nur die Treppe runter, wenn es Probleme gibt. Im übertragenen Sinne stelle ich mir das auch im Alltag vor."

In jedem Kopf das Wort zum Leben erwecken – das ist die Aufgabe. Die Menschen für Thalia begeistern, das ist das Ziel. Das kann mit neuen Werbe-Ideen gut gelingen. Margit Merck von Thalia Gießen hat sich ihre eigenen Gedanken gemacht. „Vielleicht kann man in einer Stadt exemplarisch probieren, wie Kataloge von Thalia beim Kunden ankommen. Das wäre ein großes Aktionsfeld, da die Kunden diese Form der Informationen nutzen würden. Und Marijke Klugger regt an: „Wir sollten uns mit einer modernen Sortimentsgestaltung auf junges Publikum konzentrieren: Kombinationen von Buch, DVD, EDV-Zubehör, Software, Games und Ähnlichem. Die Präsentation und das Ladendesign spielen eine tragende Rolle. Genau wie erstklassige Beratung und Service. Zudem stoßen wir mit großer Kundenfreundlichkeit auf Zustimmung." Das betrifft Umtauschrecht, Gutscheine oder Hauslieferungen.

> Jeder ist bei Thalia willkommen und findet einen Bereich, um sich wohlzufühlen.

Das Thalia-Haus mit seiner Gemeinschaft ist der Ort, an dem die Muse zu Hause ist. Die Kunden sollen sich wohlfühlen. Sie sollen begeistert werden und ihre Gedanken schweifen lassen. Für Sarah Hofmann steht fest: „Wir sollten noch verstärkter auf die Kundenwünsche eingehen. Hierzu könnten wir vielleicht auch innerhalb der Filiale den Kunden befragen, wie zufrieden er ist und was wir als Mitarbeiter besser machen können". Denn, Thalia will inspirieren und Gefühle ansprechen.

WIE STELLEN SIE SICH DAS THALIA-HAUS VOR?
Schreiben Sie uns Ihre Meinung. Adresse: muse@thalia.de

DAS THALIA-HAUS

Was Thalia macht, weiß jeder Mitarbeiter. Wie Thalia funktioniert, zeigt dieses Haus. Hier ist zu sehen, welche Rädchen ineinandergreifen, wer was macht und wie daraus eine Erfolgsgeschichte wird.

1. Das Fundament symbolisiert das gemeinsame Leitbild und die damit verbundenen Führungsgrundsätze.
2. In einem einheitlichen Warenwirtschaftssystem werden alle Waren-, Logistik- und Finanzflüsse integriert abgebildet. Damit schaffen wir die Basis für effizienteres Arbeiten und die Möglichkeit, weiter zu wachsen.
3. In der Thalia Service Gesellschaft sind die unterstützenden Funktionen angesiedelt. Dabei gibt es Abteilungen, die direkt im Kontakt mit den Filialen stehen (z. B. der Filialservice) und solche, die im Hintergrund einen wesentlichen Beitrag zum Gesamterfolg leisten.
4. Buch.de ist ein integraler Bestandteil der Thalia-Gruppe, der die Voraussetzungen für unser Online-Geschäft schafft. Unsere Kunden können rund um die Uhr bei Thalia.de, Thalia.at und Thalia.ch stöbern und kaufen.
5. Thalias Herzstück sind die Verkaufsräume. Hier treffen Mitarbeiter auf Kunden. Hier pulsiert die Muse. Service, kompetente Beratung im Bereich Buch und buchnahen Sortimenten sowie das Gestalten von Themenwelten sind die Markenzeichen von Thalia.
6. Das Management beobachtet aufmerksam die Entwicklungen am Markt und sorgt für kontinuierlichen Familienzuwachs. Neben Wachstum gilt es auch, die Eckpfeiler zu setzen, um im bestehenden Geschäft Erfolge zu haben und für die Mitarbeiter optimale Arbeitsbedingungen zu schaffen.
7. Andere Kollegen aus dem Management beobachten den Markt und entwickeln Strategien für weiteres Wachstum.
8. Online-Kunden können rund um die Uhr ihre Bestellungen aufgeben. Die kommen dann per Post oder sind im Buchladen hinterlegt.
9. Das ist die neue Muse – unser neuer Markenauftritt.
10. Thalia setzt auf eine partnerschaftliche Beziehung zu den Verlagen. Nur durch gemeinsame Kraft kann den Wünschen unserer anspruchsvollen Kunden optimal Rechnung getragen werden.
11. Wird eine neue Filiale eröffnet, entsteht sie auf dem starken Thalia-Fundament.
12. Die Meinung unserer Kunden zählt. Neben den täglichen Erfahrungen im direkten Umgang mit Kunden stützen wir unsere Entscheidungen auch auf kontinuierliche Befragungen. Wir müssen wissen, was unser Kunde von uns erwartet und bemühen uns Tag für Tag, diese Erwartungen noch ein Stück weit zu übertreffen.

UPDATE. Die monatlich erscheinende Mitarbeiterzeitung *update* von Vodafone D2 informiert über unternehmensstrategische Themen und unterstützt die Identifizierung mit dem Unternehmen. Die Rubrizierung „Unternehmen", „Interview", „Konzern", „Markt & Wettbewerb", „Aus den Standorten", „Verantwortung", „Produkt & Technik" sowie „Panorama" schafft sowohl den Überblick als auch den direkten Zugang zum Unternehmen. Infografiken und dynamische Bildsprache unterstützen das Zeitungslayout. *update* will vor allem schnell, aktuell und persönlich informieren. In der Kommunikation stehen die Mitarbeiter im Mittelpunkt. Der 12-seitigen Zeitung liegt ein DIN-A4-Einleger bei, der als eine Art Personalbogen die 10-jährigen Jubilare der Firma listet. Hier wird auf die Wertschätzung lange firmenzugehöriger Mitarbeiter/innen geachtet.

Herausgeber
Vodafone D2

CP-Dienstleister/Gestaltung
KircherBurkhardt

Redaktion
Michael Röll (verantwortlich), Carolin Wolfstädter & Christine Jendrian (Chefredaktion), Volker Petendorf, Thorsten O. Rack

Erscheinungsweise
monatlich

Heftformat
Tabloid

Umfang
12 Seiten Mantelausgabe, DIN A4 Jubilarbeilage

Auflage
16.000 Exemplare

Vertriebswege
UPS/Hauspost, Pressesendung

Zielgruppen
alle Mitarbeiterinnen und Mitarbeiter von Vodafone Deutschland und Arcor, Mütter und Rentner

Kontakt zur Redaktion
redaktion.update@vodafone.com

UNTERNEHMEN Durch einen Mega-Deal steigt Siemens zum bedeutendsten Kunden von Vodafone auf. **S. 2**

WETTBEWERB Deutschland mitten in der Rezession. Für Vodafone & Arcor ist jetzt Augenmaß das Gebot der Stunde. **S. 5**

TECHNIK Die SIM-Karte ist das Herz der mobilen Kommunikation. Wie sie funktioniert: **S. 10**

SPENDENMARATHON 1.900 Kollegen nahmen über 61.000 Anrufe entgegen. Mehr als 7 Millionen Euro Spendengelder kamen zusammen. **S. 11**

vodafone **update**

MITARBEITERZEITUNG FÜR VODAFONE DEUTSCHLAND UND ARCOR NR. 9 DEZEMBER 2008

Liebe Leserin, lieber Leser,

viele von Ihnen nutzen sicherlich die letzten Tage des Jahres dazu, um Bilanz zu ziehen. Wir tun dies auch – dank Ihrer Hilfe. Mehr als 2.000 Mitarbeiter von Vodafone haben sich an der Umfrage zur Internen Kommunikation beteiligt und uns wertvolle Hinweise für unsere Arbeit gegeben. Wir wissen nun um unsere Stärken, aber auch um jene Punkte, die es zu verbessern gilt.

Die update hat nach wenigen Monaten ihren Platz im Medienmix der Internen Kommunikation gefunden. 93 Prozent der Kollegen nehmen das Heft regelmäßig zur Hand und investieren über zehn Minuten ihrer Zeit für die Lektüre. Dies freut uns und ist gleichzeitig Ansporn, die Zeitung weiter Ihren Bedürfnissen anzupassen.

Immer wieder taucht aus Ihren Reihen die Frage nach den Druckkosten der update auf. Die Antwort lautet 35 Cent. Damit ist die Zeitung wesentlich günstiger als ein Ausdruck eines PDFs. Und auch dem Umweltgedanken tragen wir Rechnung, indem wir FSC-zertifiziertes Papier verwenden. Sie können also mit gutem Gewissen in der update schmökern.

Wir wünschen Ihnen frohe Weihnachten und einen guten Rutsch ins neue Jahr! Ihre update-Redaktion

UPDATE-PAUSE IM JANUAR
Aufgrund der Weihnachtszeit erscheint die nächste update erst im Februar 2009.

Umfrage-Ergebnisse: die Medien der Internen Kommunikation unter der Lupe

Auf dem Prüfstand

INTERNE KOMMUNIKATION UMFRAGE DECKT STÄRKEN UND SCHWÄCHEN DER INTERNEN MEDIEN AUF. MITARBEITER STELLEN INSGESAMT GUTES ZEUGNIS AUS – INTRANET ERHÄLT DIE BESTEN NOTEN

Auf breiten Zuspruch stößt die Interne Kommunikation bei ihren Kunden. Dies ergab eine repräsentative Umfrage bei den Mitarbeitern von Vodafone Deutschland. 80 Prozent der über 2.000 Teilnehmer halten das Informationsangebot der internen Medien für vielseitig, 77 Prozent für zeitgemäß. Lediglich sechs Prozent der Befragten fühlen sich durch die Interne Kommunikation nicht hinreichend über das Geschehen bei Vodafone informiert. Trotz der insgesamt positiven Bewertung förderte die Umfrage aber auch Faktoren zutage, die es künftig in der Internen Kommunikation zu verbessern gilt.

Viele Mitarbeiter wünschen sich beispielsweise einen kritischeren Umgang mit dem eigenen Unternehmen. Die Hälfte der Teilnehmer hält die Berichterstattung für nicht ausgewogen genug. Darüber hinaus erwähnen die Befragten, dass sie in manchen Fällen Nachrichten über Vodafone zuvor auch aus der Zeitung oder Internetportalen erfahren hätten. Ein besserer Informationsfluss wäre daher wünschenswert. Hierbei schließen die Mitarbeiter auch ihre direkte Führungskraft mit ein. 40 Prozent der Befragten sind mit dem Kommunikationsverhalten ihres Chefs nur bedingt zufrieden.

Das mit Abstand wichtigste Leitmedium für die Mitarbeiter ist das Intranet. 95 Prozent der Kollegen nutzen den Online-Kanal mindestens einmal täglich. Doch nicht nur in puncto Relevanz, sondern auch auf der Beliebtheitsskala steht das Intranet an erster Stelle. Immerhin 77 Prozent der Befragten äußerten sich positiv über das Medium. Trotz dieses Ergebnisses bleibt die virtuelle Plattform nicht von Kritik verschont. Die Fülle an Informationen auf verschiedenen Portalen, teilweise unübersichtliche Strukturen und schlechte Suchfunktionen ärgern die Nutzer des Intranets. Auf wenig Gegenliebe stoßen auch Blogs und Foren. Lediglich 30 Prozent der Befragten haben solche Interaktionskanäle überhaupt schon mal genutzt. Für die meisten sind sie hingegen schlicht überflüssig.

Einen guten Einstand hat die im April 2008 gestartete neue Mitarbeiterzeitung update hingelegt. Für 93 Prozent der Kollegen gehört sie bereits zur Pflichtlektüre. 89 Prozent der Befragten zeigen sich mit dem Printmedium überwiegend zufrieden, vor allem die Aufbereitung der Themen und die Aufmachung der Zeitung erfahren breiten Zuspruch.

Kaum schlechter schneidet das Mitarbeiterfernsehen ab, das von 83 Prozent der Zuschauer Zustimmung erfährt. VTV ist allerdings aufgrund technischer Restriktionen nicht von jedem Mitarbeiter zu empfangen. (MR)

WEITERE ERGEBNISSE DER UMFRAGE FINDEN SIE IN UPDATE.WEB

BESUCH

Michel Combes in Deutschland

Am 17. November besuchte der neue Vodafone-Europa-Chef Michel Combes die deutsche Landesgesellschaft. Michel Combes war nach Düsseldorf gereist, um sich persönlich einen Eindruck vom Geschäft in Deutschland zu machen. Neben intensiven Gesprächen mit den ExCo-Mitgliedern besuchte er das Callcenter in Ratingen und den frisch umgebauten Shop in der Düsseldorfer Innenstadt. Dort begleiteten ihn Vodafone-Deutschland-Chef Fritz Joussen, Frank Rosenberger, bei Vodafone Deutschland für das Privatkundengeschäft verantwortlich, Gregor Gründgens, Werbechef von Vodafone Deutschland, sowie Mike Lazaridis, Co-CEO von Research in Motion (RIM), der an diesem Tag zur Präsentation des neuen BlackBerry Storm ebenfalls in NRW's Landeshauptstadt weilte. (CW)

Frank Rosenberger, Mike Lazaridis, Michel Combes und Fritz Joussen (v. l. n. r.)

NPS

Gleichbleibende Punktzahl

Der Frontline-NPS bleibt auf +10 Punkten, der Benchmark-NPS sinkt um einen Punkt auf –14. Der leichte Abwärtstrend ist mit statistischen Schwankungen zu erklären. »Die Entwicklung von –13 auf –14 ist für uns eine Seitwärtsbewegung«, erklärt Jan-Harald Fuchs, Abteilungsleiter Market & Customer Insights. (CW)

FOTOS: PICTURE ALLIANCE/DPA, DANIEL GEBAUER, CHRISTIAN WYRWA. ILLUSTRATION: GABY VAN EMMERIC-I. INFOGRAFIKEN: KIRCHERBURKHARDT

FRAGEN, ANREGUNGEN, KRITIK? SIE ERREICHEN UNS HIER: REDAKTION UPDATE (KXI), AM SEESTERN 1, 40547 DÜSSELDORF
E-MAIL REDAKTION.UPDATE@VODAFONE.COM / TELEFON 0211 5335339 / MOBIL 0172 2000021 / INTRANET HOMEPAGE > UPDATE.WEB

KONZERN 04

Vodafone Group mit soliden Ergebnissen

Sparprogramm gegen die Krise

Neuer Chef Group HR

MARKT & WETTBEWERB 05

Rezession in Deutschland – TK-Branche noch robust

Die Interne Kommunikation führte im Herbst 2008 eine Mitarbeiterumfrage zu den internen Medien des Unternehmens durch. Die Ergebnisse dieser Befragung werden den Mitarbeitern in der vorliegenden Ausgabe offen und transparent in der Titelgeschichte vorgestellt. Großer Themenblock der Dezember-Ausgabe ist die Wirtschaftskrise und ihre Folgen für die Telekommunikationsbranche (Seite 4/5). Kommunikatives Ziel ist es, die Mitarbeiter zu sensibilisieren und auf mögliche Einschnitte bei Vodafone vorzubereiten.
Das Bestreben von *update*, die Mitarbeiter in den Mittelpunkt der Berichterstattung zu stellen, wird unter anderem mit den Artikeln auf Seite 6/7 sowie 11 Rechnung getragen.

MITARBEITERMEDIEN
PRINT (AUFLAGE ÜBER 10.000 EXEMPLARE)

Preisträger

Commerzielles
COMMERZBANK AG
SIGNUM communication
Werbeagentur GmbH

SEITE 222

Shortlist

Bosch-Zünder
Robert Bosch GmbH
KircherBurkhardt GmbH

BoschZünder
Darf ich bitten?
Volltreffer im Team
Gutes Klima bei Umsatz und Ertrag
Ein cooler Klassiker
Dubai: Fahrstuhl für Frachter

SEITE 224

DB Welt
Deutsche Bahn AG
KircherBurkhardt GmbH

DB WELT
Mobility Networks Logistics
Aufgestellt: Neue Struktur
Aufgeteilt: Job und Familie
Aufgeräumt: Wintereinsatz
„Wir packen auch die

SEITE 226

COMMERZIELLES wird bei der Commerzbank dem wachsenden Bedürfnis nach Einbindung und Partizipation der Mitarbeiter in der Unternehmenskommunikation gerecht. Das Mitarbeitermagazin eröffnet vielfältige Möglichkeiten, sich aktiv einzubringen. Im Medienmix der internen Kommunikation ergänzt *Commerzielles* das Intranet, das vor allem tagesaktuelle Informationen liefert. Mit einem Mix aus emotional aufbereiteten Strategie- und Mitarbeiterthemen bietet das Printmedium eher Hintergrund als Aktualität und eher Anregung als Berichterstattung. Das Magazin will dabei gleichzeitig Anwalt der Mitarbeiter und Sprachrohr des Managements sein. Es schafft Vertrauen in Personen und Strategien, treibt die innerbetriebliche Sozialisation voran und bietet eine Plattform für konstruktiv-kritischen Dialog.

Herausgeber
Commerzbank

CP-Dienstleister
SIGNUM Communication Werbeagentur

Redaktion
Oliver Nyul, Annekathrin Prinz

Projektleitung
Werner Idstein

Creative Director
Matthias Birkenbach

Art Director
Anna Rossbach

Erscheinungsweise
viermal im Jahr

Heftformat
220 mm x 285 mm

Umfang
56 bis 64 Seiten

Auflage
43.000 Exemplare

Vertriebswege
interne Hauspost, Infopost

Zielgruppen
alle aktiven Mitarbeiter, Auszubildende, Mitarbeiter in Elternzeit/Mutterschaftsurlaub, Aus- und Weiterbildung, Sabbatical etc., Pensionäre

Website
www.commerzbank.de

Kontakt
commerzielles@commerzbank.com

Das Leute-Magazin stellt konsequent die Menschen der Bank in den Mittelpunkt – in ihrer beruflichen Funktion, aber auch mit ihren individuellen Einstellungen und Interessen. Diese Leitidee prägt bereits den Titel. Kollegen, die auch außerhalb der Bank etwas gemeinsam unternehmen, können sich im Intranet für das Titelbild bewerben und werden während der gemeinsamen Freizeitaktivität fotografiert. Weitere Möglichkeiten zu Beteiligung und offenem Dialog bieten feste Rubriken, wie der runde Tisch, Umfragen, Porträts zu Karriere und Freizeit, E-Mails aus Standorten, eingesandte Fotos und Leserbriefe.

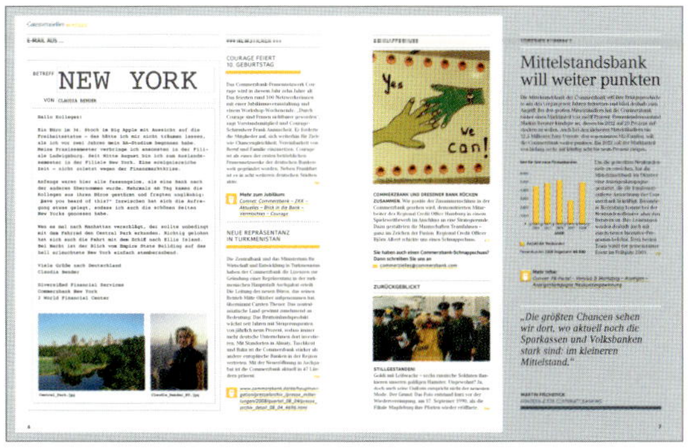

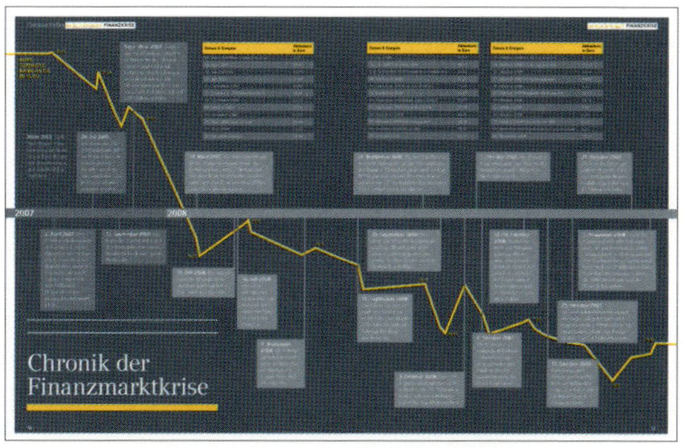

BOSCH-ZÜNDER. Als weltweit einheitliches Medium verbindet der *Bosch-Zünder* die über 282.000 Mitarbeiter des Technologiekonzerns in rund 300 Standorten. Wichtiges Charaktermerkmal der zweimonatlichen Zeitung ist ihre Vielsprachigkeit. So erscheint der *Bosch-Zünder* neben Deutsch auch auf Englisch, Portugiesisch, Japanisch, Französisch, Chinesisch, Spanisch, Tschechisch und Türkisch. Die Zeitung informiert glaubwürdig über unternehmensrelevante Nachrichten und Aktivitäten der Mitarbeiter. Hierbei arbeitet die Redaktion nicht nur mit aufwendigen Infografiken, die auch komplizierte Sachverhalte und Prozesse anschaulich erklären. Hinzu kommen Berichte, die sowohl für den Insider Neues bieten, zugleich aber allgemeinverständlich sind und sich bewusst an alle Mitarbeiter wenden. Siehe auch Seiten 252 und 308.

Herausgeber
Robert Bosch
Uta-Micaela Dürig (Leitung Corporate Communications)

CP-Dienstleister/Gestaltung
KircherBurkhardt

Redaktion
Gunter Epple (Robert Bosch)

Erscheinungsweise
sechsmal jährlich

Heftformat
350 mm x 520 mm

Umfang
16 Seiten Mantelteil
12 Seiten deutscher Beileger
4 Seiten Beileger oder mehr Seiten für die einzelnen Regionen und Geschäftsbereiche

Auflage
180.000 Exemplare

Vertriebswege
Post/Pressesendung

Zielgruppe
alle Mitarbeiter der Bosch-Gruppe weltweit

Website
www.bosch.com

Kontakt zur Redaktion
Robert Bosch
Interne Kommunikation (C/CCI)
Fon +49 711 811-7112

Zeitung für die Mitarbeiter der Bosch-Gruppe
Erstausgabe 1919

BoschZünder

88. Jahrgang | Nummer 1 | Internationale Ausgabe | Stuttgart, 18. Februar 2008

Darf ich bitten? Tanzweltmeister kommt von Bosch ▸ Seite 14

Volltreffer im Team Erster Innovationspreis ▸ Seite 8/9

Ein cooler Klassiker Kühlschrank-Premiere vor 75 Jahren ▸ Seite 16

Bosch-Zünder jetzt auf Türkisch
Eine neue Sprache für viele neue Leser

Gutes Klima bei Umsatz und Ertrag

Wachstum in allen Unternehmensbereichen

„Mit dem Kurs einer regional und sektoral breiteren Aufstellung liegen wir richtig."
Franz Fehrenbach

Dubai: Fahrstuhl für Frachter

Bosch ist mit an Bord
Ein neues Automobil für nur 1700 Euro

Wussten Sie ...
... dass 100 000 000

Mitarbeiterbefragung 2007
Eine Umfrage und viele neue Ergebnisse

Glänzendes Image

Studie: Bosch Sieger bei Industriegütern | Renommierte Preise

Bei Abgasturboladern gemeinsam mit Mahle

Briefkästen für Ihre Zuschriften

2 Forum

„Kritik sollte niemals verletzend sein"

Blick auf Zukunftsthemen richten

Aus Problemen lernen wir

Das Erfolgsteam: Parksensor-Fertigung in Mexiko 3

Ein Sensor findet seinen Platz

BoschZünder 1 | 2008 Schwerpunkt: Der Bosch Innovation Award 8/9

Volltreffer im Team: Mit Innovationen ins Rampenlicht

Innovative Ideen für erfolgreiche Produkte erhalten jetzt noch mehr Anerkennung: Erstmals wurde auf dem LD-Forum in Stuttgart der „Bosch-Innovationspreis" verliehen. Die ausgezeichneten Erzeugnisse sind: ein Start/Stopp-Starter, ein Laser-Entfernungsmesser und eine FlexiDome IP Kamera.

Innovationen sind der Treibstoff für unsere kraftvolle Weiterentwicklung. Bei der Preisverleihung ließ der Stellvertretende Vorsitzende der Geschäftsführung, Siegfried Dais, keinen Zweifel an dem herausragenden Stellenwert neuer, am Markt erfolgreicher Produkte. Schon die mehr als 120-jährige Geschichte von Bosch habe immer wieder gezeigt, dass „Innovation ein Teil unserer Gene ist".

Dafür steht auch der Slogan „Technik fürs Leben" oder auf Englisch „Invented for Life". Dabei heißt für Dais das Wort „Invented", dass die Erfindung, die Idee, die Voraussetzung für eine Innovation ist. „For Life" mache deutlich, dass bei Bosch diejenigen Ideen weiterverfolgt und in die Realität umgesetzt werden, die nutzbringende Anwendungen versprechen. „Erst durch die Umsetzung werden Ideen zur Basis für erfolgreiche Bosch-Innovationen und tragen zum profitablen Wachstum bei."

Neu, nützlich, chancenreich

Im Sinne des Bosch-Slogans fällte auch die Jury - interne Juroren verschiedener Fachrichtungen - ihre Entscheidungen, als sie unter den mehr als 30 Vorschlägen die Preisträger auswählte. Wichtige Bewertungskriterien waren: Neuheitsgrad, Kundennutzen, wirtschaftlicher Nutzen und eine bereits beschlossene Vermarktung. Ausschlaggebend für die Auszeichnung waren letztlich auch die Erfindungshöhe, also die Größe des Entwicklungsschritts und der Mut, der zu diesem Schritt gehörte, sowie die Frage, ob eine neue Geschäftschance so früh erkannt wurde, dass Kundenbedürfnisse im richtigen Moment befriedigt werden konnten.

Der Innovation Award ist ohne geschäftlichen Erfolg nicht zu gewinnen.

In seiner Würdigung der Preisträger strich Dais heraus, dass „Innovationen nicht vom Himmel fallen". Im Gegenteil: „Sie sind zumeist das Ergebnis von Kreativität und schweißtreibender Arbeit im Team." Diese Leistungen sollen jetzt und auch künftig mit dem Innovationspreis „noch mehr sichtbare Anerkennung" finden. *hl*

Preisträger: Laser-Entfernungsmesser DLE 50

Dieser Laserstrahl lässt selbst Michael Schumacher alt aussehen. Er fliegt eine Strecke von 50 Metern hin und zurück, und das in 330 Nanosekunden. „Schumi" hätte mit seinem roten Boliden in dieser Zeit gerade einmal 0,03 Millimeter, eine Haaresbreite, zurückgelegt. So schwindelerregend schnell misst der DLE 50, der kleinste Laser-Entfernungsmesser für Heim- und Handwerker, Distanzen zwischen 0,05 und 50 Metern ...

Gerät auch für Heimwerker

Der Geschäftsbereich Power Tools stellte schon früh die Weichen. Er engagierte sich seit Mitte der 90er Jahre in der Entwicklung neuer elektronischer Messwerkzeuge. Gunter Flinspach und sein Team erarbeiteten zunächst die Grundlagen der Entfernungsmessung mit Laser, in Kooperation mit Siegbert Steinlechner und anderen Mitarbeitern der zentralen Forschung. Sie brachten 1998 den ersten Laser-Entfernungsmesser auf den Markt, den DLE 30: ein Durchbruch! Konsequent wurde seither an dem Ziel gearbeitet, ein solches Gerät günstiger und kleiner zu machen, attraktiv für den breiten Handwerkermarkt und sogar für den Heimwerker. Das gelang mit dem DLE 50 und seinen Varianten.

Ein großer Schritt auf diesem Weg war die Integration der Signalerzeugung und Messdatenverarbeitung in ein Bosch-eigenes ASIC, also in eine Anwendungsspezifische Integrierte Schaltung. Bei der erfolgreichen Bewältigung dieser Aufgabe spielte Reiner Schnitzer vom Geschäftsbereich Automotive Electronics eine große Rolle. Auch aus der Forschung kam wertvolle Zuarbeit, vom Standort Lonay/Schweiz für die Optik und aus Schwieberdingen/Deutschland für die Fertigungs- und Justagetechnik. Peter Wolf (Power Tools), von Anfang an dabei, hat mit Pioniergeist und großer fachlicher Erfahrung als Spezialist für diese Art von Messungen viel zum Erfolg beigetragen.

Das Ergebnis all ihrer Anstrengungen, Ideen, Entwürfe und Tests liegt buchstäblich auf der Hand: ein Entfernungsmesser, 10 mal 5,8 Zentimeter groß und 160 Gramm leicht. Und so arbeitet der DLE 50: Er sendet einen Laserstrahl zum angepeilten Zielpunkt, der dort reflektiert und vom DLE 50 wieder empfangen wird. Die Helligkeit des ausgesandten Strahls ist in einem gleichbleibenden Rhythmus verändert. Diese Veränderungen, ein Auf und Ab der Helligkeit, findet man im reflektierten Laserstrahl wieder, der vom DLE 50 analysiert wird. Die Veränderungen des empfangenen weichen von denen des ausgesandten Strahls ab. Man nennt das „phasenverschoben". Aus dieser Verschiebung lässt sich die Entfernung berechnen. Gemessen wird also tatsächlich mit Lichtgeschwindigkeit. Und das sehr genau: Die typische Abweichung beträgt gerade mal 1,5 Millimeter mit geringer Zunahme über die Entfernung. Und zusätzlich bestätigt wird diese Messmethode noch mit einem Zertifikat der Physikalisch-Technischen Bundesanstalt in Braunschweig. *bär*

Seite an Seite zum Erfolg: Gunter Flinspach, Peter Wolf, Siegbert Steinlechner, Reiner Schnitzer Foto: Hörner

DLE 50: Schneller als „Schumi"

Empfänger
Sender

Der Kleinste der Welt ganz groß: Der DLE 50 spricht Hand- wie Heimwerker an.

1 Einfach anlegen genügt: Das Gerät eignet sich für fast alle Messaufgaben in Innenräumen. Ein Knopfdruck, der Laser wird losgeschickt, das Ergebnis ist sofort da.

2 Der Laserstrahl wird am Ziel reflektiert, kehrt zum DLE 50 zurück.

3 Unterschiedliche Kurven beim Sende- und beim Empfangslicht.

Messung Lichtkurven
Sendelicht
Empfangslicht
1 Messdistanz bis maximal 50 m

Jubel über ein Produkt, das großen Erfolg hat: Thomas Botzenhard, Jan Lichtermann, Walter Gerschwitz, Sven Hartmann Foto: Hörner

Preisträger: Start/Stopp-System

Das Fahrzeug bewegt sich nicht, also verbraucht es auch nichts. Was selbstverständlich klingt, versteht sich keineswegs von selbst - an roten Ampeln stehen die meisten Autos im Leerlauf. Bosch ist jetzt mit einer Innovation am Markt erfolgreich, die den Leerlauf abschafft. Das Start/Stopp-System, entwickelt in Zusammenarbeit des Geschäftsbereiches Starter Motors and Generators und des Hybridhauses, schaltet den Verbrennungsmotor beim Stillstand des Fahrzeuges ab. In der Innenstadt stößt ein Auto acht Prozent weniger Kohlendioxid aus. Die Auszeit des Motors schont die Umwelt.

Komfortabler Neustart

Herzstück des Start-Systems ist der SSM1, der Start/Stopp-Starter-Motor. Das wird durch die Zusammensetzung des Teams deutlich. Teamsprecher und Projektleiter Sven Hartmann hat ebenso Ideen für den SSM beigetragen wie Walter Gerschwitz und Thomas Botzenhard (alle SG). Gerschwitz sorgte als Technischer Koordinator dafür, dass erstklassiges Material im Starter verarbeitet wurde. Botzenhard war verantwortlich für die vielen Versuche und Dauertests. Jan Lichtermann ist im Hybridhaus tätig, das zu Gasoline Systems gehört. Er hatte das Gesamtsystem im Blick, musste Rückwirkungen und Anforderungen für die anderen Systemkomponenten berücksichtigen. Hinter diesen vier Mitgliedern stehen noch viele andere.

Weniger Verbrauch, bessere Luft, ein automatischer, komfortabler Neustart, und das auch noch so kostengünstig, dass Start/Stopp bei den Kunden gefragt ist, also buchstäblich nicht mehr zu bremsen ist - dieses Kunststück gelang dank vieler kleiner Schritte und Verbesserungen an technischen Details des Startermotors.

Robuster Motor

„Entscheidend war der Leistungssprung", berichtet Hartmann. Eine geschickte Maschinenauslegung ermöglicht die ideale Arbeitsbereichsanpassung bezüglich Drehmoment und Drehzahl, sodass die Startzeit deutlich verkürzt wurde. Der SSM1 muss robust sein; die Entwickler erreichten eine längere Lebensdauer.

Neben anderen Details trugen dazu im Wesentlichen ein neuartiger Bürstenhalter (sichert den elektrischen Kontakt), ein optimierter Kommutator (Stromwender, notwendig für das Drehmoment), verbessertes Material am Relais sowie ein verstärktes Freilaufgetriebe bei. Erfolgreich war das Team auch bei der Reduzierung des Starter-Geräusches: Das Start/Stopp-System macht sich ganz dezent bemerkbar.

Zum gesamten Start/Stopp-System kommen weitere Bosch-Komponenten: vor allem das Batteriemanagement, verbunden mit dem neuen elektronischen Batteriesensor, der den aktuellen Ladezustand der Batterie erfasst, die Motorsteuerung und der Drehzahlgeber.

Die Entwickler haben die Vernetzung so optimiert, dass der Kunden- (und Umwelt-) Nutzen klar auf der Hand liegt. Das zeigt die hohe Systemkompetenz von Bosch. *bär*

Start/Stopp-System: Auszeit für Motor und Umwelt

Motorsteuerung
Zyklenfeste Batterie
Batteriemanagement
Start/Stopp-Starter-Motor (SSM)
Drehzahlgeber DG-23-I
(SSM)
Pedal-Sensorik

1 Zeigt die Ampel Rot, prüft das Steuergerät, ob der Motor im Leerlauf ist. 2 Wenn der ABS-Raddrehzahlsensor null zeigt und der Batteriesensor genug Energie für einen Neustart meldet 3, wird der Motor abgeschaltet 4. Die Ampel springt auf Grün: Der Fahrer tritt die Kupplung, der SSM startet den Motor dann schnell und zuverlässig. Mit dem Einlegen des Gangs und dem Tritt aufs Gaspedal geht es dann gleich los.

Stolz auf die FlexiDome: Dieter Jöcker, Michael Meyer, Lucien Meijer, Bastiaan Rothengatter (v.l.n.r.)

Preisträger: FlexiDome IP Kamera

Diese Augen sehen nicht nur, sie denken auch gleich mit. Dann nämlich, wenn das Auge eine FlexiDome IP Network Camera ist. Die Analyse ist nur eine der besonderen Eigenschaften, die diese Überwachungskamera von Bosch Security Systems auf dem Markt heraushebt.

Dieter Jöcker (Teamsprecher), Senior Produktmanager IP Videoübertragung in Nürnberg, betont, dass neben den vier im Team Ausgezeichneten noch viele andere am Erfolg mitgearbeitet haben. In Nürnberg, Hildesheim/Deutschland und Eindhoven/Niederlande haben Forscher und Entwickler der FlexiDome nicht nur ein leistungsfähiges Auge, sondern auch ein schnell arbeitendes Gehirn verschafft.

Scharfe Augen: Die Auflösung der Bilder beruht auf einer 15Bit-Helligkeitsauflösung anstelle einer konventionellen 10Bit-Helligkeitsauflösung. Das ist wichtig, wenn FlexiDome in schattigen Ecken Verdächtiges erfasst. Hinter der Auflösung steckt ein Anwendungsspezifischer Integrierter Schaltkreis von Bosch. Für weitere Rechenleistung ist ein Digital Signal Processor eingebaut. Michael Meyer (Hildesheim) legte maßgeblich die begrenzten Prozessorkapazitäten und die Software so aus, dass eine hochkarätige Bildanalyse Platz fand. Die elektrische Kamera-Architektur und die Mechanik waren das Werk von Mitarbeitern in Eindhoven. Von ihnen waren Lucien Meijer (Elektrik) und Bastiaan Rothengatter (Mechanik) im Team vertreten.

Neues Speicherverfahren

Die wichtigste Innovation ist das Speicherkonzept der FlexiDome. Als Erster hat Bosch ein neuartiges Speicherverfahren für die Sicherheitsindustrie nutzbar gemacht: iSCSI, Internet Small Computer System Interface. Daran wirkten neben Jöcker vor allem Nürnberger Mitarbeiter mit.

Große Verlässlichkeit

Das Verfahren kommt ohne Server aus, die Kameras speichern ohne Umweg auf Festplatten, die direkt mit dem Netzwerk verbunden sind. Mit enormen Vorteilen: flexible Installation der Kameras, viel höhere Speicherkapazitäten, größere Verlässlichkeit - das sind zentrale Argumente, wenn man an die Anschaffung solcher Systeme denkt. Wenn 1000 Kameras 30 Tage lang aufzeichnen, kommt viel Material zusammen. Mit dem neuen Verfahren lassen sich bestimmte Vorgänge mittels Stichwort in Sekundenschnelle wieder auffinden. Die FlexiDome Kamera sieht nicht nur gleich hin - sie hilft auch, sofort zu verstehen, was gelaufen ist. Das spart Zeit und Kosten. *bär*

FlexiDome Kamera: Das Auge, das gleich mitdenkt

iSCSI-Netzwerk
Speicherung

Sie sieht gut und sie interpretiert dann sofort, was sie sieht. Vor allem zwei Punkte machen die FlexiDome Kamera zu einem starken Produkt: die Bildanalyse bereits im „Auge" und die direkte Speicherung auf Festplatten. Das erhöht enorm die Datenkapazitäten und die Zuverlässigkeit. Die FlexiDome ist zudem robust und schlagfest, also für den Außenbereich geeignet.

15 Bit
10 Bit
Intelligente Videoanalyse bereits in der Kamera
Kein Server
Von der Kamera direkt zur iSCSI-Speicherung

Der *Bosch-Zünder* besteht aus einem internationalen Mantelteil von 16 Seiten, der in Deutsch verfasst und in acht Sprachen übersetzt wird. Die Tatsache, dass ein gemeinsamer Inhalt weltweit erscheint, dient der internen Glaubwürdigkeit, dem konsistenten Informationsfluss und damit dem länderübergreifenden Zusammengehörigkeitsgefühl. Dies erfordert von der Redaktion des *Bosch-Zünders* eine hohe Kenntnis und Sensibilität für die Lebenswelt der Belegschaft. Der Erfolg und die Akzeptanz des *Zünders* geben dem Konzept jedoch lückenlos recht. Zusätzlich zum internationalen Teil erscheinen in Deutschland, USA, Großbritannien, Frankreich, China und Mexiko Landesausgaben mit landesspezifischen Themen.

DB WELT. Die Mitarbeiterzeitung der Deutschen Bahn informiert über alle relevanten Themen des DB-Konzerns: von der strategischen Ausrichtung und geschäftlichen Lage über technische Entwicklungen und Personalthemen bis hin zum Wirken des Unternehmens auf dem nationalen und internationalen Markt. Neben den Seiten mit Konzern-Themen stehen den Ressorts Personenverkehr, Infrastruktur, Transport und Logistik, Dienstleistungen und Personal sowie dem Bereich Systemverbund eigene Seiten zur Verfügung. Grafiken, Info-Kästen und Links zu Intranet und Internet bieten – auch für den schnellen Leser – interessante Leseanreize. Durch die Aufteilung in eine Mantelausgabe (1. Buch = 16 Seiten, 2. Buch = vier Seiten) und sieben Regionalausgaben (3. Buch mit drei Seiten regionale Themen und einer Seite kostenlose Kleinanzeigen) kann DB Welt sowohl allgemeine Themen als auch regionale Besonderheiten berücksichtigen. Weltweit erscheint alle zwei Monate *DB World* (acht Seiten) in englischer Sprache.

Herausgeber
Deutsche Bahn

CP-Dienstleister/Gestaltung
KircherBurkhardt

Redaktion
Volker Knauer, Bettina von Gaisberg (beide Deutsche Bahn)

Erscheinungsweise
DB Welt elfmal im Jahr,
DB World sechsmal im Jahr

Heftformat
315 mm x 470 mm

Umfang
DB Welt 24 Seiten, DB World 8 Seiten

Auflage
DB Welt und DB World insgesamt 150.000 Exemplare

Vertriebswege
intern

Zielgruppe
alle Mitarbeiter der Deutschen Bahn

Anzeigenpreis 1/1 4c
17.900 Euro

Website
www.deutschebahn.com

Kontakt zur Redaktion
bettina.von-gaisberg@deutschebahn.com

DB WELT
Mobility Networks Logistics

REPORTAGE
Aufgepasst: Sicher zum Spiel
Ulrich Motzkeit koordiniert Fan-Züge S. 3

LOGISTICS
Aufgestellt: Neue Struktur
Aus Railion wird DB Schenker Rail S. 13

PERSONAL
Aufgeteilt: Job und Familie
Carina Hofmann arbeitet in Teilzeit bei der DB S. 17

MENSCHEN
Aufgeräumt: Wintereinsatz
Eisenbahner und Partner üben den Ernstfall S. 8/9

AUSGABE 01 | JANUAR 2009 — DIE ZEITUNG DES DB-KONZERNS — 1,20 EURO

Die Deutsche Bahn erneuert ihre Domain-Architektur

Berlin. Das Geschäft der DB ist zunehmend international ausgerichtet. Dies schlägt sich auch in der Domain-Architektur nieder. Anstatt unter der deutschen Domain www.db.de ist der Konzernauftritt unter der Adresse www.deutschebahn.com erreichbar. Entsprechend der Markenarchitektur gibt es nun vier unterschiedliche Internetdomains: www.deutschebahn.com, www.db-bahn.com, www.dbnetze.com sowie www.dbschenker.com.

Die Adresse www.bahn.de, die sich bei den Kunden im Laufe der Jahre eingeprägt hat, bleibt jedoch vorläufig erhalten. Das DB-net, der Intranetauftritt des Konzerns, folgt der Konzernmarke und ist unter der Adresse www.intranet.deutschebahn.com erreichbar. Die Webauftritte bleiben für eine Übergangsfrist unter den alten Adressen erreichbar. Eine Änderung der E-Mail-Adressen wird vorbereitet.

BLICK IN DIE WELT
NEUES AUS DEM KONZERN

FRANKREICH
DB begrüßt Pläne für mehr Wettbewerb im Bahnverkehr

Paris/Berlin. Die Deutsche Bahn begrüßt die Absichten der französischen Regierung zu mehr Wettbewerb im nationalen Schienenverkehr. Frankreich will sein Regionalverkehrsnetz für ausländische Konkurrenten öffnen. Zudem solle eine unabhängige Regulierungsbehörde den Markt überwachen. Das sagte Verkehrsminister Dominique Bussereau Anfang Dezember 2008 der Wirtschaftszeitung „Les Echos". Der Schienengüterverkehr wurde bereits 2006 nach EU-Vorgaben liberalisiert.

BINGO
Ein Wochenende im Schloss

Nach Rühstädt ins Kur- und Wellness-Schlosshotel (www.schlosshotel-ruehstaedt.de; Tel. 038791 80850) reist unser Bingo-Gewinner diesmal. Er verbringt mit Partner zwei Tage (eine Übernachtung mit Frühstück) direkt im Europäischen Storchendorf am Elbdeich.
Das November-Bingo (Lösung: 38) gewinnt Bärbel Kotzmann, Neustadt. Sie reist mit Partner für drei Tage (zwei Übernachtungen) ins Hotel Wendenkönig nach Prenzlau in der Uckermark. Der Camcorder geht an Werner Hehl, Marbach. Und je ein Puzzle erhalten Rainer Dieckmann, Melchow, und Horst Ackermann, Korntal. DB Welt gratuliert allen Gewinnern sehr herzlich!

„Wir packen auch diese Krise"

Die Wirtschaft ist im Abschwung. Vor allem das Transport- und Logistikgeschäft spürt die weltweiten Folgen

Berlin. Die Finanzkrise schlägt inzwischen voll auf die Wirtschaft durch - viele Branchen haben drastische Auftragsrückgänge zu verkraften. Deutschland trifft die Wirtschaftskrise als stark exportorientierte Nation besonders hart. Das Münchner Ifo-Institut sagt für 2009 einen Konjunktureinbruch um 2,2 Prozent voraus. Norbert Walter, Chefvolkswirt der Deutschen Bank, hat sogar gewarnt, die deutsche Wirtschaft könne 2009 im schlimmsten Fall um bis zu vier Prozent schrumpfen.

» Wir müssen jetzt entschlossen reagieren.
DB-Chef Hartmut Mehdorn

Auch die DB kann sich den veränderten Rahmenbedingungen nicht entziehen. „Wir müssen entschlossen darauf reagieren", sagt DB-Chef Hartmut Mehdorn. „Dabei sind wir alle gefordert, unseren Beitrag zu leisten."

Wie viele Wettbewerber sieht sich auch die DB angesichts der vielen Unwägbarkeiten und der sich fast täglich ändernden Prognosen derzeit nicht in der Lage, eine abschließende Mittelfristplanung vorzulegen. „Das ist dennoch kein Grund für Verzagtheit. Wir sind nicht in der ersten Krise unserer Geschichte. In der Vergangenheit haben wir bereits gezeigt, dass wir erfolgreich gegensteuern können. Keine Frage, dass wir das auch im schwierigen Jahr 2009 packen werden", so Mehdorn.

Signale auf Halt: Über 11.000 Güterwagen der Deutschen Bahn sind derzeit abgestellt, weil die Aufträge ausbleiben

Die Deutsche Bahn sei im Vergleich zu vielen anderen Unternehmen gut aufgestellt. Von heute auf morgen blieben nicht sieben Millionen Kunden täglich im Personenverkehr zu Hause oder stiegen aufs Auto um. „Außerdem sind wir gut in unseren Märkten positioniert. Wir sind robust, wir sind global, wir sind vernetzt", so der DB-Chef. Selbst wenn ein Geschäftsfeld mal nicht so gut dastehe, werde es von den anderen im Konzernverbund aufgefangen. „Wir stehen das gemeinsam durch", ist Mehdorn überzeugt.

Allerdings, als Europas größtes Mobilitäts- und Logistikunternehmen ist der DB-Konzern von geringeren Produktionsleistungen, wie in der Automobil-, Stahl- und Chemieindustrie, direkt betroffen. 11.000 Güterwagen sind bisher abgestellt. Das entspricht knapp neun Prozent der gesamten Kapazität. Dafür wurden rund 170 Kilometer Gleise gemietet. Zugbildungsanlagen stillzulegen, ist nicht geplant. „Mit unseren Kunden stimmen wir unsere Pläne ab. Wir haben deren volle Unterstützung", so Norbert Bensel, Vorstand Transport und Logistik.

DB Schenker Rail verlängert Schicht- und Dienstpläne für Schwachlastzeiten. Dazu werden angesammelte Mehrleistungs-, Freizeit- und Urlaubskonten genutzt. Eine zurückgehende Nachfrage bedeutet auch härteren Preiswettbewerb und fallende Margen für Transporteure. Außerdem haben die stark gesunkenen Preise für Kraftstoff zur Folge, dass der Wettbewerb zwischen Lkw, Flugzeug und Schiene noch stärker geworden ist. Die verschärfte Konkurrenz zeigt sich auch bei den internationalen Transport- und Logistikaktivitäten von DB Schenker.

DB Netze spürt ebenfalls die Krise. Gehen die Transportleistungen zurück, sinken auch die Trassenerlöse. Mögliche Insolvenzen von anderen Bahnen könnten die Situation zusätzlich verschärfen. Es besteht jedoch Grund zur Hoffnung: Wenn sich Schlüsselmärkte wie die USA oder die Asien-Pazifik-Region früher als die EU-Länder erholen, wird sich die internationale Ausrichtung der DB positiv bemerkbar machen.

Sicher bleibt auch, dass Megatrends wie Globalisierung, Ressourcenknappheit und Klimawandel die Deutsche Bahn in einem späteren Aufschwung nachhaltig stärken werden. Mehdorn: „Auf jede Krise folgt ein Aufschwung. Wir müssen uns jetzt so aufstellen, dass wir unsere Chancen unmittelbar nutzen können, wenn sich der Markt wieder stabilisiert hat."

Schienennahverkehr in hartem Wettbewerb

Häufig sind nicht beste Angebote, sondern Lohndumping für Aufträge entscheidend

Berlin. Das Geschäftsfeld DB Bahn Regio ist bei der Vergabe von Leistungen im Regionalverkehr einem zunehmend aggressiven Wettbewerb ausgesetzt. Die Wirtschaftskrise belastet zusätzlich. Trotz erfolgreicher Sanierung konnten 2008 erheblich weniger Ausschreibungen gewonnen werden als im Jahr davor. Die Wettbewerber, häufig Tochterunternehmen ausländischer Konzerne, halten inzwischen einen Anteil von 18 Prozent.

Bis 2020 wird fast der gesamte Schienennahverkehrsmarkt neu vergeben. Die Ausschreibungen reduzieren sich dabei immer mehr auf einen reinen Preiskampf. Entscheidend ist nicht, welcher Wettbewerber die beste Leistung bringt, sondern wer die geringsten Löhne zahlt.

Vor diesem Hintergrund bewirbt sich DB Bahn Regio auch bei der aktuellen Ausschreibung von 23 Millionen Zugkilometern in Berlin und Brandenburg. Die Strecken werden in vier Losen vergeben. Dabei kann ein Anbieter nicht gleichzeitig den Zuschlag für die beiden stark nachgefragten Regional-Express-Linien Magdeburg–Brandenburg–Frankfurt/Oder und Stendal–Rathenow–Cottbus erhalten. Das bedeutet: Selbst wenn DB Bahn Regio für beide Strecken das beste Angebot abgibt, wird eine Strecke verloren.

Zug der NordWestBahn neben DB-Regio-Zug in Bremen Hauptbahnhof

Der Verlust von Arbeitsplätzen ist bei diesen Bedingungen unvermeidbar. Im Interesse der Mitarbeiter wird DB Bahn Regio alles tun, um ein solches Szenario zu verhindern.

WWW.DB.DE

DB WELT JANUAR 2009 — TECHNOLOGIE 15

Grenzbrücke über die Oder wurde in Rekordzeit errichtet

DB erprobt erstmals 1.000 Meter langen Güterzug

Längere Güterzüge sollen die Transportkapazität im Schienengüterverkehr erhöhen

Preise für Umspannwerke und Weichen

Mit ihrem Lieferantenprädikat würdigt die Deutsche Bahn die Firmen Elektrotechnik Oelsnitz und Schwihag

8 | MENSCHEN

DB WELT JANUAR 2009 | 9

Weichen müssen von Schnee und Eis befreit werden

Nächtlicher Wintereinsatz im Bahnhof Lehrte

Lothar Gleiche und **Bernd Brückmann** sind Qualitäts-Auditoren im Systemverbund Bahn. Sie führen Winteraudits und Winterübungen im Auftrag der DB Netz AG durch

Lehrte. Um zehn Uhr abends ist es stockfinster am Gleis. Acht Männer in Warnwesten erkennen sich nur im Schein der Taschenlampen. Ausgestattet mit Schneeschieber, Weichenbesen und Streuguteimer gehen sie das Gleisbett entlang, suchen die Weiche 801. Ihr Auftrag: die Weichenheizung überprüfen, die Radlenker, den Weichenzungenbereich und das Herzstück der Weiche fegen. An diesem Abend auditiert Lothar Gleiche die Arbeitsabläufe der Verantwortlichen der DB Netz AG sowie der Sicherungs- und Räumfirmen. Der Qualitätsauditor überprüft, ob alle sicher und zeitgerecht agieren.

Noch ist es eine Übung. Noch liegt kein Schnee. Aber wenn es so weit ist, muss jeder Handgriff stimmen. Darum müssen Abläufe wieder und wieder geübt werden. Zum Beispiel heute Nacht. Denn die DB hat für den Bahnhof Lehrte eine Winterübung ausgerufen.

„Am wichtigsten ist, dass die Kollegen die Weichen auch nachts finden", sagt Gleiche. Zunächst bittet er Sicherheitsposten Thomas Kleß im Licht der Taschenlampe um Qualifizierungs- und Tauglichkeitsnachweis. Kleß hat die Papiere dabei. „Alles in Ordnung, prima", sagt Gleiche. Zurück im Gleisbett, prüft er vorsichtig die Weichenheizung. Die Wärme, die der Heizstab ausstrahlt, ist deutlich spürbar, auch der Antrieb der Weiche funktioniert. Draußen am Gleis rücken die Männer mit den Besen an. „Weiche komplett gereinigt", meldet Rainer Maneke nach wenigen Minuten. Gleich

» **Der Sicherheitsabstand zum Trupp hängt von der Geschwindigkeit des Zugs ab.**
Thomas Kleß, Sicherheitsposten

darauf geleitet Sicherheitsposten Kleß den Räumtrupp aus dem Gleis, denn die nächste Zugfahrt steht an. Wie bei allen Arbeiten im Gleisbereich ist auch heute Nacht die volle Aufmerksamkeit aller erforderlich. Aber für die Männer ist das Routine. Sie wissen, worauf es im entscheidenden Moment ankommt. „Der Sicherheitsabstand zum Trupp hängt von der Geschwindigkeit des Zugs ab", sagt Kleß, als sich das Rattern des Güterzugs in der Ferne verliert. Die Annäherungsstrecke müsse mindestens 250 Meter betragen, damit der Trupp ein Sicherheitspolster habe. „Vor Kurzem waren wir nachts auf einer viergleisigen Hauptstrecke bei Koblenz unterwegs", fügt Gleiche hinzu. „Da war richtig was los." Der gelernte Gleisbauer ist seit 1971 dabei, begonnen hat er bei der Reichsbahn in Pasewalk. Nach dem Studium arbeitete er als technischer Kontrolleur. Qualitäts-Auditor im Bereich Integriertes Managementsystem, Qualität, Prozesse ist er seit 2007.

Der Trupp zieht weiter, als nächstes sind die Weichen 802, 821 und 822 dran. Drei Trupps werden heute getestet. Die Männer wurden erst am Nachmittag aus ihrer Bereitschaft abgerufen. Sie gehören zu zwei Unternehmen, die sich gegenüber der DB vertraglich verpflichtet haben, Winterdienste durchzuführen.

Nachdem die Weichen der 8er-Reihe gegen 23.00 Uhr allesamt geprüft sind, fährt der Trupp zurück zum Betriebsraum von DB Netz am Güterbahnhof Lehrte. Dort wartet schon Christian Heuer, der leitende Meister. Zusammen mit Gleiche weist er den nächsten Trupp ein, die Männer ziehen umgehend ihre Warnwesten an. Und wieder geht es los, Meldung beim Fahrdienstleiter, Anfahrt zur Weiche, prüfen, fegen, wieder abmelden. Der Ablauf wird strikt eingehalten. Beim Fahrdienstleiter auf dem Zentralstellwerk in Lehrte laufen alle Fäden zusammen. Dort ist Stefan Vollrath aus dem Team von VQS und überprüft Abläufe und Kommunikation mit den drei Trupps, die heute Abend unterwegs sind.

Um Mitternacht nimmt sich der letzte Trupp die Weichen 955 und 956 vor. Gleiche hat seinen Kollegen Bernd Brückmann am Handy erreicht. Der ist mit Triebfahrzeugführer Oliver Blecke an Bord einer Diesellok vom Typ 218 aus Braunschweig auf dem Weg nach Lehrte. Wenige Minuten später sieht Lothar Gleiche drei leuchtende Punkte auftauchen, Brückmann ist mit der

» **Die Weichenheizungen liefen. Die Trupps waren ortskundig. Reinigung wurde fachgemäß durchgeführt.**
Lothar Gleiche, VQS, Systemverbund Bahn

Diesellok eingetroffen, die einen Schneepflug der Baureihe 852 zieht. Hier in Lehrte soll das Schneeräumfahrzeug für die Rückfahrt nach Braunschweig gedreht werden. Zuvor wurde eine Räumfahrt simuliert und dabei die Einsatzbereitschaft von Technik und Mannschaft überprüft.

Nachdem der Fahrdienstleiter mehrere Gleise im Bahnhof Lehrte gesperrt hat, können Werner Scheller und Matthias Ringat von DB Regio den Schneepflug bedienen. Scheller gibt Weisungen an Ringat: „Jetzt den Vorderpflug auf Schienenhöhe absenken!", ruft er ihm zu. Es funktioniert. Danach klappt das 28 Tonnen schwere Fahrzeug den linken und rechten Seitenpflug aus. Die Technik ist einsatzbereit. Der 25 Jahre alte Schneepflug kann im Stand gedreht werden.

Die Zusammenarbeit zwischen dem Fahrtleiter der DB Netz AG, den Bedienern und dem Triebfahrzeugführer der DB Regio AG hat ohne Beanstandung funktioniert. Wie Bernd Brückmann, ist auch Lothar Gleiche zufrieden mit der Übung. „Die Weichenheizungen liefen alle. Die Trupps waren ortskundig. Und die Reinigung wurde fachgemäß durchgeführt."

Das ist beileibe nicht immer so. „Wenn die Leistung der Dienstleister überhaupt nicht stimmt, kann es im äußersten Fall zu einer Vertragskündigung kommen", sagt Gleiche. Heute Nacht gibt es aber nur Lob. Lothar Gleiche wird es im Protokoll für die Zentrale der DB Netz AG vermerken.

Lothar Gleiche (oben) teilt die Trupps für die Übung ein. Matthias Ringat und Werner Scheller (Bild unten, v.l.) bedienen den Schneepflug. Das Fahrzeug verfügt über Rotationsscheibenwischer

Nächtlicher Einsatz: Lothar Gleiche (rechts) kontrolliert den Tauglichkeitsnachweis eines Sicherheitspostens. Danach geht es zur Schneeräumung ins Gleis

Mit speziellen Weichenbesen sind die Männer vom Reinigungstrupp am Werk

Oberleitungen bleiben eisfrei
Oberleitungen machen überwiegend keine Probleme bei Schnee. Eisregen kann aber den Fahrdraht mit einem Eismantel überziehen und so den Kontakt zum Stromabnehmer einer E-Lok verhindern. Im Bedarfsfall werden Probefahrten gemacht beziehungsweise die Oberleitung durch Überspannung erhitzt und so enteist.

Stromabnehmer
vereister Fahrdraht
Kontakte
Gelenke
Zugdach

Fahrzeuge winterfest
Die Fahrzeuge der DB werden auf die kalte Jahreszeit vorbereitet. Bremsanlagen, der Kühlkreislauf, Heizung, Klimaanlage und Toiletten werden winterfest gemacht. Die Anforderungen sind von Fahrzeug zu Fahrzeug verschieden. Bei Dieselfahrzeugen wird ein spezieller Winterdiesel eingesetzt, der auch bei extremen Temperaturen den Betrieb gewährleistet.

Winterdienst am Bahnhof
Bahnsteige und Fußwege müssen am Bahnhof und Umgebung von Schnee und Eis freigehalten werden. Dächer sind vor zu hoher Schneelast zu schützen, Signale und Schilder lesbar zu halten.
Vorschriften, welche die Verkehrssicherungspflicht der DB auferlegt, müssen streng befolgt werden.

Schneeräumfahrzeuge
Schneepflüge und -schleudern kommen bei Verwehungen oder bei starken Schneefällen ab einer Höhe von 40 Zentimetern zum Einsatz. Die Standorte der Fahrzeuge sind bundesweit verteilt. In schneereichen Gebieten ist die Konzentration der Schneeräumfahrzeuge allerdings höher.

Geschobener Schneepflug
Schneefräse der Baureihe 716
Vorderansicht
Seitenansicht

Weichenheizung
Die Funktionstüchtigkeit der Weichenheizung wird intensiv geprüft. Weichenheizungen werden elektrisch oder mit Gas betrieben. Die DB setzt bevorzugt auf elektrische Weichenheizungen. Vereinzelt kommen moderne geothermische Heizungen zum Einsatz.

Geothermische Weichenheizung
Wärmepumpe
Heizungsleitungen am Gleis
geothermische Quelle

Bahnübergänge sichern
Beschrankte und unbeschrankte Bahnübergänge werden bei den Wintervorbereitungen ebenfalls berücksichtigt. Anlagen, Schranken und Schilder müssen schnee- und eisfrei bleiben. Ein besonderes Augenmerk liegt auf den Fahrrillen, die unbedingt sauber bleiben müssen. Das Gleiche gilt für die Fahrbahn der Straße.

3 FRAGEN AN …
Detlef Barner
Leiter Betrieb
DB Netz AG

„Wir prüfen im November, ob alles vorbereitet ist"

DB Welt: *Wann beginnt die DB mit den Wintervorbereitungen?*
Detlef Barner: Eigentlich schon im Februar für den nächsten Winter. Die Vorbereitungen ziehen sich dann das ganze Jahr bis zum Oktober durch. Anfang November prüfen wir, ob die Vorbereitungen überall in den Regionen konsequent getroffen wurden, also ob beispielsweise alle Weichenheizungen angeschlossen und funktionsfähig sind.

Wie wird der Einsatz der Schneeräumkräfte organisiert?
Auf der Grundlage von regionalen Wetterprognosen werden die internen und externen Räumkräfte für die fragliche Zeit in Bereitschaft versetzt und dann bei Bedarf abgerufen. Je nach Vertragslage müssen sie innerhalb von zwei bis sechs Stunden am Einsatzort sein. Und wenn sie dort angekommen sind, müssen sie alle strategisch wichtigen Punkte, die vorher festgelegt worden sind, schnell vom Schnee befreien.

Kann die DB den Betrieb wirklich in jeder Wetterlage aufrechterhalten?
Ja, fast immer. In seltenen Fällen kann zum Beispiel Eisregen den Fahrdraht mit einem Eismantel überziehen und so den Kontakt zum Stromabnehmer einer E-Lok verhindern. Bei einem solchen Vorfall käme der Betrieb dieser Fahrzeuge zum Erliegen, doch das passiert zum Glück nicht oft.

Team: Bernd Brückmann und Lothar Gleiche

BCP-Award in Gold 2006, Kategorie Mitarbeitermedien/Mitarbeiterzeitung

BCP-Award in Gold 2007, Kategorie Mitarbeitermedien/Mitarbeiterzeitung

BCP-Award in Gold 2008, Kategorie Mitarbeitermedien/Mitarbeiterzeitung

MITARBEITERMEDIEN
ELEKTRONISCH

Preisträger

eBrandbook Deutsche Post
Deutsche Post AG
medienfabrik Gütersloh GmbH

SEITE 230

Shortlist

ergoskop
ergo Unternehmenskommunikation GmbH & Co. KG
ergo Unternehmenskommunikation GmbH & Co. KG

SEITE 232

Teilnehmer

Corporate Information Center
Nord Stream AG
KircherBurkhardt GmbH

SEITE 234

eBRANDBOOK. Das *Brandbook* der Deutschen Post ist Element einer Gesamtkampagne, in der die Deutschen Post ihre Marke nach außen und innen aufwertet. Sie verfolgt das Ziel, die Deutschen Post auch in Zukunft als stärkste Marke ihrer Branche zu festigen. Das Markenbuch richtet sich an die Mitarbeiter und dient als Arbeitsinstrument und Leitfaden zugleich. Das *eBrandbook* stellt mit Interaktion, Flash-Animationen, Video- und Soundfiles eine Weiterentwicklung des gedruckten Markenbuches dar. Es erweitert so die Inhalte der Printversion um emotionale Elemente und interaktive Nutzungsmöglichkeiten. Dies erzeugt eine weitergehende Aufmerksamkeit und intensivere Auseinandersetzung der Beschäftigten mit dem Thema Marke. Es steht im Intranet bereit und zieht mit den zusätzlichen digitalen Features die interessierten Mitarbeiter in den speziellen Markenbereich des Intranets, in den auch Feedbackmöglichkeiten integriert sind.

Herausgeber
Deutsche Post
verantwortlich: Axel Breme, Leiter Markenpositionierung Deutsche Post

CP-Dienstleister
medienfabrik Gütersloh

Projektverantwortlicher
Alfred Harke

Redaktion und Grafik
Deutsche Post;
digitale Features und Flashprogrammierung: medienfabrik Gütersloh

Zielgruppe
alle Mitarbeiter Deutsche Post

Erscheinungsweise
einmalig

Heftformat
E-Magazine

Umfang
52 Seiten

Vertriebsweg
Intranet der Deutschen Post

Kontakt
kontakt@medienfabrik.de

„Das elektronische Buch ist ein spannendes Medium. Es erweitert durch interaktive, animierte und multimediale Elemente die bekannten Stärken des Printproduktes. Wir steigern so die Aufmerksamkeit, erreichen eine dauerhafte Auseinandersetzung und fördern die Resonanz vor allem bei multimedial affinen Zielgruppen."
Axel Breme, Leiter Markenpositionierung Deutsche Post.

Deutsche Post
http://www.medienfabrik.de/online/e-brandbook/deutsch/magazin.html
Sprachauswahl
Sprachauswahl
English
Deutsch
Editorial
Deutsche Post
Tradition plus Innovation:
Die Deutsche Post ist einzigartig
Die Deutsche Post ist wie keine andere Marke mit den Menschen unseres Landes verbunden. Sie verfügt über eine mehr als 500-jährige Geschichte und mit dem Posthorn über eines der bekanntesten Markenzeichen in Deutschland. Und sie ist das größte und leistungsfähigste Unternehmen auf dem deutschen Briefmarkt. Im internationalen Vergleich gehört die Deutsche Post zu den Spitzenreitern der Branche.
Doch die Deutsche Post ist nicht nur groß und bekannt. Als modernes Dienstleistungsunternehmen ist sie unangefochtener Qualitätsführer. Ihre erstklassigen Leistungen verdankt sie ihrem konsequenten Willen zur ständigen Weiterentwicklung und ihren Mitarbeiterinnen und Mitarbeitern. Mit dieser
Qualität wird die Marke Deutsche Post auch im vollständig liberalisierten Briefmarkt erfolgreich sein.
weiterlesen >
Dr. Frank Appel
Vorstandsvorsitzender von
Deutsche Post World Net
Mitarbeiter Statement
„Also, ich bin richtig stolz, bei der Deutschen Post zu arbeiten. Warum? Na, uns kennt doch jeder. Oder können Sie sich ein...
weiterlesen >
SEITE 4/52
www.medienfabrik.de gelesen

Sprachauswahl
Geschichte unserer Marke
Deutsche Post
Die Geschichte unserer Marke
Wie alles anfing
Post in jeden Haushalt
Der Weg ins Technologiezeitalter
SEITE 26/52

Sprachauswahl
Geschichte unserer Marke
Deutsche Post
Die Deutsche Post – gestern und heute
1490
weiter >
Video ansehen >
SEITE 26/52

Sprachauswahl
Klang
Deutsche Post
18 • Der Klang
Wie klingen 70 Millionen Sendungen?
Jeden Tag bewegen wir 70 Millionen Briefsendungen, in exzellenter Qualität.
Wie das klingt?
Einfach hier klicken!
Wie klingt eine einzige Sendung?
Jeden Tag bewegen wir 70 Millionen Briefsendungen, schon eine einzige davon, kann ein ganzes Leben verändern.
Wie das klingt?
Der Liebesbrief
Der Gewinn
Das Heimweh
00:11 00:57
Der Muttertag
Das Dankeschön

Sprachauswahl
Markenpositionierung
Deutsche Post
Die Kernpositionierungselemente:
Wofür steht unsere Marke?
Die Markenattribute:
Welche Eigenschaften verspricht unsere Marke?
Der Markennutzen:
Was haben die Kunden von unserer Marke?
Für unsere Kunden bedeutet das...
SEITE 28/52

ERGOSKOP. Eine lesefreundliche visuelle Gestaltung und eine präzise und lebendige Sprache – das zeichnet die Corporate-Publishing-Produkte von ergo Kommunikation aus. Nicht nur die Print- und Online-Medien, die ergo für Kunden produziert, sondern auch das *ergoskop* – den Newsletter für alle ergo-Mitarbeiter. Das *ergoskop* informiert über die Entwicklung der Agentur, aktuelle Projekte, neue Kunden sowie Personalthemen und bietet ein Forum für den Know-how-Austausch. Zudem berichtet der Newsletter über das, was die ergo-Mitarbeiter in ihrer Freizeit bewegt – sei es ein Bundesliga-Tippspiel oder ein neues Restaurant in Büronähe. Dabei will das *ergoskop* vor allem eins sein: ein Medium von Mitarbeitern für Mitarbeiter.

Herausgeber
ergo Kommunikation

Verlag
Eigenverlag

Redaktion
Andrea Hamacher, Nüket Cebi, Ingo Gschwilm, Sven Schickor, Dana Stepanek

Gestaltung
Joris Kalle (Art Director)

Erscheinungsweise
ca. alle sechs Wochen

Heftformat
297 mm x 210 mm im PDF-Format

Umfang
ca. 10 Seiten

Vertriebswege
ergo-Intranet und E-Mail

Zielgruppen
alle festen und freien Mitarbeiter von ergo

Website
www.ergo-komm.de

Kontakt zur Redaktion
Redaktion.Mitarbeiternewsletter@ergo-komm.de

mitarbeiter 3.1

Von R wie Müller über T wie Asbach bis G wie Fildhaut

Vitamine in Berlin Pünktlich zum Relaunch des ergo-CDs stand ich als Praktikantin auf der Matte und konnte mich gerade noch an der letzten Umsetzungsphase des Veränderungsprozesses beteiligen. Maßgeblich mitorganisiert habe ich jedoch den Kommunikationskongress. Besonders schön war es dann, in Berlin viele der Menschen zu sehen, mit denen ich in den vorangegangenen Wochen telefoniert hatte. Zudem bekam ich die Gelegenheit, mir den neuen Vitaminbar-Messestand in seiner Vollendung anzuschauen – und meinen Körper mit einer Überdosis Vitamine völlig zu irritieren. Neben den Basics Clipping und Datenaktualisierung übernehme ich nun Recherchen, helfe bei der Auswertung der Mitarbeiterumfrage und schreibe für das Kundenmagazin nordic friends. Ungeachtet meines Rückfalls in die Kaffeesucht hatte ich einen traumhaften Start bei ergo und freue mich schon auf die nächste Zeit. ***(GF)***
gaby.fildhaut@ergo-komm.de, ***Köln - 83***

Von der PR Agentur zur Kommunikationsberatung Als ich mich für die Einführungsveranstaltung für neue Mitarbeiter am 18.09.2008 in Köln anmeldete, fragte ich mich schon, welche bahnbrechenden neuen Erkenntnisse ich nach bis dato immerhin zweieinhalb Monaten Betriebszugehörigkeit erlangen könnte. Die zweistündige Videokonferenz mit Berlin und Frankfurt, die von Andrea und Ron geleitet wurde, zeigte die ergo-Historie in ihrer ganzen Breite: vom ersten Gründungstag bis heute, einschließlich aller Meilensteine wie die Eröffnung der einzelnen Standorte und dem Wachstum bei Umsatz und Mitarbeitern. Und siehe da: Es war nicht nur interessant zuzuhören, wie alles begann, sondern erwies sich gerade für mich auch von ungemein praktischem Nutzen. Just am selben Nachmittag wurde ich vom New Business Verlag angerufen, der unser Mailing erhalten hatte und so beeindruckt war, dass er einen halbseitigen Bericht über uns plante.

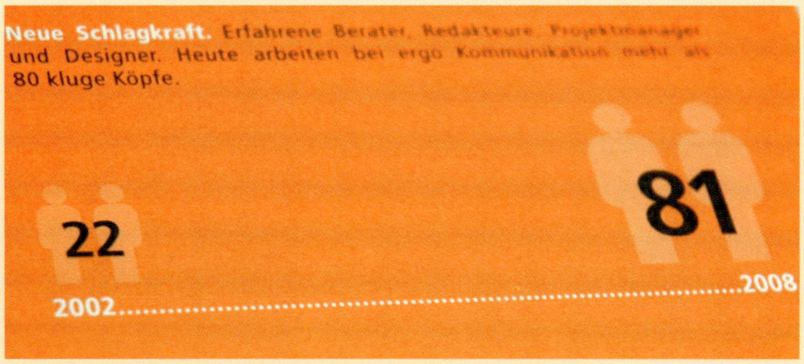

Ein Teil der Historie – das Wachstum der Mitarbeiter von ergo in den vergangenen 6 Jahren

Die dafür noch benötigten Infos konnte ich prompt liefern. Ich hatte alles frisch im Gedächtnis. Der Bericht „ergo reift zur Kommunikationsberatung und zeigt sich im neuen Gewand" lässt uns durchweg in positivem Licht erscheinen. Aber lest doch einfach selbst, wie das überdurchschnittliche Wachstum von ergo zu erklären ist oder was ergo von anderen Agenturen unterscheidet:

Ihr findet den Bericht in unserem Presseclipping unter \\ergo.local\ergo\.\Selbstdarstellung/Pressearbeit/Clipping/[Link auf Clipping Sep]. Viel Spaß bei der Lektüre! ***(NC)***

Eine einheitliche Struktur mit großen, querformatigen Bildern, vier Textspalten und festen Rubriken erleichtert dem Leser die Orientierung – und spiegelt zugleich den Anspruch wider, klar und transparent über ergo-Themen zu berichten. Dabei ist natürlich immer Platz für eine überraschende Gestaltungsidee, die den Spaß an der Lektüre erhöht. Das Layout ist angelehnt an das Corporate Design von ergo. Kurze Texte, ergänzt um Grafiken und Links zu weiterführenden Informationen, bieten die Möglichkeit, sich schnell und umfassend zu informieren.

CORPORATE INFORMATION CENTER ist ein Kommunikationsinstrument „sui generis“: eine Mischung aus Intranet und Inhouse-TV. Über einen 40 Zoll großen Monitor in der Lobby von Nord Stream informiert es Mitarbeiter und Besucher über projekt-, unternehmens- und marktrelevante Themen. Alle Inhalte können textlich (Meldungen, RSS-Nachrichten-Feeds), filmisch (Interviews, Projektdokumentationen) oder fotografisch (Impressionen aus den Ostsee-Anrainerstaaten) aufbereitet werden. Über ein eigens entwickeltes Redaktionstool hat Nord Stream die vollständige redaktionelle Kontrolle über das CIC und zudem die Möglichkeit, auf neue Kommunikationserfordernisse extrem schnell zu reagieren.

Herausgeber
Nord Stream

Dienstleister
KircherBurkhardt

Redaktion
Nord Stream Communications
KircherBurkhardt

Gestaltung
KircherBurkhardt

Zielgruppen
Mitarbeiter und Gäste von Nord Stream

Nord Stream

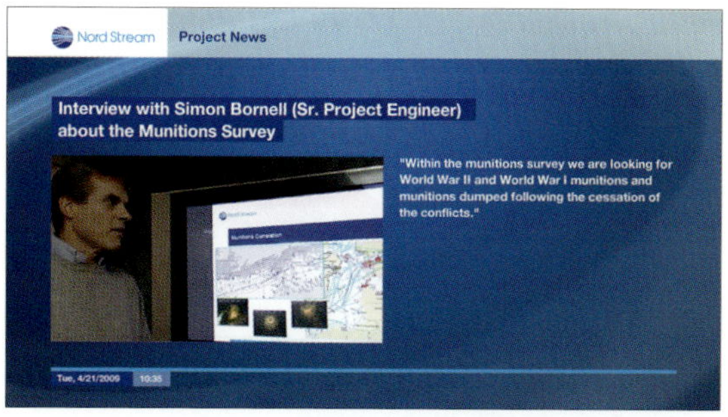
Nord Stream
Project News
Interview with Simon Bornell (Sr. Project Engineer) about the Munitions Survey
"Within the munitions survey we are looking for World War II and World War I munitions and munitions dumped following the cessation of the conflicts."

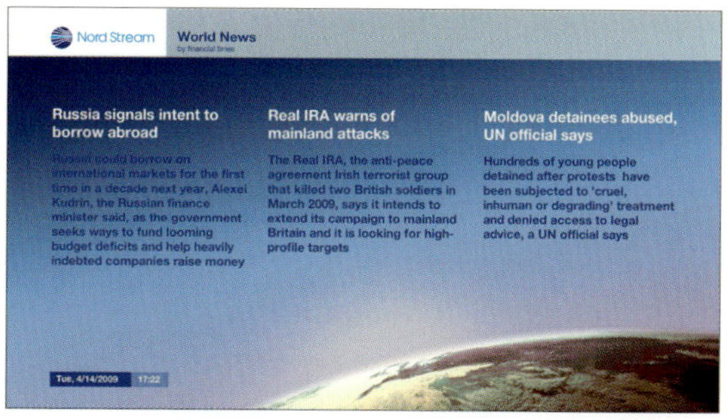
Nord Stream
World News
Russia signals intent to borrow abroad
Real IRA warns of mainland attacks
Moldova detainees abused, UN official says

Nord Stream
Webcam
Zug (Kolinplatz)
Moscow
Local Time
17:24:36
Local Time
19:24:36
Greifswald
Vyborg
Moscow
Zug

Nord Stream
Nord Stream Documentary
Nord Stream Safety
...in close cooperation with the responsible authorities.

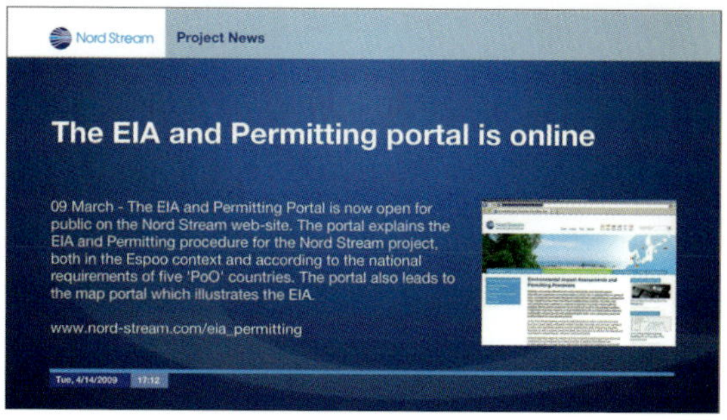
Nord Stream
Project News
The EIA and Permitting portal is online
09 March - The EIA and Permitting Portal is now open for public on the Nord Stream web-site. The portal explains the EIA and Permitting procedure for the Nord Stream project, both in the Espoo context and according to the national requirements of five 'PoO' countries. The portal also leads to the map portal which illustrates the EIA.
www.nord-stream.com/eia_permitting

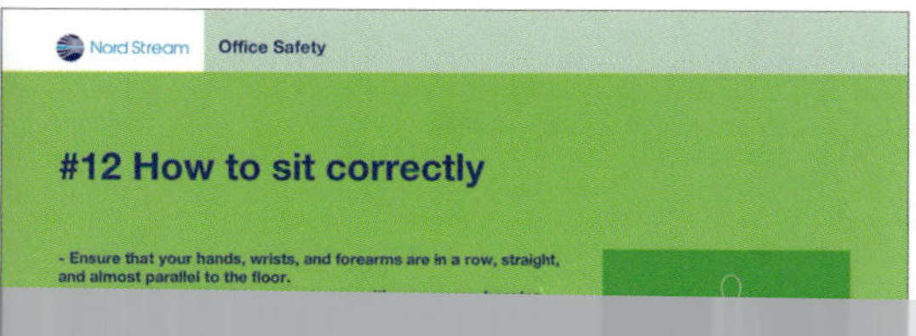
Nord Stream
Office Safety
#12 How to sit correctly

Nord Stream
Weather Forecast
Zürich
Today
22.0°C
St. Petersburg
Today
9.0°C

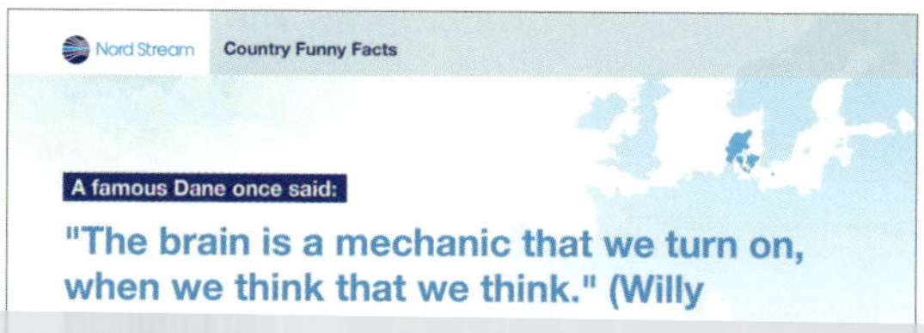
Nord Stream
Country Funny Facts
A famous Dane once said:
"The brain is a mechanic that we turn on, when we think that we think." (Willy

ELECTRONIC PUBLISHING
NEWSLETTER

Preisträger

DIE POST

Guten Tag Herr Mustermann

Kunden sind das Lebenselixier jedes Unternehmens. Bestehende zu loyalisieren und neue zu gewinnen sind folglich zentrale Themen im Marketing. Wie Letzteres besonders effizient gelingt, erfahren Sie im neuen Onlinekurs «Kundengewinnung». **Einfach einschreiben und neue Ideen holen!**

Lesen Sie in diesem Newsletter zudem, welche soziokulturellen und dialogspezifischen Trends uns im 2009 begleiten werden.

«Es guets Neus» wünscht Ihnen

Claudia Stalder
www.post.ch/directpoint

Dienstag, 13. Januar 2009

- Schweizer Dialogmarketing-Preis 2009
- European Communication Monitor 2008
- 5 Dialogmarketing-Trends 2009
- 8 soziokulturelle Trends: GDI-Trendradar 3.08
- Kunden gewinnen leicht gemacht
- «CRM wird erst jetzt wirklich Realität»
- Checkliste: Was erwarten Ihre Kunden?
- Mailingideen aus der Praxis für die Praxis
- 10 Gestaltungstipps für HTML-Newsletters
- Seminar Creative Writing
- PostCast «Messen»
- 12 Typografie-Regeln
- Jahrbuch Marketing 2009
- DirectCalendar

DirectNews

Schweizer Dialogmarketing-Preis 2009

Ja, ich will.

Wenn viele der Zielpersonen mit einem Kreuzchen neben «Ja, ich will» ihr Interesse bekunden, sind die Kampagnenmacher glücklich – und gehören damit selbst zu einem potenziellen Kundenkreis: Demjenigen des Schweizer Dialogmarketing-Preises 2009. Die 11. Ausschreibung des Kreativwettbewerbs läuft bis am 31. Januar 2009. Zu gewinnen gibts die begehrten DM-Awards aus Edelmetall. Die Schweizerische Post ist erneut Hauptsponsorin sowie Patronatsgeberin des Platinpreises.

> Details zur Anmeldung gibts hier

> Oder direkt unter www.dm-preis.ch

DirectFacts

European Communication Monitor 2008

European Communication Monitor 08

Die Studie untersuchte die Trends in Kommunikation und Public Relations in Europa. Die 1'500 befragten PR-Fachleute aus 37 Ländern betrachten Soziale Netzwerke und Online-Videos als die wichtigsten Kommunikationsinstrumente der Zukunft. Die Geschäfts- mit der Kommunikationsstrategie in Einklang zu bringen, die soziale Verantwortung zu tragen, mit der digitalen Evolution mitzuhalten und das Vertrauen aufzubauen und zu halten sind laut Studie die grössten Herausforderungen der nächsten Jahre.

> Resultate und Erkenntnisse der Studie

PostCast «Messen»

In der heutigen Episode zum Thema Messen erfahren Sie, wie Sie Ihren Auftritt planen und mit einer durchdachten Kommunikation den Grundstein für Ihren Messeerfolg legen. Einfach zurücklehnen und lauschend Wissen tanken.

> Episode anhören (.mp3 11'565KB)

> PostCast abonnieren

12 Typografie-Regeln

Der PrePress-Schulungs-Anbieter

Newsletter DirectPoint
Die Schweizerische Post,
PostMail, Direct Marketing
KOMMA, Petra Hasler

SEITE 238

NEWSLETTER DIRECTPOINT. www.post.ch/directpoint ist im Internet die erste Adresse für erfolgreiches Direct Marketing. Die Schweizerische Post transportiert mit dem *Newsletter DirectPoint* auf eine glaubwürdige Art und Weise den Kundennutzen des Dialogmarketings gegenüber den klassischen Werbeformen. Die Post steigert die Kundenzufriedenheit, was die Loyalität zum Unternehmen und zu den Dienstleistungen der Schweizerischen Post positiv beeinflusst. Mit der Positionierung „Für ein erfolgreiches, messbares Marketing" und mit branchenspezifischen Ansätzen gewinnt die Post nachhaltig Kunden für Direct Marketing.

Herausgeber
Die Schweizerische Post, Direct Marketing

Dienstleister
KOMMA Petra Hasler

Chefredakteurin
Andrea Hirschi

Redaktion
Petra Hasler

Gestaltung
Christa Sommer, Felix Tomisawa, Tanja Bieri (PostMail), Oliver Weinstock (Nemuk)

Zielgruppenprofil
Marketingverantwortliche und Direct-Marketing-Interessierte in KMU-Betrieben sowie Großunternehmen aller Branchen

Erscheinungsweise
monatlich, dreisprachig (deutsch/französisch/italienisch)

Format
HTML- und Text-Format

Umfang
10 bis 15 Beiträge

Auflage
18.190 Exemplare

Anzeigenpreis 1/1 4c
1.000 Schweizer Franken pro Werbebanner

Vertriebswege
B2B, B2C, Interne Kommunikation, E-Mail-Marketing-System / Content-Management-System

Website
www.post.ch/directpoint

Kontakt zur Redaktion
directpoint@post.ch

Direct-Marketing-News frei Haus: Jede Newsletter-Ausgabe behandelt ein Schwerpunktthema. Dabei werden stets aktuelle Ereignisse aus dem Markt, Interessen der Zielgruppen, erfolgreiche Kampagnen, Studien und Markttrends berücksichtigt. Durch eine ausgewogene Themenmischung mit hohem Lesernutzen, einer verstärkten Individualisierung von Inhalten und dem Medienausbau (Podcast) geht die Redaktion auf die vielfältigen Bedürfnisse der doch sehr heterogenen Zielgruppen ein.

DIE POST

Guten Tag Herr Mustermann

Kunden sind das Lebenselixier jedes Unternehmens. Bestehende zu loyalisieren und neue zu gewinnen sind folglich zentrale Themen im Marketing. Wie Letzteres besonders effizient gelingt, erfahren Sie im neuen Onlinekurs «Kundengewinnung». **Einfach einschreiben und neue Ideen holen!**

Lesen Sie in diesem Newsletter zudem, welche soziokulturellen und dialogspezifischen Trends uns im 2009 begleiten werden.

«Es guets Neus» wünscht Ihnen

Claudia Stalder
www.post.ch/directpoint

Dienstag, 13. Januar 2009

- Schweizer Dialogmarketing-Preis 2009
- European Communication Monitor 2008
- 5 Dialogmarketing-Trends 2009
- 8 soziokulturelle Trends: GDI-Trendradar 3.08
- Kunden gewinnen leicht gemacht
- «CRM wird erst jetzt wirklich Realität»
- Checkliste: Was erwarten Ihre Kunden?
- Mailingideen aus der Praxis für die Praxis
- 10 Gestaltungstipps für HTML-Newsletters
- Seminar Creative Writing
- PostCast «Messen»
- 12 Typografie-Regeln
- Jahrbuch Marketing 2009
- DirectCalendar

DirectNews

Schweizer Dialogmarketing-Preis 2009

Wenn viele der Zielpersonen mit einem Kreuzchen neben «Ja, ich will» ihr Interesse bekunden, sind die Kampagnenmacher glücklich – und gehören damit selbst zu einem potenziellen Kundenkreis: Demjenigen des Schweizer Dialogmarketing-Preises 2009. Die 11. Ausschreibung des Kreativwettbewerbs läuft bis am 31. Januar 2009. Zu gewinnen gibts die begehrten DM-Awards aus Edelmetall. Die Schweizerische Post ist erneut Hauptsponsorin sowie Patronatsgeberin des Platinpreises.

> Details zur Anmeldung gibts hier

> Oder direkt unter www.dm-preis.ch

PostCast «Messen»

In der heutigen Episode zum Thema Messen erfahren Sie, wie Sie Ihren Auftritt planen und mit einer durchdachten Kommunikation den Grundstein für Ihren Messeerfolg legen. Einfach zurücklehnen und lauschend Wissen tanken.

DIE POST

Guten Tag Herr Mustermann

Kunden sind das Lebenselixier jedes Unternehmens. Bestehende zu loyalisieren und neue zu gewinnen sind folglich zentrale Themen im Marketing. Wie Letzteres besonders effizient gelingt, erfahren Sie im neuen Onlinekurs «Kundengewinnung». **Einfach einschreiben und neue Ideen holen!**

Lesen Sie in diesem Newsletter zudem, welche soziokulturellen und dialogspezifischen Trends uns im 2009 begleiten werden.

«Es guets Neus» wünscht Ihnen

Claudia Stalder
www.post.ch/directpoint

Dienstag, 13. Januar 2009

- Schweizer Dialogmarketing-Preis 2009
- European Communication Monitor 2008
- 5 Dialogmarketing-Trends 2009
- 8 soziokulturelle Trends: GDI-Trendradar 3.08
- Kunden gewinnen leicht gemacht
- «CRM wird erst jetzt wirklich Realität»
- Checkliste: Was erwarten Ihre Kunden?
- Mailingideen aus der Praxis für die Praxis
- 10 Gestaltungstipps für HTML-Newsletters
- Seminar Creative Writing
- PostCast «Messen»
- 12 Typografie-Regeln
- Jahrbuch Marketing 2009
- DirectCalendar

DirectNews

Schweizer Dialogmarketing-Preis 2009

Wenn viele der Zielpersonen mit einem Kreuzchen neben «Ja, ich will» ihr Interesse bekunden, sind die Kampagnenmacher glücklich – und gehören damit selbst zu einem potenziellen Kundenkreis: Demjenigen des Schweizer Dialogmarketing-Preises 2009. Die 11. Ausschreibung des Kreativwettbewerbs läuft bis am 31. Januar 2009. Zu gewinnen gibts die begehrten DM-Awards aus Edelmetall. Die Schweizerische Post ist erneut Hauptsponsorin sowie Patronatsgeberin des Platinpreises.

> Details zur Anmeldung gibts hier

> Oder direkt unter www.dm-preis.ch

DirectFacts

European Communication Monitor 2008

European Communication Monitor 08

Die Studie untersuchte die Trends in Kommunikation und Public Relations in Europa. Die 1'500 befragten PR-Fachleute aus 37 Ländern betrachten Soziale Netzwerke und Online-Videos als die wichtigsten Kommunikationsinstrumente der Zukunft. Die Geschäfts- mit der Kommunikationsstrategie in Einklang zu bringen, die soziale Verantwortung zu tragen, mit der digitalen Evolution mitzuhalten und das Vertrauen aufzubauen und zu halten sind laut Studie die grössten Herausforderungen der nächsten Jahre.

> Resultate und Erkenntnisse der Studie

DirectTrends

5 Dialogmarketing-Trends 2009

In einer Zeit, in der selbst auf den Wetterbericht mehr Verlass ist, als auf die Aussagen von Wirtschaftsbossen, der Regierung und Politikern, müssen Unternehmen vor allem eins: Das Vertrauen der (potenziellen) Kunden gewinnen und halten. Daneben ist es entscheidend, mögliche Entwicklungen zu antizipieren, und dadurch rechtzeitig die Weichen für eine erfolgreiche Zukunft zu stellen. Unsere Trends zeigen Ihnen, wohin die Reise im Dialogmarketing geht.

> DM-Trends lesen und erfolgreich werben

8 soziokulturelle Trends: GDI-Trendradar 3.08

Zum Jahreswechsel präsentiert das GDI Gottlieb Duttweiler Institute die derzeit relevantesten Entwicklungen für die Zukunft. Die acht Trends und Gegentrends zeigen diesmal die – zuweilen widersprüchlichen – Facetten des angebrochenen «Age of Less»; einer Zeit, in der Rohstoffe knapper werden, das Vertrauen schwindet und sich der Konsum neu definiert. Verzicht, Bescheidenheit und Einfachheit sind im Kommen und eröffnen neue Möglichkeiten. Der Wandel hat auch sein Gutes.

> Das bewegt uns im 2009

DirectFocus

Kunden gewinnen leicht gemacht

Durch den Einfluss der neuen Technologien und Medien ist die Kommunikation im ständigen Wandel. Und damit ändern auch die Wege zu neuen Kunden – respektive die Wege, die neue Kunden zu Ihrem Unternehmen führen. Grund genug, die eigenen Methoden und Prozesse kritisch zu durchleuchten und nach neuen Möglichkeiten Ausschau zu halten. Unser kostenloser Onlinekurs «Kundengewinnung» bietet Ihnen dazu eine gute Gelegenheit. Entdecken auch Sie die effiziente Art, online neues Wissen zu tanken.

> Zu Kursbeschrieb und Anmeldung

«CRM wird erst jetzt wirklich Realität»

Die Fullservice-Anbieterin im Kontakt-Management rbc Solutions AG engagiert sich mit Studien und Symposien für mehr Qualität im Lead-Management. Im Rahmen des neuen Onlinekurses «Kundengewinnung» wollten wir von CEO Tobie Witzig wissen, warum Leads trotz zunehmender Kundenorientierung auch heute noch oft vernachlässigt werden, warum das Zusammenspiel zwischen Marketing und Kundendienst so wichtig ist und was ein Outsourcing bringen kann.

PostCast «Messen»

In der heutigen Episode zum Thema Messen erfahren Sie, wie Sie Ihren Auftritt planen und mit einer durchdachten Kommunikation den Grundstein für Ihren Messeerfolg legen. Einfach zurücklehnen und lauschend Wissen tanken.

> Episode anhören (.mp3 11'565KB)

> PostCast abonnieren

12 Typografie-Regeln

Der PrePress-Schulungs-Anbieter cleverprinting hat einen Ratgeber für die zeitgemässe Textgestaltung sowie einen Typometer mit allerlei nützlichen Informationen rund um die Typografie entwickelt. Einfach herunterladen und nutzen!

> 12 Typo-Regeln downloaden

> Typometer ausdrucken

Jahrbuch Marketing 2009

Marken faszinieren, versprechen höhere Qualität und soziale Abgrenzung. Sie sind berühmt, begehrt und profitabel. Roland Köhler widmet ihnen ein 250 Seiten starkes Jahrbuch. Ein Muss für alle, die wissen wollen, wie sich Marketing heute und morgen entwickelt. Kostenpunkt: 59 Franken.

> Jahrbuch Marketing 2009 bestellen

DirectCalendar

16.-19.02.2009
CallCenterWorld® 2009
Berlin (DE) – 10. Internationale Kongressmesse für Call Center Management, im Estrel Convention Center
www.callcenterworld.de

22.02.2009
Einreichschluss BCP 2009
München (DE) – BCP Best of Corporate Publishing 2009, Europas grösster Corporate Publishing Wettbewerb, organisiert vom Forum Corporate Publishing
www.bcp-award.com

> Termine DirectPoint

DirectCalendar 2009

DirectTrends

5 Dialogmarketing-Trends 2009

In einer Zeit, in der selbst auf den Wetterbericht mehr Verlass ist, als auf die Aussagen von Wirtschaftsbossen, der Regierung und Politikern, müssen Unternehmen vor allem eins: Das Vertrauen der (potenziellen) Kunden gewinnen und halten. Daneben ist es entscheidend, mögliche Entwicklungen zu antizipieren, und dadurch rechtzeitig die Weichen für eine erfolgreiche Zukunft zu stellen. Unsere Trends zeigen Ihnen, wohin die Reise im Dialogmarketing geht.

Trend 1: Marken gewinnen an Bedeutung.
In Zeiten der Unsicherheit werden Traditionsmarken zu Rettungsankern. Besonders für junge Menschen bilden sie ein Stück Sicherheit im unberechenbaren und unsteten Alltag. Dieser Tatsache gilt es auch in der Kommunikation Rechnung zu tragen.

Trend 2: Grüne Werbung ist in.
Konsumenten hinterfragen die Sinnhaftigkeit von Angeboten. Im «Age of Less» sollen Produkte möglichst regional und nachhaltig produziert werden. Dafür greifen Konsumenten heute auch etwas tiefer in die Tasche. Grüne Werbung hat folglich Hochkonjunktur. Doch Vorsicht vor falschen Versprechungen – Konsumenten lassen sich nicht leicht hinters Licht führen. Heizöl wird auch in Kombination mit Solarenergie nicht umweltfreundlicher und ein Offroader kann auch mit einem Hybridmotor nicht mit einem Kleinwagen mithalten.

Trend 3: Die Relevanz rückt in den Mittelpunkt.
Werbebudgets werden knapper – und die Aktionen folglich gezielter, synchroner, relevanter und damit schlussendlich auch vertrauensfördernder. Authentische, nutzbringende Argumente werden die Konzepte für die Kundenansprache von morgen prägen (müssen). Moderne Technologien in der Analyse und Werbemittelproduktion sowie kundenadäquate Geschäftsprozesse erlauben, den Kunden wirklich relevante Angebote zu unterbreiten.

Trend 4: Der Einfluss von Werbebotschaften auf den Kauf sinkt.
Schon in den letzten Jahren wurden Konsumenten und Einkäufer zunehmend kritischer ob der Versprechen der Werbung. Mit dem Vertrauensverlust steigt das Bedürfnis, Kaufentscheide abzusichern, statt Lehrgeld zu zahlen. Dies geschieht heute weniger mit Hochglanzbroschüren und TV-Werbung – die eigene Meinung wird vielmehr von den Mitmenschen beeinflusst: Empfehlungen, Testberichte und die **«Schwarmintelligenz»** werden zunehmend wichtig.

Trend 5: Crossmedia-Dialog wird zur Pflicht.
Von der Printkampagne auf das Internet zu leiten oder die Plakataktion als Ausgangspunkt für Mobile-Marketing-Aktionen zu nutzen, genügt nicht mehr. Heute geht es darum, alle Kanäle und On- und Offline-Kampagnen konsequent zusammenzuführen. Kunden sind heute crossmedial unterwegs. Also muss auch der Dialog crossmedial geführt werden. Die Herausforderung liegt dabei in der Konzeption einer Strategie, die jeden (potenziellen) Kunden in einen Cross-Channel-Dialog einbezieht, der sein früheres und aktuelles Verhalten berücksichtigt.

Dialogmarketing 2009 soll ...

... auf den Wünschen und Bedürfnissen der Zielgruppe aufbauen.

... die immer komplexer werdenden Angebote einfach und verständlich kommunizieren.

... neuer, überraschender und kreativer sein und den Kunden involvieren, um Informationsflut nicht unterzugehen.

... Kunden zu Wort kommen lassen.

... Vertrauen schaffen.

... die Markenwerte geschickt nutzen.

... authentisch sein.

... den Kunden ein Sicherheitsgefühl vermitteln.

... emotional sein.

... den Zielgruppen Angebote unterbreiten, die sie wirklich interessieren.

... alle Kanäle und Kampagnen integrieren.

... auch Online-Medien einbeziehen.

... die neuen Technologien nutzen.

... den Zeitgeist treffen.

... Vorzüge herausstreichen, welche die Menschen heute bewegen (Ökologie, Sicherheit, Lebensqualität, Freiheit).

... Geschichten erzählen.

Quellen: Eine Essenz aus den Artikeln «Verbraucher wollen angemacht werden», OnetoOne 11/08, und «Dialogtrends 2009: Die Vertrauensfrage lösen», aus direkt marketing 12/2008 | 01/2009

Trends im Direct Marketing
Lesen und gratis Wissen tanken!

DIE

Seite senden Seite drucken

DIE POST

Suchen
Kontakt Sitemap Virtueller Postschalter

Startseite Post

Privatkunden
Geschäftskunden
Versand Inland
Versand International
Logistikleistungen
DirectPoint
Aktuell
Produkte
DM-Prozess
Wissen
Glossar
Expertenbeiträge
Onlinekurse
· Anmelden
· **Kundengewinnung**
· Kundenbindung
· Werbeeffizienz
· Podcast
· Events & Messen
· Corporate Publishing
· Adressmanagement
· Telefonmarketing
· E-Mail-Marketing
· 1x1 des DM
· Erfolgsfaktor Zeit
· Werbebriefe texten
Seminare
Lehrgänge
Publikationen
Literatur
Fachzeitschriften
Studien
Wissenstest
Branchenlösungen
Arbeitshilfen
Finanz-dienstleistungen
PostAuto
Werben in Poststellen: PubliPoste
Immobilien
Mobility Solutions AG
Kundendienst
InfraPost AG – Facility Services
Adress-Services
Response-Services
GeoPost
Grosskundenangebote
Dokumentenlösungen
Dialoglösungen
E-Businesslösungen
Über uns
Medien
Jobs und Karriere

Onlinekurs «Kundengewinnung»

Durch den Einfluss der neuen Technologien und Medien ist die Kommunikation im ständigen Wandel. Und damit ändern auch die Wege zu neuen Kunden – respektive die Wege, die neue Kunden zu Ihrem Unternehmen führen. Grund genug, die eigenen Methoden und Prozesse kritisch zu durchleuchten und nach neuen Möglichkeiten Ausschau zu halten. Unser kostenloser Onlinekurs «Kundengewinnung» bietet Ihnen dazu eine gute Gelegenheit. Entdecken auch Sie die effiziente Art, online neues Wissen zu tanken.

Im ersten Kursteil betrachten wir den strategischen Aspekt der Kundengewinnung; danach folgen im Wochenrhythmus die Kursteile «Empfehlungsmarketing», «Gewinnspiele», «Direct-Marketing-Medien» und «Lead-Management». Am Schluss des Kurses erwartet die Teilnehmer ein Wissensquiz mit 10 Fragen rund um die Kundengewinnung. Wer es löst, darf sich als Dankeschön für seine Ausdauer auf eine kleine Überraschung freuen.

Im Onlinekurs «Kundengewinnung» lernen Sie,

im Teil 1 – Einführung
- welchen Stellenwert die Kundengewinnung hat
- die Methoden der Kundenakquisition
- wie Sie Ihre Zielgruppe bestimmen
- warum es sich lohnt, «perfekte» Kunden anzuziehen
- wie Sie in Ihrem Unternehmen den Weg für neue Kunden ebnen (Tipps)

im Teil 2 – Empfehlungsmarketing
- warum Empfehlungsmarketing heute so wichtig ist
- was es mit viralem Marketing auf sich hat
- wie positive Mund-zu-Mund-Propaganda zum Erfolg wird (Erfolgsfaktoren)
- wie Sie den Empfehlungskreislauf in Gang bringen (Tipps)

im Teil 3 – Gewinnspiele
- welche Formen und Einsatzgebiete von Gewinnspielen es gibt
- was erlaubt ist und was nicht (Interview mit Juristin Dagmar Meyer)
- wie Gewinnspiele zum Erfolg werden (Erfolgsfaktoren)
- wie Hewlett Packard (Schweiz) mit dem Quattroquiz E-Mail-Adressen generiert
- wie Sie Gewinnspiele wirkungsvoll einsetzen (Tipps)

im Teil 4 – Direct-Marketing-Medien
- warum Direct Marketing DER Lead-Generator ist
- welche Medien sich eignen, um neue Kunden zu gewinnen
- wie Sie effizient neue Kunden gewinnen (Tipps)

im Teil 5 – Lead Management
- wie wichtig Lead-Management für die Kundengewinnung ist
- was es für ein erfolgreiches Lead-Management braucht (Erfolgsfaktoren)
- wie die Praxis aussieht (Interview mit rbc-CEO Tobie Witzig)
- wie Sie die Umwandlungsrate erhöhen (Tipps)

Über 29'484 Teilnehmende

Unsere Onlinekurse entsprechen dem Zeitgeist; bis heute haben sich über 29'484 Direct-Marketing-Interessierte für einen oder mehrere unserer zwölf Kurse eingeschrieben. Das Konzept ist einfach: Wer sich anmeldet, erhält vier- bis fünfmal einen Kursteil per E-Mail zugestellt. Der Teilnehmende vertieft sich einfach in diejenigen Themen, die ihn interessieren. Nadja Horlacher von Nardias Kokosöl hat gleich an vier Kursen teilgenommen: «Ich habe mich jeden Mittwoch auf die interessanten Informationen gefreut und finde es richtig schade, dass die Kurse zu Ende sind. Die einzelnen Themen sind klar strukturiert und lassen sich auch gut ausdrucken. Ich konnte das Wissen direkt in unseren Projekten umsetzen.»

Onlinekurs «Kundengewinnung»
Jetzt kostenlos einschreiben und effizient Kunden gewinnen

Übersicht Onlinekurse
Lieblingsthema auswählen und bequem lernen

Studie «Wirtschaftsfaktor Direct Marketing».

Der **neue Onlinekurs** von PostMail bringt neue Kunden!

Services
> Newsletter
> PromoPost-Tool
> DirectFactory
> Turbomailer
> Text-Services

ELECTRONIC PUBLISHING MAGAZINE

Preisträger

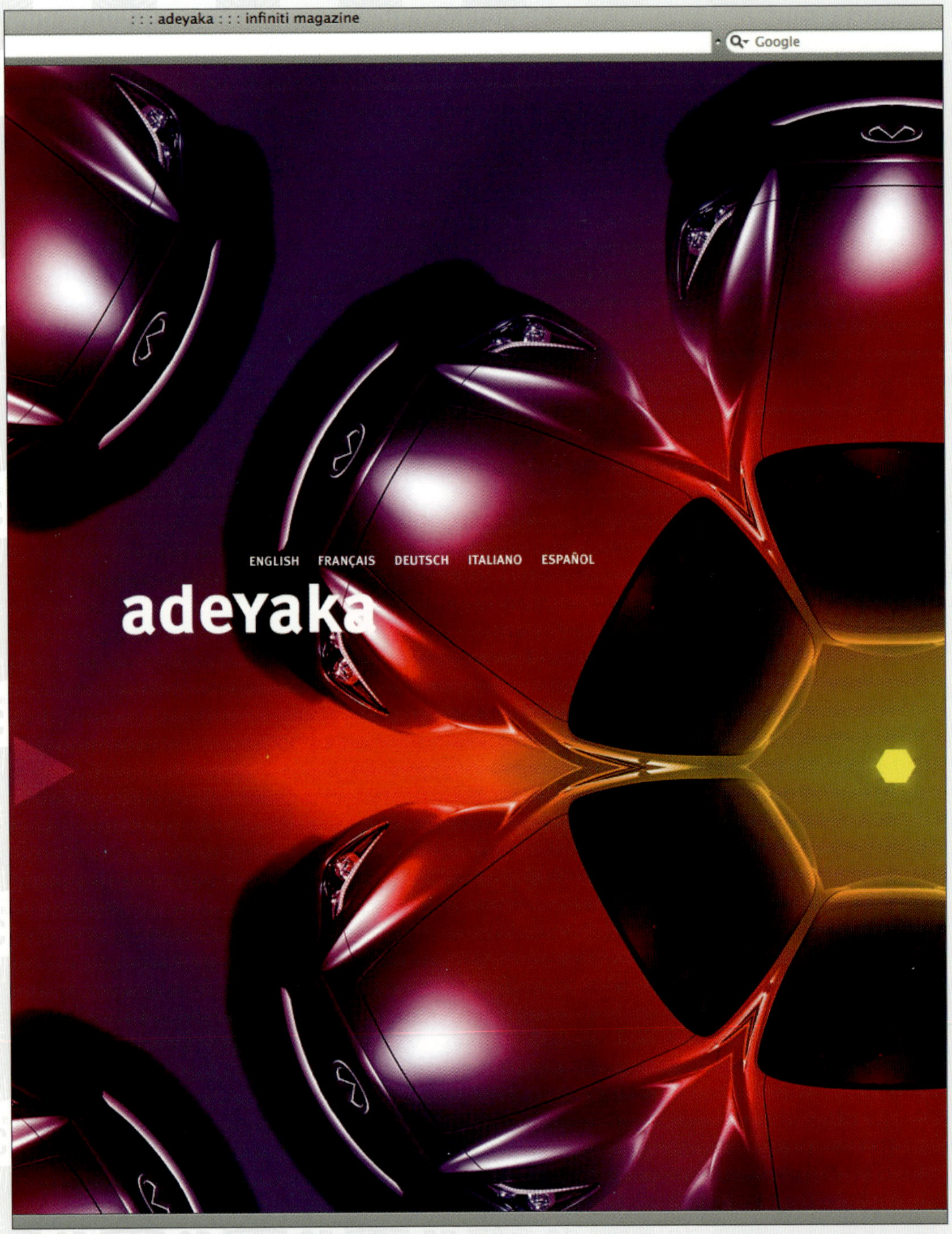

eAdeyaka
Infiniti Europe
köckritzdörrich
Agentur für Kommunikation GmbH

SEITE 242

Shortlist

Experience more – das Gore-tex eJournal
W.L. Gore & Associates GmbH
Plan.Net Solutions GmbH & Co. KG

SEITE 244

Mercedesmagazin Online
Daimler AG
RMG Connect GmbH

SEITE 246

eADEYAKA. Dass ein gutes Konzept über verschiedene Medien hinweg funktioniert, beweist das E-Magazin von *Adeyaka*, dem weltweiten Infiniti-Kundenmagazin. Es macht die Welt des Premium-Automobilherstellers im Internet mit eigenständigen sowie aus dem Heft multimedial weiterentwickelten Themen erlebbar. Wie die Printausgabe lebt das E-Magazin von exquisitem Design und setzt auf eine Gliederung in die Bereiche Lobby, Lounge, Gallery, die sich an die Infiniti-Kundencenter anlehnt. Eine weltweite Leserschaft aus kosmopolitischen Individualisten findet unter www.adeyaka.com in sechs Sprachen (Deutsch, Englisch, Französisch, Italienisch, Russisch, Spanisch) einen überraschenden Mix internationaler Themen aus den Bereichen Kultur, Lifestyle und Automobil, garniert mit Extras wie exklusiven Musik-Downloads.

Herausgeber
Infiniti

Herausgebender Dienstleister
köckritzdörrich
Agentur für Kommunikation

Creative Director
Michael Köckritz

Art Director
Thomas Schremp

Erscheinungsweise
zweimal jährlich

Sprachen
dt./engl./ital./sp./fr./ae./ru.

Zielgruppenprofil
selbstbewusste, kosmopolitische Eliten

Website
www.adeyaka.com

Kontakt
michael.koeckritz@gokd.net

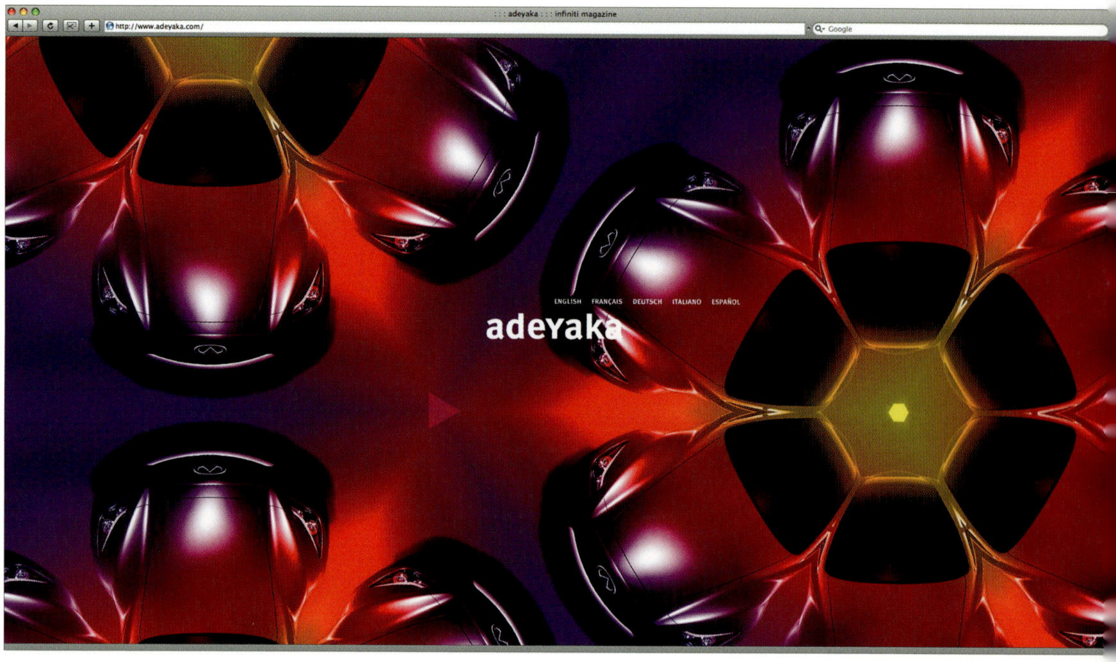

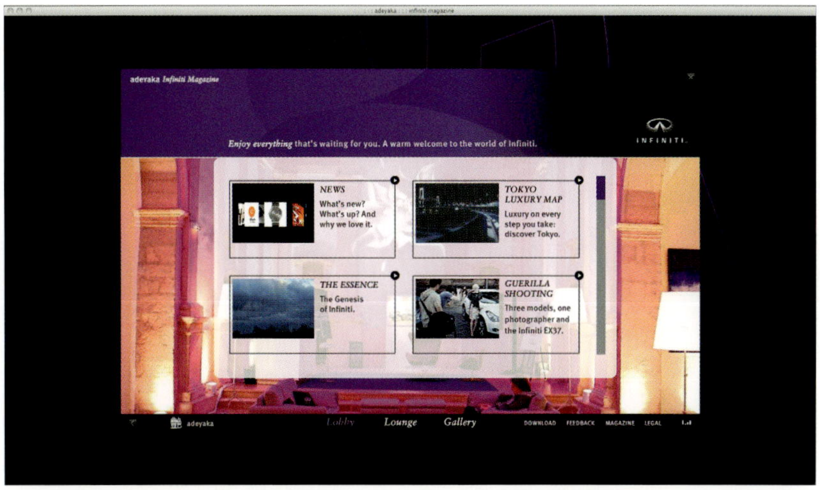
adeyaka Infiniti Magazine
Enjoy everything that's waiting for you. A warm welcome to the world of Infiniti.
INFINITI.
NEWS
What's new? What's up? And why we love it.
TOKYO LUXURY MAP
Luxury on every step you take: discover Tokyo.
THE ESSENCE
The Genesis of Infiniti.
GUERILLA SHOOTING
Three models, one photographer and the Infiniti EX37.
adeyaka
Lobby
Lounge
Gallery
DOWNLOAD
FEEDBACK
MAGAZINE
LEGAL

Lobby News
101
Tokyo
DO YOU APPRECIATE FIRST CLASS SERVICE, UNUSUAL PRODUCTS AND CLEVER IDEAS? SO DO WE! THIS IS WHY WE KEEP OUR EYES OPEN AND KEEP SELECTING NOVELTIES THAT WE THINK ARE MUST-HAVES, MUST-SEES OR MUST-TRYS. FIND SOMETHING THAT YOU LIKE, AND ENJOY IT!

The entire world is reflected in one car.

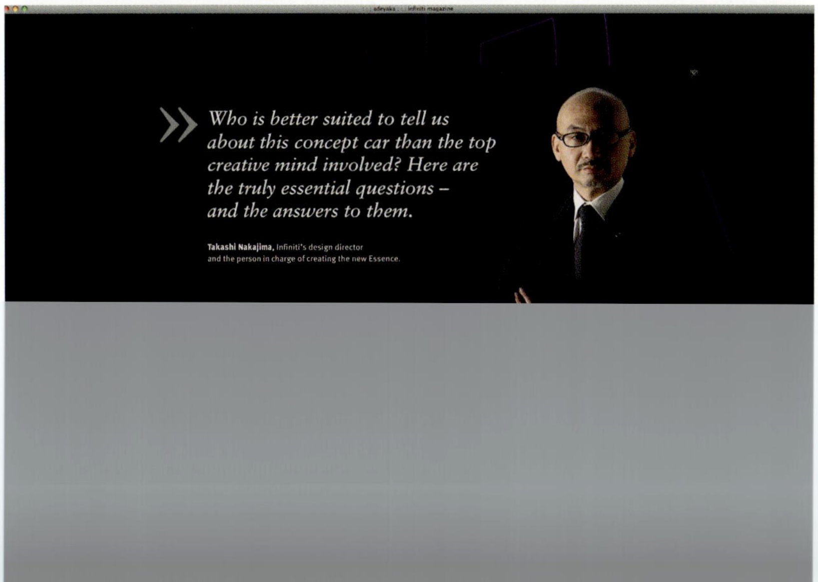
Who is better suited to tell us about this concept car than the top creative mind involved? Here are the truly essential questions – and the answers to them.
Takashi Nakajima, Infiniti's design director and the person in charge of creating the new Essence.

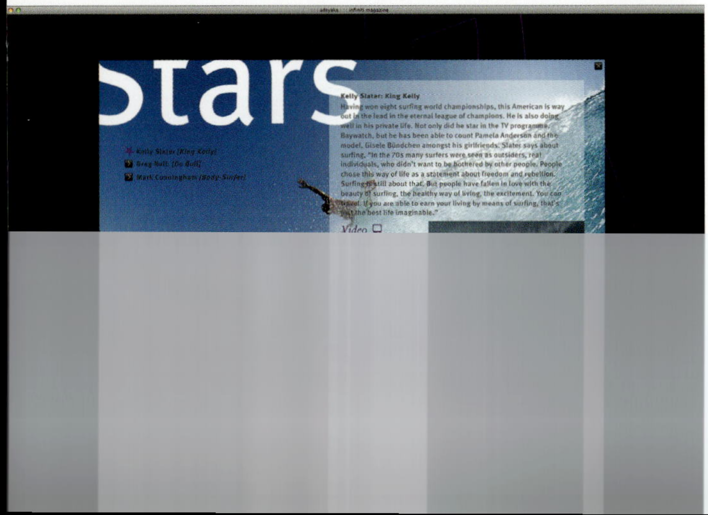
stars
Kelly Slater: King Kelly
Video

GORE-TEX EJOURNAL – Packende Storys und multimediale Erlebniswelten. Das GORE-TEX-Kundenmagazin richtet sich an aktive Zielgruppen, die für ihre verschiedenen Sport- und Freizeitaktivitäten im Freien belastungsfähige Funktionskleidung benötigen. Aktuelle Reportagen, interaktive Qualitätstests, individuelle Beratungsservices und ein Gewinnspiel sorgen für einen attraktiven Mix aus Information und Unterhaltung. Vom Touring auf Teneriffa bis zum Skibergsteigen in Pakistan – das *eJournal* steckt voller Action und macht den User spielerisch mit den USPs der GORE-TEX-Produkte und -Materialien vertraut. Ein im Leistungspaket enthaltener Web-Konfigurator erlaubt es den Gore-Geschäftspartnern, Heftseiten speziell für ihre Zielgruppen zusammenzustellen und in Form eines eigenen, individualisierten *eJournals* zu publizieren.

Herausgeber
W.L. Gore & Associates

Dienstleister
Plan.Net solutions

Projektverantwortliche
Caroline Simm

Redakteur
Julian Opitz

Art Director
Danusch Mahmoudi

Zielgruppenprofil
Freizeitsportler, Outdoor-Begeisterte

Erscheinungsweise
zweimal jährlich

Format
810 x 572 Pixel

Umfang
26 Seiten

Vertriebswege
Newsletter, Handelspartner

Website
www.gore-tex.de

Kontakt zur Redaktion
Caroline Simm
Fon +49 89 205 036 24
c.simm@plan-net.de

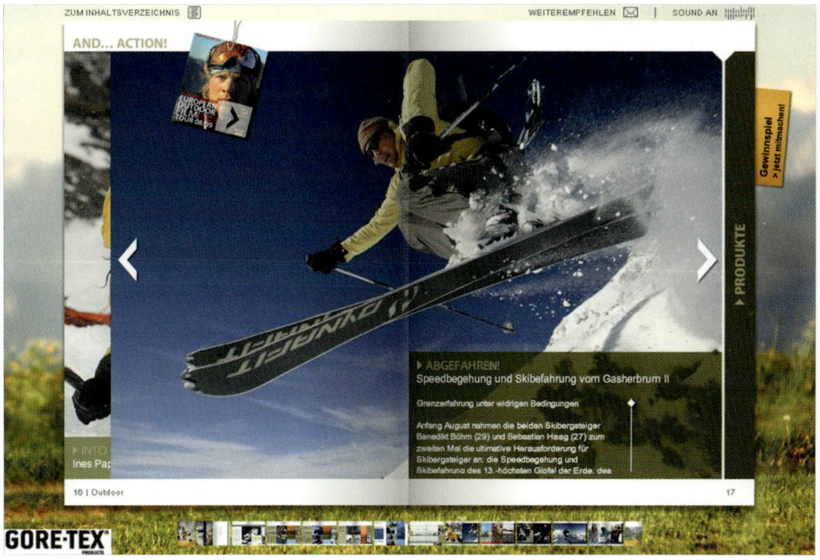

„EXPERIENCE MORE…“ – das *GORE-TEX eJournal* wendet sich als eigenständiges, interaktives Onlinemedium an seine Leser. Großflächige Slideshows, aufwendige Animationen, atmosphärische Sounds, Videos und ein virtuelles Testlabor sorgen für einen hohen und nachhaltigen Nutzwert. Der Markenclaim „EXPERIENCE MORE…“ wird dabei in Inhalt, Look & Feel des *eJournals* ganz unmittelbar erlebbar gemacht.

MERCEDESMAGAZIN ONLINE ist mehr als eine Adaption der Print-Ausgabe für die virtuelle Welt. Bislang erscheint es in acht europäischen Ländern. Mit zusätzlichen Features wie Animationen, Diashows, „click to zoom"-Funktion, Wallpaper, Langversionen der Artikel im PDF-Format und interessanten Videos wird für den User ein Mehrwert geschaffen. Darüber hinaus besteht die Möglichkeit der Interaktion – zum Beispiel durch das Einstellen von Kommentaren in einer Art Weblog. In den Beiträgen selektierte Schlagwörter, sogenannte „Quick-Options", leiten den User schnell und einfach weiter. Ein Mausklick genügt und schon erhält man weitere themenbezogene Informationen – zum Beispiel bei produktspezifischen Artikeln nähere Informationen zum Fahrzeug, einen Car Konfigurator, die Möglichkeit der Broschürenbestellung oder der Buchung einer Probefahrt.

Herausgeber
Daimler, Kommunikation

Verantwortlich beim Herausgeber
Mirjam Bendak

Redaktion
Daimler, Kommunikation

Verantwortlich für das Magazin online
Daimler, Interactive Marketing
Tanja Weber

Online Konzept / Technische Umsetzung
RMG Connect / rms. relationship marketing solutions

Art Direction Online
Simon Schillings, Andreas Künster

Projektleitung Online
Doreen Decker, Ramzi Maamer

Erscheinungsweise
viermal jährlich

Auflage
insgesamt derzeit ca. 200.000 E-Mails

Vertriebsweg
viermal jährlich erhält der User eine E-Mail zur aktuellen Ausgabe des Mercedesmagazins online

Website
www.mercedes-magazine.com

Userfreundlich: Die neu gestaltete Menüführung leitet den User einfach und schnell über das sogenannte Storytelling direkt in den Artikel.

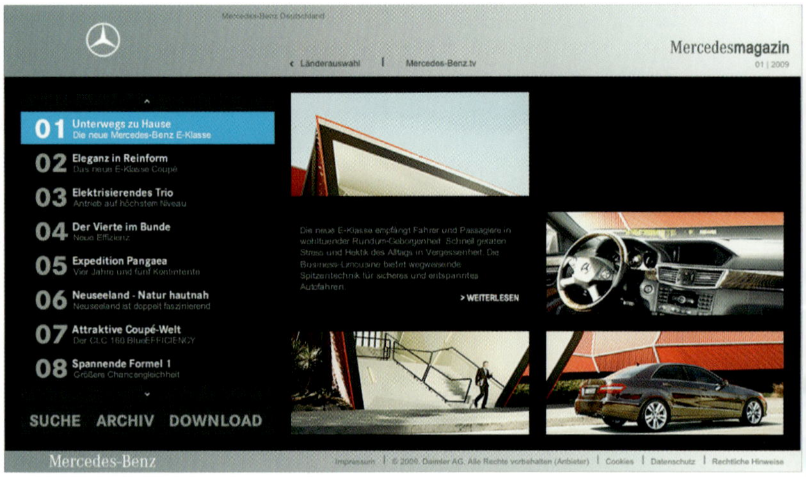

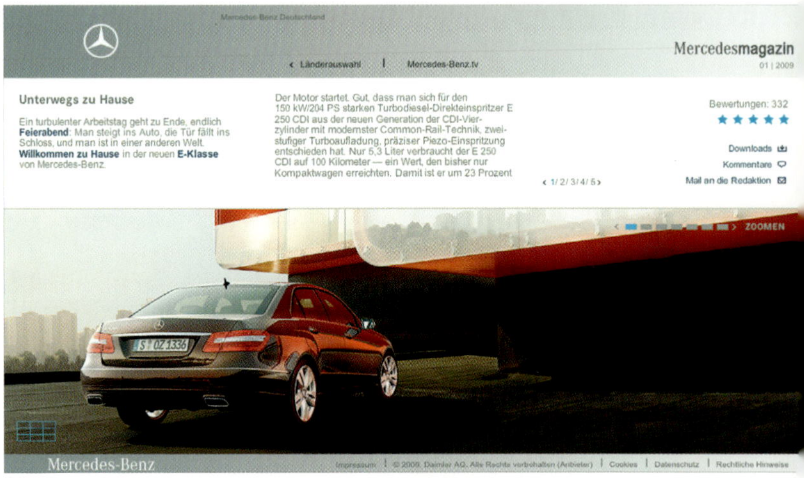

Großzügig: Das Storytelling bietet dem User die Möglichkeit, sich kurzzeitig zurückzulehnen und die Eindrücke wirken zu lassen. In dieser Sequenz wird er mit großflächigen Bildern, Videoausschnitten und knackigen Headlines versorgt.

MEDIENINTEGRATION

Preisträger

vigo Rheinland / Hamburg
AOK Rheinland/Hamburg
wdv Gesellschaft für Medien & Kommunikation mbH & Co. OHG

SEITE 250

Shortlist

Bosch-Zünder
Robert Bosch GmbH
KircherBurkhardt GmbH

SEITE 252

Das interaktive AOK Kommunikationskonzept – Familienprogramm
AOK-Bundesverband
wdv Gesellschaft für Medien & Kommunikation mbH & Co. OHG

SEITE 254

Energie! Entdecke, was die Welt bewegt
RWE AG
HOFFMANN UND CAMPE Corporate Publishing

SEITE 256

Teilnehmer

Abnehmen mit Genuss AOK
AOK Bundesverband
wdv Gesellschaft für Medien & Kommunikation mbH & Co. OHG

SEITE 258

Bei uns zu Hause
Kraft Foods Deutschland GmbH
KircherBurkhardt GmbH

SEITE 260

VIGO GESUNDHEIT ist das Kundenmagazin der AOK Rheinland/Hamburg. Es bereitet Informationen zu den Themenbereichen Medizin, Gesundheit und Leben im (regionalen) Umfeld der AOK-Kunden populär, nutzwertig und in höchstem Maße crossmedial auf. Denn das medienübergreifende Angebot von *vigo* beschränkt sich nicht auf die interaktiven Inhalte der Internetplattform *vigo Online* oder die Handy-Services von *vigo Mobil*. Monatlich gehen die fünf Regionalausgaben des halbstündigen Gesundheitsmagazins *vigo TV* auf Sendung. Ein Mailingprogramm, ein Familien-Supplement, ein Studentenmagazin und eine CD/DVD-Reihe mit Special-Interest-Themen öffnen – eng miteinander verwoben – weitere Medienkanäle für die Botschaften des Herausgebers AOK. Ergänzend erscheint zweimal jährlich *vigo Spezial*, ein monothematisches Sonderheft zu Medizin- und Gesundheitsschwerpunkten.

Herausgeber
AOK Rheinland/Hamburg

Herausgebender Dienstleister
wdv Gesellschaft für Medien und Kommunikation

Chefredakteur
Torsten Ceynowa

Gestaltung
Björn Kapsch, Margarete Mazur

Erscheinungsweise
sechsmal jährlich

Heftformat
275 mm x 205 mm

Umfang
52 Seiten

Auflage
1,1 Millionen Exemplare; zwei Regionalausgaben (Rheinland, Hamburg)

Vertriebsweg
Postzeitungsvertrieb

Zielgruppenprofil
Kunden der AOK Rheinland/Hamburg (18 bis 65 Jahre)

Anzeigenpreis 1/1 4c
11.000 Euro

Webseite
www.vigo.de

Kontakt zur Redaktion
t.ceynowa@wdv.de

Medizin, Gesundheit sowie Freizeit und Leben in der Region – das Themen-Portfolio von vigo Gesundheit (Seitenbeispiele rechts) gibt auch den Rahmen für andere Kommunikationskanäle vor. Spezifisch aufbereitet finden die Themen unter anderem in vigo Online, vigo Familie (mit Mailingprogramm), vigo Mobil und vigo TV ihren Niederschlag (Abbildungen ganz rechts von oben nach unten).

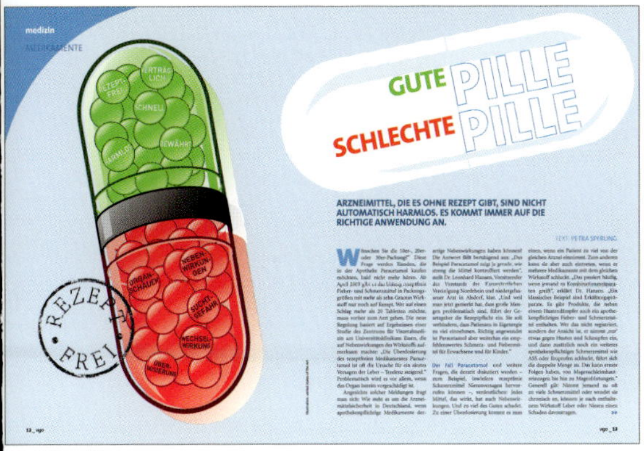

AOK vigo FAMILIE

Herrn
Fritz Mustermann
Musterstraße 123
12345 Musterstadt

AOK Rheinland/Hamburg – Die Gesundheitskasse

7. August 2008

Zeit für den nächsten Kinderarztbesuch

Lieber Herr Mustermann,

ein Dreivierteljahr ist seit der letzten Vorsorgeuntersuchung von Max/Marianne vergangen. Schon ist es Zeit, mit Ihrem Sohn/Ihrer Tochter die kommende U 7 bei Ihrem Kinderarzt wahrzunehmen.

Zwischen dem 21. und dem 24. Lebensmonat fragt Ihr Kinderarzt Sie nach dem Verhalten und den Fortschritten von Max/Marianne. Bei der umfangreichen Untersuchung achtet der Arzt besonders auf die Sprachentwicklung und Feinmotorik. Außerdem stehen wichtige Schutzimpfungen an.

Viele Grüße

Walter Muster
Geschäftsstellenleiter

PS: Fragen Sie den Kinderarzt auch, zu welchen Schutzimpfungen er rät.

vigo FAMILIE Gutschein
Max Mustermann-Mustermann
U7

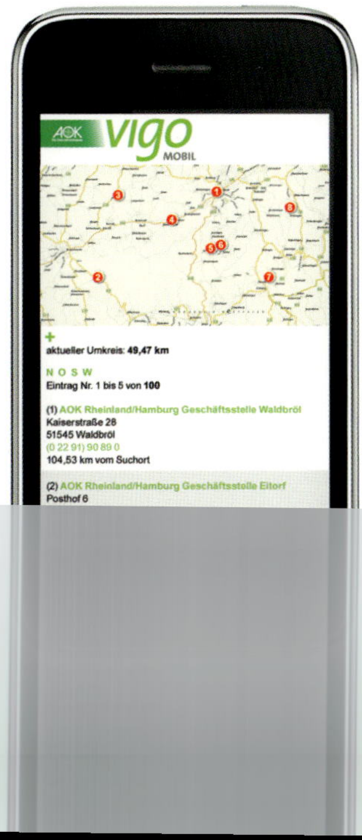

BOSCH ONLINE ANIMATION. Das führende Technikunternehmen Bosch sorgt für crossmediale Kommunikation. Inhalte der internen Medien erscheinen zunächst als Printversion, dann parallel im Intranet, werden digital zur eigenen Plattform weiterentwickelt, leiten über ins Internet und bedienen Pressekanäle on- und offline. Vom Mitarbeiter über den Partner bis zum Kunden und zur Öffentlichkeit erhalten alle ihren spezifischen Zugriff. Bosch betreibt Innovation – und entsprechend hochwertig werden technische Innovationen auch in die Kommunikationskanäle eingeführt. Immer auf die komplexe Sachlage und den Empfänger der Information ausgerichtet, immer im jeweils adäquaten Medium aufbereitet. Informationen erhalten die jeweils entsprechende Plattform, hochtechnische Sachverhalte werden professionell, aber auch spielerisch aufbereitet, bleiben somit nachvollziehbar. Kunde und Mitarbeiter können mitleben und miterleben und entwickeln somit Begeisterung für die Firmenleistung. Siehe auch Seiten 224 und 308.

Herausgeber
Robert Bosch
Uta-Micaela Dürig (Leitung Corporate Communications)

CP-Dienstleister
KircherBurkhardt

Redaktion
Gunter Epple, Jörg Kirchhoff (Robert Bosch)

Gestaltung
KircherBurkhardt

Erscheinungsweise
unregelmäßig, je nach Themen beziehungsweise Möglichkeiten zur crossmedialen Vernetzung

Zielgruppenprofil
alle Mitarbeiter der Bosch-Gruppe weltweit im Intranet, alle Online-User weltweit auf bosch.com

Website
www.bosch.com

Kontakt zur Redaktion
Robert Bosch, Interne Kommunikation
Fon +49 711 811 7112

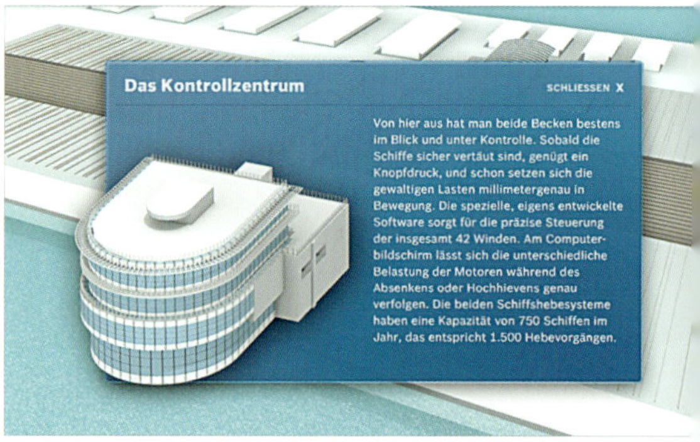

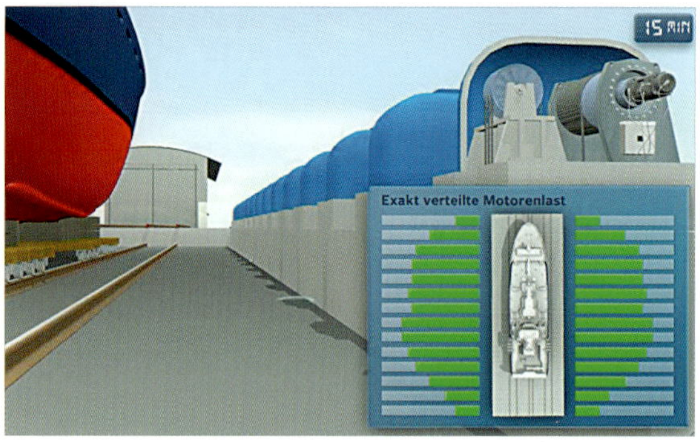

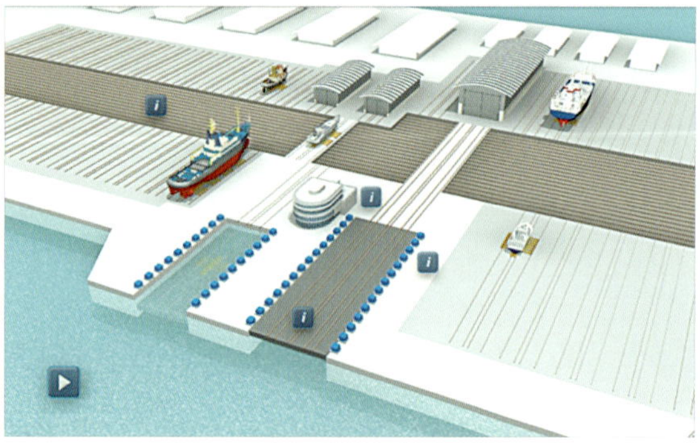

12 Märkte, Produkte, Technik

BoschZünder 1 | 2008

Dubai: Tausend und eine Fracht

Technik fürs Heben – Spezialisten von Bosch Rexroth hieven tonnenschwere Schiffe millimetergenau aus dem Arabischen Golf

Temperaturen bis zu 50 Grad – spezielles Design schützt die Technik vor Sand, Salzwasser und hoher Luftfeuchtigkeit.

Auf 5000 Rädern

Drydocks World: „Das meinen wir wörtlich"

Die Steuerung

Die Winden

Der hier gezeigte Beitrag zum Schiffshebewerk in Dubai wurde zunächst als Reportage für den *Bosch-Zünder* vor Ort recherchiert. Zur Veröffentlichung entstand dazu eine detaillierte Infografik, die das elementare Detail der Anlage besonders anschaulich hervorhebt: die Arbeit der Präzisionswinden, die Bosch als Herzstück beisteuert. Um den Bewegungsprozess des Hebewerks als dynamischen Ablauf darstellen zu können, wurde ein aufwendiges 3D-Special entwickelt, welches den kompletten Vorgang als Flash-Animation eindrucksvoll demonstriert. Zudem wurden aktivierbare Informationsebenen eingebettet, die Gebäude und Bauteile zusätzlich beschreiben. Diese Animation ist seitdem in Intranet und Internet abrufbar, wurde auf Messen sowie zu Vorträgen eingesetzt und dient zum Personal- und Produktmarketing.

Schwerpunkt: Regenerative Energien 8/9

Wachsen mit der Kraft von Wind und Sonne

Der Aufbau der Maschinengondel

Starke Getriebe für die Windernte

Ein Aufbau mit viel Energie

Warmwasserbereitung mit Solarenergie

Windräder fangen Wind ein

Weltweit Nachfrage nach regenerativen Energien: Die Märkte in Zahlen

Solartechnik auf jedes neue Dach

Energie effizienter nutzen

Der hier gezeigte Beitrag zur Klimatechnik erschien zunächst als umfangreicher Doppelseiten-Artikel für den *Bosch-Zünder*. Die Aktivitäten des Unternehmens im Bereich der regenerativen Energien wurden am Beispiel Windkraft und Solarenergie gezeigt, technische Details mittels Infografiken aufbereitet. Um dem Thema jedoch für die Verwendung in weiteren Medien auch eine zusätzliche Komponente zu geben, wurde eine Betrachtungsebene entworfen, die im Online-Special umgesetzt wurde: der reale und ablesbare Nutzen für den User und die Umwelt – die Verringerung des CO2-Ausstoßes beim Einsatz der genannten Produkte und Technologien in konkreten Zahlen. Aufgeteilt in die Bereiche Industrie, Auto und Haus vermittelt die Flash-Animation spielerisch und anschaulich, welcher Einsatz welche Vorteile liefert.

AOK FAMILIENPROGRAMM ist ein Mediensystem, mit dem die AOK Familien von der Schwangerschaft bis zur Pubertät der Kinder begleitet. Ziel ist die Kundenbindung durch eine kontinuierliche Ansprache auf hohem Niveau. Die Eltern werden in der jeweiligen Lebensphase ihres Kindes abgeholt. Sie erhalten Antworten auf ihre Fragen und Anregungen, wie sie die Gesundheit ihres Kindes fördern können. Das geschieht über die jeweils effektivsten Kanäle: Basisinfos im umfangreichen Nachschlagewerk, dem *AOK Elternratgeber*, spezielle Themen in Broschüren, Flyern und Foldern. Mailings erinnern die Eltern an die Vorsorgeuntersuchungen, beiliegende Gutscheine initiieren eine Face-to-Face-Kommunikation. Events und Vorträge fördern die individuelle Kundenbindung und dienen darüber hinaus der Akquise. Das Internetangebot bietet schnellen und aktuellen Kundenservice. Durch das einheitliche, aber medienspezifisch variierte CD wird das *AOK FamilienProgramm* erlebbar.

Herausgeber
AOK-Bundesverband

Herausgebender Verlag
wdv Gesellschaft für Medien und Kommunikation

Produktverantwortliche
Angelika Ullmann

Grafisches Konzept
Susanne Weser

Crossmediales Programm
50 Printmedien, 450 HTML-Seiten, 90.000 Briefe im Monat, DVDs, Events, Vorträge

Zielgruppe
Familien

Website
www.aok.de/kids

Kontakt
a.ullmann@wdv.de

www.gesunde-kinder-gesunde-zukunft.de

Vielfalt für eine heterogene Zielgruppe über differenzierte Ansprache: Loseblattsammlung, Broschüren, Folder, Mailings mit Give-aways, Internet und DVD

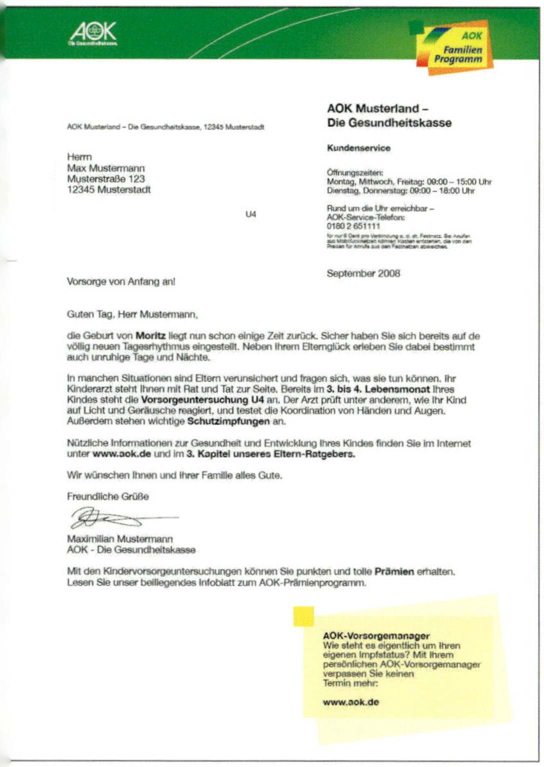

AOK Familien Programm

AOK Musterland – Die Gesundheitskasse, 12345 Musterstadt

Herrn
Max Mustermann
Musterstraße 123
12345 Musterstadt

U4

AOK Musterland –
Die Gesundheitskasse

Kundenservice

Öffnungszeiten:
Montag, Mittwoch, Freitag: 09:00 – 15:00 Uhr
Dienstag, Donnerstag: 09:00 – 18:00 Uhr

Rund um die Uhr erreichbar –
AOK-Service-Telefon:
0180 2 651111

September 2008

Vorsorge von Anfang an!

Guten Tag, Herr Mustermann,

die Geburt von **Moritz** liegt nun schon einige Zeit zurück. Sicher haben Sie sich bereits auf de völlig neuen Tagesrhythmus eingestellt. Neben Ihrem Elternglück erleben Sie dabei bestimmt auch unruhige Tage und Nächte.

In manchen Situationen sind Eltern verunsichert und fragen sich, was sie tun können. Ihr Kinderarzt steht Ihnen mit Rat und Tat zur Seite. Bereits im **3. bis 4. Lebensmonat** Ihres Kindes steht die **Vorsorgeuntersuchung U4** an. Der Arzt prüft unter anderem, wie Ihr Kind auf Licht und Geräusche reagiert, und testet die Koordination von Händen und Augen. Außerdem stehen wichtige **Schutzimpfungen** an.

Nützliche Informationen zur Gesundheit und Entwicklung Ihres Kindes finden Sie im Internet unter **www.aok.de** und im **3. Kapitel unseres Eltern-Ratgebers.**

Wir wünschen Ihnen und Ihrer Familie alles Gute.

Freundliche Grüße

Maximilian Mustermann
AOK - Die Gesundheitskasse

Mit den Kindervorsorgeuntersuchungen können Sie punkten und tolle **Prämien** erhalten. Lesen Sie unser beiliegendes Infoblatt zum AOK-Prämienprogramm.

AOK-Vorsorgemanager
Wie steht es eigentlich um Ihren eigenen Impfstatus? Mit Ihrem persönlichen AOK-Vorsorgemanager verpassen Sie keinen Termin mehr:

www.aok.de

ENERGIE! *Entdecke, was die Welt bewegt.* Woher kommt der Strom? Womit werden Autos in Zukunft fahren? Warum kann noch nicht alle Energie durch erneuerbare Energien erzeugt werden? Und was ist das eigentlich: Energie? Durch die innovative Mischung aus Comic und Sachbuch werden diese Fragen in *Energie! Entdecke, was die Welt bewegt!* neu aufbereitet und verständlich beantwortet. So werden Kinder und Jugendliche auf eine abwechslungsreiche Weise für das Thema Energie gewonnen. Die Website www.jungeenergie.com begleitet das Buch im Medium Internet. Dort werden Inhalte in Form von Spielen, Video- und Audioapplikationen zielgruppengerecht aufbereitet. Die Energie-Community soll die Nutzer langfristig an die Website binden. Der integrierte Ansatz liefert einen wichtigen Mehrwert, da er medienspezifische Vorteile von Buch und Website berücksichtigt.

Herausgeber
RWE

CP-Dienstleister
HOFFMANN UND CAMPE
Corporate Publishing

Autoren
Andreas C. Knigge, Dr. Torsten Meise, Werner Pluta

Art Director
Ralf Schneider

Format
235 mm x 170 mm

Umfang
200 Seiten

Auflage
15.000 Exemplare

Vertriebswege
Buchhandel, Schulen und Bildungsinstitutionen

Zielgruppe
Kinder und Jugendliche zwischen 10 und 14 Jahren

Website
www.jungeenergie.com

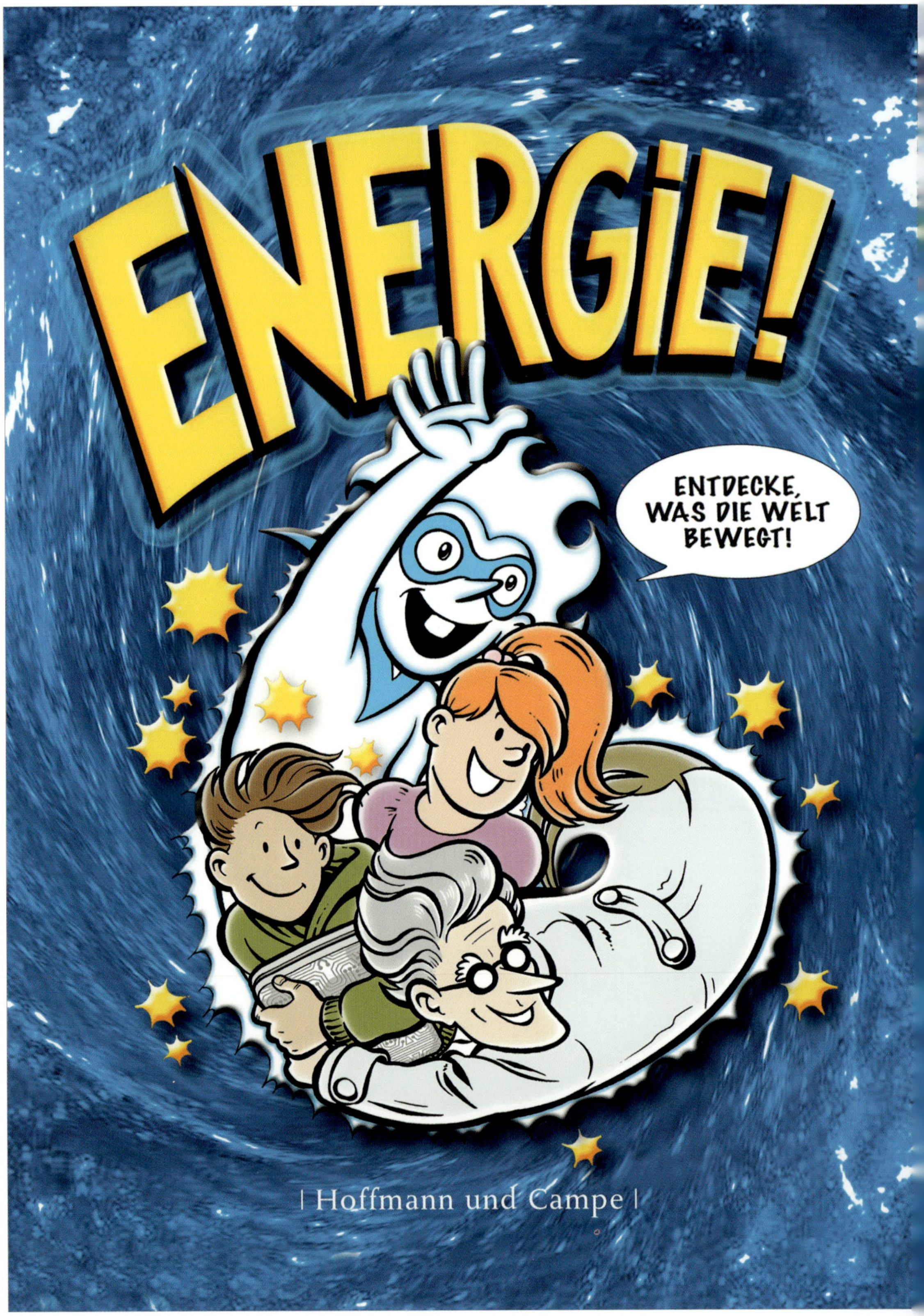

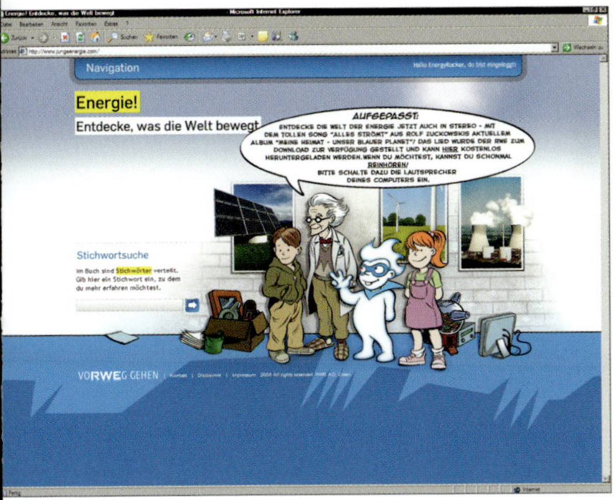

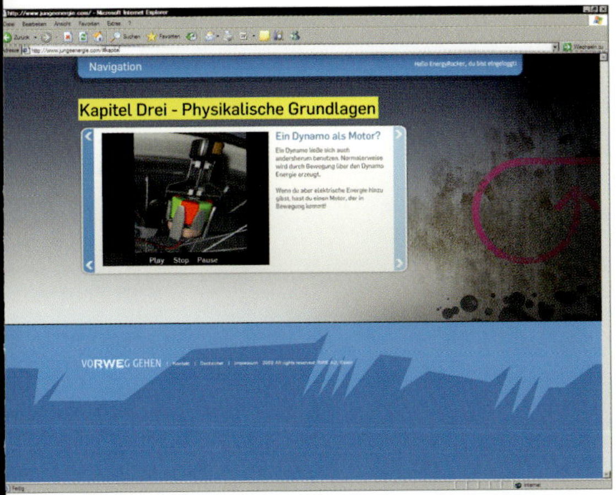

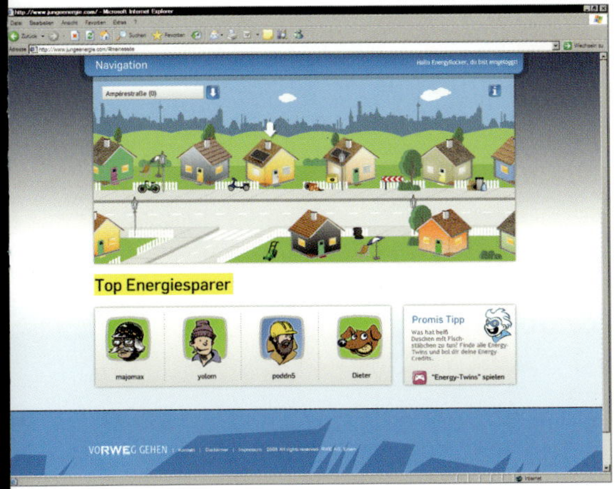

WIE EIN DYNAMO FUNKTIONIERT

Wenn du mit dem Fahrrad fährst, kannst du auch den Dynamo einschalten. Der Reifen treibt dann das Rad des Dynamos an. Im Inneren eines Generators passiert dabei Folgendes: Das Rädchen treibt einen U-förmigen Magneten an, der sich dreht. Das U umschließt eine Drahtspule, in deren Inneren wiederum ein Eisenkern sitzt. Der Magnet bewegt die Elektronen im Draht – Strom wird erzeugt.

Mit einem Magneten Strom erzeugen

Es gibt einen Zusammenhang zwischen Magnetismus und Elektrizität. Das erkennt man zum Beispiel daran, dass Strom einen Magneten bewegen kann.

Wenn der Strom einen Magneten bewegt: Kann man umgekehrt mit der Bewegung eines Magneten auch Strom erzeugen? Du ahnst es bestimmt schon: Ja, das geht. Mithilfe eines Dynamos.

Der Dynamo

Wenn du einen Draht in das Feld eines Hufeisenmagneten hineinbringst, wirkt eine Kraft auf die Elektronen in dem Draht, und die Elektronen bewegen sich für einen Moment. Es fließt Strom. Steht der Magnet still, bewegen sich auch die Elektronen nicht mehr. Ziehst du den Draht aus dem Magnetfeld heraus, bewegen sich die Elektronen wieder, aber in die andere Richtung. Wieder fließt für einen kurzen Moment Strom, aber andersherum.

Dieses Phänomen, dass ein sich änderndes Magnetfeld Spannung erzeugt, nennt der Physiker „elektromagnetische Induktion". Die Verlängerung ist einfach: Wickelt man den Draht zu einer Spule auf, kann man dem Magnetfeld viel mehr Draht aussetzen. Dabei gilt: Je mehr Wicklungen eine Spule hat, desto höher ist die Induktionsspannung.

Das Konstruktionsprinzip

Eine weitere Verstärkung bringt ein Eisenkern in der Mitte der Spule. Die Eisenatome drehen sich in der Richtung des Magnetfelds und verstärken dessen Wirkung.

Nun ist es aber reichlich unpraktisch, den Magneten immer hin- und herzubewegen. Technisch ist es einfacher, den Magneten drehbar auf einer Achse zu lagern. Dann baut man an das eine Ende der Achse noch ein kleines Rad, um die Achse in Rotation zu versetzen. Soeben haben wir aus einem um einen Eisenkern gewickelten Draht und einem drehbar gelagerten Hufeisenmagneten eines der am meisten verbreiteten Geräte zur Erzeugung von Wechselstrom gebaut: einen Dynamo, wie du ihn von deinem Fahrrad kennst. Der ist zwar etwas komplizierter und deshalb leistungsfähiger, aber er funktioniert nach dem gleichen Prinzip.

ZUSAMMENGEFASST

Die Wissenschaft, die sich mit der Natur von Energie befasst, ist die Physik.
* Albert Einstein wurde auch deshalb zum berühmtesten Physiker, weil er das Verhältnis von Energie und Masse erkannte.
* Energie ist ein abstraktes Phänomen, lässt sich aber messen. Dafür gibt es verschiedene Größen wie Kraft, Arbeit und Leistung.
* Elektrizität ist eine Form der Energie, die für unseren Alltag eine ganz besondere Bedeutung hat.
* Auch Elektrizität lässt sich physikalisch messen. Die wichtigsten Größen sind Spannung, Stromstärke und Widerstand.
* Der einfachste Stromgenerator ist ein Dynamo. Ein rotierender Magnet bringt die Elektronen eines Drahts in Bewegung und lässt so Strom fließen.

ABNEHMEN MIT GENUSS. Das dialogorientierte Präventionsprogramm der AOK motiviert die Teilnehmer mithilfe vieler vernetzter Kommunikationskanäle zum Abnehmen und damit zu einem gesünderen Leben. Neben mindestens sieben individuellen Brief- oder E-Mail-Kontakten unterstützen eine Experten-Hotline und nutzwertige Internetseiten die Teilnehmer auf ihrem Weg zum Wohlfühlgewicht. Das alltagstaugliche Medienpaket aus Trainingsbuch, Fetttabelle und Maßband wird zum täglichen positiven Begleiter. Zusätzlich sorgen SMS auf dem Handy, Newsletter per Internet oder moderne Zusatztools wie der Einkaufscoach und der Fettfallenfinder dafür, mit Spaß weiterzumachen. Das Programm wurde bereits 1987 vom Ernährungspsychologen der Universität Göttingen Prof. Volker Pudel entwickelt und von *Ökotest* mit der Note „sehr gut" ausgezeichnet. Die AOK hat damit ein einzigartiges Präventionsangebot, mit dem sie sich als Gesundheitskasse positioniert.

Herausgeber
AOK-Bundesverband

Herausgebender Verlag
wdv Gesellschaft für Medien und Kommunikation Publishing

Produktverantwortliche
Beate Stotz-Jonas

Grafisches Konzept
Susanne Weser

Medienart
dialoggesteuertes und crossmediales Präventionsprogramm

Teilnehmer
über 150.000

Preis
49,90 Euro, Erstattung durch AOK nach Teilnahme

Website
www.aok.de/abnehmen

Kontakt
B.Stotz-Jonas@wdv.de

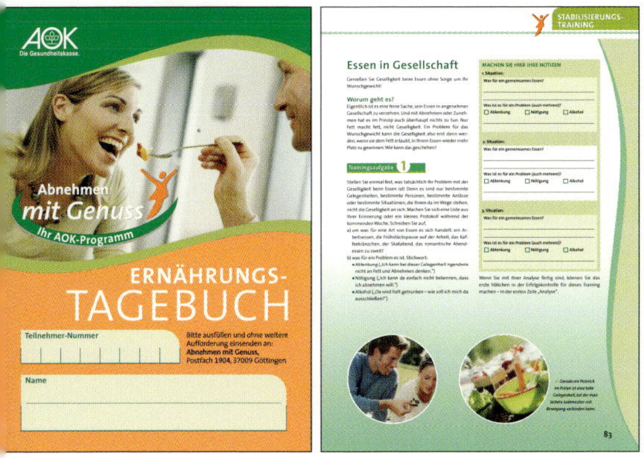

Mit crossmedialen Aktionsthemen wie „Kauf dich schlank" und modernen Kommunikationstools wie dem Einkaufscoach fürs Handy motiviert *Abnehmen mit Genuss* immer wieder neue Interessenten, am Programm teilzunehmen. Die AOK-Mitgliedermagazine und die Internetseiten sind hierbei die zentralen Kommunikationsplattformen.

BEI UNS ZU HAUSE. Das Kundenmagazin von Kraft Foods tritt in den ständigen Dialog mit den Verbrauchern. Dadurch steigert es den Share of Basket bei den Most Valuable Consumers erheblich, erhöht die Loyalty und Advocacy und schafft echte Kaufanreize. Mit zahlreichen Rezepten, Tipps und Tricks rund ums Kochen, Wohnen, Gärtnern und Wohlfühlen bietet es anregende, unterhaltsame und hilfreiche Inhalte. Auch die Homepage www.beiunszuhause.de ist ganz auf die Zielgruppe zugeschnitten. Dort findet sie zusätzliche Features wie Rezeptdatenbanken, Fitness-Checks und Kochvideos. Außerdem kann man sich in dieser Community jederzeit auch mit Gleichgesinnten austauschen. CRM von seiner besten Seite. Siehe auch Seite 196.

Herausgeber
Kraft Foods Deutschland

CP-Dienstleister
KircherBurkhardt

Redaktion
Kraft Foods Deutschland,
Redaktion „Bei uns zu Hause“

Gestaltung
KircherBurkhardt

Erscheinungsweise
dreimal jährlich

Heftformat
Magazin (etwas kleiner als A4)

Umfang
62 Seiten

Auflage
600.000 Exemplare

Vertriebsweg
Pressesendung

Zielgruppenprofil
primär Frauen mit Familie im Alter von 30 bis 60 Jahren als Haushaltsführende (wertkonservative Einstellung, bürgerliche Mitte, markenaffin)

Website
www.beiunszuhause.de

Kontakt zur Redaktion
Dorothee Senfleben
Fon +49 421 599 3126
dsenfleben@krafteurope.com

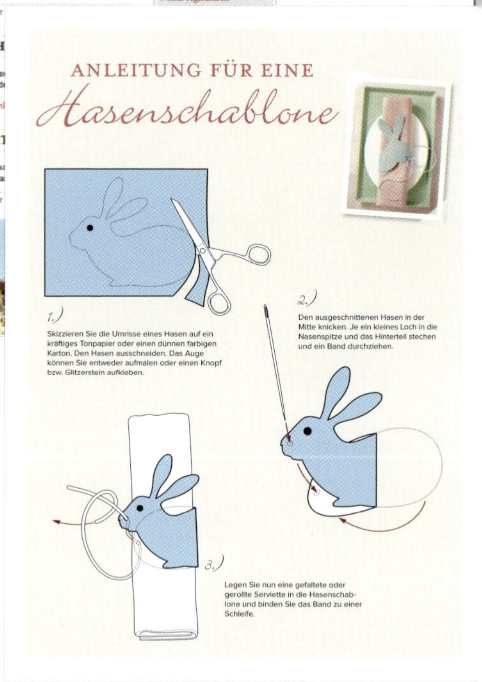

Durch flankierende Maßnahmen werden die Inhalte des Kundenmagazins erweitert und der Dialog mit den Verbrauchern wird vertieft. Saisonale Broschüren als Magazin-Beileger schaffen zusätzliche Kaufanreize und speziell für die Homepage gelieferter Content bietet echten Mehrwert. So stehen unter www.beiunszuhause.de beispielsweise zahlreiche Bastelanleitungen zum Download bereit. Außerdem findet die Zielgruppe dort weitere Tipps und Tricks, die Bezug auf die Rubriken des Kundenmagazins nehmen.

SPECIALS
CORPORATE MAGAZINE/ZEITUNGEN

Preisträger

Knie Illustré 2009
Gebrüder KNIE, Schweizer National-Circus AG
Primafila AG

SEITE 264

Shortlist

gmündguide 2009
Stadtmagazin Schwäbisch Gmünd
Publishing Network Einhorn-Verlag/
freitagundhäussermann
freitagundhäussermann.gestaltungsagentur

SEITE 266

Magazin 100
BÄKO-ZENTRALE NORD eG
BAUER:BUCHHOLZ GbR
kommunikation.design.projekte.

SEITE 268

ramp special Mercedes-Benz E-Klasse
"Welcome Home"
Daimler AG, Mercedes-Benz Presseabteilung
Red Indians Publishing GmbH & Co. KG

SEITE 270

WEMPE MAGAZIN
Gerhard D. Wempe KG
HOFFMANN UND CAMPE
Corporate Publishing

SEITE 272

Teilnehmer

Deutsche Bahn Jahresbroschüre
DB Mobility Logistics AG
KircherBurkhardt GmbH

SEITE 274

LOUIS
Roma Rolladensysteme GmbH
Gesellschaft für Knowhow-Transfer
in Architektur und Bauwesen mbH

SEITE 276

KNIE ILLUSTRÉ – Publishing mit Glamourfaktor. Mit dem Magazin *Knie Illustré* hat sich der Schweizer National-Circus einem neuen Auftritt verschrieben. Intensiver als in früheren Jahren werden die Themen aus der Zirkuswelt als Geschichten erzählt, handele es sich um Geschehen und Arbeit in der Manege oder um das Zirkusleben backstage. Ein einzigartiges, der magischen Realität folgendes Storytelling und ein ebensolches Branding.

Herausgeber
Schweizer National-Circus Knie

Herausgebender Dienstleister
Primafila

Chefredaktion
Dr. Viviane Egli

Art Direction
Fabian Elsener

Erscheinungsweise
einmal jährlich

Format
296 mm x 220 mm

Umfang
68 Seiten

Auflage
85.000 Exemplare (deutsch, französisch)

Vertriebsweg
Direktvertrieb

Zielgruppe
Zirkusbesucher, Medien

Website
www.knie.ch

Kontakt zur Redaktion
egli@primafila-cp.ch

Der Ruhige
der siebten Generation
Franco Knie jun. kennt man von seinen glanzvollen Manegeauftritten als konzentrierten Elefantenlehrer. Seinen Zirkusalltag, geprägt von der Verbundenheit mit seinen Elefanten, besteht der 31-Jährige ruhig und unauffällig. Für ihn hat es sich «richtig ergeben».
Text: Viviane Egli, Fotos: Lothar Schmid

PROBEN
Tiere gehen
zur Schule
Welches sind die Voraussetzungen in der Zusammenarbeit von Mensch und Tier für Nummern in der Zirkusmanege? Knie-Kurator Kurt Müller beantwortet sieben Fragen des Laien.
Fotos: Alberto Venzago
Was erfordert das Zusammenspiel zwischen Mensch und Tier vom Tierlehrer bei der Erarbeitung von Nummern für die Manege?
Warum sind die einen Tiere «begabter» als die anderen?

ZU GAST
Die ganze Familie Müller schnuppert Zirkusluft.
Zirkusleidenschaft
seit drei Generationen
Das war ein spannender Nachmittag für Familie Müller im Circus Knie! Auf dem Programm: eine überraschende Begegnung mit Géraldine Knie, ein Ritt auf dem Rücken eines Elefanten und viele weitere Attraktionen. Manege frei für echte Zirkusfans!

GMÜNDGUIDE ist das Stadtmagazin für Schwäbisch Gmünd, eine der ältesten Stauferstädte Deutschlands. Im Stil eines hochwertigen Lifestyle-Magazins vermittelt es Besuchern ein lebendiges, vielschichtiges Bild der traditionsreichen Stadt. Erlebnis-Stadt, Business-Stadt, Kultur-Stadt, Event-Stadt, Design-Stadt, Sport-Stadt: all das ist Schwäbisch Gmünd und im *gmündguide* auf journalistisch und gestalterisch hohem Niveau und in großzügiger Bildsprache dargestellt. Infoteile mit Shopping-, Gastro- und Nightlife-Tipps runden das 88 Seiten starke Magazin ab.

Herausgeber
Publishing Network Einhorn-Verlag / freitagundhäussermann

Herausgebender Verlag
Einhorn-Verlag + Druck

Redaktion/Objektleitung
Peter Freitag

Creative Direction
Peter Freitag

Art Direction
Brigitte Häussermann, Sanja Jaklenovic

Zielgruppenprofil
Besucher und Gäste der Stadt Schwäbisch Gmünd

Erscheinungsweise
einmal jährlich

Heftformat
210 mm x 270 mm

Umfang
88 Seiten

Anzeigenpreis 1/1 4C
2.800 Euro

Auflage
8.000 Exemplare

Vertriebswege
Direktverteilung, Versand

Website
www.freitagundhaeussermann.de
www.schwaebisch-gmuend.de

Kontakt zur Redaktion
p.freitag@freitagundhaeussermann.de

Die Facetten einer Stadt lebendig und unterhaltsam darstellen und die Menschen zeigen, die in ihr leben und sie prägen: *gmündguide* zeigt jedes Jahr aufs Neue spannende An- und Einsichten, Perspektiven und Profile, Ein- und Ausblicke der vitalen Kultur- und Erlebnisstadt Schwäbisch Gmünd.

MAGAZIN 100. Aus Anlass des 100-jährigen Firmenjubiläums wurde ein Status-Magazin anstelle einer klassischen Chronik in Buchform herausgegeben. Das redaktionelle und grafische Konzept kommuniziert souverän, zeitgemäß und unterhaltsam den Status quo auf Basis der 100-jährigen Unternehmensgeschichte. Das *magazin 100* vermittelt den Anspruch und die Zukunftsperspektiven der BÄKO GRUPPE NORD, als Teil der BÄKO, der wichtigsten Handelsorganisation des backenden Handwerks in Deutschland. Mit den unterschiedlichsten Stilmitteln eines seriösen Wirtschaftsmagazins werden die Kernkompetenzen der BÄKO-ZENTRALE NORD, aber auch aktuelle Tendenzen und Herausforderungen der Branche vermittelt sowie Vertrauen und Partnerschaft gestärkt. Um die Hochwertigkeit und den besonderen Anlass der Publikation zu unterstützen, wurde die Sonderfarbe Silber auf dem Cover und den Innenseiten selektiv eingesetzt.

Herausgeber
BÄKO-ZENTRALE Nord

CP-Dienstleister
BAUER: BUCHHOLZ – kommunikation. design.projekte.

Gestaltung
BAUER: BUCHHOLZ – kommunikation. design.projekte.

Erscheinungsweise
einmalig

Heftformat
230 mm x 330 mm

Umfang
70 Seiten

Auflage
1.200 Exemplare

Vertriebswege
persönlich überreicht (800) und Postversand (400)

Zielgruppen
Kunden und Partner der BÄKO GRUPPE NORD, Entscheidungsträger und Meinungsbildner aus Wirtschaft, Gesellschaft und Politik

Website
www.baekogruppenord.de

Kontakt zur Redaktion
publishing@bauerbuchholz.de

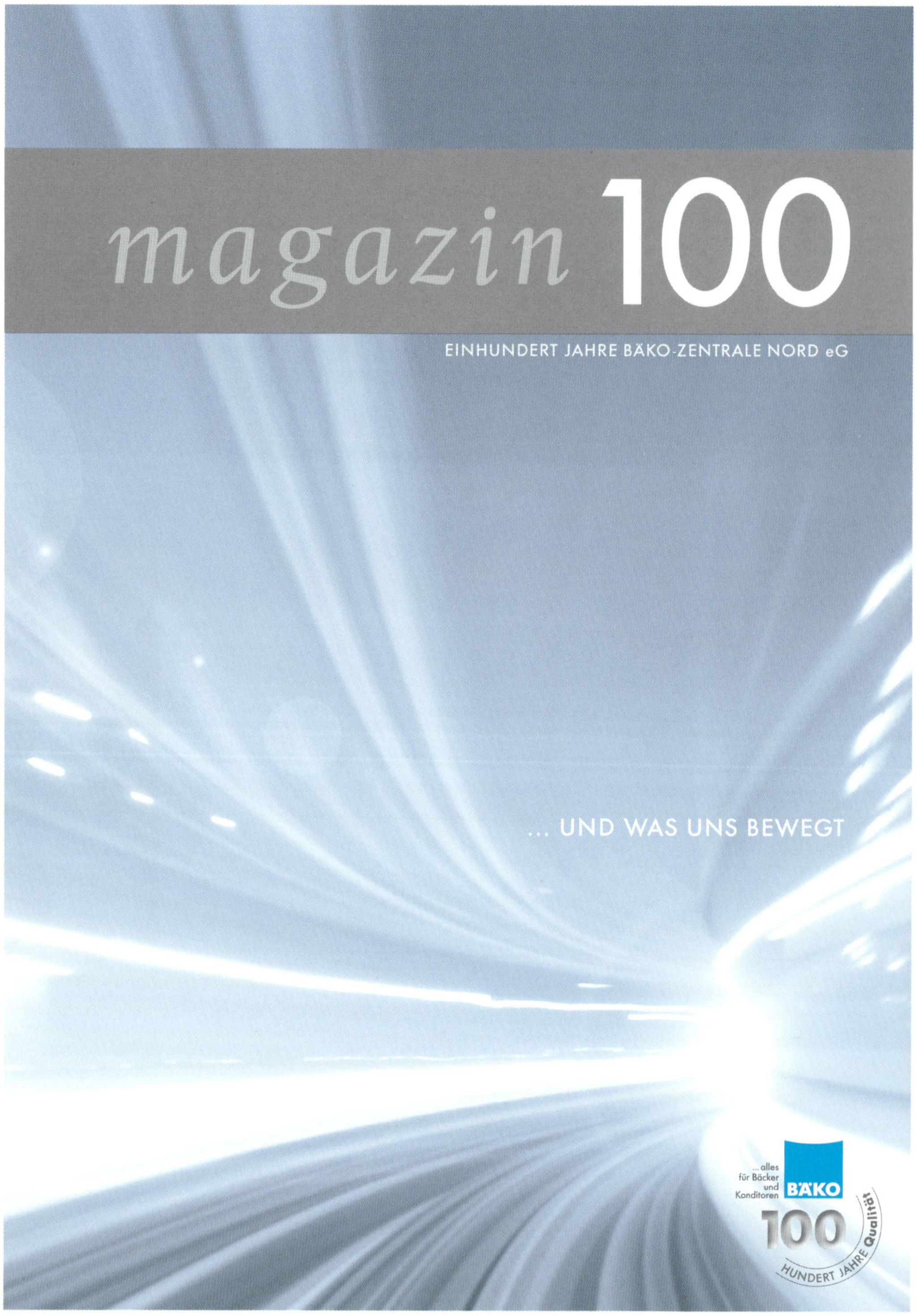

AUS 1 MACH 60.000

LOKAL GLOBAL

DIE RASENDE ROSINE

GEMEINSAMKEIT ALS STARKE UND BEWEGENDE KRAFT

FRISCHE NACHT

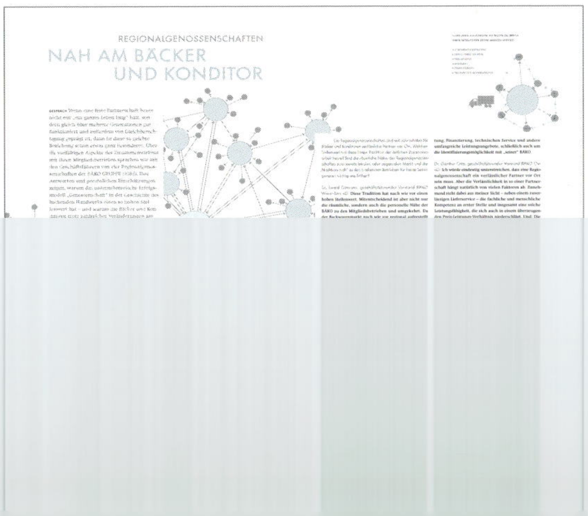
REGIONALGENOSSENSCHAFTEN
NAH AM BÄCKER UND KONDITOR

MARKE SEIN UND MARKE LEBEN

RAMP SPECIAL. Die E-Klasse ist das Herz von Mercedes-Benz. Das *ramp Special* soll dieses für die Marke so prägende Modell einer neuen ebenso wie der bewährten Klientel in einem anderen Licht zeigen. Das Special, wie jede ramp ein kleines Kunstwerk, präsentiert einen kreativen, überraschenden Umgang mit dem Modell – die E-Klasse, wie man sie noch nie gesehen hat. Als innovatives CP-Produkt ist das *ramp Special* einen komplett neuen Weg gegangen: Mercedes hat der Redaktion ohne die sonst üblichen Briefings alle Freiheiten in der Inszenierung und dem künstlerischen Umgang überlassen. So kann man das Heft auch als zeitgemäßes Medienexperiment verstehen. Es belegt, was entsteht und entstehen kann, wenn Kreative ohne die üblichen Marketingvorgaben mit Produkt und Marke umgehen dürfen – und das in Zeiten, in denen ansonsten eher verhalten gedacht und agiert wird.

Herausgeber
Daimler

Herausgebender Dienstleister
Red Indians Publishing

Chefredakteur
Michael Köckritz

Art-Direktor
Wolfgang Seidl (seidldesign)

Zielgruppenprofil
Auto- und Kulturinteressierte, Meinungsbildner und Multiplikatoren, Creative Community

Erscheinungsweise
viermal jährlich plus Sonderausgaben

Heftformat
220 mm x 280 mm

Umfang
240 Seiten

Auflage
80.000 Exemplare (deutsch/englisch)

Anzeigenpreis 1/1 4c
9.000 Euro

Vertriebswege
Zenit Presse, MZV

Website
www.ramp-magazin.de

Kontakt
michael.koeckritz@gokd.net

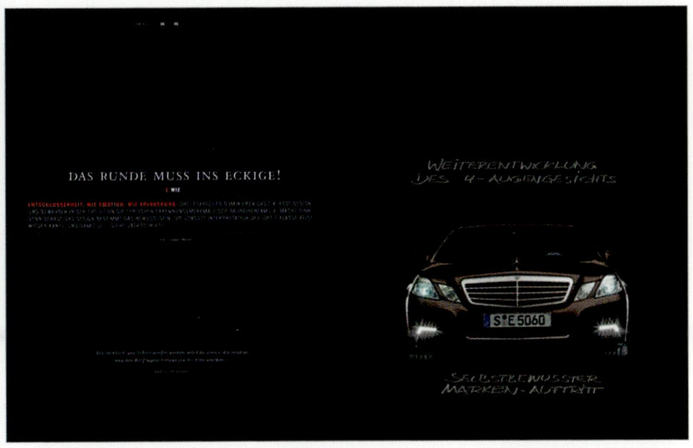
DAS RUNDE MUSS INS ECKIGE!
WEITERENTWICKLUNG DES 4-AUGENGESICHTS
SELBSTBEWUSSTER MARKEN-AUFTRITT

FAHREN BIS ZUM PAUSEN-GONG

CSI
SINDELFINGEN
IHR REVIER IST DER TATORT. SIE SEZIEREN, REKONSTRUIEREN, ANALYSIEREN. ALLES, DAMIT AUTOFAHREN IMMER SICHERER WIRD. EIN BESUCH BEI ECHTEN PROFILERN – DEN UNFALL-FORSCHERN VON MERCEDES-BENZ.

WIE IN EINER BOBBAHN SCHLÄGT DER WAGEN JETZT DURCH EINE SCHNEEWANNE, WIRD HART DURCHGEREICHT.
WAHNSINN, WIE ER ANREISST.
VÖLLIG UMSTANDSLOS, LEISER SOHLENDRUCK GENÜGT.

Eine Dienstfahrt mit der neuen E-Klasse, und Tim hatte Lust mich zu begleiten. Schließlich war Samstag. Hausaufgaben waren brav gemacht, Klavier bereits geübt (Die Schnellvariante, dafür umso lauter, damit alle ja mitbekommen, dass man die Sache nicht vergessen hat), die Schwestern heute eher etwas anstrengend und das Wetter viel zu unfreundlich, um irgendetwas außer Haus anzustellen. Da kam Papa gerade recht. Fotoshooting mit der neuen E-Klasse. Perfekt. Und pädagogisch sinnvoll. Denn Kinder sollen ruhig mal ein Gefühl dafür bekommen, was der Papa eigentlich so macht, wenn er in dieses schwarze Ich-gehe-dann-mal-etwas-Arbeiten-Loch verschwindet. So wird Arbeit zur Erziehungsarbeit. Fein. Außerdem freue ich mich immer, wenn ich etwas mit Tim unternehmen kann.
Lief dann auch alles nach Plan. Bis zur Heimfahrt. Da rief Mama an.
»Fährst du bei diesem Wetter auch vorsichtig?«, wollte Sabine am Ende rasch noch von mir wissen.
»Natürlich!«
»Es ist bereits dunkel, es regnet und die Straßen sollen glatt werden.«
»Keine Sorge!«, antwortete ich beruhigend, um dann entspannt meinen besten Trumpf auszuspielen: »Wir sind im sichersten Auto der Welt unterwegs. Kann gar nichts passieren.«
»Fährt das Auto denn auch ohne dich, mein Liebling?«
»Nein, natürlich nicht.«
»Schade!«
»KEINE SORGE!« ANTWORTETE ICH BERUHIGEND, UM DANN ENTSPANNT MEINEN BESTEN TRUMPF AUSZUSPIELEN: »WIR SIND IM SICHERSTEN AUTO DER WELT UNTERWEGS. KANN GAR NICHTS PASSIEREN.«
Während ich noch überlegte, wie man einem achtjährigen Jungen erklärt, was die Beziehung von Frauen und Männern im Allgemeinen und Besonderen so phantastisch lebendig hält,

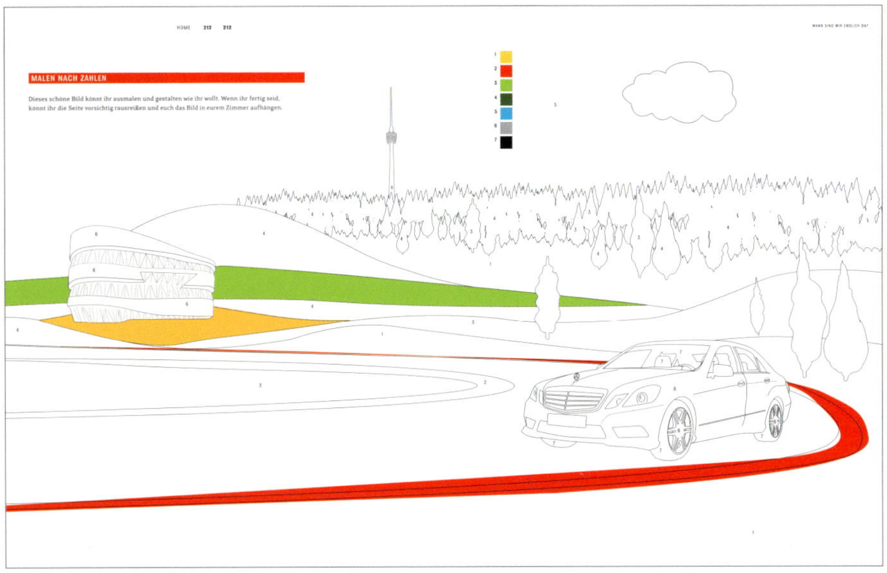
HOME 212 212
MALEN NACH ZAHLEN
Dieses schöne Bild könnt ihr ausmalen und gestalten wie ihr wollt. Wenn ihr fertig seid, könnt ihr die Seite vorsichtig rausreißen und euch das Bild in eurem Zimmer aufhängen.

MUSEUM

WEMPE MAGAZIN. Das Magazin des Handelshauses für feine Uhren und Juwelen spiegelt den Anspruch höchster Perfektion wider. Mit hochkarätigen Reportagen, Interviews und Fotografien rund um die Themen Qualität, Zeit, Tradition und Transparenz informiert und inspiriert es Kunden und Freunde. Die Themenschwerpunkte transportieren ein positives, offenes Grundgefühl, Wärme, Aktivität, Kraft und Mut. Das Magazin soll nicht nur stylisches Schaufenster sein, sondern hinter die Kulissen des Unternehmens Wempe sowie der Uhren- und Schmuckbranche blicken. Eigens für das Heft produzierte Fotos und Bildstrecken unterstreichen seine Individualität und Authentizität. Siehe auch Seite 302.

Herausgeber
Gerhard D. Wempe

CP-Dienstleister
HOFFMANN UND CAMPE
Corporate Publishing

Chefredaktion
Peter Würth

Art Direction
Johannes Erler, Factor Design

Erscheinungsweise
jährlich

Format
220 mm x 270 mm

Umfang
76 Seiten

Auflage
300.000 Exemplare
(2 Sprachausgaben)

Vertriebswege
personalisierter Versand, weltweit in den Geschäften, Verteilung auf Special Events

Zielgruppen
Kunden, Geschäftspartner und Freunde des Hauses Wempe

Anzeigenpreis 1/1 4c
13.530 Euro

Website
www.wempe.de/bereich-magazin.htm

Kontakt zur Redaktion
magazin@wempe.de

MICHALIS PANTELOURIS:
VOM GLÜCK DER GEDULD

Manche Herzensgeschichten brauchen etwas Anlauf. Der Journalist Michalis Pantelouris erzählt, wie aus einer langen Freundschaft am Ende Liebe wurde. Kein Wunder, dass der perfekte Ring für diese Geschichte nicht leicht zu finden war.

PATEK PHILIPPE MUSEUM IN GENF

HOMMAGE AN EINE EDLE HANDWERKSKUNST

In einer der wichtigsten Uhrenstädte der Welt stellt ein feines, kleines Museum 1500 Prachtstücke der Uhrengeschichte vor. Ein Loblied auf die Profession der Genfer Meister und ein Anreiz für den potenziellen Nachwuchs.

TEXT Kaspar Meuli / FOTOGRAFIE Benno Kraehahn

So wie auf dem Foto auf der linken Seite sahen die Arbeitsplätze der berühmten Genfer Meisteruhrmacher früher aus – im Museum von Patek Philippe original wiederaufgebaut. In dem Gebäude an der Rue des Vieux-Grenadiers, in dem heute das Museum untergebracht ist, wurden ab 1919 bereits Edelsteine für die Uhrenindustrie geschliffen (links).

Die Botschafter waren beeindruckt – und wohl auch ein wenig stolz. Im Herbst 2007 statteten die Schweizer Diplomaten in corpore dem Patek Philippe Museum einen Besuch ab. Dabei wurde manchem Gesandten klar: Die Herstellung von Luxusuhren ist nicht bloß ein wichtiger Wirtschaftsfaktor seines Landes, die Uhrmacherkunst stellt vor allem auch ein faszinierendes kulturelles Erbe dar.

Tatsächlich versteht sich das Museum als eine Art Hommage, ein Loblied auf das Können und den Erfindungsgeist der Genfer Uhrmacher. Die Institution wurde 2001 eröffnet, um „den Uhrmachermeistern der Vergangenheit und der Gegenwart, die ihre edlen Künste über die Jahrhunderte am Leben erhalten haben, Anerkennung zu zollen". Dieses Versprechen löst Patek Philippe auf eindrückliche Art ein. Was nicht nur das Schweizer diplomatische Corps bezeugen kann, sondern auch die übrigen 22 000 Besucher, die sich das Museum 2007 angesehen haben.

„Unsere Sammlung alter Uhren kann von ihrer Spannweite her durchaus als weltweit einmalig bezeichnet werden", sagt Museumsdirektor Arnaud Tellier, ein Mann, der nicht zu Übertreibungen neigt. Die Sammlung, so präzisiert er, sei ausschließlich der Geschichte der Uhren gewidmet und nicht etwa jener der Zeitmessung an und für sich.

Das Spezielle am Patek Philippe Museum ist nicht nur der Umfang – zu sehen gibt es mehr als 1500 Exponate –, sondern die Tatsache, dass hier ein Unternehmen nicht einfach seine eigene ruhmreiche Vergangenheit in Szene setzt. In dieser Sammlung wird die Geschichte einer ganzen Handwerkskunst gefeiert, von ihren Anfängen im 16. Jahrhundert bis in die Gegenwart.

Bereits der Museumsbau nimmt Bezug auf die Historie der Haute Horlogerie. Im Art-déco-Bau aus den zwanziger Jahren im Genfer Plainspalais, einem Viertel, in dem Galerien auf afrikanische Friseursalons und asiatische Lebensmittelläden treffen, wurden einst Edelsteine geschliffen. Danach stellten hier 150 Schmuckspezialisten für Patek Philippe Uhrengehäuse, Armbänder und Ketten her. Als das Unternehmen seine verschiedenen Produktionsstätten in einem neuen Gebäudekomplex am Stadtrand zusammenführte, wurde der alte Fabrikbau an der Rue des Vieux-Grenadiers frei – frei für die Verwirklichung eines alten Traums.

Schon lange hatte sich Philippe Stern, der Besitzer von Patek Philippe, Gedanken darüber gemacht, wie er seine private Sammlung von Zeitmessern aus fünf Jahrhunderten dem Publikum zugänglich machen könnte. Über Jahrzehnte hatte er, beraten von dem britischen Uhrenkenner Alan Banbery, zielstrebig die schönsten Uhren der Welt zusammengetragen. Nun ergab sich Ende der neunziger Jahre die Möglichkeit, diese einzigartige Sammlung öffentlich zu zeigen – in einem ihr angemessenen Rahmen. „Seit ich mit Sammeln anfing, hoffte ich, das schönste und berühmteste, exklusiv der Uhr gewidmete Horlogerie-Museum der Welt aufzubauen", gestand er bei der Eröffnung: „Dieses Museum ist die Krönung einer Passion für die Uhrmacherkunst, der sich drei Generationen meiner Familie verschrieben haben."

Philippe Stern, Präsident von Patek Philippe, ist ein höchst erfolgreicher Unternehmer. Er hat die 1839 gegründete Manufaktur zu neuer Blüte gebracht, und während die meisten übrigen Genfer Uhrenfirmen heute zu globalen Luxuskonzernen gehören, ist Patek Philippe nach wie vor ein Familienunternehmen. Doch der 1938 geborene Stern ist nicht nur ein Uhrenpatron alter Schule, er ist auch ein Mann voller Leidenschaften. Neben Uhren galten diese ein Leben lang dem Sport. Als Student war er Mitglied der Schweizer Skinationalmannschaft, später brillierte er als Segler von internationalem Rang und versuchte sich schließlich in einer eher ungewohnten Disziplin, dem Hundeschlittenfahren.

DB JAHRESBROSCHÜRE. Die ansprechende Darstellungsform eines Reportage-Magazins trägt zur Imageverbesserung des DB-Konzerns bei. Anhand der Geschichten über DB-Mitarbeiter rund um den Globus vermittelt es anschaulich das Leistungsspektrum des gesamten Konzerns. Das Magazin besteht zu je circa 50 Prozent aus hochwertigen Bildstrecken und Reportagen, wofür die Autoren und Fotografen im Team „live dabei" waren. Die Menschen stehen stets im Blickpunkt: Mitarbeiter und Kunden in Deutschland, Europa und weltweit. Der Leser erfährt, dass das Kerngeschäft der DB zwar nach wie vor die Eisenbahn in Deutschland/Europa ist, darüber hinaus jedoch inzwischen vieles mehr. Die einzelnen Storys fügen das Bild zusammen, wie der DB-Konzern seine lokalen als auch internationalen Netzwerke weiter ausbaut, um unter nachhaltigen Gesichtspunkten ganze Mobilitäts- und Logistikketten anbieten zu können.

Herausgeber
DB Mobility Logistics

CP-Dienstleister
KircherBurkhardt

Redaktion
Alexandra Weiß, Dieter Hünerkoch, Hans Borchert (Autor), Olaf Krohn (Autor)

Gestaltung
KircherBurkhardt

Erscheinungsweise
einmal jährlich

Heftformat
US-Letter

Umfang
144 + 4 Seiten

Auflage
130.000 Exemplare deutsch, 15.000 Exemplare englisch

Vertriebswege
durch DB Schenker und Deutsche Post, 90.000 Exemplare über Auslage in den Fernverkehrszügen, kostenlose Zusendung per Online-Bestellformular

Zielgruppen
Reisende in Fernverkehrszügen, Journalisten, Geschäftskunden, Führungskräfte des DB-Konzerns, Verbände, Institutionen, Politik, Meinungsbildner

Websites
www.deutschebahn.com
www.bahn.de

Kontakt zur Redaktion
Alexandra Weiß
Fon +49 30 297 621 27

Stahlkoloss Vor dem 195 Tonnen schweren Erzminen-Waggonkipper erscheint die 550 PS starke Mack-Zugmaschine fast wie ein Spielzeugauto.
FMG Fortescue Metals Group Ltd
Releasing the Pilbara's Potential
The New Force in Iron Ore
KINGSTON
MACK
OVER SIZE
OVERSIZE LOAD AHEAD
OVERSIZE LOAD AHEAD
Transport
Heavy Metal im Outback
Maßarbeit am anderen Ende der Welt: Logistikexperten des DB Schenker-Projektgeschäfts sind in Australien mit Schwer- und Spezialtransporten beschäftigt und erfüllen dabei Aufgaben, die noch einen Hauch von Abenteuer tragen.

Hongkong
Asien
Jeder kennt die Skyline dieser Stadt, aber gewaltiger und imposanter noch ist der Anblick von Hongkongs Containerhafen (Platz zwei weltweit). Wer den kräftigen Pulsschlag des aufbrechenden Chinas, zu dem Hongkong seit 1997 wieder als Sonderverwaltungsregion (SVR) gehört, erleben möchte, der ist auf dem Dach des gewaltigen Logistikzentrums ATL richtig: Von dort fällt der Blick aus schwindelnder Höhe auf Rampen, die Lastwagen mit 40-Fuß-Stahlboxen die Auffahrt bis in den 13. Stock erlauben, fällt weiter – auf endlose Reihen von Containern, ihre Entladebrücken und riesige Transportschiffe. Wie Spielzeugmodelle nehmen sich die im gleißenden Licht der Flutlichtmasten aus. Drei Herren lieben dieses Panorama ganz besonders: Es sind Danny Chan,

DB
ICE

LOUIS. In *Louis* soll der Marktführer für Rollladen in Deutschland, Roma, als kompetenter Partner für Architekten dargestellt werden. Dabei sollte nicht allein die Vermittlung der technischen Kompetenz des Unternehmens im Vordergrund stehen. Es muss vielmehr darum gehen, das an sich prosaische Produkt „Rollladen/Jalousie" in neuen Zusammenhängen zu zeigen und ihm neue Bedeutungen abzugewinnen. Das Ziel lautet daher, Geschichten rund um die Themen „Licht und Schatten", „Schutz/Sicherheit", „Fenster/Fassade" und „Innen/Außen" aufzuspüren und lesernah zu präsentieren. Im Fokus des Magazins steht der Mensch – als Architekt oder Nutzer eines Gebäudes –, weniger das Gebäude selbst als technisches Konstrukt oder ästhetische Komposition.

Herausgeber
Roma Rollladensysteme

Verlag
Gesellschaft für Knowhow-Transfer in Architektur und Bauwesen

Chefredaktion
Cornelia Krause, Lydia Meyer, Oliver Wachsmann

Gestaltung
stilradar visual resources

Zielgruppe
Architekten und Planer

Erscheinungsweise
viermal jährlich

Heftformat
200 mm x 260 mm

Umfang
36 Seiten

Auflage
20.000 Exemplare

Vertriebswege
personalisierter Versand, Beilage in Architekturpresse

Website
www.louis-magazin.com

Kontakt zur Redaktion
louis@roma.de

LOUIS DISKUTIERT

1 Nikolaus Kränzle und Peter Maurer im Gepräch (Innenhof des Jugendhauses)
2 Nördliche Fassadenseite des Jugendhauses

Stefan Baumann

»WAS GEHT AB?«

Mit der weltweiten Vernetzung hat sich auch das Freizeitverhalten Jugendlicher verändert. „Räuber und Gendarm" wird nicht mehr draußen im Gelände, sondern auf dem Computer gespielt. Entsprechend haben sich die Anforderungen an Jugendhäuser gewandelt. LOUIS diskutiert mit Nikolaus Kränzle (Architekt), Peter Maurer und Birgit Siegler (Bauherrnvertreter).

LOUIS: Über Jugendhäuser wird heute ganz selbstverständlich gesprochen. Seit wann gibt es Jugendhäuser überhaupt?

PETER MAURER: Die ersten Jugendhäuser wurden in Frankfurt Anfang der fünfziger Jahre gebaut. Schon damals forderte der Gesetzgeber im Rahmen des derzeit gültigen Jugendwohlfahrtsgesetzes, dass Jugendarbeit gefördert werden muss. Die Stadt Frankfurt baut seitdem dieses Angebot nach dem heute gültigen Kinder- und Jugendhilfegesetze kontinuierlich aus. Dazu gehört zum Beispiel auch der Bau von Jugendhäusern.

LOUIS: Gibt es auch andere Organisationen oder Institutionen, die Jugendeinrichtungen bauen?

PETER MAURER: Mir ist kein anderes Projekt bekannt. Ich kenne nur die Stadt als Bauherrn. Zumindest trifft das für Frankfurt zu. Wir geben allerdings die Häuser nach dem Bau ab. Das heißt, über Ausschreibungsverfahren suchen wir die jeweiligen Nutzer und Betreiber aus, fragen deren Konzepte ab und prüfen sie für den jeweiligen Standort. Wer mit seinem Programm überzeugt, erhält den Zuschlag und kann das Haus führen.

LOUIS 4|2008 23

Louis hat seinen Namen von Louis Kahn, dem neben Le Corbusier wohl größten Meister in der Behandlung von Licht und Schatten in der Architektur des 20. Jahrhunderts. Mit *Louis* wird gleichzeitig eine fiktive und nicht klar fassbare „Persönlichkeit" geschaffen, die gleichsam als Medium zwischen Herausgeber und Redaktion der neuen Zeitschrift einerseits und der Leserschaft andererseits tritt.

SPECIALS
CORPORATE BOOKS

BEST

CP

Shortlist

Baedeker Reiseführer „SCHOTT“
SCHOTT AG
Fink & Fuchs Public Relations AG

SEITE 280

Das große Steakbuch
BLOCK HOUSE Restaurantbetriebe AG
HOFFMANN UND CAMPE Corporate Publishing

SEITE 282

BAEDEKER REISEFÜHRER SCHOTT.
Was haben der Zoo in Melbourne, Teleskope in der chilenischen Atacama-Wüste, die Deutsche Börse Frankfurt und ein Restaurant auf dem Eiffelturm gemeinsam? Bei allen kommen Spezialgläser von Schott zum Einsatz. Insgesamt 125 Sehenswürdigkeiten sind im Jubiläums-Reiseführer zusammengestellt, der zum 125-jährigen Firmenbestehen des Technologiekonzerns erschienen ist. Technische Innovationen und ihre vielfältigen Anwendungen werden als Vehikel für eine besondere Entdeckungsreise genutzt. Die Hintergrundinfos über die Anwendung der Spezialgläser sind mit touristischen Reiseinfos und den original Baedeker Tipps verbunden. Schott ist nach eigener Kenntnis das erste Unternehmen, das seine Kompetenz, Internationalität und Geschichte in dieser Form präsentiert.

Herausgeber
Schott

CP-Dienstleister
Karl Baedeker Verlag, MAIRDUMONT

Objektleitung
Jürgen Breier (Schott)

Konzeption und Redaktion
Jürgen Breier (Schott),
Boris Mackrodt, Simone Schneider (Fink & Fuchs PR)
Ludwig Ohlendorf (Karl Baedeker Verlag, MAIRDUMONT)

Gestaltung
Miklos Schiberna (GSD-Grafik)

Erscheinungsweise
einmalig zum 125. Firmenjubiläum von Schott

Heftformat
120 mm x 185 mm

Umfang
192 Seiten mit Umschlag und Extra-Weltkarte

Auflage
25.000 Exemplare

Vertriebswege
Direktversand per Hauspost an Mitarbeiter, Auslage auf Messen und Events, persönliche Übergabe an Kunden und Gäste, Verkauf im Schott Glasmuseum und Schott Werksverkauf, Online-Vertrieb über www.schott.com/publikationen

Website
www.schott.com/publikationen

Kontakt zur Redaktion
juergen.breier@schott.com

Kompakte Information und beste Unterhaltung: Das Erscheinungsbild entspricht eins zu eins den Baedeker-Reiseführern. Jedes der 125 Ziele (alphabetisch nach Ländern sortiert) ist mit mindestens einem Foto illustriert. Landkarten und Stadtpläne, in denen die Sehenswürdigkeiten markiert sind, sorgen für Orientierung. Die technologischen Details der verschiedenen Spezialgläser kann der Leser im Glossar nachschlagen. Besonderheit: Reiseziel 125 + 1 ist der Mond, denn dort liegen noch Kameras, ausgerüstet mit optischen Komponenten von Schott, die die amerikanischen Astronauten zurückgelassen haben.

125 Ziele in aller Welt

EIN REISEFÜHRER ZU 125 SEHENSWERTEN ZIELEN, DIE FÜR DAS BREITE EINSATZ-SPEKTRUM DER PRODUKTE VON SCHOTT STEHEN – UND DIE BEANTWORTUNG DER FRAGE, OB MAN AUCH AUF DEM MOND SPUREN VON SPEZIALGLAS FINDEN KANN.

58 ZIELE ▶ Deutschland ▶ Deutschland ZIELE 59

Berlin. Altes Museum.

Die Museumsinsel beheimatet ein weltweit einzigartiges Kunstensemble: Der ganze Stolz Berlins ist das restaurierte Bode-Museum mit der Skulpturensammlung und dem Museum für Byzantinische Kunst. Die Nationalgalerie ist eines der schönsten Berliner Museumsgebäude mit wertvollen Gemälden und Skulpturen des 19. Jhs. Das Pergamonmuseum wurde eigens für den Pergamonaltar 1910–30 erbaut. Im Saal nebenan ist das prachtvolle Markttor von Milet zu sehen. Herausragend: die 30 m lange geziegelte Prozessionsstraße von Babylon. (www.museumsinsel-berlin.de)

Bode-Museum auf der Museumsinsel

Altes Museum – Zu den Museen der Insel gehört auch das Alte Museum. Das Gebäude im Stil des Klassizismus beherbergt die Antikensammlung der Staatlichen Museen zu Berlin. Im Obergeschoss werden derzeit die Exponate des Ägyptischen Museums ausgestellt. Auch die mehr als 3.000 Jahre alte Büste der ägyptischen Königin Nofretete (um 1340 v. Chr.) residiert momentan im Alten Museum. Trotz des stattlichen Alters bedurfte die Büste bisher keiner Restauration. Damit das auch so bleibt und die Besucher bereits von Weitem auf die weltberühmte Nofretete aufmerksam werden, ist die Tür der Rotunde mit Amiran® verglast.

Der Raum mit der Büste der Nofretete ist mit Amiran® verglast

WUSSTEN SIE SCHON ...?
... dass der alltägliche Name Nofretete »Die Schöne ist gekommen« bedeutet? Nofretete war die Hauptgemahlin des Pharaos Echnaton.

Berlin. Archenhold-Sternwarte.

Der Treptower Park mit dem östlich anschließenden Plänterwald ist eine Schöpfung des ersten Berliner Gartendirektors Gustav Meyer, einem Schüler von Peter Joseph Lenné. Vom Park aus hat man einen guten Blick über die Spree auf die 125 m hohen »Treptowers«.

Im Treptower Park befindet sich die Archenhold-Sternwarte. Besuchermagnet ist die sogenannte Himmelskanone: das mit 21 m längste Linsenfernrohr der Welt. Es hat eine Objektivöffnung von 68 cm, eine Brennweite von 21 m und ein Gesamtgewicht von 130 t. SCHOTT lieferte optisches Glas für das Riesenfernrohr. Auf der Gewerbeausstellung 1896 im Treptower Park wurde das noch unfertige Teleskop präsentiert, um die restlichen Herstellungskosten durch die Eintrittsgelder zu finanzieren. Später fehlte das Geld zum Abbau und die Sternwarte wurde vor Ort gegründet. Neben wechselnden astronomischen Ausstellungen bietet die Sternwarte Besuchern auch Beobachtungen durch das Riesenfernrohr. (Mi–So 14–16.30 www.astw.de)

Mit 21 m ist die Himmelskanone mit optischem Glas von SCHOTT das längste Linsenfernrohr der Welt.

150 ZIELE ▶ Spanien ▶ Spanien ZIELE 151

SPANIEN

Feuriges Spanien – Fiestas unter südlicher Sonne, Genuss bei Tapas, Sherry und Rioja

Über 50 Mio. Besucher pro Jahr finden Tausende von Zielen und Hunderte von Gründen für eine Reise nach Spanien – und kommen mit Begeisterung wieder. España steht für einen faszinierenden Kultur- und Landschaftsmix, für stimmungsvolle Fiestas und eine lockere Lebensart.

Barcelona

Barcelona ist ein Ort höchst reizvoller Kontraste. Die bedeutende Designmetropole hat eines der größten Altstadtensembles Europas, gleichzeitig mausert sich die Stadt zur mediterranen Trendmetropole. Das Barri Gòtic zeugt mit seiner architektonischen Pracht von der Blütezeit Kataloniens als Mittelmeermacht.

Baedeker TIPP
Ruta del Modernisme
Der Modernisme, die katalanische Variante des Jugendstils, erfasste alle gestalterischen Bereiche. Hauptvertreter waren Josep Puig i Cadafalch, Lluís Domènech i Montaner und Antoni Gaudí. Die Ruta del Modernisme (www.rutadelmodernisme.com) führt zu mehr als 100 bedeutenden Sehenswürdigkeiten der Epoche.

Barcelona. Casa Milà.

Gaudís architektonisches Meisterwerk Casa Milà offenbart von der Straße aus sein Innenleben – dank Amiran®.

In Barcelonas berühmter Einkaufsstraße Passeig de Gràcia durchbricht das Bürgerhaus Casa Milà das gewöhnliche Stadtbild: Riesige, parabolische Arkadenbögen schwingen sich vom Boden auf, werden von der Fassade fortgesetzt in Wellen aus Stein und gipfeln schließlich auf der begehbaren Dachlandschaft. Das Innere des von 1906 bis 1910 erbauten Meisterwerks ist geprägt von Serpentinen-Korridoren, gekrümmten Fluren und gebogenen Räumen. Es ist die Handschrift des Architekten Antoni Gaudí (1852–1926), der auch den Tempel Sagrada Familia und den Parc Güell in seinem einzigartigen Baustil gestaltet hat. Heute ist das Casa

Barcelona Orientierung

184 ZIELE ▶ Mond ▶ Mond ZIELE 185

MOND

Der Erdtrabant ist schon seit ewigen Zeiten romantischer Sehnsuchtsort.

Die reale Eroberung fand am 20. Juli 1969 statt. »The Eagle has landed«, meldete die Besatzung von Apollo 11 ins amerikanische Raumfahrtzentrum in Houston/Texas. »Adler« war die Bezeichnung der Mondlandefähre, mit der Neil Armstrong und Edwin E. Aldrin im »Meer der Ruhe« aufsetzten. Vier Tage zuvor waren sie zusammen mit Pilot Michael Collins mit einer Saturn-V-Trägerrakete vom amerikanischen Weltraumbahnhof in Cape Canaveral/Florida gestartet.

MONDLANDUNG
»Das ist ein kleiner Schritt für einen Menschen,

Mondlandung

Amerikaner setzten in der Folge alles daran, als erste Nation einen Menschen zum Mond zu bringen und somit ihren Anspruch als führende Raumfahrtnation zu bestätigen. Am 25. Mai 1961 gab Präsident John F. Kennedy mit seiner berühmten Rede vor dem amerikanischen Kongress das Ziel für die NASA vor, noch im gleichen Jahrzehnt einen Menschen zum Mond und wieder zurückzubringen. Apollo 11 erreichte dieses Ziel sogar zwei Jahre früher.

Würde heute jemand auf dem Mond spazieren gehen, könnte er dort Kameras mit Linsen aus optischen Gläsern von SCHOTT entdecken, die die Astronauten zurückgelassen haben. Die Spezialgläser trugen dazu bei, die erste erfolgreiche Mondexpedition fotografisch und filmisch zu dokumentieren: Dank der Aufnahmen konnten 500 Mio. Zuschauer den spektakulären Moment der bemannten Raumfahrt live an den Fernsehschirmen verfolgen. Die optischen Gläser erfüllten die hohen Anforderungen der NASA in Sachen Reinheit, Homogenität sowie Schlieren- und Blasenfreiheit. Die Westinghouse-Fernsehkamera, durch die die Welt die Mondlandung der amerikanischen Astronauten live verfolgen konnte, enthielt ein vierfaches Objektivsystem, das unter Verwendung optischer Gläser von SCHOTT hergestellt worden war. Auch die optischen Rohgläser für die Linsen der Fotokamera-Objektive waren im Mainzer Hauptwerk von SCHOTT erschmolzen worden; beim Schwesterunternehmen Carl Zeiss entstanden daraus die Objektive

DAS GROSSE STEAKBUCH wurde anlässlich des 40-jährigen Firmenjubiläums von Block House veröffentlicht. Es vereint klassische Corporate-Book-Elemente mit dem praktischen Nutzwert eines Kochbuchs. So stellt Block House sich allen Interessierten vor und positioniert sich glaubwürdig als Fleischexperte. Denn nicht nur die Besonderheiten der Restaurants werden vorgestellt, vielmehr erhält der interessierte Leser auch einen Überblick über die Unternehmensgruppe, deren gesamte Produktpalette sowie Wissenswertes rund um das Thema Fleisch und Ernährung. Anekdotenhaft wird die Unternehmensgeschichte erzählt und dem Leser so nahegebracht. Auch die besonderen Merkmale von Block House wie Einrichtung oder Servicepersonal werden hervorgehoben. Die optische Gestaltung mit aufwendiger Foodfotografie und der großzügigen Darstellung des Rezeptteils begeistert nicht nur Steak-Liebhaber.

Herausgeber
Block House Restaurantbetriebe

CP-Dienstleister
HOFFMANN UND CAMPE
Corporate Publishing

Texte
Reinhardt Hess, Hans-Heinrich Reichelt

Art Direction
Ralf Schneider

Format
215 mm x 265 mm

Umfang
128 Seiten

Auflage
8.000 Exemplare

Vertriebswege
Buchhandel, Verkauf in Block House Restaurants

Zielgruppe
Steak-Liebhaber, Hobbyköche sowie Gäste und Kunden der Block House Restaurants

Website
www.block-house.de/bh/de/erlebniswelt/steakbuch.html

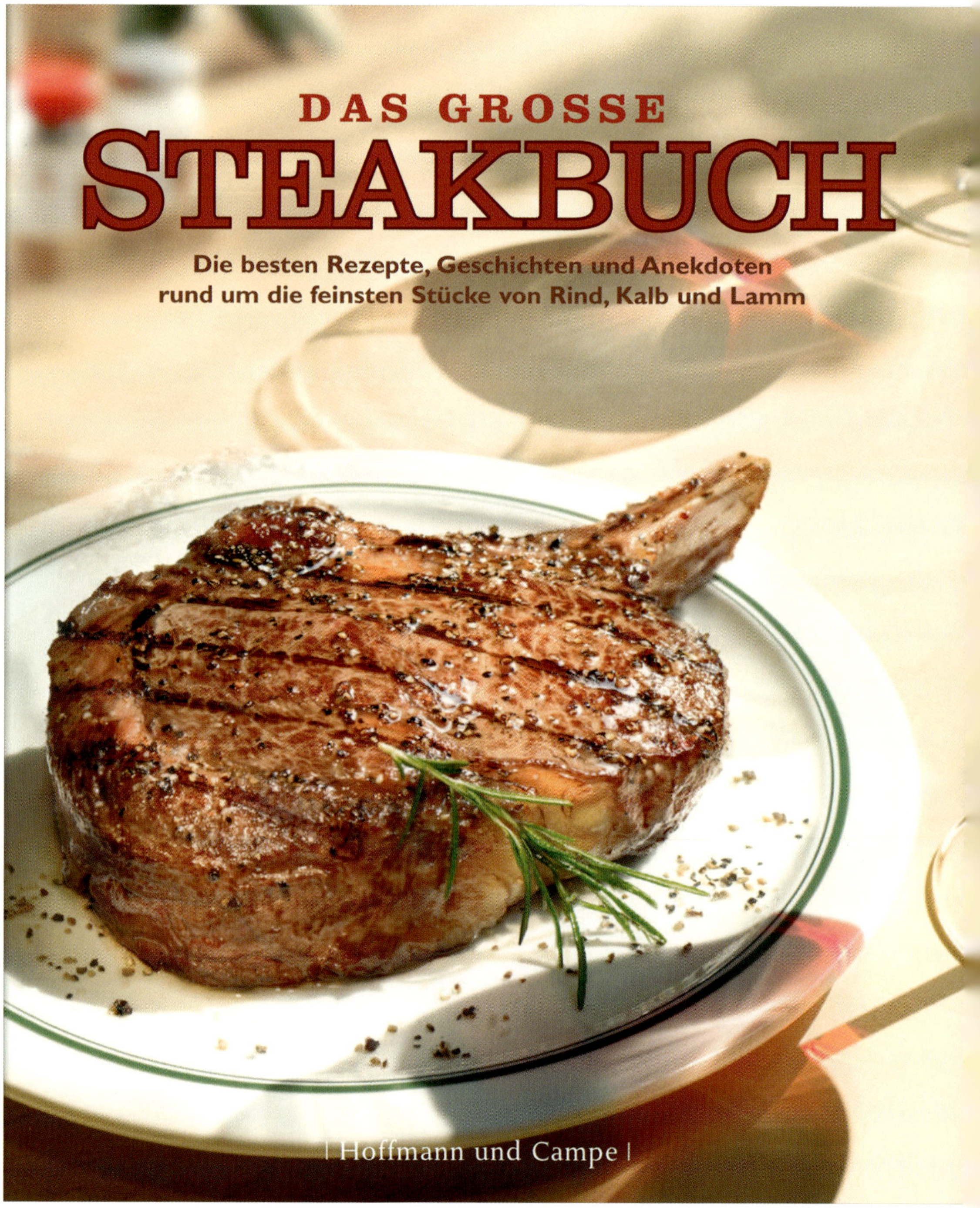

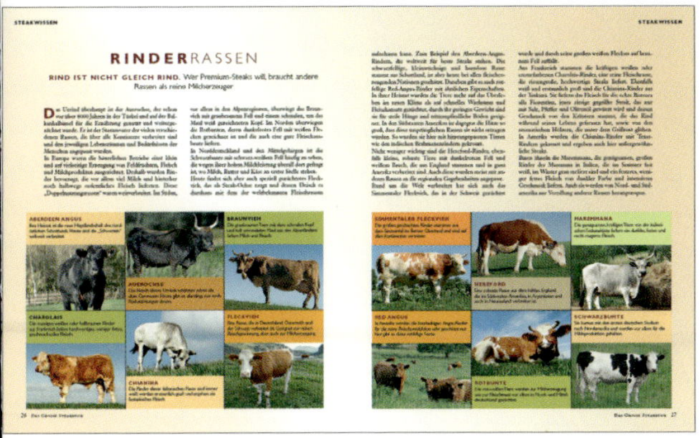
STEAKWISSEN
RINDERRASSEN
RIND IST NICHT GLEICH RIND. Wer Premium-Steaks will, braucht andere Rassen als reine Milcherzeuger

STEAK PRAXIS

STEAKWISSEN
BRATEN UND GRILLEN
im Ofen
RICHTIG & FALSCH

VORSPEISE
Lammrücken
MIT RATATOUILLE

Feinfühlig
Ein zartes, saftiges Steak fällt nicht vom Himmel. Viel Gefühl für Qualität braucht es, bis aus einem Stück vom Rind eine Scheibe Hochgenuss wird

STEAKGENUSS
Mr. Rumpsteak
Steaks mit Chili-Beef-Dip
Chili-Beef-Dip
Baked Potato mit Sour Cream
Knoblauchbrot

STEAKGENUSS
Filet in Salzkruste
Grillgemüse kalifornisch
Kräutersauce

SPECIALS
UNTERNEHMENSBERICHTE

Preisträger

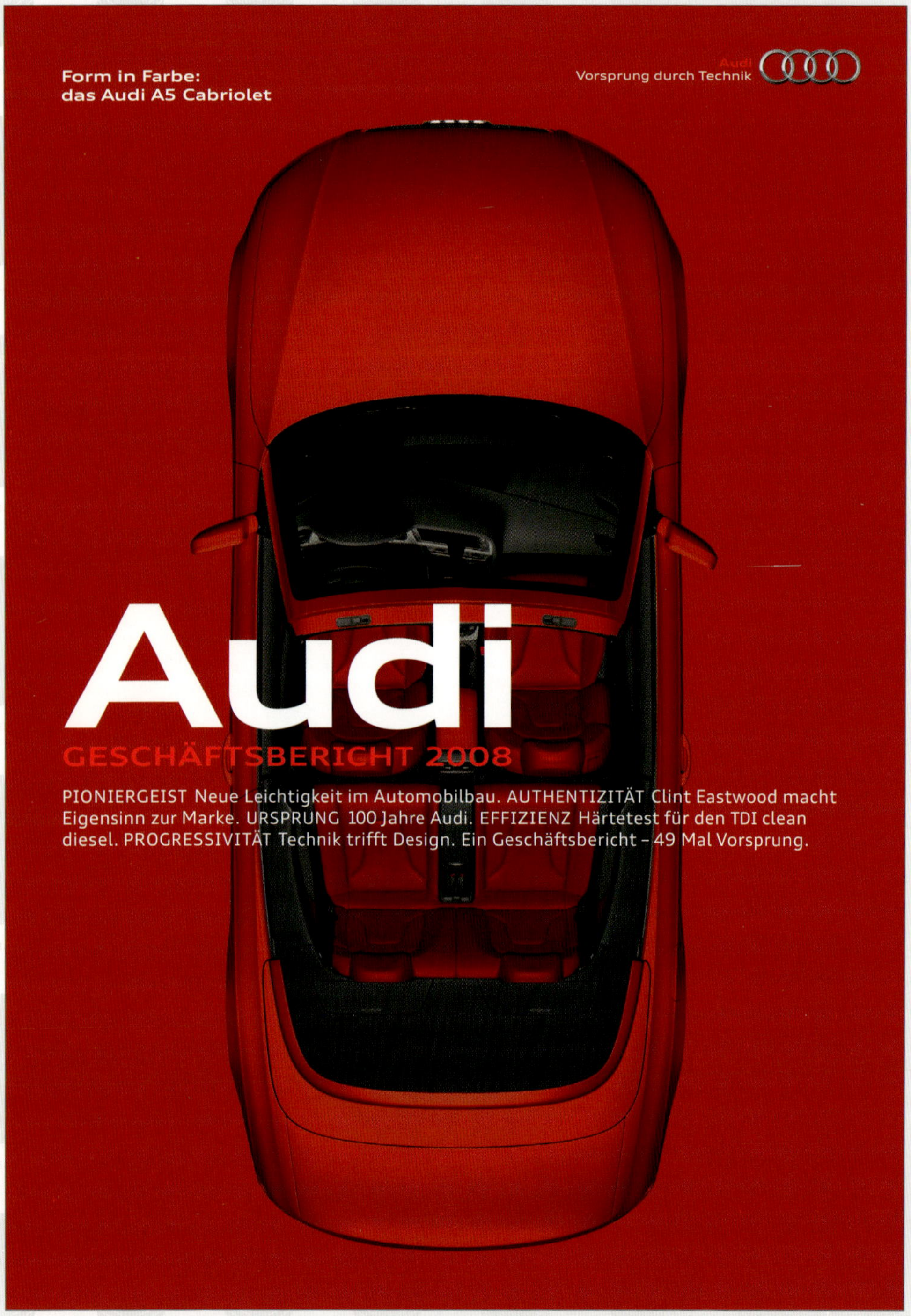

Audi 2008 Geschäftsbericht
Audi AG
BurdaYukom Publishing GmbH

SEITE 286

Shortlist

Geschäftsbericht – Einblicke.
Unsere Mitarbeiter. Unsere Zukunft.
ThyssenKrupp AG
häfelinger + wagner design GmbH

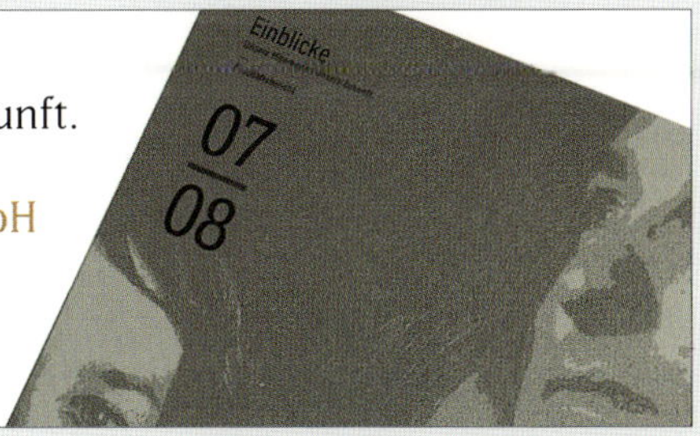

SEITE 288

Geschäftsbericht Volkswagen AG
Volkswagen AG
3st kommunikation GmbH

SEITE 290

Teilnehmer

MFG Baden-Württemberg Jahresbericht 07/08
MFG Baden-Württemberg mbH
MFG Baden-Württemberg mbH

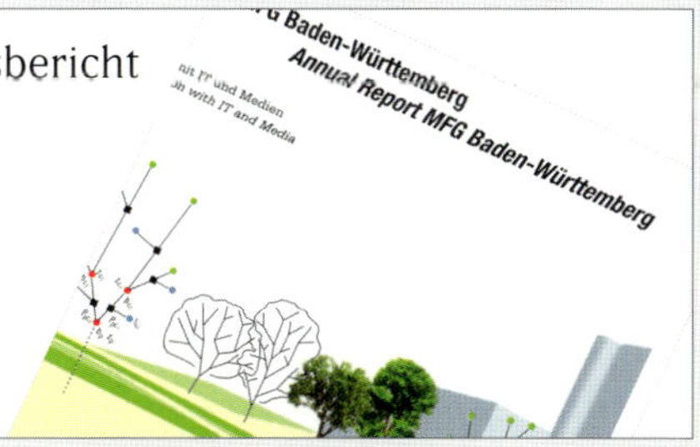

SEITE 292

AUDI-GESCHÄFTSBERICHT 2008.
Im *Audi-Geschäftsbericht 2008* verbindet die Premium-Automarke spannenden Journalismus mit zielgruppenorientiertem Finanzreporting. Das Leitthema „Facetten von Vorsprung" reflektiert den legendären Audi-Markenclaim „Vorsprung durch Technik". Zugleich verdeutlicht der Bericht die Zukunftsorientierung des Unternehmens und vermittelt dem Leser durch spannende und emotionale Artikel einen nachhaltigen Eindruck der Audi-Markenwelt. Das Leitthema wird durch journalistische Beiträge unterschiedlichster Stilformen variantenreich beleuchtet. Drei Cover in verschiedenen Farben erzeugen Uniqueness und wecken den Sammelinstinkt. Der Bericht wurde von Beginn an als ganzheitlicher Print-online-Medienmix konzipiert. Dabei werden die Printbeiträge nicht nur konsequent ins Internet verlängert. Mit 3-D-Applikationen, Audio- und Videobeiträgen kreieren Audi und BurdaYukom vielmehr eine eigenständige Welt mit globaler Dramaturgie.

Herausgeber
Audi

Objektverantwortlicher
Martin Primus

Verlag
BurdaYukom Publishing

Redaktion
Alexander Gutzmer,
Tobias Knauer, Karin Michaelis
Thomas Walter (CvD)

Gestaltung
Blasius Thätter (Art Director),
Ngoc Le-Tümmers, Elke Latinovic
(Bildredaktion)

Erscheinungsweise
jährlich

Heftformat
297 mm x 210 mm

Umfang
236 + 6 Seiten

Auflage
100.000 Exemplare (deutsch/englisch/chinesisch)

Vertriebswege
Direktversand, Auslage

Zielgruppen
Multiplikatoren, Automobilexperten, Entscheider in Partnerunternehmen, institutionelle und private Investoren, eigene Kunden und Mitarbeiter

Website
www.audi.de/gb2008

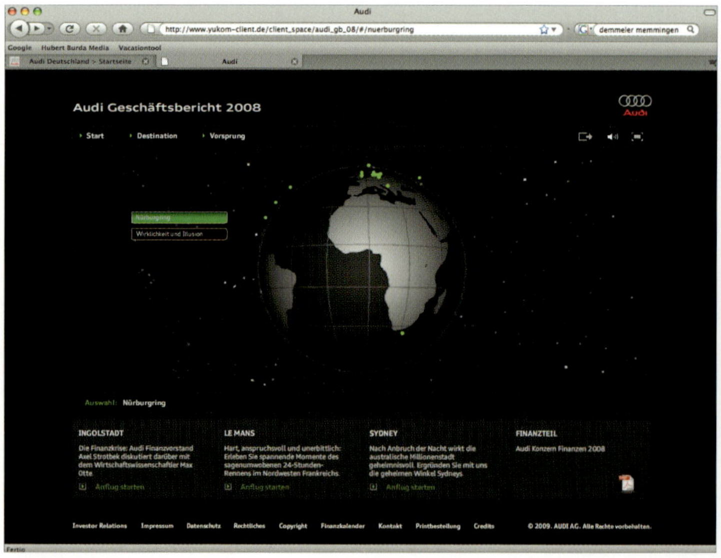

Mit der Onlineversion des *Geschäftsberichts 2008* verfolgt Audi ein völlig neues Konzept der Visualisierung und Inszenierung von Inhalten. Die Microsite www.audi.de/gb2008 ist eine Kombination aus Mapping-Applikation und Videosite. Auf einem interaktiven Globus werden alle 23 Orte der Geschichten aus dem Geschäftsbericht abgebildet, zu denen Zusatzinfos abgerufen werden können. Für jeden Ort gibt es eine rasante Kamerafahrt aus dem Weltraum bis hinunter auf den Straßenzug. Hier kann der Nutzer die Geschichten als Audio-, Video- oder Slideshow erleben: das pure Kinoerlebnis im Cinemascope-Format.

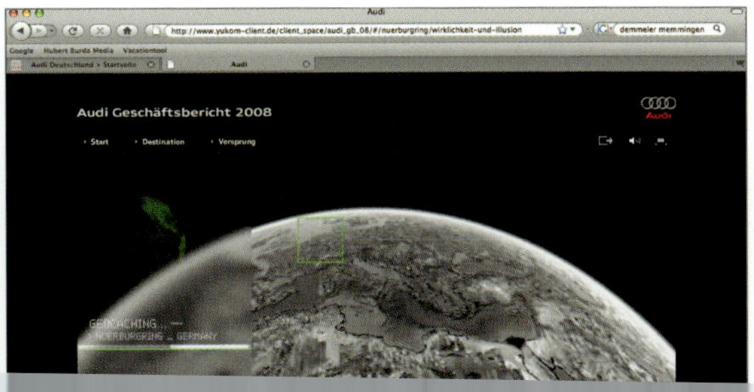

THYSSENKRUPP GESCHÄFTSBERICHT 2007/2008. *„Einblicke. Unser Mitarbeiter. Unsere Zukunft."* Fokus des Berichts ist die Mitarbeiterqualifikation und -förderung als Schlüssel zum Unternehmenserfolg. Die Idee ist, einen Blick in die Unternehmenskultur zu vermitteln, die wie ein „Treibhaus" Engagement und Kreativität fördert. Ein herausnehmbares Magazin zeigt selektive „Einblicke" in Förderprogramme als repräsentative Bandbreite quer durch Hierarchien, Länder und Kulturen. Sieben Reportagen stellen, als journalistisches und gestalterisches Potpourri, bemerkenswerte Berufswege vor. Jedes Beispiel steht für eine Konzernhaltung bezogen auf seine Mitarbeiterkultur. Die branchenübliche Strategie, Industriegütermarken ausschließlich rational darzustellen, widerlegen die *ThyssenKrupp* Geschäftsberichte. Siehe auch Seite 298.

Herausgeber
ThyssenKrupp

Verantwortlich für den Geschäftsbericht
Barbara Scholten

Dienstleister
häfelinger + wagner design

Projektverantwortung/ Creative Direction
Annette Häfelinger-Wagner

Art Director
Nils Jaedicke

Design
Veronika Kinczli

Projektmanagement
Imke Plinta

Fotografen
Heiko Prigge
Julian Baumann
Stefan Pielow

Auflage
deutsch/englisch
gesamt: 32.000 Exemplare

Verbreitung
global

Vertriebswege
Deutsche Post und Paketdienste

46 SIEBEN EINBLICKE Perspektive eröffnen

ICH BIN IM FLUGZEUG ZU HAUSE

PETER WALKER lebt in Hongkong, doch häufiger trifft man ihn bei seinen Kunden und Kollegen weltweit …

PERSPEKTIVE ERÖFFNEN

Perspektive eröffnen SIEBEN EINBLICKE 47

IN DER WELT UNTERWEGS –
Fünf Länder in 17 Tagen

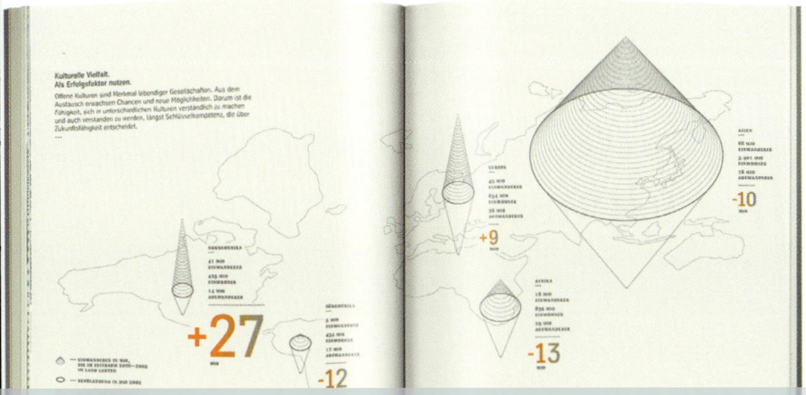

Kulturelle Vielfalt.
Als Erfolgsfaktor nutzen.

Offene Kulturen sind Merkmal lebendiger Gesellschaften. Aus dem Austausch erwachsen Chancen und neue Möglichkeiten. Darum ist die Fähigkeit, sich in unterschiedlichen Kulturen verständlich zu machen und auch verstanden zu werden, längst Schlüsselkompetenz, die über Zukunftsfähigkeit entscheidet.

ZWISCHEN DSCHUNGEL UND ZEMENT-ANLAGE

Pioniere gibt's noch immer. Dipl.-Ing. Hubert Spliethoff ist einer von ihnen. Er ging nach Vietnam, um dort eine komplexe Zementanlage aufzubauen. Gemeinsam mit einem Team aus zwei Kontinenten.

VOLKSWAGEN GESCHÄFTSBERICHT *2008*. Die Mobilität von morgen verlangt neue und mitreißende Ideen. Mit „Driving ideas." stellt der *Geschäftsbericht 2008* die Antworten des größten europäischen Automobilherstellers auf die Herausforderungen der Zukunft in Form eines Magazinteils vor. Die Begriffe „Mensch", „Umwelt" und „Technik" bilden dabei den inhaltlichen Rahmen. 13 Storys geben spannende Einblicke in das Unternehmen und seine faszinierenden Marken und lassen so ein abwechslungsreiches internationales Gesamtbild entstehen. Die Inhalte werden durch den Magazincharakter auf emotionale Weise unterstützt. Im Vordergrund steht die authentische und glaubwürdige Information sowie eine inhaltliche und gestalterische Qualität, die den Leser in die Themen des *Geschäftsberichts* zieht.

Herausgeber
Volkswagen Aktiengesellschaft

Konzept/Gestaltung
3st kommunikation

Redaktion Magazinteil
BurdaYukom Publishing

Format
210 mm x 297 mm

Umfang
286 Seiten

Auflage
20.500 Exemplare

Zielgruppen
Aktionäre, Finanzmarkt, Presse und Öffentlichkeit

Website
www.volkswagenag.com

Kontakt Herausgeber
stefanie.lioe@volkswagen.de

Das Titelmotiv zeigt die Studie des zukunftsweisende Fahrzeugkonzepts „Space Up! Blue", das einen Elektro-An trieb mit einer Hochtemperatur-Brennstoffzelle und einer Solarmodul kombiniert. Um die Abbildung schwebt ein Wort-Wolke mit Schlüsselbegriffen aus den Artikeln de Magazins, die durch einen partiellen UV-Lack hervorgeho ben werden und typografisch den Themenraum zu "Drivin ideas." eröffnen.

Inhalt
26 Eine Klasse für sich
58 Mit Spannung erwartet
Zahlen und Fakten 2008

Was uns weltweit bewegt
370.000
342
61
151
6,3
9
VOLKSWAGEN FINANCIAL SERVICES

Leben auf der Überholspur

Keine halben Sachen
„Die Transportbranche ist ein Teil der weltweiten Umweltproblematik. Aber wir leisten einen wesentlichen Beitrag zu deren Lösung."

Kein anderes Auto kann sich mit der Erfolgsgeschichte des Volkswagen Golf messen, der sich seit seiner Geburt 1974 weltweit mehr als 26 Millionen Mal verkauft hat. Studenten fahren ihn genauso wie Arbeiter und Manager, Singles und Familien. Die neue Generation, der Golf VI, bewahrt die historische DNA der klassenlosen Mobilität – und ist der beste und umweltfreundlichste Golf aller Zeiten.
Eine Klasse für sich

Eine Frage der Balance
Volkswagen ist seit über 30 Jahren in China aktiv. 2008 konnte der Konzern dort erstmals mehr als eine Million Fahrzeuge verkaufen. Damit ist und bleibt die Volksrepublik ein Kern- und Wachstumsmarkt für den Volkswagen Konzern. Der Schutz der Umwelt ist für die stark wachsende chinesische Volkswirtschaft eine zentrale Herausforderung. Eine Herausforderung, die auch der größte Autobauer im Land sehr bewusst annimmt.

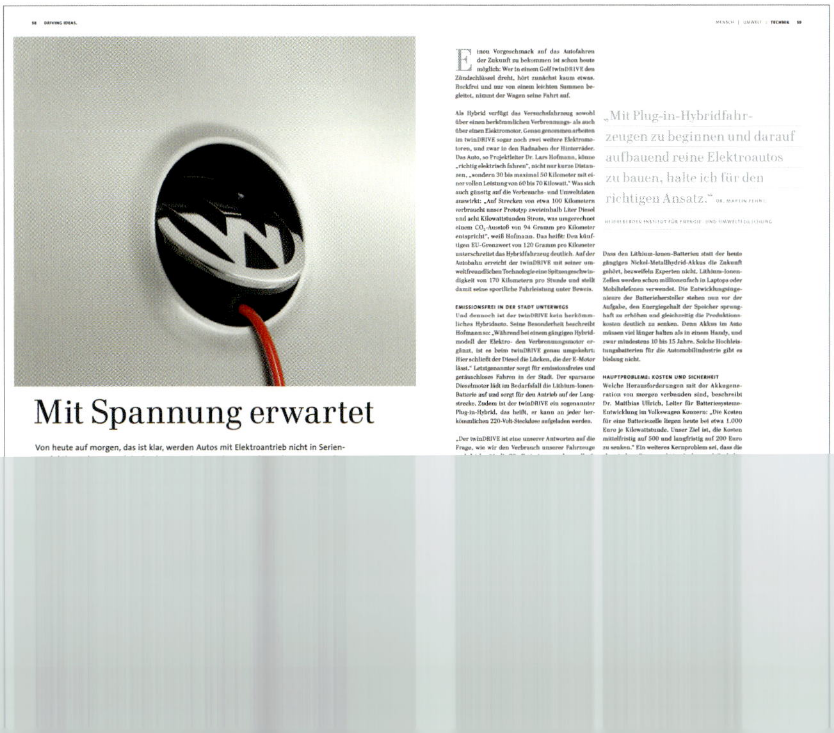
Mit Spannung erwartet
Von heute auf morgen, das ist klar, werden Autos mit Elektroantrieb nicht in Serien-
„Mit Plug-in-Hybridfahrzeugen zu beginnen und darauf aufbauend reine Elektroautos zu bauen, halte ich für den richtigen Ansatz."

MFG BADEN-WÜRTTEMBERG

JAHRESBERICHT 07/08. Im hochwertig produzierten und zweisprachig gestalteten Jahresbericht präsentiert die MFG Baden-Württemberg, Innovationsagentur des Landes für IT und Medien, ihre vielfältigen Dienstleistungen und aktuellen Projekte. Anhand ausgewählter Kunden und Partner aus unterschiedlichen Bereichen zeigt die Publikation, wie Unternehmer, Wissenschaftler, Kreative und junge Talente aus Baden-Württemberg und ganz Europa von der Arbeit der MFG profitieren. Darüber hinaus präsentiert der Bericht Baden-Württemberg als führenden Innovations- und Kreativstandort. Auf ein besonders erfolgreiches Technologiefeld – Visualisierung und Simulation – wird auf dem Cover Bezug genommen: Am Beispiel des Unternehmenssitzes wird die Modellierung eines fotorealistischen Landschaftsmodells erklärt.

Herausgeber
MFG Baden-Württemberg
Innovationsagentur des Landes
für IT und Medien

Chefredakteurin
Silke Ruoff

Gestaltung
Jürgen Gerhardt, xx Design Partner,
Studio Philippi (Fotografie)

Erscheinungsweise
jährlich

Heftformat
210 mm x 210 mm

Umfang
76 Seiten

Auflage
10.000 Exemplare (zweisprachige Ausgabe)

Vertriebsweg
personalisierter Versand

Zielgruppenprofil
Entscheider aus der IT- und Kreativwirtschaft, Ministerien, Universitäten, Forschungseinrichtungen und Vertreter der EU

Website
www.mfg-innovation.de

Kontakt zur Redaktion
ruoff@mfg.de

Dr. Markus Schwehm, ExploSYS GmbH
„Mein Simulationsprogramm zur Seuchenausbreitung habe ich beim Heidelberger Innovationsforum erstmals vor potenziellen Investoren präsentiert. Inzwischen ist mein Unternehmen erfolgreich am Markt. Die Lösung ist sogar im südkoreanischen Gesundheitsministerium im Einsatz."

Dr. Markus Schwehm, ExploSYS GmbH
"I first presented my simulation software for predicting and controlling epidemics to potential investors at the Heidelberg Innovation Forum. My company has meanwhile completed its successful entry into the market. The solution is even used by the South Korean Ministry of Health!"

Fast jeder zweite Teilnehmer des Heidelberger Innovationsforums berichtet von konkreten Kontakten, die nachhaltig wirken. Den für Forscher so wichtigen Zugang zu Wirtschaftsvertretern und Investoren schaffte auch der Tübinger Epidemiologe Dr. Markus Schwehm. Für sein selbst entwickeltes Seuchen-Simulationsprogramm Influsim hat der Tübinger Forscher zahlreiche Anfragen von potenziellen Geschäftspartnern erhalten. Inzwischen ist das Simulationsprogramm bereits im Einsatz – u. a. in den USA, Südkorea und der Schweiz.

Das Heidelberger Innovationsforum hat sich in nur drei Jahren zu einer Veranstaltung mit internationaler Reichweite entwickelt. Hier entstanden bereits viele Public Private Partnerships. Außerdem gelang es den Veranstaltern, einer ganzen Reihe von Geschäftsmodellen den Weg in den Markt zu ebnen. Mit der Netzwerkveranstaltung, die die MFG gemeinsam mit dem Heidelberger EML organisiert, unterstützt die Innovationsagentur die Forscher und Entwickler bereits in einem frühen Stadium, indem sie ihnen die Gelegenheit bietet, den Markt zu sondieren und nach geeigneten Investoren und Kooperationspartnern zu suchen.

Fakten

- Auf dem Heidelberger Innovationsforum waren seit 2005 rund 900 Entscheider vor Ort
- Jährlich wurden durchschnittlich etwa 100 IT-Lösungen eingereicht
- 7 erfolgreiche Technologietransfers durch Partnerschaften allein in 2007

Services

- Kommerzialisierung von Forschungsergebnissen durch Vernetzung
- Plattform für den Expertenaustausch
- Business-Coaching von Wissenschaftlern
- Beratung und Schulung von jungen Gründern
- Seminare und Workshops für angehende Unternehmer

Forschung und Transfer

44 45

Kommerzialisierung von Forschungsergebnissen
Commercialisation of Research Findings

Almost one in two participants at the Heidelberg Innovation Forum has reported concrete and sustainable contacts. This access to industry representatives and investors, so vital for researchers, has also benefited Dr. Markus Schwehm, the Tübingen epidemiologist. Influsim, a software program developed to simulate epidemics, attracted numerous enquiries from potential business associates. His simulation software has since been implemented in several installations, for example in the USA, South Korea and Switzerland.

In just three years, the Heidelberg Innovation Forum has developed into an event with international reach. It has already inspired many public-private partnerships. The Forum's hosts have also helped prepare the market entry of a whole series of business models. This network event, organised jointly by MFG and EML in Heidelberg, allows the Innovation Agency to support researchers and developers from an early stage by giving them an opportunity to sound out the market and seek suitable investors and cooperation partners.

Facts

- *The Heidelberg Innovation Forum has been attended by around 900 decision-makers since 2005*
- *An annual average of around 100 IT solutions are submitted for inclusion*
- *7 successful technology transfers in 2007*

Services

- *Commercialisation of research findings by creating networks*
- *Platform for expert exchange*
- *Business coaching for researchers*
- *Consulting and training for young startups*
- *Seminars and workshops for budding entrepreneurs*

Research and Transfer

Die Erfolge der MFG werden anhand ausgewählter Testimonials verdeutlicht. Die Projekte und Arbeitsbereiche der MFG erhalten so ein „Gesicht", das die Nähe zu Unternehmen, Institutionen und Bürgern in Baden-Württemberg belegt. Kurze, prägnante Texte erklären die Projekte praxisnah und verständlich. Zusätzlicher Service: Neben den Projektbeschreibungen gibt es eine Übersicht zu den wichtigsten Fakten und entsprechenden Dienstleistungen. Um die Leserführung weiter zu verbessern, wurden die unterschiedlichen Kompetenzfelder farblich voneinander abgehoben.

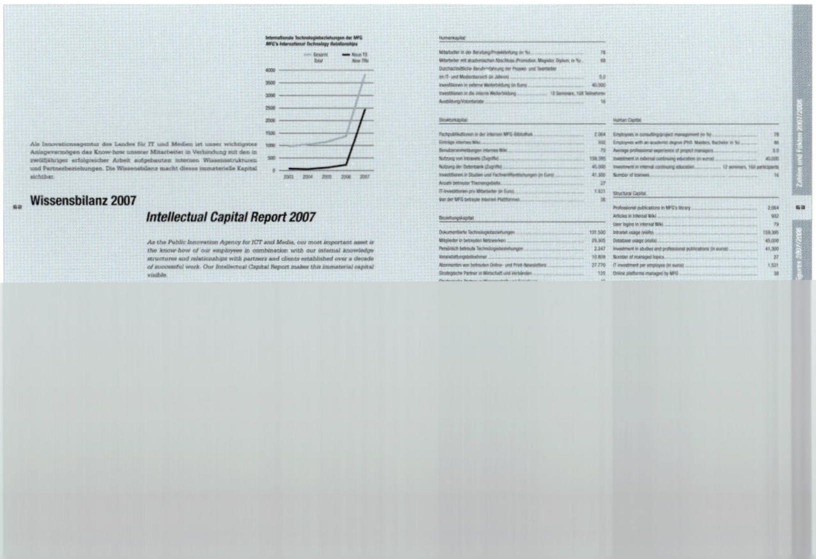

SONDERPREIS
DRUCKINNOVATION

BEST
CP

Shortlist

Evonik-Magazin
Evonik Industries AG
HOFFMANN UND CAMPE Corporate Publishing

SEITE 296

Geschäftsbericht – Einblicke. Unsere Mitarbeiter. Unsere Zukunft.
ThyssenKrupp AG
häfelinger + wagner design GmbH

SEITE 298

pwc: Das Magazin für Vorausdenker
PricewaterhouseCoopers AG WPG
Facts & Figures GmbH (Ein Unternehmen der FINANCIAL TIMES DEUTSCHLAND)

SEITE 300

WEMPE MAGAZIN
Gerhard D. Wempe KG
HOFFMANN UND CAMPE Corporate Publishing

SEITE 302

EVONIK-MAGAZIN. Mit dem *Evonik-Magazin* verfolgt Evonik Industries vier Kommunikationsziele: informieren, integrieren, Identität schaffen und Image bilden. Das B2B-Magazin informiert über das Produkt- und Leistungsspektrum aus den Geschäftsfeldern Chemie, Energie und Immobilien und trägt zur Profilierung der Marke bei. Die Themen reichen dabei weit über konkrete Evonik-Bezüge hinaus, beschäftigen sich mit aktuellen Fragen und erläutern Hintergründe, Trends und Entwicklungen. Daneben bildet das gesellschaftliche Engagement einen weiteren Fokus. Die Bildwelten setzen in Kombination mit dem Inhalt innovative und anspruchsvolle Akzente. Das Gestaltungsprinzip, das die Horizontale im Bildbereich und mehr Weißraum im Heft zulässt, schafft ein offenes Design, das durch Eleganz und gute Lesbarkeit besticht.

Herausgeber
Evonik Industries

CP-Dienstleister
HOFFMANN UND CAMPE
Corporate Publishing

Chefredakteurin
Inken Ostermann

Art Director
Wolf Dammann

Erscheinungsweise
viermal jährlich

Heftformat
220 mm x 270 mm

Umfang
60 Seiten

Auflage
81.000 Exemplare

Vertriebswege
Versand durch die Deutsche Post
sowie sonstiger Vertrieb

Zielgruppe
Meinungsbildner und Entscheidungsträger in Politik, Wirtschaft, Wissenschaft, Kultur und Medien, Geschäftspartner, Kunden, Zulieferer

Website
http://corporate.evonik.de/de/company/magazine/flash.html

Kontakt zur Redaktion
magazin@evonik.com

Die Titelgeschichte der Ausgabe 3/2008 des *Evonik-Magazins* behandelt das Engagement des Unternehmens in China. Die chinesischen Schriftzeichen auf dem Titel stellen den Evonik-Claim dar und symbolisieren diese Entwicklung. Der Umschlag ist mit Dispersionsmattlack veredelt. Auf die Typo wurde anschließend im Siebdruck ein Relieflack aufgetragen, um die Schriftzeichen hervorzuheben. Durch diese Veredelung entsteht ein haptischer Effekt. Außerdem erwecken die Lichtreflexe, die durch die Flankenbildung des Lackes entstehen, die Aufmerksamkeit des Lesers. So entsteht ein Zusammenspiel von matt und glänzend sowie flach und erhaben.

Der zweite Aufbruch
Chinas Wirtschaftswunder setzt nicht mehr auf Wachstum um jeden Preis, sondern auf nachhaltige Entwicklung. Die dazu notwendigen modernen Technologien kommen aus dem Ausland

„Einige sollen zuerst reich werden", sagte Deng Xiaoping

Kein Wachstum um jeden Preis – Nachhaltigkeit ist gefragt
Stand der Dinge
Momentaufnahme einer Gesellschaft auf dem Sprung

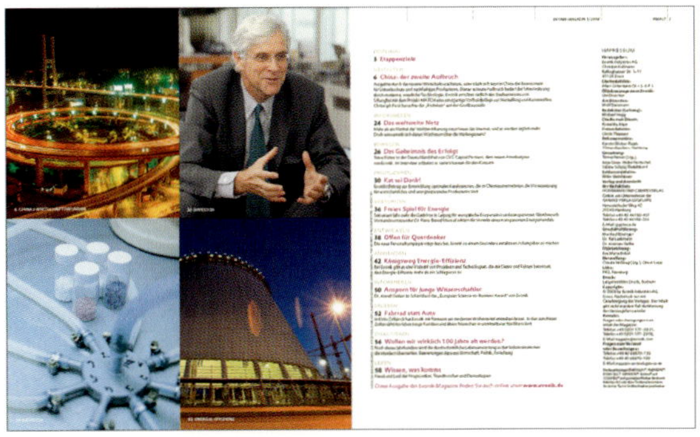

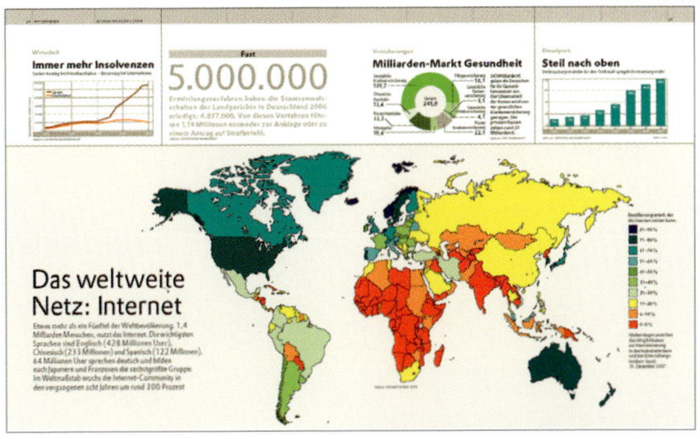
Immer mehr Insolvenzen
5.000.000
Milliarden-Markt Gesundheit
Steil nach oben
Das weltweite Netz: Internet

Offen für Querdenker

Königsweg Energie-Effizienz

THYSSENKRUPP GESCHÄFTSBERICHT 2007/2008. Fokus des Berichts sind die Mitarbeiterqualifikation und -förderung als Schlüssel zum Unternehmenserfolg. Die Idee ist, einen Blick in die Unternehmenskultur zu vermitteln, die wie ein „Treibhaus" Engagement und Kreativität fördert. Der Report zeichnet sich durch unterschiedlich haptisch wirkende Materialien, eine eigene Farbanmutung der Bilder sowie Verarbeitungstechniken aus. Die hochwertige Umsetzung zeigt sich vor allem auf dem Cover, dessen Bedruckstoff an eine Werkstoffoberfläche erinnert. Produktionstechnisch herausfordernd waren die passgenaue Kombination von Siebdruck und Offsetdruck und der Einsatz von Trittschutzlack, der eigens für dieses Objekt aus dem Architekturbereich recherchiert wurde. Siehe auch Seite 288.

Herausgeber
ThyssenKrupp

Verantwortlich für den Geschäftsbericht
Barbara Scholten

Dienstleister
häfelinger + wagner design

Projektverantwortung/ Creative Direction
Annette Häfelinger-Wagner

Art Director
Nils Jaedicke

Design
Veronika Kinczli

Projektmanagement
Imke Plinta

Fotografen
Heiko Prigge
Julian Baumann
Stefan Pielow

Auflage
deutsch/englisch
gesamt: 32.000 Exemplare

Verbreitung
global

Vertriebswege
Deutsche Post und Paketdienste

GRENZÜBER-SCHREITEND VONEINANDER LERNEN

WIM CLAESSENS führt bei ThyssenKrupp die Erfahrungen aus mehreren europäischen Ländern zusammen und organisiert den internationalen Austausch von anwendungs-orientiertem Wissen.

PROJEKTLEITER
WIM CLAESSENS
Managing Director,
ThyssenKrupp Christon N.V.
Division Laser Works

Entwickelte eine Projektidee, die das Potenzial des Werkstoffdienstleisters optimal ausschöpfen hilft.

WISSEN VERMITTELN

PROJEKTEIGNER
HANS-JOSEF HOSS
Vorsitzender der Geschäftsführung,
ThyssenKrupp Schulte GmbH

Das Projekt brachte seinem Bereich Mehrumsatz im sechsstelligen Bereich.

PROJEKTMENTOR
CLAUDE WEBER
Vorstandsmitglied ThyssenKrupp
Materials International GmbH

Er fand für das Projekt die passende Ausrichtung – und den richtigen Namen.

MITGLIED INTERNATIONALES PROJEKTTEAM
ILSE HENNE
General Manager ThyssenKrupp Christon N.V.

Sie arbeitete mit Kollegen aus vier anderen europäischen Ländern zusammen.

MEHRARBEIT, DIE SICH LOHNT

Es war nicht so, als ob Wim Claessens zu wenig zu tun gehabt hätte: Als Einkaufsleiter in einer belgischen Niederlassung hatte ich schon einen spannenden Job", sagt der junge Betriebswirt, doch er suchte eine noch größere Herausforderung. Wie gut, dass seine Vorgesetzte Ilse Henne, Geschäftsführerin bei ThyssenKrupp Christon von best4best gehört hatte: „2007 hat man das Förderprogramm zum ersten Mal auch für Bewerber aus dem europäischen Ausland geöffnet, darin habe ich eine Chance für Wim gesehen." Gemeinsam mit Hans-Josef Hoß, seinerzeit Leiter des Edelstahl Service Centers (ESC), entwickelte er den Gedanken, systematisch zu erheben, welche Edelstahl-Sonderformate in welchen europäischen Ländern an welche Branchen verkauft werden. „Man sollte meinen, das sei überall in etwa gleich", sagt Hoß, „doch das Projekt hat gezeigt, dass es riesige Unterschiede gibt. Da verkauft die Niederlassung in einem Land jede Menge Edelstahl in die Umwelttechnik, während die Kollegen in einem anderen Land diese Branche noch gar nicht entdeckt haben."

Wim Claessens reichte das Projekt bei best4best ein. Es wurde angenommen und bekam Claude Weber als Mentor zugewiesen, Vorstandsmitglied bei ThyssenKrupp Materials International. „Als Mentor begleitet man das Projekt in strategischer Hinsicht, während der Projekteigner, in diesem Fall also Herr Hoß, eine eher operative Rolle hat", so Weber. „Zu meinem Verständnis von Strategie gehört aber auch, dass man gleich im Projektnamen deutlich macht, worum es geht. Deshalb habe ich ‚Experience-based systematic approach for ESC customer branches in five countries' vorgeschlagen, und dabei ist es auch geblieben."

PWC: *DAS MAGAZIN FÜR VORAUSDENKER* ist das Kundenmagazin von PricewaterhouseCoopers Deutschland. Zielsicher und genau, aber dabei stets greifbar und lebendig beschreibt *pwc:* die Herausforderungen von Unternehmen über das Tagesgeschäft hinaus. *pwc:* nähert sich Themen regelmässig von unerwarteter Seite und macht sie damit spannend und relevant. Layout und Grafik von *pwc:* sind modern und klar – und immer wieder überraschend. Besonderer Wert wird auf eine spannende und originelle Bebilderung gelegt, die die Scheu vor dem Umgang mit schweren Themen nimmt. Der Anspruch eines Premium-Magazins wird auch in der Herstellung konsequent umgesetzt. Siehe auch Seite 42.

Herausgeber
PricewaterhouseCoopers

Dienstleister
Facts & Figures, ein Unternehmen der Financial Times Deutschland

Chefredaktion
Corinna Freudig, Detlef Gürtler

Art Director
Frauke Backer

Erscheinungsweise
viermal jährlich

Heftformat
210 mm x 297 mm (DIN A4)

Umfang
56 Seiten / Sonderausgabe 64 Seiten

Auflage
16.000 Exemplare

Vertriebsweg
Direktvertrieb

Website
www.pwc.de

Kontakt
cp@ftd.de

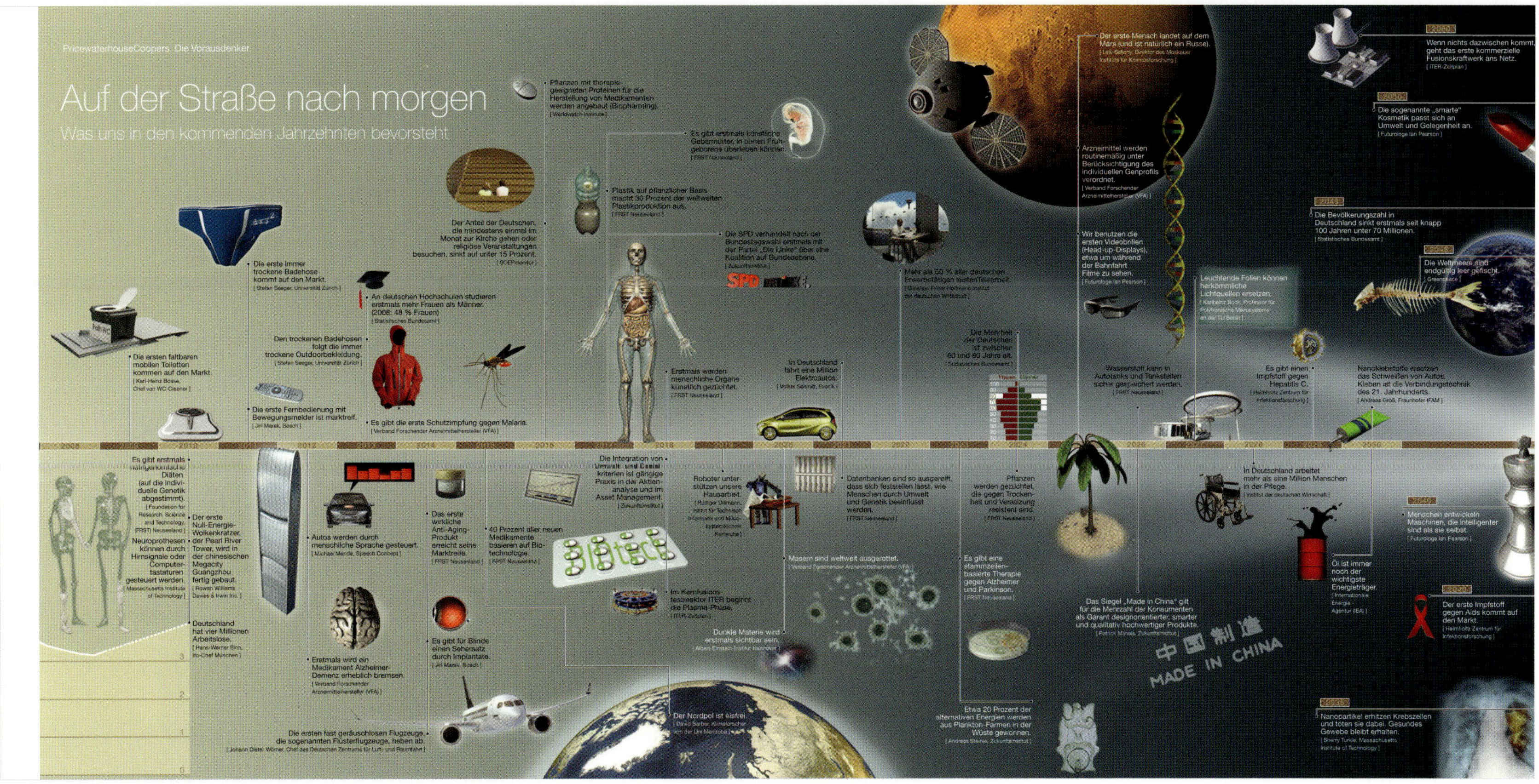

Um den visionären Ansatz der Sonderausgabe zur Zukunft auch in der Herstellung umzusetzen, wurden drei besondere Gestaltungsnoten eingebettet, die gemeinsam den Charakter des Magazins unterstreichen. Der Blickfang des aktuellen Covers ist ein Lentikularbild mit den Namen der im Heft präsentierten Vorausdenker. Im Heft eingestreut befinden sich vor jedem Ressort Transparentseiten, die ein Zitat zur Zukunft enthalten. Am Ende des Magazins wurde eine ausklappbare und heraustrennbare Infografik integriert, die bahnbrechende Entwicklungen und Entdeckungen der kommenden zwei Jahrzehnte im Überblick darstellt.

WEMPE MAGAZIN. Das Magazin des Handelshauses für feine Uhren und Juwelen spiegelt den Anspruch höchster Perfektion wider. Mit hochkarätigen Reportagen, Interviews und Fotografien rund um die Themen Qualität, Zeit, Tradition und Transparenz informiert und inspiriert es Kunden und Freunde. Die Themenschwerpunkte transportieren ein positives, offenes Grundgefühl, Wärme, Aktivität, Kraft und Mut. Das Magazin soll nicht nur stylisches Schaufenster sein, sondern hinter die Kulissen des Unternehmens Wempe sowie der Uhren- und Schmuckbranche blicken. Eigens für das Heft produzierte Fotos und Bildstrecken unterstreichen seine Individualität und Authentizität. Siehe auch Seite 272.

Herausgeber
Gerhard D. Wempe

CP-Dienstleister
HOFFMANN UND CAMPE
Corporate Publishing

Chefredaktion
Peter Würth

Art Direction
Johannes Erler, Factor Design

Erscheinungsweise
jährlich

Format
220 mm x 270 mm

Umfang
76 Seiten

Auflage
300.000 Exemplare
(2 Sprachausgaben)

Vertriebswege
personalisierter Versand, weltweit in den Geschäften, Verteilung auf Special Events

Zielgruppen
Kunden, Geschäftspartner und Freunde des Hauses Wempe

Anzeigenpreis 1/1 4c
13.530 Euro

Website
www.wempe.de/bereich-magazin.htm

Kontakt zur Redaktion
magazin@wempe.de

Die sanfte Glut – Rotgold und sein verführerischer Zauber wecken die Sinne: So lautet die Titelgeschichte des *Wempe Magazins*. Um den schimmernden und edlen optischen Effekt von Gold auch auf dem Cover zu transportieren und damit die Sinne der Leser anzusprechen, wurde es im Kaltfolientransferdruck produziert. Damit wird das Magazin optisch veredelt und die Faszination von Gold unterstrichen. Im ersten Druckwerk wurde vollflächig eine Goldfolie aufgetragen, die Typo blieb ausgespart. Anschließend wurde das Cover im Offsetverfahren vierfarbig bedruckt und zum Schutz mattfolienkaschiert. Zuletzt wurde partiell UV-Lack im Siebdruck auf das Motiv aufgetragen.

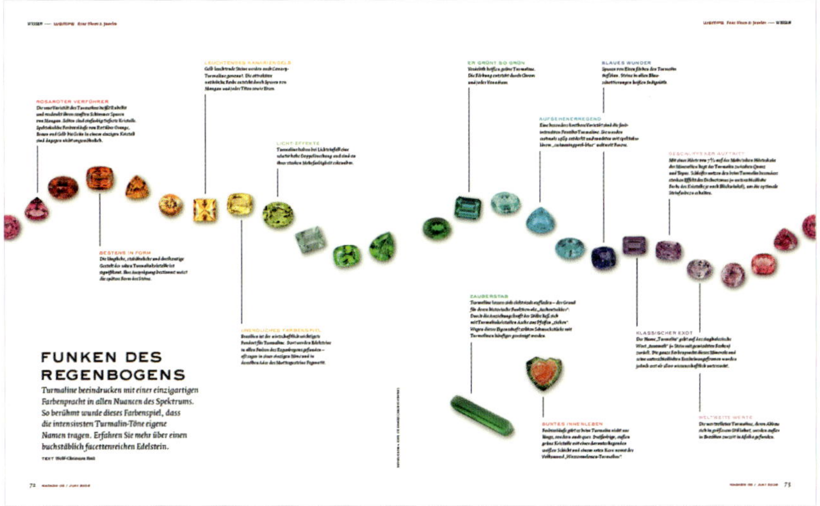

SONDERPREIS
INTERNATIONALE KOMMUNIKATION

Shortlist

BMW Magazin
Bayerische Motoren Werke AG
HOFFMANN UND CAMPE Corporate Publishing

SEITE 306

Bosch-Zünder
Robert Bosch GmbH
KircherBurkhardt GmbH

SEITE 308

Bulletin
Credit Suisse AG
Arnold. Inhalt und Form AG

SEITE 310

Departures
American Express Services Europe Ltd.
Journal International Verlags- und Werbegesellschaft mbH

SEITE 128

BMW MAGAZIN. 33 Sprach- und 48 Landesausgaben in 117 Ländern: Das *BMW Magazin* setzt auf Internationalität. Um ein weltweit einheitliches Markenbild zu erhalten, zeichnen sich die verschiedenen Ausgaben durch weitgehend einheitliche Standards bezüglich Redaktion, Layout, Papier- und Druckqualität aus. Mit einem modularen Heftaufbau wird den regionalen Besonderheiten Rechnung getragen: Die (Zentral-)Redaktion entwickelt gemeinsam mit BMW eine internationale Basisausgabe des *BMW Magazins*, die dann als Grundlage für die Landesausgaben dient. Die länderspezifische Adaption erfolgt über einen Nationalteil, in dem die Landesgesellschaften Themen kommunizieren, die für ihren Markt besonders wichtig sind. Siehe auch Seite 110.

Herausgeber
Bayerische Motoren Werke

CP-Dienstleister
HOFFMANN UND CAMPE
Corporate Publishing

Chefredakteur
Bernd Zerelles

Art Director
Dirk Linke

Erscheinungsweise
zweimal jährlich

Heftformat
215 mm x 280 mm

Umfang
116 Seiten

Auflage
3.300.000 Exemplare

Vertriebswege
personalisierter Direktversand, ausgewählte Flughafen- und Bahnhofsbuchhandlungen, BMW-Händler, Auslage auf Messen und Events

Zielgruppen
BMW-Fahrer, Freunde der Marke BMW

Anzeigenpreis 1/1 4c
14.900 Euro

Website
www.bmw.com

Kontakt zur Redaktion
redaktion@bmw-magazin.de

Helene Auch das Äußere muss stimmen, findet Helene. Sie ist für das Bunte zuständig. Ihr kühnes Design besticht durch den Mut zur Farbe. Für das Dach hat sie ein aufregendes Leopardenmuster ausgewählt. Und der Clou: Der Kofferraum lässt sich wirklich öffnen.

Auf der Rennstrecke Formel-1-Bolide gegen Großraumwagen. Wer ist schneller? Auf den ersten Metern entscheidet der Schub.

50 BMWMagazin

BMWMagazin 51

Perfezione

Richard James

51 anni, sarto da uomo, grande stilista e innovatore nella leggendaria Savile Row.

Per Richard James la perfezione sta nell'imperfezione della mano umana. Nell'unicità delle cuciture attorno all'asola della manica di una giacca, non realizzate in qualche secondo da una macchina, ma frutto del lavoro di dita attente e precise. «Il vero lusso, per me, è questo. Un buon abito richiede tempo». Per la precisione, più di 60 ore, nelle quali molte mani esperte tagliano e cuciono lasciando le loro piccole ma inconfondibili tracce nei dettagli, come lievi firme invisibili.

Se per Savile Row, dal XVIII secolo mecca degli abiti su misura, oltre a canuti soci di club e speculatori di borsa oggi transitano modelli e giovani artisti, è merito anche di Richard James. Insieme al socio Sean Dixon, con il suo negozio ha imposto una sobria cura di ringiovanimento all'ambiente. «Quando siamo arrivati qui, nel 1992, il nostro negozio era alquanto atipico per questa strada, ma è stato proprio questo a renderci interessanti». Un abito su misura di ottimo taglio può davvero cambiare una persona. «Moltissimi dei nostri clienti prima non avevano mai posseduto un abito che cadesse veramente bene».

A loro il negozio con pavimento lilla, la cabina di prova con specchi e luci effetto Las Vegas e i lunghi scaffali pieni di stoffe pregiate devono sembrare lo spogliatoio neo-barocco di un monarca moderno. Invece del sarto dai capelli grigi che ti apre la porta scorbutico con il metro al collo, c'è un giovane collaboratore che serve champagne in coppe di cristallo. Ogni ospite è il benvenuto, questo è uno dei principi base su cui si regge l'impero di Richard James. Alto, snello e very british, il capo scende le scale in un abito grigio chiaro. Sulla parete alle sue spalle sorridono soddisfatti, dalle copertine patinate di riviste internazionali, gli uomini più belli del mondo che indossano vari modelli di Richard James: Hugh Grant, Benicio Del Toro, Robert Downey Jr., Bryan Ferry.

BOSCH-ZÜNDER. Als weltweit einheitliches Medium verbindet der *Bosch-Zünder* die über 282.000 Mitarbeiter des Technologiekonzerns an rund 300 Standorten. Eine Besonderheit der zweimonatlichen Zeitung ist ihre Vielsprachigkeit. Der 16-seitige internationale Mantel wird in Deutsch verfasst und in acht Sprachen übersetzt: Englisch, Portugiesisch, Japanisch, Französisch, Chinesisch, Spanisch, Tschechisch und Türkisch. Die Tatsache, dass ein gemeinsamer Inhalt weltweit erscheint, dient der internen Glaubwürdigkeit, dem konsistenten Informationsfluss und damit dem länderübergreifenden Zusammengehörigkeitsgefühl. Dies erfordert von der Redaktion eine hohe Kenntnis und Sensibilität für die Lebenswelt der Belegschaft. Der Erfolg und die Akzeptanz des *Bosch-Zünders* geben dem Konzept jedoch lückenlos recht. Zudem erscheinen in Deutschland, USA, Großbritannien, Frankreich, China und Mexiko Beileger mit landesspezifischen Themen. Siehe auch Seiten 224 und 252.

Herausgeber
Robert Bosch
Uta-Micaela Dürig
(Leitung Corporate Communications)

CP-Dienstleister/Gestaltung
KircherBurkhardt

Redaktion
Gunter Epple (Robert Bosch)

Erscheinungsweise
sechsmal jährlich

Heftformat
350 mm x 520 mm

Umfang
16 Seiten Mantelteil
12 Seiten deutscher Beileger
4 Seiten Beileger oder mehr Seiten für die einzelnen Regionen und Geschäftsbereiche

Auflage
180.000 Exemplare

Vertriebsweg
Post/Pressesendung

Zielgruppe
alle Mitarbeiter der Bosch-Gruppe weltweit

Website
www.bosch.com

Kontakt zur Redaktion
Gunter Epple (Robert Bosch, Interne Kommunikation, C/CCI)
Fon +49 711 811-7112

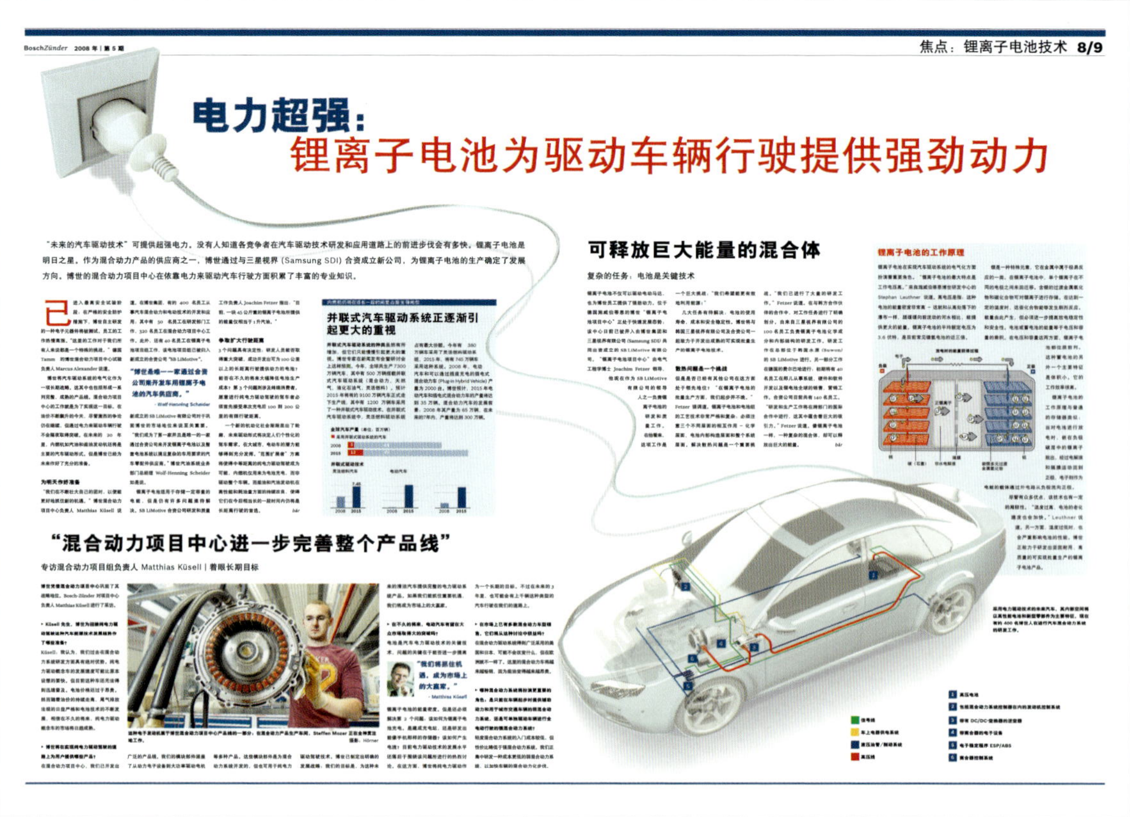

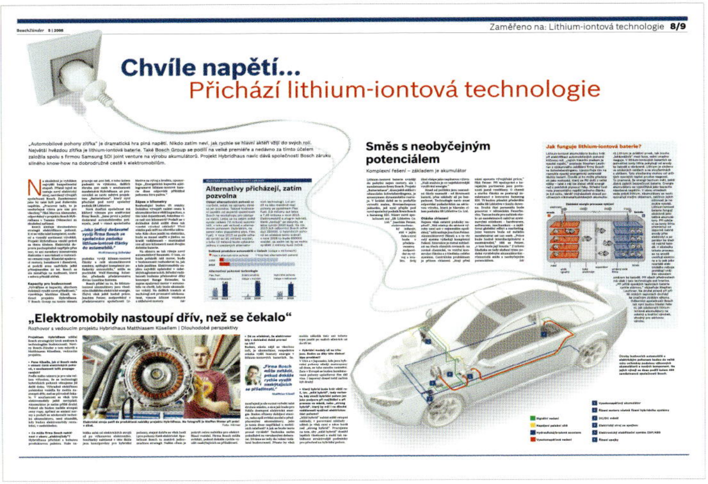
Zaměřeno na: Lithium-iontová technologie 8/9
Chvíle napětí...
Přichází lithium-iontová technologie
Směs s neobyčejným potenciálem
„Elektromobily nastoupí dřív, než se čekalo"

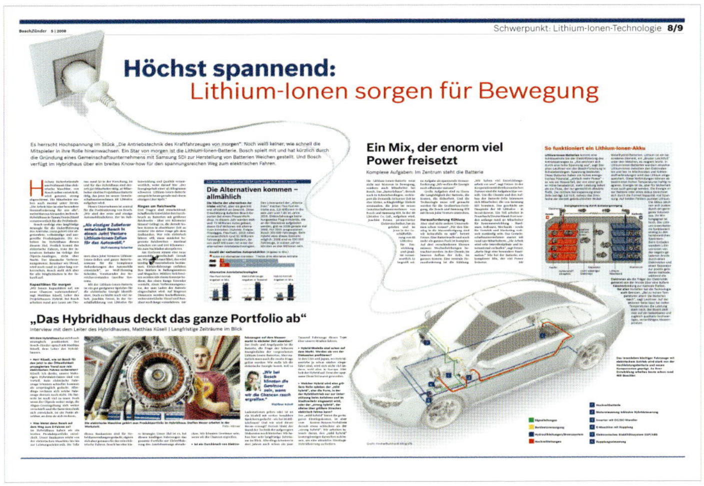
Schwerpunkt: Lithium-Ionen-Technologie 8/9
Höchst spannend:
Lithium-Ionen sorgen für Bewegung
Ein Mix, der enorm viel Power freisetzt
„Das Hybridhaus deckt das ganze Portfolio ab"

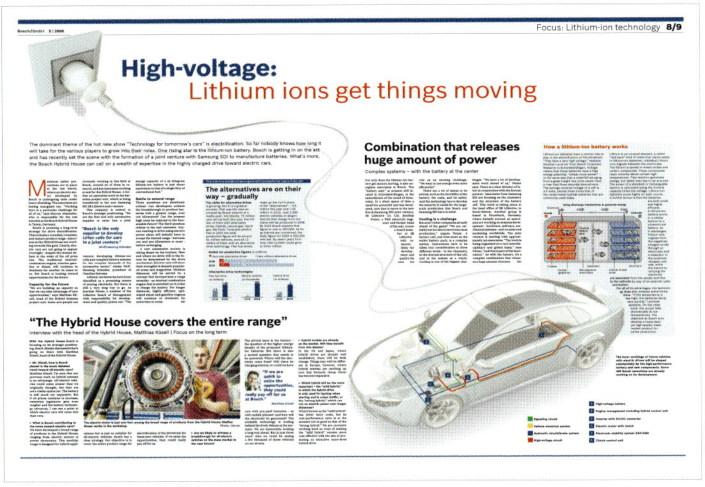
Focus: Lithium-ion technology 8/9
High-voltage:
Lithium ions get things moving
Combination that releases huge amount of power
"The Hybrid House covers the entire range"

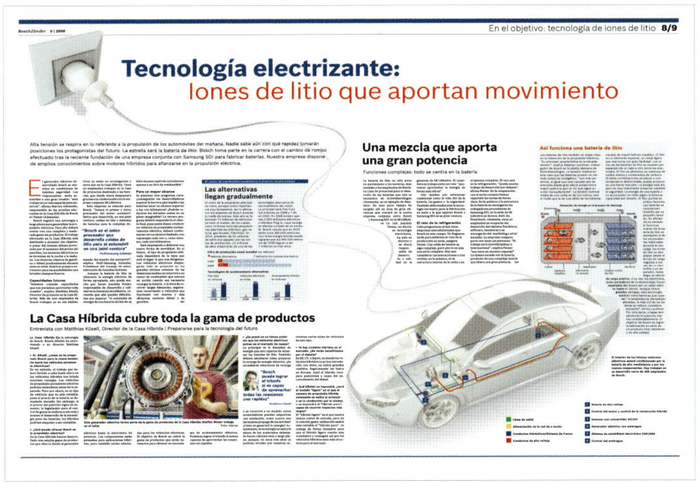
En el objetivo: tecnología de iones de litio 8/9
Tecnología electrizante:
Iones de litio que aportan movimiento
Una mezcla que aporta una gran potencia
La Casa Híbrida cubre toda la gama de productos

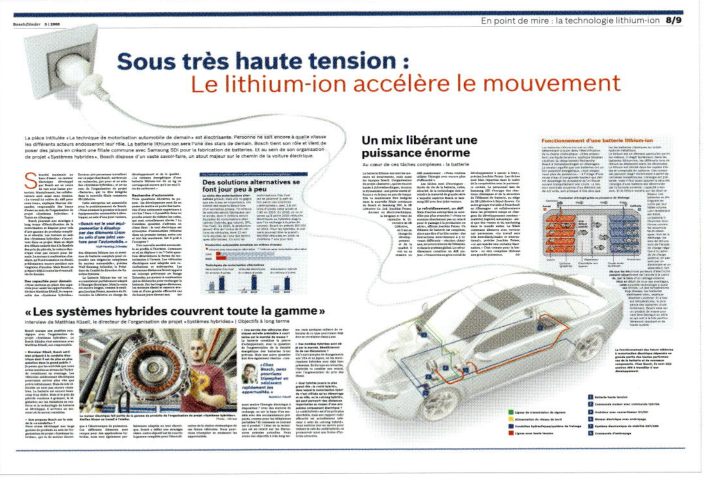
En point de mire : la technologie lithium-ion 8/9
Sous très haute tension :
Le lithium-ion accélère le mouvement
Un mix libérant une puissance énorme
«Les systèmes hybrides couvrent toute la gamme»

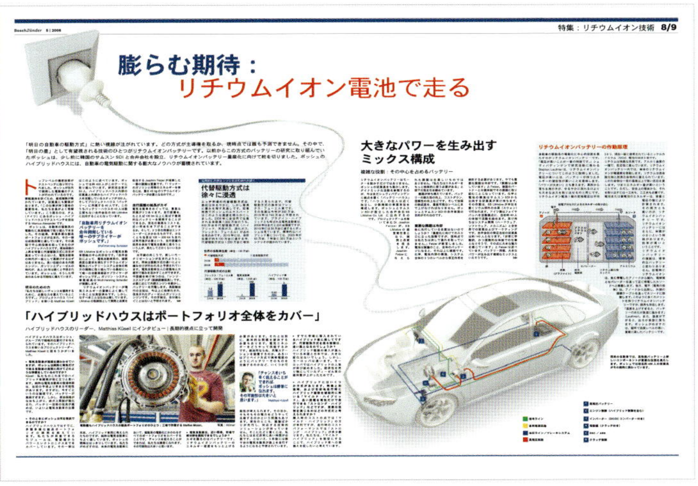
特集：リチウムイオン技術 8/9
膨らむ期待：
リチウムイオン電池で走る
大きなパワーを生み出すミックス構成
「ハイブリッドハウスはポートフォリオ全体をカバー」

Tema central: Tecnologia de lítio 8/9
Desenvolvimento muito interessante:
Íons de lítio garantem mobilidade
Uma mistura que libera uma potência imensa
"Nosso departamento abrange o portfólio completo"

Odak noktası: Lityum-iyon teknolojisi 8/9
Çok heyecan verici:
Lityum-iyon aküleri hareket getiriyor
Muazzam bir güç doğuran bir karışım
"Hibrid-Evi portföyün tümünü kapsıyor

BULLETIN INTERNATIONAL. Das *Bulletin* der Credit Suisse erscheint in vier Sprachen: Deutsch, Französisch und Italienisch, den drei Landessprachen des Heimmarktes Schweiz, sowie der Weltsprache Englisch. Die englische Version ist gleichzeitig auch die offizielle internationale Ausgabe, die vom Inhalt her leicht variiert. So werden einzelne Meldungen und Geschichten, die sehr spezifisch auf die Schweiz ausgerichtet sind, durch solche mit einem mehr internationalen Fokus ersetzt. Auch fehlen die Invest- und Produkte-Seiten, die nur für Schweizer Kunden bestimmt sind. Jede Ausgabe des *Bulletin* ist einem Thema gewidmet. Geschichten von allgemeinem Interesse aus dem Schwerpunkt sowie den Sponsoring Engagements hüllen die Bank- und finanzwirtschaftlichen Themen in einen unterhaltsamen Mantel. Siehe auch Seite 126.

Herausgeber
Credit Suisse

Chefredaktor
Daniel Huber

Koordination
Petra Feusi

Realisation
Arnold. Inhalt und Form

Redaktion
Dorothée Enskog, Regula Gerber, Michael Krobath, Mandana Razavi, Andreas Schiendorfer

Gestaltung
Arno Bandli, Monika Häfliger, Michele Iseppi, Petra Siegenthaler

Zielgruppe
Stakeholder der Credit Suisse

Erscheinungsweise
fünfmal jährlich

Heftformat
220 mm x 297 mm

Umfang
76 Seiten

Website
www.credit-suisse.com/bulletin

Kontakt
urs.arnold@a-if.ch

Same Time, Same Idea
Discoveries are made when the time is ripe for them. This is the reason why so many original ideas have a number of creators. But the person who makes the final breakthrough with an idea or product is not necessarily the one who was first on the scene.

Break throughs Come One Step At a Time
Politicians are fond of talking about breakthroughs at the negotiating table. Yet the breakthroughs they achieve are never sudden – they are reached one step at a time, invariably as a result of patient preparation. In business, it is no different. An effective and successful negotiator is one who "includes" the parties with the most to lose.

« Ouvrez la barrière ! »
Récit du 9 novembre 1989 tel que l'a vécu l'officier qui a ouvert la frontière.

Une tournée mondiale qui s'achève par des enchères réussies
Huit mois et sept villes après son lancement, la tournée mondiale de l'exposition « Art & Entrepreneurship » de Credit Suisse International s'est achevée à Londres le 24 novembre par la vente aux enchères d'œuvres de jeunes artistes parmi les plus talentueux au monde.

L'arte di investire nelle belle arti
I 10 artisti in vetta alle classifiche delle vendite all'asta del 2007 (in milioni di dollari)
→ Variazioni dal 2006
422
→ 111%
Andy Warhol
320
→ -6%
Pablo Picasso
245
→ 498%
Francis Bacon
207
→ 1492%
Mark Rothko

SONDERPREIS
RECYCLINGPAPIER

Preisträger

Deutsche Seeschifffahrt
Verband deutscher Reeder
Lohrengel Mediendesign

SEITE 314

Shortlist

Amnesty Journal
Amnesty International
schrenkwerk

SEITE 202

Blickpunkt Lateinamerika
Adveniat
Unikat Werbeagentur GmbH

SEITE 316

SECURVITAL
SECURVITA Gesellschaft zur Entwicklung alternativer Versicherungskonzepte mbH
Breitenbach & Pötschick GmbH

SEITE 318

DEUTSCHE SEESCHIFFFAHRT. Die Schifffahrt ist mehr als ein Hightech-Mittel in der Globalisierung. Sie ist weltweit das umweltfreundlichste Transportmittel. Besonders bei den Treibhausgasen kommt die Schifffahrt pro transportierter Tonne und Kilometer auf deutlich bessere Werte als andere Transportarten. Das ökologische Image sollte sich auch in der Kommunikation widerspiegeln. Eine intensive Abstimmung mit Druckerei und allen anderen Gewerken war nötig, um ein optimales umweltfreundliches Ergebnis zu erzielen. Bei den Lesern ist die Botschaft angekommen – ökologische Umsetzung gehört auch inhaltlich zum Alltag. Siehe auch Seite 104.

Herausgeber
Verband Deutscher Reeder

Verlag
Verlagsgruppe Hüthig Jehle Rehm, Storck Verlag

CP-Dienstleister
Lohrengel Mediendesign

Chefredakteur
Max Johns

Art Director
Oliver Lohrengel

Erscheinungsweise
monatlich

Heftformat
210 mm x 297 mm

Umfang
80 Seiten

Auflage
8.500 Exemplare

Vertriebswege
Post, Einzelverkauf

Zielgruppe
maritime Wirtschaft, Investoren, politische Entscheider, Mitarbeiter der Reedereien (Land und See), Nachwuchs, maritim Interessierte

Anzeigenpreis 1/1 4c
2.425 Euro

Website
www.reederverband.de

Kontakt zur Redaktion
johns@reederverband.de
Fon +49 40 350 972-38

UNTERNEHMEN & MÄRKTE

Der Versorger

Die „E. R. Kristiansand" ist eines der Schiffe aus dem Offshorebereich der Reederei E.R. Schiffahrt. Sie sorgt dafür, dass die Ölplattform „Amethyst" mit Ersatzteilen, Lebensmitteln und Trinkwasser versorgt wird und ist damit das Bindeglied zwischen dem Festland und der Bohrinsel.

UNTERNEHMEN & MÄRKTE

Die dicke Wolkendecke lässt hier und da einzelne Sonnenstrahlen durch, die dem rot-orangefarbenen Schiffsrumpf der „E.R. Kristiansand" einen speziellen Glanz verleihen. Leszek Komarzynski kommt die Gangway herunter, das Bordfahrrad hängt ihm über der Schulter. „Ich fahre mal kurz nach Yarmouth rein, die Entladung wird ohnehin noch eine Weile dauern," sagt der Chief. Es ist kurz nach 9 Uhr am Morgen an diesem Dienstag und keiner weiß, wann das Schiff zu einem neuen Einsatz zur Ölbohrplattform „Amethyst" hinausfahren muss. Die Operationsbasis der „E.R. Kristiansand" liegt ungefähr 100 Meilen vor der englischen Küste. Das Offshore-Schiff der Reederei E.R. Schiffahrt ist zuständig für die Versorgung einer Ölbohrplattform in der Nordsee.

Östlichster Hafen Englands

Great Yarmouth ist Englands östlichster Nordseehafen. Er liegt ungefähr 150 Kilometer nordöstlich von London. Die Stadt selbst, die rund 50.000 Einwohner zählt, liegt auf einer dünnen Landspitze eingeklemmt zwischen der Nordsee und dem Fluss Yare. Bekannt geworden ist die Stadt durch Charles Dickens, der sie als einen der wichtigsten Handlungsorte für seinen Roman „David Copperfield" benutzte. Seit Jahrhunderten gilt Great Yarmouth als Fischereihafen, der im Wesentlichen von der Heringindustrie abhängt. Heute dient Yarmouth vor allem der Offshore-Industrie, das heißt konkret, den Ölbohrplattformen vor der Küste. Da die Ölbohrplattformen an einem festen Ort liegen, müssen sie von sogenannten Platform supply vessels (PSVs) wie der „E.R. Kristiansand" täglich versorgt werden. Die PSVs liegen rund um die Uhr fahrbereit im Hafen von Yarmouth. Ihre Zahl steigt jedes Jahr und der bislang hohe Ölpreis hat dafür gesorgt, dass immer mehr Plattformen dazukommen. Auch →

ÖLPLATTFORM: „Amethyst" in der Nordsee

UMWELT & TECHNIK

Einmal um den Nordpol

ROUTENPLANUNG: Kapitän Schwarze und Fahrtleiter Jokat erläutern den über alle Längengrade führenden Kurs.

Während einer zweimonatigen Reise von Reykjavik nach Bremerhaven hat die vom Alfred-Wegener-Insitut in Bremerhaven betriebene und durch F. Laeisz bereederte „Polarstern" sowohl die Nordwest- als auch Nordostpassage durchfahren und damit als erstes Forschungsschiff überhaupt den Nordpol umrundet.

Während einer zweimonatigen Reise von Reykjavik nach Bremerhaven hat die vom Alfred-Wegener-Insitut in Bremerhaven betriebene und durch F. Laeisz bereederte „Polarstern" sowohl die Nordwest- als auch die Nordostpassage durchfahren und damit als erstes Forschungsschiff überhaupt den Nordpol umrundet. Die historische Fahrt wurde durch die starke Verringerung des Meereises begünstigt, die zugleich neue Fragen zu Seewegen, Territorialansprüchen und der Erschließung von Rohstoffen aufwirft.

Erst bei der Abfahrt von Reykjavik am 12. August entschied sich „Polarstern"-Kapitän Stefan Schwarze aufgrund der günstigen Eisbedingungen, den Weg durch die Nordwestpassage auch tatsächlich zu wagen. Für den kräftigsten, seit 26 Jahren in Arktis und Antarktis forschenden deutschen Eisbrecher bedeutete diese Route eine Premiere. Mit 47 Wissenschaftlern aus zwölf Nationen, darunter aus Belgien, Frankreich, Japan, Kanada, Korea, den Niederlanden, Russland und den Vereinigten Staaten, führte der dritte Abschnitt der 23. Arktisexpeditoin zunächst von Island auf westlichen Kursen um die Südspitze Grönlands herum durch die Davisstraße und Baffin Bay zur Einfahrt in die Nordwestpassage, die am 20. August erreicht wurde.

Im Vergleich zu Roald Amundsen, der 1903 drei Jahre benötigte, bewältigte die „Polarstern" die von Eis weitgehend freie Durchfahrt in nur vier Tagen, und zwar →

UNTERNEHMEN & MÄRKTE

Die Geburt von „Charlotta"

Die Containerschiffe von der Neuenfelder Sietas-Werft gelten als die Porsche der Branche. Obwohl es sich um Typ-Schiffe handelt, ist jede Ablieferung ein Einzelstück. Peter Andryszak hat über mehrere Monate die Entstehung der MS „Charlotta" verfolgen und fotografieren können.

WIRTSCHAFT & HAFEN

Big in Japan

Super-Hubs verhelfen zu Wettbewerbsvorteilen. In Japan werden bereits die Megahäfen der Zukunft geplant.

BLICKPUNKT LATEINAMERIKA ist ein Magazin der Bischöflichen Aktion Adveniat, eines katholischen Hilfswerks für die Menschen in Lateinamerika und der Karibik. In dem vierteljährlich erscheinenden Heft geht es nur am Rand um die Projekte, die Adveniat vor Ort unterstützt. Vor allem geht es um die Menschen dieses Kontinents. Es geht um die Sorgen und die Armut in den Slums der Megastädte und abgelegenen Urwalddörfern, um Umweltzerstörung und Ungerechtigkeit – aber auch um den Reichtum der Kulturen und um das oft fröhliche und bunte Leben in Lateinamerika. Nicht zuletzt geht es um den bewundernswerten Einsatz von Ordensschwestern, Kirchenleuten und Laien, die ihr Leben in den Dienst ihrer Mitmenschen stellen und mit ihren kleinen, oft unscheinbaren Aktionen Hoffnung in den Alltag bringen. Aus dem Bewusstsein der Verantwortung für die Schöpfung erscheint dieses Magazin schon seit 1999 auf 100 Prozent Recyclingpapier.

Herausgeber
Bischöfliche Aktion Adveniat

Redaktion
Verena Hanf (verantw.)

Konzeption
unikat

Art Director
Ronald Dunckert

Erscheinungsweise
viermal jährlich

Heftformat
210 mm x 297 mm

Umfang
24 Seiten

Auflage
ca. 20.000 Exemplare

Zielgruppe
alle, die sich für Lateinamerika und die Karibik interessieren

Großartige Reportagefotos und packende Berichte stellen das Layout von *Blickpunkt Lateinamerika* immer wieder vor neue Herausforderungen.
Die horizontale Teilung hat sich dabei als ordnendes und verbindendes Element bewährt, das ausreichenden Freiraum für immer wieder neue Gestaltungsansätze bietet.

Liebe Leserinnen und Leser,

Alles eine Frage der Ordnung

Kirchliches Handeln ist immer gesellschaftskritisch

DIE SCHLACHT IM BOHNENFELD
PARAGUAY: DER SOJA-BOOM UND SEINE FOLGEN

Dreck im Paradies
IN DER ECUADORIANISCHEN PROVINZHAUPTSTADT LAGO AGRIO LEBT DIE MEHRHEIT IN ARMUT, VON DEN ERDÖL-GEWINNEN PROFITIEREN ANDERE

ECUADORIANER VERLASSEN IHR LAND, WEIL SIE KEINE PERSPEKTIVE SEHEN. STATT WIE FRÜHER IN DIE USA ZIEHT ES JETZT DIE MEISTEN NACH SPANIEN
TEXT: PATRICIA HERTEL
FOTOS: ACHIM POHL
Mehr als nur das Geld

SECURVITAL ist die Kundenzeitschrift für die Versicherten und Kunden der Unternehmensgruppe SECURVITA. Die Zeitschrift informiert über das Leistungsspektrum aller Geschäftsbereiche und stellt neue Produkte und Angebote vor. Das Magazin ist ein wesentliches Element der Imagekommunikation der Unternehmensgruppe SECURVITA. Es dient als Instrument zur Gewinnung von Interessenten und Neukunden und erfüllt gleichzeitig PR-Aufgaben und Marketingfunktionen. SECURVITA wird als modernes Unternehmen nachhaltig und umweltbewusst geführt. Die inhaltliche Ausrichtung des Kundenmagazins rund um die Themen Gesundheit, Zukunft und Nachhaltigkeit macht dies deutlich. Der Druck auf Recyclingpapier ist dabei ein wichtiger Bestandteil für eine glaubwürdige Unternehmenskommunikation. Siehe auch Seite 176.

Herausgeber
SECURVITA Gesellschaft zur Entwicklung alternativer Versicherungskonzepte

Chefredakteur
Norbert Schnorbach (V.i.S.d.P.)

Design & Produktion
Breitenbach & Pötschick

Art Director
Thomas Pötschick

Bildredaktion
Susanne Oehlschläger

Erscheinungsweise
sechsmal jährlich

Zielgruppenprofil
LOHAS, 30 - 50 Jahre, hohes Einkommen, gute Schulbildung, gesunder, qualitätsbewusster ganzheitlicher Lebensstil

Format
210 mm x 297 mm

Umfang
36 Seiten

Auflage
254.000 Exemplare

Anzeigenpreis 1/1 4c
8.900 Euro

Vertriebswege
Postvertrieb und Außendienst

Website
www.securvita.de

Kontakt zur Redaktion
norbert.schnorbach@securvita.de

SECURVITAL, ein modernes Kundenmagazin, abwechslungsreich und klar gegliedert gestaltet, mit hohem Bildanteil, erfüllt die inhaltlichen Erwartungen der höhergebildeten Leserschaft (LOHAS) und verbindet Emotionalität und Glaubwürdigkeit. Dies wird unter anderem durch die Verwendung von ressourcenschonendem Recyclingpapier unterstrichen. Recyclingpapier ist ökologisch eindeutig vorteilhafter als Frischfaserpapier, seine Herstellung verbraucht weniger Ressourcen, verbietet den Einsatz schädlicher Chemikalien und vermeidet CO2 Emissionen. Ein stringentes Corporate Design, ein bewusster und auf das Papier abgestimmter Umgang mit Bildern und Farben in Verbindung mit einer langjährigen Erfahrung in der Druckvorstufe sind die Grundlage für eine hohe Wiedergabequalität beim Druck auf Recyclingpapier.

UMWELT & GESUNDHEIT

URWALD VERFEUERT

SECURVITAL · DAS MAGAZIN 2|08

WEITERE INFORMATIONEN

ZUSATZVERSICHERUNGEN

RUNDUM GUT VERSICHERT

Noch mehr Naturheilkunde, Chefarzt und Zahnersatz: Die Zusatzversicherungen der SECURVITA runden die Krankenleistungen ab

ONLINE ABSCHLIESSEN

WWW.SECURVITA.DE

ÖKOLOGISCHE GELDANLAGE

NEUE ENERGIE

WEITERE INFORMATIONEN:

ABGELTUNGSSTEUER

STEUERFREIHEIT SICHERN!

REINGEWINN STATT ABGELTUNGSSTEUER!

MEDIKAMENTEN-TESTS

FORSCHUNG AM MENSCHEN

Bei der Erprobung neuer Medikamente sind Tests an Patienten sinnvoll und notwendig. Die ethischen Regeln dafür sind streng. Aber in Entwicklungsländern werden Testpersonen ausgenutzt.

SECURVITA · KRANKENKASSE 5|08

»Klinische Tests, die sich nicht an ethische Grundsätze halten, sind ein Angriff auf die Menschenwürde.«
Sonia Shah, Autorin des Buches »The Body Hunters«

BEWEGUNG ALS HEILMITTEL

GESUND MIT SPORT

Ob Laufen, Schwimmen, Spielen, Yoga oder Tai-Chi: Regelmäßige Bewegung ist das erfolgreichste Rezept zur Erhaltung der Gesundheit. Neue Erkenntnis der Medizin: Sport trägt auch zur Heilung von Krankheiten bei.

SECURVITA · KRANKENKASSE 2|08

BEWEGLICHKEIT

SECURVITA · DAS MAGAZIN 3|08

Schönheitsbehandlungen, Massagen, Entspannung und Kräuterbäder – Ayurveda ist eine ziemliche Wohltat für Leib und Seele

AYURVEDA

FÜR LEIB UND SEELE

Blütenbäder, Massagen, Behandlungen mit Öl und Heilkräutern – die asiatische »Wissenschaft vom Leben« ist eine Wohltat für alle Sinne.

EIGENE ARZNEIMITTEL

HALL OF FAME

2008

AOK-c@re
AOK Baden-Württemberg und
AOK Westfalen-Lippe
wdv Gesellschaft für Medien &
Kommunikation mbH & Co. OHG

blue line
Hewlett-Packard GmbH
BurdaYukom Publishing GmbH

CENTURION MAGAZIN
American Express Deutschland
Journal International Verlags-
und Werbegesellschaft mbH

concepts BY HOCHTIEF
HOCHTIEF Aktiengesellschaft
Hoffmann und Campe
Corporate Publishing

DB Welt
Deutsche Bahn AG
KircherBurkhardt GmbH

Leica World
Leica Camera AG
independent Medien-Design

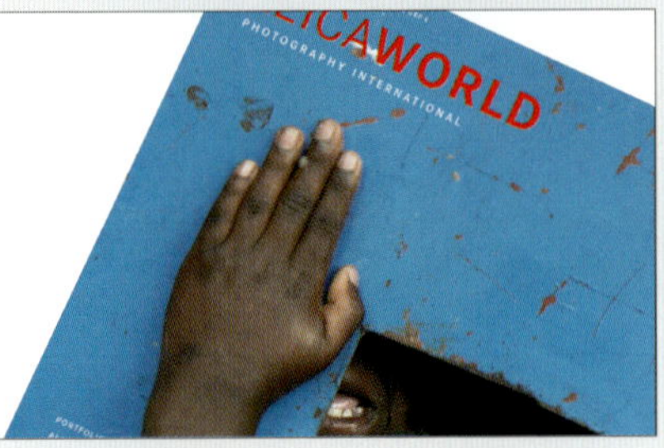

livingbridges
Schering AG
Magazine Factory /
Widera Kommunikation

think:act
Roland Berger Strategy
Consultants GmbH
BurdaYukom Publishing GmbH

2009

Discover Steel
ThyssenKrupp Konzern
häfelinger + wagner design GmbH

SEITE 324

Mini International
Bayerische Motorenwerke AG,
MINI Brand Management
HOFFMANN UND CAMPE Corporate Publishing

SEITE 326

One
Credit Suisse AG
Process Zürich

SEITE 328

2007 wurde vom Beirat des Wettbewerbs Best of Corporate Publishing die BCP Hall of Fame ins Leben gerufen. In ihr werden Publikationen aufgenommen, die seit der Gründung des Wettbewerbs im Jahr 2003 dreimal mit dem Award in Gold ausgezeichnet wurden. Wer den Sprung in die Hall of Fame schafft, wird vom Forum Corporate Publishing dauerhaft online unter www.bcp-award.com als herausragendes Beispiel für kontinuierliche Qualität im Corporate Publishing präsentiert.

2008

BCP-Award in Gold 2004, Kategorie B2C • Gesundheitswesen/Pharma
BCP-Award in Gold 2006, Kategorie B2C • Gesundheitswesen/Pharma
BCP-Award in Gold 2006, Sonderpreis Print/Online

BCP-Award in Gold 2004, Kategorie B2B • IT/Telekommunikation
BCP-Award in Gold 2005, Kategorie B2B • IT/Telekommunikation
BCP-Award in Gold 2006, Kategorie B2B • IT/Telekommunikation

BCP-Award in Gold 2005, Kategorie B2C • Tourismus/Reisen
BCP-Award in Gold 2006, Kategorie B2C • Bausparkassen/Finanzdienstleistung
BCP-Award in Gold 2007, Kategorie B2C • Bausparkassen/Finanzdienstleister

BCP-Award in Gold 2005, Kategorie B2B • Handwerk/Bau/Architektur
BCP-Award in Gold 2006, Kategorie B2B • Handwerk/Bau/Architektur
BCP-Award in Gold 2007, Kategorie B2B • Handwerk/Bau/Architektur

DB WELT
Mobility Networks Logistics

REPORTAGE
Begleitet: Im ICE nach Dänemark
Was Zugteams Richtung Kopenhagen erleben S. 3

MOBILITY
Begeistert: PDA für schnelle Info
Warum sich Lokführer über die Geräte freuen S. 6

PERSONAL
Betreut: Neue Chance bei DB
Wie ältere Arbeitslose integriert werden S. 10

MENSCHEN
Begonnen: Bau von Stuttgart 21
Wie Peter Marquart ein Bahn-Großprojekt plant S. 8/9

Neues Tarifwerk vereinbart

Tarifeinheit gewahrt – „Zu hoher Abschluss erfordert konsequentes Gegensteuern"

DB steigt in britischen Personenverkehr ein

Übernahme von Laing Rail stärkt Wettbewerbsfähigkeit des Konzerns und sichert Arbeitsplätze

WWW.DB.DE

BCP-Award in Gold 2005, Kategorie Mitarbeiterpublikation/Mitarbeiter-Zeitung
BCP-Award in Gold 2006, Kategorie Mitarbeiterpublikation/Mitarbeiter-Zeitung
BCP-Award in Gold 2007, Kategorie Mitarbeitermedien/Zeitungen

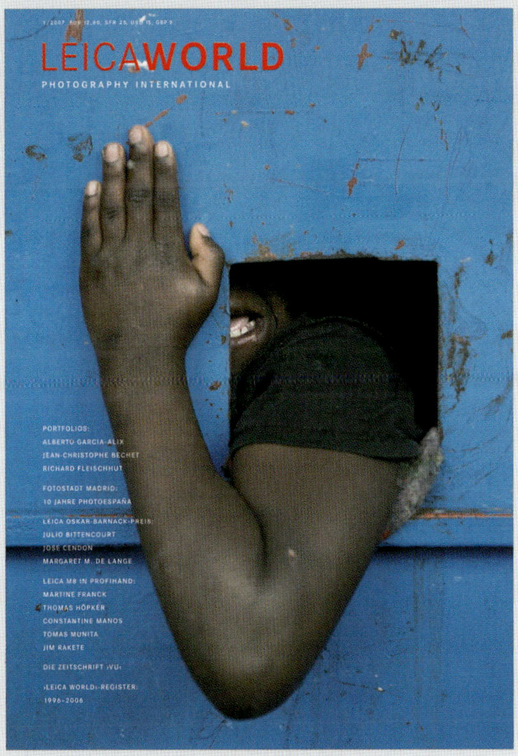

BCP-Award in Gold 2004, Kategorie B2C • Luxusgüter/Gebrauchsgüter
BCP-Award in Gold 2005, Kategorie B2C • Handel/Konsum
BCP-Award in Gold 2007, Kategorie B2C • Handel

DISCOVER STEEL. Mit *Discover Steel* realisiert ThyssenKrupp eine Buchreihe, welche die Facetten und Potenziale des Werkstoffs Stahl herausstellt und ungewöhnlich umsetzt. In dem zweisprachigen Band *„China, Begegnungen"* werden die Stahlaktivitäten des Konzerns in China auf persönliche und informative Weise dargestellt. Hierbei dokumentieren ein östliches und ein westliches Fotografen- und Autorenteam in einem dialogischen Prinzip jeweils die andere Kultur. Die Grundidee des Bandes *„Das große Stahlbuch"* basiert auf dem geläufigen Bild vom Stahlkochen, einem Prozess der Stahlherstellung, bei dem das Material „wie eine Suppe gekocht" wird. Entstanden ist ein „Kochbuch", das einen Bogen von den „Zutaten" der Stahlherstellung bis zum „A-la-carte-Menü" der modernen, überaus vielfältigen Anwendungen von Stahl schlägt. Discover Steel #4 mit dem Thema *„Mobilität verbindet. Von A nach B"* zeigt die Dimensionen räumlicher und geistiger Beweglichkeit, die ohne den Werkstoff Stahl nicht möglich wären.

Herausgeber
ThyssenKrupp Konzern
Barbara Scholten (ThyssenKrupp AG)
Erwin Schneider (ThyssenKrupp Steel AG), Manfred Grein (ThyssenKrupp Stainless AG)

CP-Dienstleister
häfelinger + wagner design

Umfang
Discover Steel #2: 144 Seiten, 1 Einleger (8 Seiten)
Discover Steel #3: 152 Seiten, 1 Einleger (12 Seiten)
Discover Steel #4: 214 Seiten, 1 Einleger (16 Seiten)

Creative Director
Annette Häfelinger

Website
www.thyssenkrupp.de

Kontakt
info@hwdesign.de

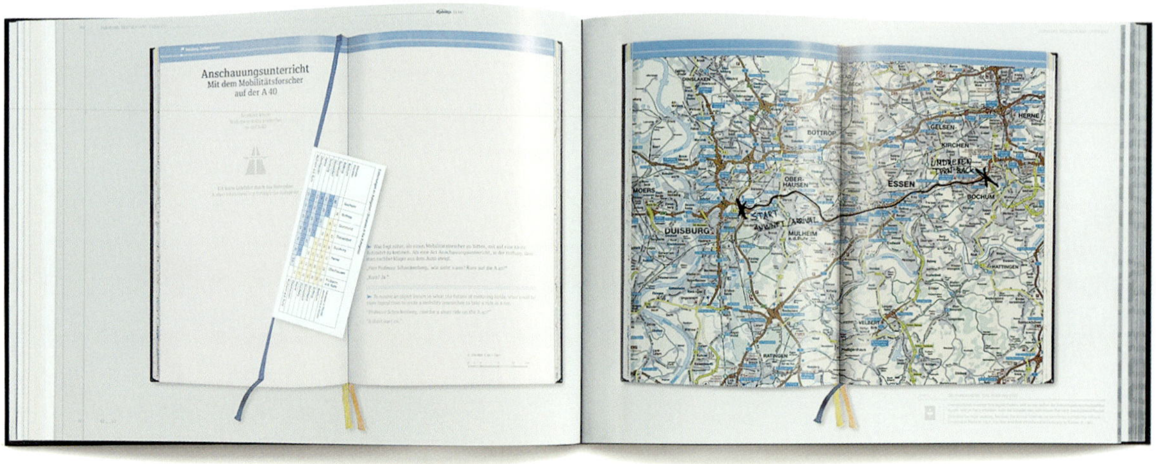

BCP Innovations Award 2005
Sonderpreis Druckinnovation 2007
BCP Award 2007, Kategorie Sonderpublikationen • Corporate Books
BCP Award 2008, Kategorie Sonderpublikationen • Corporate Books

MINIINTERNATIONAL versteht sich als kulturelle Plattform für den Spirit der Marke MINI: Design-kompetent, international, authentisch. *MINIInternational* porträtiert pulsierende Metropolen auf allen Kontinenten und positioniert sich damit als Automarken-Magazin mit höchstem Lifestyle-Anspruch. Dies ist nicht nur der Optik anzumerken, auch inhaltlich setzt sich das Magazin von anderen Automarken-Magazinen ab. Ganz bewusst steht das eigentliche Produkt – also der MINI – im Hintergrund. Jede Ausgabe zeichnet sich durch ein neues Design und Schwerpunktthema aus und steht dabei ganz im Zeichen der ausgewählten Metropole, mit deren Kreativszene die Redaktion zusammenarbeitet. So entsteht ein immer wieder neues, auf den Charakter der porträtierten Stadt zugeschnittenes Magazin.

Herausgeber
Bayerische Motoren Werke,
MINI Brand Management

CP-Dienstleister
HOFFMANN UND CAMPE
Corporate Publishing

Chefredakteurin
Anne Urbauer

Creative Director
Mike Meiré

Art Director
Mirko Borsche

Erscheinungsweise
viermal jährlich

Heftformat
207 mm x 264 mm

Umfang
64 Seiten + Umschlag

Auflage
240.000 Exemplare weltweit
(5 Sprachversionen)

Vertriebswege
personalisierter Direktversand,
ausgewählte Buchhandlungen,
MINI-Händler, Auslage Events

Zielgruppenprofil
MINI-Fahrer / MINI-Kunden,
Meinungsmacher

Anzeigenpreis 1/1 4c
5.500 Euro

Website
www.minispace.com/en_us/magazine/

Kontakt zur Redaktion
office@miniinternational.net

BCP Award in Gold 2005, Kategorie B2C • Automobil
BCP Award in Gold 2007, Kategorie B2C • Automobil
BCP Award in Gold 2008, Kategorie B2C • Automobil

ONE, das internationale Mitarbeitermagazin des Private Banking der Credit Suisse, hat das Ziel, den Mitarbeitenden auf leicht verständliche Weise Informationen über die Strategie des Unternehmens und seine Geschäftsziele zu vermitteln. Zudem dient es der Festigung des Zusammengehörigkeitsgefühls innerhalb der Bank und vermittelt gemeinsame Werte und Emotionen. Entsprechend bietet *one* seiner Leserschaft eine Mischung aus geschäftlich relevanten Themen und unterhaltenden Elementen wie Mitarbeiterporträts, Servicetexte oder Wettbewerbe. Die Gestaltung des Heftes orientiert sich am internationalen Magazin-Design unter Berücksichtigung der CD-Richtlinien der Credit Suisse. Besonderes Augenmerk wird auf die Bildsprache gelegt. Ein Grossteil der Fotos wird von professionellen Fotografen eines weltweiten Pools speziell für diese Publikation fotografiert. Das Magazin wird auf 100-prozentigem Recyclingpapier ohne optische Aufheller gedruckt.

Herausgeber
Credit Suisse

CP-Dienstleister
Process Zürich

Redaktion
Bettina Junker (Leitung),
Urs Schwarz (stv. Leitung),
Heinz Deubelbeiss, Angela Harp

Creative Director
Bärbel Fritz

Art Direction
Sebastian Foersch,
Sandra Scheffknecht

Erscheinungsweise
fünfmal jährlich

Heftformat
230 mm x 300 mm

Umfang
36 Seiten + 4 Personalseiten

Auflage
41.240 Exemplare weltweit
(deutsch, englisch, französisch und italienisch)

Vertriebswege
interne Post (Aktive), Postversand (Pensionäre)

Zielgruppe
alle Mitarbeitenden der Private Banking Division weltweit, der Region Schweiz sowie die Pensionäre in der Schweiz

Kontakt zur Redaktion
one.editors@credit-suisse.com

BCP Award in Gold 2004, Kategorie Kategorie Mitarbeiterpublikation
BCP Award in Gold 2006, Kategorie Kategorie Mitarbeiterpublikation • Mitarbeitermagazin
BCP Award in Gold 2008, Kategorie Kategorie Mitarbeitermedien • Mitarbeitermagazine

1585
.... 44
corps. Corporate Publishing
Services GmbH
Holger Löwe
Kasernenstraße 69
40213 Düsseldorf
Fon + 49 211 54227-700
Fax + 49 211 54227-722
E-Mail info@corps-verlag.de

Abnehmen mit Genuss
.... 258
wdv Gesellschaft für Medien &
Kommunikation mbH & Co. OHG
Beate Stotz-Jonas
Siemensstraße 6
61352 Bad Homburg v.d.H.
Fon +49 6172 670-300
Fax +49 6172 670-272
E-Mail b.stotz-jonas@wdv.de

Adeyaka
.... 112
köckritzdörrich
Agentur für Kommunikation GmbH
Berthold Dörrich
Obere Wässere 3
72764 Reutlingen
Fon +49 7121 433-040
Fax +49 7121 433-0410
E-Mail berthold.doerrich@gokd.net

air - The Magazine of Blue Wings
.... 158
V8 Verlag GmbH
Mohrenstraße 2
50670 Köln
E-Mail info@air-magazine.de
www.air-magazine.de

Amnesty Journal
.... 202
Amnesty International, Sektion der
Bundesrebublik Deutschland e.V.
Anton Landgraf
Greifswalder Straße 4
10405 Berlin
Fon +49 30 42 02 48-303
Fax +49 30 42 02 48-321
E-Mail anton.landgraf@amnesty.de
www.amnesty.de/journal

AOK c@re - Das interaktive Gesundheitsmagazin
.... 168
wdv Gesellschaft für Medien &
Kommunikation mbH & Co. OHG
Wolfgang Frenken
(Produktverantwortlicher)
Siemensstraße 6
61352 Bad Homburg v.d.H.
Fon +49 6172 670-132
Fax +49 6172 670-519
E-Mail w.frenken@wdv.de

atrium
.... 208
TOTAL Deutschland GmbH
KircherBurkhardt GmbH
Fon +49 30 440 32-273
E-Mail total@kircher-burkhardt.com

Audi Geschäftsbericht 2008
.... 286
BurdaYukom Publishing GmbH
Dr. Christian Fill
Fon +49 89 306 20-257
Fax +49 89 306 20-15257
E-Mail christian.fill@burdayukom.de

Audi magazin
.... 114
loved gmbh
Sabine Cole
Brandstwiete 46
20457 Hamburg
Fon +49 40 8000 486-0
Fax +49 40 8000 486-99
E-Mail info@loved.de

Baedeker Reiseführer SCHOTT
.... 280
Fink & Fuchs Public Relations AG
Berliner Straße 164
65205 Wiesbaden
Fon +49 611 74 131-0
Fax +49 611 74 131-20
E-Mail info@ffpr.de

MAIRDUMONT PROMOTION
Marco-Polo-Straße 1
73760 Ostfildern /Kemnat
Fon +49 711 4502-156
Fax +49 711 4502-351
E-Mail promotion@mairdumont.com

SCHOTT AG
Corporate Public Relations
Jürgen Breier
Hattenbergstraße 10
55122 Mainz
Fon +49 6131 66-0
Fax +49 6131 66-2000
E-Mail info@schott.com

Bayerische Staatsforsten Magazin
siehe Vielwald 200

Bei uns zu Hause
.... 196, 260
Kraft Foods Deutschland GmbH
Redaktion „Bei uns zu Hause"
Dorothee Senfleben, Consumer Relationship Marketing Manager
Langemarckstraße 4-20
28078 Bremen
Fon +49 421 599-3126
Fax +49 421 599-83126
E-Mail dsenfleben@krafteurope.com

Best Practice
.... 60
HOFFMANN UND CAMPE Corporate
Publishing
Thomas van Zütphen
Harvestehuder Weg 42
20149 Hamburg
Fon +49 40 441 88-245
Fax +49 40 441 88-236
E-Mail cp@hoca.de

Blickpunkt Lateinamerika
.... 316
Bischöfliche Aktion Adveniat
Redaktion Blickpunkt
Verena Hanf
Gildehofstraße 2
45127 Essen
Fon +49 201 17 56-0
Fax +49 201 17 56-222
E-Mail blickpunkt@adveniat.de

BMW Magazin
.... 110, 306
HOFFMANN UND CAMPE Corporate
Publishing
Bernd Zerelles
Grillparzerstraße 12
81675 München
Fon +49 89 419 81 356
Fax +49 89 419 81 345
E-Mail
bernd.zerelles@bmw-magazin.de

Bonjour
.... 100
Total Deutschland GmbH
Alice Schumann (Chefredakteurin)
Schützenstraße 25
10117 Berlin
Fon +49 30 202 762-37
Fax +49 30 202 779-6237
E-Mail alice.schumann@total.de

Bonviva
.... 124
Primafila AG
Elisabeth Dennler
Hornbachstrasse 50
8034 Zürich
Schweiz
Fon +41 44 389 84-94
Fax +41 44 389 84-00
E-Mail dennler@primafila-cp.ch

Bosch-Zünder
.... 224, 252, 308
Robert Bosch GmbH
Interne Kommunikation (C/CCI)
Robert-Bosch-Platz 1
70839 Gerlingen-Schillerhöhe
Fon +49 711 811-7112

Bridgestone Magazin
.... 102
von Quadt & Company GmbH
Thomas Huber
Schleißheimer Straße 156
80797 München
Fon +49 89 189 117-18
Fax +49 89 189 117-918
E-Mail thuber@vqco.de

Bulletin
.... 126, 310
Credit Suisse AG
Daniel Huber
Postfach 2
8070 Zürich
Schweiz
Fon +41 44 334 52-58
Fax +41 44 333 64-04
E-Mail
redaktion.bulletin@credit-suisse.com
www.credit-suisse.com/bulletin

BystronicPeople
.... 214
Primafia AG /
independent Medien-Design
Dr. Viviane Egli
Hornbachstrasse 50
8034 Zürich
Schweiz
Fon +41 44 389 84-94
Fax +41 44 389 84-00
E-Mail egli@primafila-cp.ch

C
.... 58
BurdaYukom Publishing GmbH
Tobias Knauer
Fon +49 89 306 20-543
Fax +49 89 306 20-15543
E-Mail tobias.knauer@burdayukom.de

chrismon
....204
Redaktion chrismon
Rahel Kleinwächter
Emil-von-Behring-Straße 3
60439 Frankfurt am Main
Fon +49 69 58 098-8003
E-Mail redaktion@chrismon.de

Commerzielles
....222
COMMERZBANK AG
Oliver Nyul, Annekathrin Prinz
Zentraler Stab Konzernkommunikation (ZKK)
Kaiserplatz
60261 Frankfurt am Main
Deutschland
Fon +49 69 136-22336
Fax +49 69 136-53085
E-Mail oliver.nyul@commerzbank.com

concepts BY HOCHTIEF
....88
HOFFMANN UND CAMPE Corporate Publishing
Oliver Driesen
Harvestehuder Weg 42
20149 Hamburg
Fon +49 40 441 88-456
Fax +49 40 441 88-236
E-Mail cp@hoca.de

Corporate Information Center
....234
Nord Stream AG Communications
KircherBurkhardt GmbH

Cortal Consors Magazin
....130
wdv Gesellschaft für Medien & Kommunikation mbH & Co. OHG
Dr. Björn Peter Böer
Dieselstraße 36
63071 Offenbach
Fon +49 69 981 904-45
Fax +49 69 981 904-74
E-Mail b.boeer@wdv.de

CUT - Leute machen Kleider
....186
independent Medien-Design
Lucie Schmid, Anja Kellner
Widenmayerstraße 16
80538 München
Fon +49 89 2900 15-10
Fax + 49 89 2900 15-15
E-Mail info@cut-magazine.com
www.cut-magazine.com

Das große Steakbuch
....282

Das interaktive AOK Kommunikationskonzept - Familienprogramm
....254
wdv Gesellschaft für Medien & Kommunikation mbH & Co. OHG
Angelika Ullmann
Siemensstraße 6
61352 Bad Homburg v.d.H.
Fon +49 6172 670-278
Fax +49 6172 670-519
E-Mail a.ullmann@wdv.de

das magazin
....140
G+J Corporate Media GmbH / van laak MEDIEN
Thomas van Laak
Große Düwelstraße 28
30171 Hannover
Fon +49 511 84 48 98-88
Fax +49 511 84 48 98-99

DB Jahresbroschüre „Menschen bewegen – Welten verbinden 2008"
....274
DB Mobility Logistics AG
Alexandra Weiß, stellvertretende Leiterin Konzernredaktion und -publikationen (KEU 2)
Potsdamer Platz 2
10785 Berlin
Fon +49 30 297-62127
Fax +49 30 297-61917

DB Welt
....226
Deutsche Bahn AG
Bettina von Gaisberg
Potsdamer Platz 2
10785 Berlin
Fon +49 30 297 62-125
Fax +49 30 297 62-126
E-Mail bettina.von-gaisberg@deutschebahn.com

Departures
....128

Deutsche Seeschifffahrt
....104, 314
Verband Deutscher Reeder
Max Johns, Chefredakteur
Esplanade 6
20354 Hamburg
Fon +49 40 350 972-38
E-Mail johns@reederverband.de
www.reederverband.de

Die Muse
....216
Thalia Service GmbH
KircherBurkhardt GmbH

DirectPoint Newsletter
....238
KOMMA Petra Hasler - Kommunikation Marketing
Chefredaktion: Andrea Hirschi (Die Schweizerische Post)
Texte: Petra Hasler (KOMMA Petra Hasler)
Lettenrain 14
4104 Oberwil/BL
Schweiz
Fon +41 61 422 09-26
Fax +41 61 422 09-28
E-Mail petra.hasler@kom-ma.ch

Discover Steel
....324
häfelinger + wagner design gmbh

DocMorris Apothekenmagazin
....174
wdv Gesellschaft für Medien & Kommunikation mbH & Co. OHG
Dr. Stephan Tiersch
Siemensstraße 6
61352 Bad Homburg v.d.H.
Fon +49 6172 670-462
Fax +49 6172 670-390
E-Mail s.tiersch@wdv.de

eAdeyaka
....242
köckritzdörrich
Agentur für Kommunikation
Berthold Dörrich
Obere Wässere 3
72764 Reutlingen
Fon +49 7121 433-040
Fax +49 7121 433-0410
E-Mail berthold.doerrich@gokd.net

eBrandbook Deutsche Post
....230
medienfabrik Gütersloh GmbH
Alfred Harke
Carl-Bertelsmann-Straße 33
33311 Gütersloh
Fon +49 5241 234 80-67
E-Mail harke@medienfabrik.de

elements
....62
das AMT GmbH
Andreas Jung
Friesenweg 2c

Energie! - Entdecke was die Welt bewegt!
....256
E-Mail redaktion@jungeenergie.com
www.jungeenergie.com

energy forum
....138
Infel AG
Waisenhausplatz 22
Postfach 407
3000 Bern 7
Schweiz
Fon +41 31 320-1313
E-Mail info@infel.ch

ergoskop
....232
ergo Unternehmenskommunikation GmbH & Co. KG (GPRA)
Andrea Hamacher (CvD)
Venloer Straße 241-245
50823 Köln
Fon +49 221 912887-0
Fax +49 221 912887-77
E-Mail andrea.hamacher@ergo-komm.de
www.ergo-komm.de

Evonik-Magazin
....296
Evonik Industries AG
Inken Ostermann
Rellinghauser Straße 1
45128 Essen
Fon +49 201 177-3831
Fax +49 201 177-2908
E-Mail inken.ostermann@evonik.com

Experience more - das GORE-TEX eJournal
....244
Plan.Net solutions GmbH & Co. KG
Caroline Simm, Julian Opitz
Haus der Kommunikation
Brienner Straße 45 a-d
80333 München
Fon +49 89 2050-3624
E-Mail c.simm@plan-net.de

Fame
....52

family values
....122
corps. Corporate Publishing Services GmbH
Holger Löwe
Kasernenstraße 69
40213 Düsseldorf

Festspielhaus-Magazin
........148
Festspielhaus und Festspiele
Baden-Baden gGmbH
Rüdiger Beermann
Beim Alten Bahnhof 2
76530 Baden-Baden
Fon +49 7221 3013-217
Fax +49 7221 3013-383
E-Mail r.beermann@festspielhaus.de
www.festspielhaus.de

FORUM
........132
Melanie Contoli, Chefredakteurin
Alte Ziegelei 43
53474 Bad Neuenahr-Ahrweiler
Fon +49 221 3480 38-11
Fax +49 221 3480 38-41
E-Mail contoli@redaktionforum.de

GartenEden
........188
medienfabrik Gütersloh GmbH
Oliver Kipp
Carl-Bertelsmann-Straße 33
33311 Gütersloh
Fon +49 5241 234 80-72
E-Mail redaktion@garten-eden.de
www.garten-eden.de

GEKKO
........166
Süddeutscher Verlag onpact
Katrin Lange, Chefredakteurin
Isartalstraße 49
80469 München
Fon +49 89 759 003-164
E-Mail katrin.lange@sv-onpact.de

Gesundheitsjournal
........170

Gewürzreporter
........70
KircherBurkhardt GmbH
Oranienburger Straße 66
10117 Berlin
Levent Akinci
Fon +49 30 440 32-222
Fax +49 30 440 32-20
E-Mail levent.akinci@
kircher-burkhardt.com

Global Investor
........46
Arnold. Inhalt und Form AG
Zoé Arnold
Laubisrütistrasse 54
8712 Stäfa
Schweiz
Fon +41 44 928 33-99
Fax +41 44 928 33-12
E-Mail zoe.arnold@a-if.ch
www.credit-suisse.com/globalinvestor

gmündguide 2009
Stadtmagazin
Schwäbisch Gmünd
........266
freitagundhäussermann.
gestaltungsagentur
Peter Freitag
Zeppelinweg 1/1
73525 Schwäbisch Gmünd
Fon +49 7171 929 088
Fax +49 7171 929 087
E-Mail p.freitag@
freitagundhaeussermann.de

GORE-TEX eJournal
........244
siehe Experience more

Heidelberg Nachrichten
........72
SIGNUM communication
Werbeagentur GmbH
Volker Zeese (Chefredaktion), Heidel-
berger Druckmaschinen AG
Dietmar Seidel (Redaktionsleitung)

Issues
........68
Vattenfall Europe AG
Karsten Blockus-Hopp
Chausseestraße 23
10115 Berlin
Fon +49 30 8182-22
Fax +49 30 5150 4050
E-Mail info@vattenfall.de
www.issues.de

Knie Illustré
........264
Primafia AG
Dr. Viviane Egli
Hornbachstrasse 50
8034 Zürich
Schweiz
Fon +41 44 389 84-94
Fax +41 44 389 84-00
E-Mail egli@primafila-cp.ch

la beauté
........190
BurdaYukom Publishing GmbH
Dr. Ralph Fischer
Fon +49 89 306 20-270
Fax +49 89 306 20-15270
E-Mail ralph.fischer@burdayukom.de

Lamborghini Magazine
........116
köckritzdörrich
Agentur für Kommunikation
Michael Köckritz
Obere Wässere 3
72764 Reutlingen
Fon +49 7121 433-040
Fax +49 7121 433-0410
E-Mail michael.koeckritz@gokd.net

Linde Technology
........74
Linde AG
Corporate Communications & Investor
Relations
Klosterhofstraße 1
80331 München
E-Mail thomas.hagn@linde.com

wissen + konzepte
Eduard-Schmid-Straße 34
81541 München
E-Mail michael.koempf@
wissenundkonzepte.de

logistics
........106
KircherBurkhardt GmbH
E-Mail redaktion.logistics@
kircher-burkhardt.com

LOUIS
........276
Gesellschaft für Knowhow-Transfer in
Architektur und Bauwesen mbH
Fasanenweg 18
70771 Leinfelden-Echterdingen
Fon +49 711 7591-367
Fax +49 711 7591-410

Chefredaktion:
Oliver Wachsmann
(ROMA Rolladensysteme GmbH)

Lufthansa Magazin
........160
G+J Corporate Media GmbH
Uly Foerster (verantwortlich),
Angelika Janßen (stv.)
Friesenweg 2a-b
22763 Hamburg
Fon +49 40 883 03-5011
Fax +49 40 883 03-5099
E-Mail LHmagazin@guj.de

magazin 100
........268
BAUER:BUCHHOLZ GbR
kommunikation.design.projekte.
Guntram Bauer, Udo Taubitz
Oppenhoffallee 32
52066 Aachen
Fon +49 241 40 95 86-0
Fax +49 241 40 95 68-10
E-Mail publishing@bauerbuchholz.de

MAN Forum
........96
BurdaYukom Publishing GmbH
Klaus-Peter Hilger
Fon +49 89 306 20-570
Fax +49 89 306 20-15 570
E-Mail klaus.hilger@burdayukom.de

Medical Solutions
........76
Siemens AG, Healthcare Sector
Doris Pischitz, Chefredakteurin Medical
Solutions
Henkestraße 127
91052 Erlangen
Fon +49 9131 84-0
Fax +49 9131 84-4411
www.siemens.de/healthcare-magazine

independent Medien-Design
Horst Moser
Widenmayerstraße 16
80538 München
Fon +49 89 2900 15-0
Fax +49 89 2900 15-15
E-Mail info@
independent-medien-design.de

Primafila AG
Dr. Viviane Egli
Hornbachstrasse 50
8034 Zürich
Schweiz
Fon +41 44 389 84-94
Fax +41 44 389 84-00
E-Mail info@primafila-cp.ch

MehrWert
........134
Hamburg Media Company GmbH,
Verlag HMC
Ulf Dyrssen
Beim Strohhause 27
20097 Hamburg
Fon +49 40 413 639-123
Fax +49 40 413 639-11
E-Mail dyrssen@hmc.de

member
210
Alpiq Holding AG
Bahnhofquai 12
4601 Olten
Schweiz
Fon +41 62 286-7560
Fax +41 62 286-7669
E-Mail info@alpiq.com
www.alpiq.com

Mercedesmagazin online
246
Daimler AG
Kommunikation
HPC E402
70546 Stuttgart

MFG Baden-Württemberg - Jahresbericht 07/08
292
MFG Baden-Württemberg mbH
Innovationsagentur des Landes für IT und Medien
Breitscheidstraße 4
70174 Stuttgart
Fon +49 711 90715-300
Fax +49 711 90715-350
E-Mail ruoff@
mfg.dewww.mfg-innovation.de

MINIInternational
326
HOFFMANN UND CAMPE Corporate Publishing
Grillparzerstraße 12
81675 München
Fon +49 89 419 81-301
Fax +49 89 419 81-347
E-Mail office@miniinternational.net
www.minispace.com/en_us/magazine/

mobil
156
G+J Corporate Media GmbH
Harm Clüver (verantwortlich)
Christiane Tichatschek (stv.)
Friesenweg 2a-b
22763 Hamburg
Fon +49 40 883 03-661
Fax +49 40 883 03-496

Momentum
192

MS Welt
172
Florian Schmitz Kommunikation GmbH
Wichmannstraße 4/Hs. 12
22607 Hamburg
Telefon +49 40 89 71 78-25

Musikfreunde
150
Magazin der Gesellschaft der Musikfreunde in Wien
Gesellschaft der Musikfreunde in Wien
Dr. Joachim Reiber
Bösendorferstraße 12
1010 Wien
Österreich
Fon +43 1 505 8681-22
Fax + 43 1 505 9409
www.musikverein.at

new spaces
86
HOFFMANN UND CAMPE Corporate Publishing
Peter Würth
Harvestehuder Weg 42
20149 Hamburg
Fon +49 40 441 88-344
Fax +49 40 441 88-236
E-Mail newspaces@gaggenau.com

Nord Stream Corporate Information Center
234
siehe Corporate Information Center

One
328
Credit Suisse AG
Bettina Junker, Internal Communications
Bleicherweg 33
8070 Zürich
Schweiz
Fon +41 44 333-1111
Fax +41 44 334-2030
E-Mail one.editors@credit-suisse.com
www.credit-suisse.com

ortszeit
212
Deutsche Welle
Unternehmenskommunikation
Steffen Heinze, Berthold Stevens
Kurt-Schumacher-Straße 3
53113 Bonn
Fon +49 228 429-2042
Fax +49 228 429-2047
E-Mail ortszeit@dw-world.de
www.dw-world.de/presse

periodicum
82
EGGER & LERCH - Die Spezialagentur für Kundenzeitschriften
Klaus Lerch
Kirchengasse 1a/5
1070 Wien
Österreich
Fon +43 1 524 89 00-17
Fax +43 1 524 89 00-9
E-Mail k.lerch@egger-lerch.at
www.egger-lerch.at

prego:
80
Edel AG
Bernd Hocke
Neumühlen 17
22763 Hamburg
Fon +49 40 890 85-0
Fax +49 40 890 85-9224
E-Mail bernd_hocke@edel.com
www.edel.com

Profile - Magazin über Architektur
90
Burkhard Fröhlich, Maike Merkel
Bauverlag BV GmbH
Avenwedderstraße 55
33311 Gütersloh
Fon +49 5241 804-2354
E-Mail
burkhard.froehlich@bauverlag.de
maike.merkel@bauverlag.de

pwc: Das Magazin für Vorausdenker
42, 300
Facts & Figures GmbH
Ein Unternehmen der Financial Times Deutschland
Frank Parlow
Stubbenhuk 3
20459 Hamburg
Tel +49 40 319 90-232
Fax +49 40 319 90-505
E-Mail cp@ftd.de

ramp
152

ramp E-Klasse Special
270
Red Indians Publishing GmbH & Co.KG
Michael Köckritz
Obere Wässere 5
72764 Reutlingen
Fon +49 7121 43 30-470
Fax +49 7121 43 30-410
E-Mail mk@ramp-magazin.de
www.ramp-magazin.de

results
48
HOFFMANN UND CAMPE Corporate Publishing
Boris Burauel
Harvestehuder Weg 42
20149 Hamburg
Fon +49 40 441 88-456
Fax +49 40 441 88-236

SECURVITAL
Das Magazin für Alternativen im Versicherungs- und Gesundheitswesen
176, 318
SECURVITA GmbH
Lübeckertordamm 1-3
20099 Hamburg
Fon +49 40 386 080-0
Fax +49 40 386 080-90
www.securvita.de

senses
54
red roses communications
Kristina Kroemer
Schrammsweg 11
20249 Hamburg
Fon +49 40 469 677 030
Fax +49 40 469 677 099
E-Mail k.kroemer@redroses-pr.com

SKRIPT MANUFAKTURA
118
Gingco.Net
Werbeagentur GmbH & Co. KG
Jörg-Uwe Argo (Chefredaktion)
Martin Bretschneider (Textchef)
Barbara Geising (Art Direction)
Gartenstraße 13
38114 Braunschweig
Fon +49 531 581 00-11
Fax +49 531 581 00-25
E-Mail welcome@gingco.net

stadtleben
182
KircherBurkhardt GmbH
Oranienburger Straße 66
10117 Berlin
Fon +49 30 440 32-0
Fax +49 30 440 32-20
E-Mail stadtleben@degewo.de
www.kircher-burkhardt.com

STILikonen
180

Strom
142
Infel AG
Postfach 3080
8021 Zürich
Schweiz
Fon +41 44 2994-141
E-Mail redaktion@infel.ch

Switch
Das Magazin von Merten
92
SIGN Kommunikation GmbH
Antonia Henschel

ThyssenKrupp AG - Geschäftsbericht Unsere Mitarbeiter. Unsere Zukunft.
....298, 288
ThyssenKrupp AG

t-mobile_business
....64
JDB MEDIA GmbH
Iris Krips-Brunsmann
(Chefredaktion, T-Mobile)
Dania Müller (Ltg.)
Schanzenstraße 70
20357 Hamburg
Fon +49 40 468 832-47
E-Mail mueller@jdb.de

t-mobile_life
....144
JDB MEDIA GmbH
Angelika Pak & Miriam Steinmetz
(Chefredaktion, T-Mobile)
Marc-Oliver Prier, Redaktion (Ltg.)
Schanzenstraße 70
20357 Hamburg
Fon +49 40 468 832-28
E-Mail prier@jdb.de

trailer world
....98
DVV Kundenmagazine GmbH
Redaktion „trailer world"
Kai Jacobsen
Nordkanalstraße 36
20097 Hamburg
Fon +49 40 237 14-217
E-Mail kai.jacobsen@
dvv-kundenmagazine.de
www.trailerworld.de

update
....218
Vodafone D2 GmbH
Redaktion update
Am Seestern 1
40547 Düsseldorf
Fon +49 211 533-5339
E-Mail redaktion.update@
vodafone.com

verde - Das Bio-Magazin von Coop
....194
Agentur Paroli AG
Oliver Suter
Treichlerstrasse 10
8032 Zürich
Schweiz
Fon +41 44 258 41-41
Fax +41 44 258 41-40
E-Mail info@agenturparoli.ch
www.agenturparoli.ch

Lüchinger PublishingBirgitta Willmann
Schifflände 26
8001 Zürich
Schweiz
Fon +41 444 801 850
E-Mail bw@luechingerpublishing.com
www.luechingerpublishing.com

Vielwald - Bayerische Staatsforsten Magazin
....200
Anzinger | Wüschner | Rasp
Agentur für Kommunikation GmbH
Triftstraße 13
80538 München
Fon +49 89 539 067-0
Fax +49 89 539 067-20
E-Mail office@agentur-awr.de

vigo Rheinland/Hamburg
....250
wdv Gesellschaft für Medien &
Kommunikation mbH & Co. OHG
Torsten Ceynowa
Siemensstraße 6
61352 Bad Homburg v.d.H.
Fon +49 6172 670-124
Fax +49 6172 670-166
E-Mail t.ceynowa@wdv.de

Volkswagen AG Geschäftsbericht 2008
....290
BurdaYukom Publishing GmbH
Klaus-Peter Hilger
Konrad-Zuse-Platz 11
81829 München
Fon +49 89 306 20-570
Fax +49 89 306 20-15570
E-Mail klaus.hilger@burdayukom.de

Welcome!
....162
wdv Gesellschaft für Medien &
Kommunikation mbH & Co. OHG
Anja Keul
Inselkammerstraße 8
82008 Unterhaching
Fon +49 89 620 10-30
Fax +49 89 620 10-325
E-Mail a.keul@wdv.de

WEMPE MAGAZIN
....272, 302
HOFFMANN UND CAMPE Corporate
Publishing
Peter Würth
Harvestehuder Weg 42
20149 Hamburg
Fon +49 40 441 88-344
Fax +49 40 441 88-236
E-Mail magazin@wempe.de

Amnesty International Sektion der Bundesrepublik Deutschland e.V.
53108 Bonn
Fon +49 228 98 37-30
Fax +49 228 63 00-36
E-Mail info@amnesty.de
www.amnesty.de
Amnesty Journal **202**

Alpiq Holding AG
Bahnhofquai 12
4601 Olten
Schweiz
Fon +41 62 286-7560
Fax +41 62 286-7669
E-Mail info@alpiq.com
www.alpiq.com
member **210**

AOK Baden-Württemberg
Heilbronner Straße 184
70191 Stuttgart
www.aok.de
AOK c@re - Das interaktive Gesundheitsmagazin **168**

AOK-Bundesverband
Rosenthaler Straße 31
10178 Berlin
www.aok.de
Abnehmen mit Genuss **258**
Das interaktive AOK Kommunikationskonzept - Familienprogramm **254**

AOK Rheinland/ Hamburg
Kasernenstraße 61
40213 Düsseldorf
www.aok.de/rh
vigo Rheinland/Hamburg **250**

AOK Westfalen-Lippe
Nortkirchenstraße 103-105
44261 Dortmund
www.aok.de
AOK c@re - Das interaktive Gesundheitsmagazin **168**

Audi AG
Liane Scheinert,
Internationales Kunden- und Handelsmarketing (I/VM-43)
85045 Ingolstadt
www.audi.de
Audi magazin **114**

Audi AG
Ditmar Schimanski,
Leiter Finanz- und Rechnungswesen
Fon +49 841 893-2595
E-Mail ditmar.schimanski@audi.de
Audi Geschäftsbericht 2008 .... **286**

Automobili Lamborghini SpA
Via Modena 12
40019 SantáAgata Bolognese
Italien
www.lamborghini.com
Lamborghini Magazine **116**

Automobilmanufaktur Dresden GmbH
Dr. Frank Löschmann
Lennéstraße 1
01060 Dresden
Fon +49 351 420-40
E-Mail infoservice@glaesernemanufaktur.de
www.glaesernemanufaktur.de
SKRIPT MANUFAKTURA **118**

BÄKO-ZENTRALE NORD eG
Lutz Henning,
Stefan Strehle
Am Kiekenbusch 4
47269 Duisburg
Fon +49 203 76 84-0
Fax +49 203 76 81-018
E-Mail info-duisburg@baekogruppenord.de
www.baekogruppenord.de
magazin 100 .... **268**

Bayerische Motoren Werke AG
Below the Line Media & Services
Christine Ilka Wolf
Petuelring 130
80788 München
E-Mail christine-ilka.wolf@bmwgroup.com
www.bmwgroup.com
BMW Magazin **110, 306**

Bayerische Motoren Werke AG
MINI Brand Management
Dagmar Pauli
Max-Diamand-Straße 25
80937 München
E-Mail dagmar.pauli@mini.com
www.mini.com
MINIInternational **326**

Bayerische Staatsforsten AöR
Im Gewerbepark C 35
93059 Regensburg
Fon +49 941 6909-0
E-Mail info@baysf.de
www.baysf.de
Vielwald - Bayerische Staatsforsten Magazin **200**

Bischöfliche Aktion Adveniat
Gildehofstraße 2
45127 Essen
Fon +49 201 17 56-0
Fax +49 201 17 56-222
E-Mail blickpunkt@adveniat.de
www.adveniat.de
Blickpunkt Lateinamerika **316**

BKW FMB Energie AG
Viktoriaplatz 2
3000 Bern 25
Schweiz
Fon +41 31 330 51-11
Fax +41 31 330 51-12
E-Mail info@bkw-fmb.ch
www.bkw-fmb.ch
energy forum **138**

BLOCK HOUSE Restaurantbetriebe AG
Marketing
Maike Hoffmann
Hufnerstraße 51
22305 Hamburg
E-Mail maike.hoffmann@block-house.de
www.block-house.de
Das große Steakbuch **282**

Blue Wings AG
Theodor-Heuss-Ring 4
46397 Bocholt
E-Mail mail@bluewings.info
www.bluewings.com
air - The Magazine of Blue Wings **158**

BPW Bergische Achsen Kommanditgesellschaft
Kommunikation und Medientechnologie/Öffentlichkeitsarbeit
Sabine Habersatter,
geschäftsführende Gesellschafterin
Bastienne Rohsiepe,
Public Relations
51674 Wiehl
Fon +49 2262 78-1909
Fax +49 2262 78-1579
E-Mail rohsiepeb@bpw.de
E-Mail trailerworld@bpw.de
www.trailerworld.de
trailer world **98**

Bridgestone Deutschland GmbH
Wilfried Rulands
Justus-von-Liebig-Straße 1
61352 Bad Homburg
Fon +49 6172 40 84-00
E-Mail wilfried.rulands@bridgestone.eu
www.bridgestone.de
Bridgestone Magazin **102**

Bystronic
Corporate Communications
Industriestraße 21
3362 Niederönz
Schweiz
Fon +41 62 956 33-33
Fax +41 62 956 33-80
www.bystronic.com
BystronicPeople **214**

Clarins GmbH
Dagmar Holick,
Director Marketing Services
Petersbrunnerstraße 13
82319 Starnberg
Fon +49 8151 260-3164
Fax +49 8151 260-3548
E-Mail dagmar.holick@clarins.de
la beauté **190**

COMMERZBANK AG
Zentraler Stab Konzernkommunikation (ZKK)
Kaiserplatz
60261 Frankfurt am Main
Oliver Nyul
Fon +49 69 136-22336
Fax +49 69 136-53085
E-Mail oliver.nyul@commerzbank.com
www.commerzbank.de
Commerzielles **222**

Coop Genossenschaft
Jürg Peritz
Thiersteinerallee 14
4002 Basel
Schweiz
Fon +41 61 336 66-66
www.coop.ch/verde
verde - Das Bio-Magazin von Coop 194

Cortal Consors S.A., Zweigniederlassung Deutschland
Bahnhofstraße 55
90402 Nürnberg
Cortal Consors Magazin 130

Credit Suisse AG
Postfach 2
8070 Zürich
Schweiz
Fon +41 44 333 11-11
Fax +41 44 332 55-55
www.credit-suisse.com
Bonviva 124
Bulletin 126, 310
One 328

Credit Suisse AG, Global Research
Giles Keating
Postfach 300
8070 Zürich
Schweiz
E-Mail giles.keating@credit-suisse.com
www.credit-suisse.com/globalinvestor
Global Investor 46

Daimler AG
Epple Straße 225
70567 Stuttgart - Möhringen
ramp Special Mercedes-Benz E-Klasse 270

Daimler AG
Kommunikation
HPC E402
70546 Stuttgart
Mercedesmagazin online 246

DB Mobility Logistics AG
Potsdamer Platz 2
10785 Berlin
Fon +49 30 297 62-127
Fax +49 30 297 62-027
www.deutschebahn.com
www.bahn.de
DB Jahresbroschüre "Menschen bewegen - Welten verbinden 2008" 274

DB Mobility Logistics AG
Leipziger Platz 9
10117 Berlin
Fon +49 30 297 540-25
Fax +49 30 297 540-29
E-Mail michael.schmidt@deutschebahn.com
www.dblogistics.de
logistics 106

DB Mobility Logistics AG
Dr. Iris Christine Münch
Stephensonstraße 1
60326 Frankfurt am Main
Fon +49 69 265-6404
Fax +49 69 265-7820
E-Mail iris-christine.muench@bahn.de
mobil 156

degewo AG
Potsdamer Straße 60
10785 Berlin
Fon +49 30 26485-0
Fax +49 30 26485-4320
E-Mail stadtleben@degewo.de
www.degewo.de
stadtleben 182

Deutsche Bahn AG
Potsdamer Platz 2
10785 Berlin
Fon +49 30 297 621-25
Fax +49 30 297 621-26
www.deutschebahn.com
DB Welt 226

Deutsche Bank AG
Firmenkunden Deutschland
Sabine Freitag
Große Gallusstraße 10-14
60311 Frankfurt am Main
E-Mail sabine.freitag@db.com
www.deutsche-bank.de
results 48

Deutsche Börse AG
Neue Börsenstraße 1
60487 Frankfurt am Main
Fon +49 69 211-0
E-Mail info@deutsche-boerse.com
www.deutsche-boerse.com
1585 44

Deutsche Lufthansa AG
Direktmarketing, FRA EI/K
Lufthansa Aviation Center, B2.426
Jens Polkowski
60546 Frankfurt am Main
Fon +49 69 696 50994
Fax +49 69 696 98 50994
E-Mail jens.polkowski@dlh.de
Lufthansa Magazin 160

Deutsche Post AG
Charles-de-Gaulle-Straße 20
53113 Bonn
eBrandbook 230

Deutsche Postbank AG
Friedrich-Ebert-Allee 114-126
53113 Bonn
www.postbank.de
MehrWert 134

Deutsche Welle
Unternehmenskommunikation
Dr. Johannes Hoffmann
Kurt-Schumacher-Straße 3
53113 Bonn
Fon +49 228 429-2042
Fax +49 228 429-2047
E-Mail kommunikation@dw-world.de
www.dw-world.de/presse
ortszeit 212

Deutscher Fachverlag GmbH
HORIZONT productions
Wolfgang Borgfeld
Mainzer Landstraße 251
60326 Frankfurt am Main
Fon +49 69 7595-1626
Fax +49 69 7595-2849
E-Mail borgfeld@horizont.net
www.best-of-corporate-publishing.de
www.best-of-advertising.de
www.horizont.net
Best of Corporate Publishing 2009

Die Schweizerische Post
Direct Marketing
Andrea Hirschi
Viktoriastrasse 21
3030 Bern
Schweiz
Fon +41 58 338 54-52
Fax +41 58 338 25-97
E-Mail andrea.hirschi@post.ch
Newsletter DirectPoint 238

DocMorris-Kooperationen GmbH
Postfach 500240
70332 Stuttgart
DocMorris Apothekenmagazin 174

Edel AG
Bernd Hocke
Neumühlen 17
22763 Hamburg
Fon +49 40 890 85-224
Fax +49 40 890 85-9224
E-Mail bernd_hocke@edel.com
www.edel.com
prego: 80

EGGER & LERCH - Die Spezialagentur für Kundenzeitschriften
Klaus Lerch
Kirchengasse 1a/5
1070 Wien
Österreich
Fon +43 1 524 89 00-17
Fax +43 1 524 89 00-9
E-Mail k.lerch@egger-lerch.at
www.egger-lerch.at
periodicum 82

EKBO Evangelische Kirche Berlin-Brandenburg-schlesische Oberlausitz
Bischof Prof. Dr. Wolfgang Huber
Georgenkirchstraße 69
10249 Berlin
Fon +49 30 243 44-0
E-Mail rv@ekd.de
chrismon 204

EnBW Systeme Infrastuktur Support GmbH
Alexandra Schaan
Durlacher Allee 93
76131 Karlsruhe
Fon +49 721 63-23128
Fax +49 721-91420001
E-Mail a.schaan@enbw.com
das magazin

ergo Unternehmenskommunikation GmbH & Co. KG (GPRA)
Venloer Straße 241-245
50823 Köln
Fon +49 221 912887-0
Fax +49 221 912887-77
E-Mail ergo@ergo-komm.de
www.ergo-komm.de
ergoskop 232

Evangelisch-Lutherische Kirche in Bayern
Landesbischof Dr. Johannes Friedrich
Meiserstraße 11-13
80 333 München
Fon +49 89 5595-0
E-Mail landesbischof@elkb.de
chrismon 204

Evonik Industries AG
Inken Ostermann
Rellinghauser Straße 1-11
45128 Essen
E-Mail inken.ostermann@evonik.com
www.evonik.de
Evonik-Magazin 296

Festspielhaus und Festspiele Baden-Baden gGmbH
Michael Drautz
Beim Alten Bahnhof 2
76530 Baden-Baden
Fon +49 7221 3013-225
Fax +49 7221 3013-389
E-Mail m.drautz@festspielhaus.de
www.festspielhaus.de
Festspielhaus-Magazin 148

Floriani Apotheke
Martin Hesse
Wichmannstraße 4/Hs. 9
22607 Hamburg
Fon +49 40 822 28 65-19
www.floriani-apotheke.de
MS Welt 172

Forum Corporate Publishing e.V.
Michael Höflich,
Geschäftsführung
Hohenzollernstraße 112
80796 München
Fon +49 89 340 779-77
Fax +49 89 340 779-78
E-Mail info@
forum-corporate-publishing.de
www.forum-corporate-publishing.de
Best of Corporate Publishing 2009

Gärtner von Eden e.G.
Steinhagener Straße 13
33334 Gütersloh
Fon +49 5241 965 01-24
Fax +49 5241 965 01-25
E-Mail info@gaertner-von-eden.de
www.gaertner-von-eden.de
GartenEden 188

Gaggenau Hausgeräte GmbH
Marketing International
Sven Schnee
Carl-Wery-Straße 34
81739 München
E-Mail sven.schnee@bsgh.com
www.gaggenau.com
new spaces 86

Gebrüder Knie
Schweizer National-Circus AG
St. Wendelinstrasse 10
8640 Rapperswil
Schweiz
Fon +41 848 56 43-24
Fax +41 848 56 43-30
www.knie.ch
Knie Illustré 264

Gerhard D. Wempe KG
Nadja Weisweiler
Steinstraße 23
20095 Hamburg
E-Mail nadja.weisweiler@wempe.de
www.wempe.de
WEMPE MAGAZIN 272, 302

Gesellschaft der Musikfreunde in Wien
Bösendorferstraße 12
1010 Wien
Österreich
Fon +43 1 505 8681-22
Fax +43 1 505 9409
www.musikverein.at
Musikfreunde 150

Gewürzmüller GmbH
Siemensstraße 1
70825 Korntal-Münchingen
Fon +49 7150 2090-0
Fax +49 7150 2090-7000
E-Mail info@gewuerzmueller.com
www.gewuerzmueller.com
Gewürzreporter 70

Gmünder ErsatzKasse GEK
Stephan Abele,
Leiter Unternehmensentwicklung
Gottlieb-Daimler-Straße 19
73529 Schwäbisch Gmünd
Fon +49 7171 801-0
Fax +49 7171 858-81
GEKKO 166

Heidelberger Druckmaschinen AG
Matthias Tritsch
Kurfürsten-Anlage 52-60
69115 Heidelberg
Fon +49 6221 924 570
Fax +49 6221 925 042
E-Mail matthias.tritsch@
heidelberg.com
www.heidelberg-news.com
Heidelberg Nachrichten 72

Hewlett-Packard GmbH
Claudia Pfeil,
Marketing Manager EMEA Central
Group HP Exstream
Berliner Straße 111
40880 Ratingen
Fon +49 151 1475-1937
Fax +49 211 28 06-9344
E-Mail claudia.pfeil@hp.com
C 58

HOCHTIEF Aktiengesellschaft
Unternehmenskommunikation
Jutta Hobbiebrunken
Opernplatz 2
45128 Essen
E-Mail jutta.hobbiebrunken@
hochtief.de
www.hochtief.de
concepts BY HOCHTIEF 88

Infel AG
Postfach 3080
8021 Zürich
Schweiz
Fon +41 44 299 41-41
Fax +41 44 299 41-40
E-Mail welcome@infel.ch
www.infel.ch
strom 142

Infiniti
ZA La Pièce 12
1180 Rolle
Schweiz
www.infiniti.com
Adeyaka 112
eAdeyaka 242

köckritzdörrich Agentur für Kommunikation GmbH
Im Alten Wasserwerk
Obere Wässere 3
72764 Reutlingen
Deutschland
E-Mail info@gokd.net
www.gokd.net
ramp 152

Kraft Foods Deutschland GmbH
Langemarckstraße 4-20
28199 Bremen
Fon +49 421 5 99-01
Fax +49 421 5 99-3675
E-Mail verbraucherservice@
krafteurope.com
www.kraftfoods.de
Bei uns zu Hause 196, 260

Lamborghini
siehe Automobili Lamborghini SpA

Kanzlei der Landesbischöfin der Evangelisch-lutherischen Landeskirche Hannovers
Landesbischöfin Dr. Margot Käßmann
Haarstraße 6
30169 Hannover
Fon +49 511 563 583-0
E-Mail landesbischoefin@evlka.de
chrismon 204

Linde AG
Corporate Communications & Investor Relations
Klosterhofstraße 1
80331 München
Fon +49 89 355 73-01
Linde Technology 74

MAN AG
Andreas Lampersbach,
Head of Corporate Communications
Landsberger Straße 110
80339 München
Fon +49 89 360 98-388
Fax +49 89 360 98-382
E-Mail andreas.lampersbach@ag.man.de
MAN Forum **96**

medienfabrik Gütersloh GmbH
Carl-Bertelsmann-Straße 33
33311 Gütersloh
www.medienfabrik.de
GartenEden **188**

Merten GmbH & Co. KG
Jörg Lamers,
Leiter Marketing
Postfach 100653
51674 Wiehl
Fon +49 2261 702-01
Fax +49 2261 702-284
www.merten.de
Switch **92**

MFG Baden-Württemberg mbH Innovationsagentur des Landes für IT und Medien
Breitscheidstraße 4
70174 Stuttgart
Fon +49 711 90715-300
Fax +49 711 90715-350
E-Mail ruoff@mfg.de
www.mfg-innovation.de
Jahresbericht 07/08 MFG Baden-Württemberg **292**

MLP Finanzdienstleistungen AG
Christian Maertin,
Leitung Kommunikation
Alte Heerstraße 40
69168 Wiesloch
Fon +49 6222 308-4331
Fax +49 6222 308-1131
E-Mail christian.maertin@mlp.de
www.mlp.de
FORUM **132**

moser verlag GmbH
Widenmayerstraße 16
80538 München
Fon +49 89 29 00 15-29
Fax + 49 89 29 00 15-15
www.moser-verlag.com
CUT - Leute machen Kleider **186**

Nord Stream AG
Grafenauweg 2
6304 Zug
Schweiz
Fon +41 41 766 91-91
Fax +41 41 766 91-92
E-Mail info@nord-stream.com
www.nord-stream.com
Nord Stream Corporate Information Center **234**

Oster-Apotheke
Enno Scheel
Mörkenstraße 47
22767 Hamburg
Telefon +49 40 38 90 40-90
www.oster-apotheke.de
MS Welt **172**

PricewaterhouseCoopers AG WPG
Olof-Palme-Straße 31
60439 Frankfurt am Main
www.pwc.de
pwc: Das Magazin für Vorausdenker **42, 300**

Publishing Network Einhorn-Verlag/freitagundhäussermann
Peter Freitag
Zeppelinweg 1/1
73525 Schwäbisch Gmünd
Fon +49 7171 929 088
Fax +49 7171 929 087
E-Mail p.freitag@freitagundhaeussermann.de
www.freitagundhaeussermann.de
gmündguide 2009 Stadtmagazin Schwäbisch Gmünd **266**

Robert Bosch GmbH
Gunter Epple,
Interne Kommunikation (C/CCI)
Robert-Bosch-Platz 1
70839 Gerlingen-Schillerhöhe
Fon +49 711 811-7358
Fax +49 711 811-7612
E-Mail gunter.epple@de.bosch.com
www.bosch.com
Bosch-Zünder **224, 252, 308**

ROMA Rolladensysteme GmbH
Oliver Wachsmann,
Marketing
Ostpreußenstraße 9
89331 Burgau
Fon +49 8222 4000-274
Fax +49 8222 4000-72
E-Mail louis@roma.de
www.roma.de
LOUIS **276**

RWE Aktiengesellschaft
Bürgerschaftliches Engagement/
Corporate Citizenship
Dr. Stephan Muschick
Opernplatz 1
45128 Essen
E-Mail stephan.muschick@rwe.com
www.rwe.com
Energie! Entdecke, was die Welt bewegt **256**

SCHOTT AG
Corporate Public Relations
Jürgen Breier
Hattenbergstraße 10
55122 Mainz
Fon +49 6131 66-0
Fax +49 6131 66-2000
E-Mail info@schott.com
www.schott.com
Baedeker Reiseführer SCHOTT **280**

Schüco International KG
Tanja Brinks
Karolinenstraße 1-15
33609 Bielefeld
Fon +49 521 783-425
E-Mail tbrinks@schueco.com
Profile - Magazin über Architektur .. **90**

SECURVITA Gesellschaft zur Entwicklung alternativer Versicherungskonzepte mbH
Lübeckertordamm 1-3
20099 Hamburg
Fon +49 40 386 080-0
Fax +49 40 386 080-90
www.securvita.de
SECURVITAL - Das Magazin für Alternativen im Versicherungs- und Gesundheitswesen **176, 318**

Siemens AG, Healthcare Sector
Doris Pischitz,
Chefredakteurin Medical Solutions
Henkestraße 127
91052 Erlangen
Fon +49 9131 84-0
Fax +49 9131 84-4411
www.siemens.de/healthcare-magazine
Medical Solutions **76**

Staatsminister der Bundeskanzlerin
Hermann Gröhe, MdB
Platz der Republik 1
11011 Berlin
Fon +49 30 227-77321
E-Mail hermann.groehe@bundestag.de
chrismon **204**

Symrise GmbH & Co KG
Mühlenstraße 1
37603 Holzminden
www.symrise.com
senses **54**

T-Mobile Deutschland GmbH
Landgrabenweg 151
53227 Bonn
Fon +49 228 936-0
www.t-mobile.de
t-mobile_business **64**
t-mobile_life **144**

T-Systems Enterprise Services GmbH
Gina Duscher
Mainzer Landstraße 50
60325 Frankfurt am Main
E-Mail gina.duscher@t-systems.com
www.t-systems.de
Best Practice **60**

Telefónica O2 Germany GmbH & Co. OHG
Steffi Brilling
Georg-Brauchle-Ring 23-25
80992 München
Fon +49 89 244-20
Fax +49 89 244 233-94
E-Mail elements@o2.com
www.o2.com.de
elements **62**

Thalia Holding GmbH
Hermannstraße 18

3st kommunikation GmbH
CP-Dienstleister für
Volkswagen AG Geschäftsbericht 2008
der Volkswagen AG **290**

Florian Heine
Hindenburgstraße 32
55118 Mainz
E-Mail fheine@3st.de
www.3st.dec

Agentur Paroli AG
CP-Dienstleister für
verde - Das Bio-Magazin von Coop der
Coop Genossenschaft **194**

Oliver Suter
Treichlerstrasse 10
8032 Zürich
Schweiz
Fon +41 44 258 41-41
Fax +41 44 258 41-40
E-Mail info@agenturparoli.ch
www.agenturparoli.ch

Thomas Apel
Design von
Musikfreunde der Gesellschaft der
Musikfreunde Wien **150**

Scholzgasse 16/1
1020 Wien
Österreich

Anzinger | Wüschner | Rasp
Agentur für Kommunikation
GmbH
Künstlerische Beratung für das
Festspielhaus-Magazin der Festspiel-
haus und Festspiele Baden-Baden
gGmbH **148**

CP-Dienstleister für *Vielwald -*
Bayerische Staatsforsten Magazin der
Bayerischen Staatsforsten AöR **200**

Markus Rasp
Triftstraße 13
80538 München
Fon +49 89 539 067-0
Fax +49 89 539 067-20
E-Mail office@agentur-awr.de
www.agentur-awr.de

Arnold. Inhalt und Form AG
Gestaltung von
Global Investor der Credit Suisse
Global Research...................................... **46**
Bulletin der Credit Suisse **126, 310**

Urs Arnold
Laubisrütistrasse 54
8712 Stäfa
Schweiz
Fon +41 44 928 33-00
Fax +41 44 928 33-12
E-Mail urs.arnold@a-if.ch
www.arnold.inhaltundform.com

BAUER:BUCHHOLZ GbR
kommunikation.design.projekte.
CP-Dienstleister für
magazin 100 der BÄKO-ZENTRALE
NORD eG **268**

Guntram Bauer, Simone Buchholz
Oppenhoffallee 32
52066 Aachen
Fon +49 241 40 95 86-0
Fax +49 241 40 95 68-10
E-Mail publishing@bauerbuchholz.de
www.bauer-buchholz.de

Bauverlag BV GmbH
CP-Dienstleister für
Profile - Magazin über Architektur der
Schüco International KG **90**

Burkhard Fröhlich, Maike Merkel
Avenwedderstraße 55
33311 Gütersloh
Fon +49 5241 804-2354
E-Mail burkhard.froehlich@
bauverlag.de
E-Mail maike.merkel@bauverlag.de

Breitenbach & Pötschick GmbH
Design + Produktion
CP-Dienstleister für
SECURVITAL - Das Magazin für
Alternativen im Versicherungs- und
Gesundheitswesen der SECURVITA
GmbH **176, 318**

Pompejanumstraße 4
63739 Aschaffenburg
Fon +49 6021 4120-60
Fax +49 6021 4120-70
E-Mail look@b-p-design.de
www.b-p-design.de

Büro Hamburg
JK. PW. Gesellschaft für
Kommunikationsdesign mbH
Gestaltung des
Lufthansa Magazin der Deutsche
Lufthansa AG.. **160**

Jürgen Kaffer, Geschäftsführer
Stephan Engelke, Geschäftsführer
Hohe Brücke 1
20459 Hamburg
Fon +49 40 3747-970
E-Mail j.kaffer@buero-hamburg.de
www.buero-hamburg.de

BurdaYukom Publishing
GmbH **10, 12, 23**
CP-Verlag der Titel
Audi Geschäftsbericht 2008 der Audi
AG **286**
C der Hewlett-Packard GmbH............... **58**
la beauté der Clarins GmbH **190**
MAN Forum der MAN AG **96**

Konrad-Zuse-Platz 11
81829 München
Fon +49 89 306 20-0
Fax +49 89 306 20-100
www.burdayukom.de

corps. Corporate Publishing
Services GmbH **10**
Redaktion für
1585 der Deutschen Börse AG **44**
family values der Weberbank
Actiengesellschaft **122**

Kasernenstraße 69
40213 Düsseldorf
Fon + 49 211 54227-700
Fax + 49 211 54227-722
E-Mail info@corps-verlag.de
www.corps-verlag.de

Deutsche Welle
Unternehmenskommunikation
Konzeption und Redaktion für
ortszeit der Deutschen Welle **212**

Corporate Design
Marco Siebertz
Kurt-Schumacher-Straße 3
53113 Bonn
Fon +49 228 429-2042
Fax +49 228 429-2047
E-Mail marco.siebertz@dw-world.de
www.dw-world.de/presse

Druckhaus Berlin-Mitte GmbH
Druck von *Bonjour* der Total
Deutschland GmbH **100**

Schützenstraße 18
10117 Berlin

DVV Kundenmagazine GmbH
CP-Dienstleister für
trailer world der BPW Bergische
Achsen Kommanditgesellschaft **98**

Oliver Detje, Geschäftsführer
Kai Jacobsen, Projektleitung
Nordkanalstraße 36
20097 Hamburg
Fon +49 40 237 14-217
Fax +49 40 237 14-224
E-Mail info@dvv-kundenmagazine.de
www.dvv-kundenmagazine.de

EGGER & LERCH - Die
Spezialagentur für Kundenzeit-
schriften
Verlag und Redaktion für
Periodicum der EGGER & LERCH - Die
Spezialagentur für
Kundenzeitschriften **82**

Klaus Lerch
Kirchengasse 1a/5
1070 Wien
Österreich
Fon +43 1 524 89 00-17
Fax +43 1 524 89 00-9
E-Mail k.lerch@egger-lerch.at
www.egger-lerch.at

ergo Unternehmenskommunika-
tion GmbH & Co. KG (GPRA)
Verlag & Gestaltung von
ergoskop der ergo Unternehmens-
kommunikation **232**

Venloer Straße 241-245
50823 Köln
Fon +49 221 912887-0
Fax +49 221 912887-77
E-Mail ergo@ergo-komm.de
www.ergo-komm.de

FACTS & FIGURES GmbH
Ein Unternehmen der Financial
Times Deutschland
CP-Dienstleister für
pwc: der
PricewaterhouseCoopers AG WPG ...**42,**
300

Frank Parlow
Stubbenhuk 3
20459 Hamburg
Fon +49 40 319 90-232
Fax +49 40 319 90-505
E-Mail cp@ftd.de
www.facts-and-figures.net

Fink & Fuchs Public Relations AG
Projektmanagement von
Baedeker Reiseführer SCHOTT der
SCHOTT AG **280**

Berliner Straße 164
65205 Wiesbaden
Fon +49 611 74 131-0
Fax +49 611 74 131-20
E-Mail info@ffpr.de
www.ffpr.de

Florian Schmitz Kommunikation GmbH
CP-Dienstleister für
MS Welt der Floriani-Apotheke und der Oster-Apotheke 172

Wichmannstraße 4/Hs. 12
22607 Hamburg
Telefon +49 40 89 71 78-25
www.fskom.de

freitagundhäussermann. gestaltungsagentur
CP-Dienstleister für *gmündguide 2009 Stadtmagazin Schwäbisch Gmünd* des Publishing Network Einhorn-Verlag und der freitagundhäussermann. Gestaltungsagentur 266

Peter Freitag
Zeppelinweg 1/1
73525 Schwäbisch Gmünd
Fon +49 7171 929 088
Fax +49 7171 929 087
E-Mail p.freitag@freitagundhaeussermann.de
www.freitagundhaeussermann.de

G+J Corporate Media GmbH
Verlag für
das magazin der EnBW Systeme Infrastuktur Support GmbH 140
elements der Telefónica O2 Germany GmbH & Co. OHG 62
Lufthansa Magazin der Deutsche Lufthansa AG 160
mobil der DB Mobility Logistics AG 156

Peter Haenchen, Geschäftsführung
Julia Jäkel, Geschäftsführung
Friesenweg 2 a-b
22763 Hamburg
Fon +49 40 88 303-600
Fax +49 40 88 303-496
E-Mail info@guj-corporate-media.de
www.guj-corporate-media.de

Gesellschaft für Knowhow-Transfer in Architektur und Bauwesen mbH
CP-Dienstleister für
LOUIS der ROMA Rolladensysteme GmbH 276

Cornelia Krause, Lydia Meyer
Fasanenweg 18
70771 Leinfelden-Echterdingen
Fon +49 711 7591-367
Fax +49 711 7591-410

Gingco.Net Werbeagentur GmbH & Co. KG
CP-Dienstleister für
SKRIPT MANUFAKTURA der Automobilmanufaktur Dresden GmbH 118

Gartenstraße 13
38114 Braunschweig
Fon +49 531 581 00-11
Fax +49 531 581 00-25
E-Mail welcome@gingco.net
www.gingco.net

Groothuis, Lohfert, Consorten Gesellschaft für Formfindung und Sinneswandel mbH
CP-Dienstleister für
prego: der Edel AG 80

Rainer Groothuis
Gaußstraße 124-126
22765 Hamburg
Fon +49 40-398 464-0
Fax +49 40-398 464-64
E-Mail rainer.groothuis@glcons.de
www.glcons.de

GSD-Grafik
Layout des
Baedeker Reiseführer SCHOTT der SCHOTT AG 280

Miklos Schiberna
Knappenweg 37/A
70569 Stuttgart
Fon +49 711 6744-315
Fax +49 711 6744-316
E-Mail mail@gsd-grafik.de

häfelinger + wagner design gmbh
CP-Dienstleister für
Einblicke. - Unsere Mitarbeiter. Unsere Zukunft. Geschäftsbericht 288, 298
und *Discover Steel* der ThyssenKrupp AG 324

Annette Häfelinger
Türkenstraße 55-57
80799 München
Fon +49 89 202 57-50
Fax +49 89 202 39-696
E-Mail info@hwdesign.de
www.hwdesign.de

Hansisches Druck- und Verlagshaus GmbH
CP-Dienstleister für
chrismon - Das evangelische Magazin 204

Marlies Ney
Emil-von-Behring-Straße 3
60439 Frankfurt am Main
Fon +49 69 58 098-190
E-Mail mney@gep.de

Hamburg Media Company GmbH, Verlag HMC
CP-Dienstleister für
MehrWert der Deutschen Postbank AG 134

Dr. Richard Ausfelder, Geschäftsführer
Martin Gielnik, Geschäftsführer
Beim Strohhause 27
20097 Hamburg
Fon +49 40 413 639-0
Fax +49 40 413 639-11
E-Mail info@hmc.de
www.hmc.de

HOFFMANN UND CAMPE Corporate Publishing 26
CP-Verlag der Magazine
Best Practice der T-Systems GmbH 60
BMW Magazin der Bayerischen Motoren Werke AG 110, 306
concepts BY HOCHTIEF der HOCHTIEF AG 88
Das große Steakbuch der BLOCK HOUSE Restaurantbetriebe AG 282
Energie! Entdecke, was die Welt bewegt! der RWE AG 256
Evonik-Magazin der Evonik Industries AG 296
MINIInternational der Bayerischen Motoren Werke AG / MINI Brand Management 326
new spaces der Gaggenau Hausgeräte GmbH 86
results der Deutschen Bank AG 48
WEMPE MAGAZIN der Gerhard D. Wempe KG 272, 302

Harvestehuder Weg 42
20149 Hamburg
Fon +49 40 44 188-457
www.hocacp.de

independent Medien-Design München
CP-Dienstleister für
CUT - Leute machen Kleider der moser verlag GmbH 186
Bonviva der Credit Suisse 124
BystronicPeople der Bystronic Laser AG 214
FORUM der MLP Finanzdienstleistungen AG 132
Medical Solutions der Siemens AG, Healthcare Sector 76

Horst Moser
Widenmayerstraße 16
80538 München
Fon +49 89 2900 15-0
Fax +49 89 2900 15-15
E-Mail info@independent-medien-design.de
www.independent-medien-design.de

Infel AG
Konzeptberatung, Redaktion der Magazine
energy forum der BKW FMB Energie und Youtility 138
member der Aare-Tessin AG für Elektrizität 210
Strom der Infel AG 142

Militärstrasse 36
Postfach 3080
8021 Zürich
Schweiz
Fon +41 44 299 41-22
Fax +41 44 299 41-41
E-Mail welcome@infel.ch
www.infel.ch

JDB MEDIA GmbH
CP-Dienstleister für
t-mobile_business 64
und *t-mobile_life* von T-Mobile Deutschland 144

Jens de Buhr, Jan Hawerkamp
Schanzenstraße 70
20357 Hamburg
Fon +49 40 468 832-0
Fax +49 40 468 832-34
E-Mail redaktion@jdb.de
www.jdb.de

Journal International Verlags- und Werbegesellschaft mbH
CP-Verlag für
BKK Gilsei Gesundheitsjournal der BKK Gildemeister Seidensticker 170
Departures der American Express Services Europe 128
Fame der P&G prestige products 52
Momentum der Glashütter Uhrenbetrieb GmbH 192
Stilikonen der MHK Group 180

Stefan Endrös, Verlagsleitung
Gerd Giesler, Verlagsleitung
Christian Schwalbach, Verlagsleitung
Hanns-Seidel-Platz 5
81737 München
Fon +49 89 642 797-0
Fax +49 89 642 797-77
E-Mail info@journal-international.de

Jürgen und ich Frost und Risse Gbr
Gestaltung von
air - The Magazine of Blue Wings der Blue Wings AG 158

Werderstraße 26
50672 Köln
Fon +49 221 952 3123
Fax +49 221 952 3124
E-Mail wir@juergenundich.de
www.juergenundich.de

KircherBurkhardt Editorial & Corporate Communication GmbH ...16
CP-Dienstleister der Titel
atrium der Total Deutschland GmbH ...208
Bei uns zu Hause der Kraft Foods Deutschland GmbH ...196, 260
Bosch-Zünder der Robert Bosch GmbH ...224, 252, 308
Corporate Information Center der Nord Stream AG ...234
DB Welt der Deutsche Bahn AG ...226
DB Jahresbroschüre „Menschen bewegen - Welten verbinden 2008" der Deutschen Bahn AG ...274
Die Muse der Thalia Holding GmbH ...216
Gewürzreporter der Gewürzmüller GmbH ...70
logistics der DB Mobility Logistics AG ...106
stadtleben der DeGeWo AG ...182
update der Vodafone D2 GmbH ...218

Oranienburger Straße 66
10117 Berlin
Fon +49 30 440 32-0
Fax +49 30 440 32-20
E-Mail info@kircher-burkhardt.com
www.kircher-burkhardt.com

köckritzdörrich Agentur für Kommunikation GmbH
Gestaltung und Redaktion von
Adeyaka ...112
und *eAdeyaka* von Infiniti ...242
Lamborghini Magazine der Automobili Lamborghini SpA ...116
ramp - Das Magazin der köckritzdörrich Agentur für Kommunikation GmbH ...152
ramp E-Klasse Magazin der Daimler AG ...270

Im Alten Wasserwerk
Obere Wässere 3
72764 Reutlingen
Deutschland
E-Mail info@gokd.net
www.gokd.net

KOMMA Petra Hasler Kommunikation Marketing
Texte für und Redaktion von
DirectPoint Newsletter der Schweizerischen Post ...238

Petra Hasler
Lettenrain 14
4104 Oberwil/BL
Schweiz
Fon +41 61 422 09-26
Fax +41 61 422 09-28
E-Mail petra.hasler@kom-ma.ch

Krieg, Schlupp, Bürge / Springer & Jacoby Werbeagentur AG
Verantwortliche Kreation für
verde - Das Bio-Magazin von Coop der Coop Genossenschaft ...194

Seestrasse 367
8038 Zürich
Schweiz
Fon +41 43 399 80-50
Fax +41 43 399 80-51
www.ksbsj.ch

Lohrengel Mediendesign
Gestaltung von
Deutsche Seeschifffahrt des Verbandes Deutscher Reeder ...104, 314

Oliver Lohrengel
Schulterblatt 58
20357 Hamburg
Fon +49 40 432 134-20
E-Mail info@58vier.de

loved gmbH
CP-Agentur für
Audi magazin der Audi AG ...114

Peter Matz
Brandstwiete 46
20457 Hamburg
Fon +49 40 8000 486-0
Fax +49 40 8000 486-99
E-Mail info@loved.de
www.loved.de

MAIRDUMONT PROMOTION
Herausgebender Verlag für
Baedeker Reiseführer SCHOTT der SCHOTT AG ...280

Andreas Tilch
Marco-Polo-Straße 1
73760 Ostfildern/Kemnat
Fon +49 711 4502-156
Fax +49 711 4502-351
E-Mail promotion@mairdumont.com
www.mairdumont.com

medienfabrik Gütersloh GmbH
Kommunikationsdienstleister der Titel
eBrandbook der Deutsche Post AG ...230
GartenEden der medienfabrik Gütersloh ...188

Guido Klinker
Carl-Bertelsmann-Straße 33
33311 Gütersloh
Fon +49 5241 234 80-74
Fax +49 5241 234 80-61
E-Mail klinker@medienfabrik.de
www.medienfabrik.de

MFG Baden-Württemberg mbH Innovationsagentur des Landes für IT und Medien
CP-Dienstleister und Redaktion für
Jahresbericht 07/08 der MFG Baden-Württemberg ...292

Breitscheidstraße 4
70174 Stuttgart
Fon +49 711 90715-300
Fax +49 711 90715-350
E-Mail ruoff@mfg.de
www.mfg-innovation.de

MILA-Design+Conceptions GmbH
Druckvorstufe des Jahrbuchs
Best of Corporate Publishing 2009

Burckhard Hoffmann
Kreuzberger Ring 26
65205 Wiesbaden
Fon +49 611 205 720
Fax +49 611 2057 228
E-Mail bh@mila-design.net

muehlhaus & moers kommunikation gmbh
Konzeption, Redaktion, Grafik und Gestaltung von
Issues der Vattenfall Europe AG ...68

Karsten Fiehe
Moltkestraße 123-131
50674 Köln
Fon +49 221 951533-93
Fax +49 221 951533-21
E-Mail k.fiehe@muehlhausmoers.de
www.muehlhausmoers.de

Nemuk AG - Agentur für digitales Marketing
Layout für
DirectPoint Newsletter für die Schweizerische Post ...238

Oliver Weinstock
Kanzleistrasse 53
8004 Zürich
Schweiz
Fon +41 44 246 70-80
Fax +41 44 246 70-90
E-Mail oliver@nemuk.com

Peter Schmidt Group
CP-Dienstleister für
Linde Technology der Linde AG ...74

Norbert Möller
ABC-Straße 47
20354 Hamburg
E-Mail norbert.moeller@peter-schmidt-group.de

Plan.Net solutions GmbH & Co. KG
CP-Dienstleister für
GORE-TEX eJournal der W.L. Gore & Associates GmbH ...244

Caroline Simm
Haus der Kommunikation
Brienner Straße 45 a-d
80333 München
Fon +49 89 2050-3624
E-Mail c.simm@plan-net.de
www.plan-net.de

Primafila AG Zürich / München / Peking / USA
CP-Dienstleister für
Bonviva der Credit Suisse ...124
BystronicPeople der Bystronic Laser AG ...214
Knie Illustré des Schweizer National-Circus Knie ...264
Medical Solutions der Siemens AG, Healthcare Sector ...76

Dr. Viviane Egli
Elisabeth Dennler
Hornbachstraße 50
8034 Zürich
Schweiz
Fon +41 44 389 84-94
Fax +41 44 389 84-00
E-Mail info@primafila-cp.ch
www.primafila-cp.ch

Process
CP-Dienstleister für
ONE der Credit Suisse AG ...328

Bärbel Fritz
Giesshübelstraße 62a
8045 Zürich
Schweiz
Fon +41 44 254-3939
Fax +41 44 254-3940
E-Mail welcome@process.ch
www.process.ch

Red Indians Publishing GmbH & Co. KG
CP-Dienstleister für
ramp Das Magazin der köckritzdörrich Agentur für Kommunikation GmbH ...152
ramp Special Mercedes-Benz E-Klasse der Daimler AG ...270

Im Alten Wasserwerk
Obere Wässere 3
72764 Reutlingen
Deutschland
E-Mail mk@ramp-magazin.de
www.ramp-magazin.de

BMW Magazin
Der magische Moment – das neue 1er Cabrio

red roses communications
CP-Dienstleister für
senses der Symrise GmbH & Co KG 54

Kristina Kroemer
Schrammsweg 11
20249 Hamburg
Fon + 49 40 46 96 77-011
Fax + 49 40 46 96 77-099
E-Mail info@redroses-pr.com

RMG Connect GmbH
Konzept für
Mercedesmagazin online der Daimler AG, Kommunikation 246

RMG Connect GmbH
Forststraße 9
70174 Stuttgart
Fon +49 711 28 470-000
www.rmgconnect.de

rms. relationship marketing solutions GmbH
Technische Umsetzung von
Mercedesmagazin online der Daimler AG, Kommunikation 246

Forststraße 9
70174 Stuttgart
Fon +49 711 28 470-000
www.rm-solutions.de

Sebastian König Gestaltung
Gestaltung von
trailer world der BPW Bergische Achsen Kommanditgesellschaft 98

Friedensallee 93
22763 Hamburg
Fon +49 151 587 681-48
E-Mail mail@sebastiankoenig.net
www.sebastiankoenig.net

schrenkwerk
CP-Dienstleister für
Amnesty Journal von
Amnesty International, Sektion der Bundesrepublik Deutschland e.V. 202

Heiko von Schrenk
Kleineweg 23
12101 Berlin
Fon +49 30 62 72 74-88
Fax +49 30 62 72 74-89
E-Mail shrenko@gmx.de
www.schrenkwerk.de

SIGN Kommunikation GmbH
CP-Dienstleister für
Switch der Merten GmbH & Co. KG 92

Antonia Henschel
Oskar-von-Miller-Straße 14
60314 Frankfurt am Main
Fon +49 69 944 324-0
Fax +49 69 944 324 -50
www.sign.de

SIGNUM communication Werbeagentur GmbH
Konzeption, Gestaltung, Redaktion & Realisation von
Commerzielles der
COMMERZBANK AG 222
Heidelberg Nachrichten der
Heidelberger Druckmaschinen AG 72

Lange Rötterstraße 11
68167 Mannheim
Deutschland
Fon +49 621 339 74-0
Fax +49 621 339 74-20
www.signum-web.de

Süddeutscher Verlag onpact GmbH
Herausgebender Verlag von
GEKKO der
Gmünder Ersatzkasse GEK 166

Isartalstraße 49
80469 München
Fon +49 89 759 003-0
Fax +49 89 759 003-149
E-Mail info@sv-onpact.de
www.sv-onpact.de

Trademark Publishing Verlag Karl W. Henschel
CP-Dienstleister für
Switch der Merten GmbH & Co KG 92

Armin J. Noll
Westendstraße 87
60325 Frankfurt am Main
Fon + 49 69 430 578-47
Fax +49 69 944 324-50
www.trademarkpublishing.de

unikat Werbeagentur GmbH
CP-Dienstleister für
Blickpunkt Lateinamerika der
Bischöflichen Aktion Adveniat 316

Hauptstraße 88
42349 Wuppertal
Fon +49 202 76 96 58-40
Fax +49 202 76 96 58-46
E-Mail info@unikat.net
www.jeder-ist-ein-unikat.de

V8 Verlag GmbH
CP-Dienstleister für
air - The Magazine of Blue Wings der
Blue Wings AG 158

Mohrenstraße 2
50670 Köln
Fon +49 221 998 48-37
Fax +49 221 998 5990
E-Mail info@v8-verlag.de
www.v8-verlag.de

Verlag HMC
siehe Hamburg Media Company GmbH

von Quadt & Company GmbH
Redaktion und CP-Dienstleister für
Bridgestone Magazin der Bridgestone Deutschland GmbH 102

Thomas Huber
Schleißheimer Straße 156
80797 München
Fon +49 89 189 117-18
Fax +49 89 189 117-918
E-Mail thuber@vqco.de
www.vqco.de

wdv Gesellschaft für Medien & Kommunikation mbH & Co. OHG 14
CP-Dienstleister der Titel
Abnehmen mit Genuss 258
und *Das interaktive AOK Kommunikationskonzept - Familienprogramm* des AOK-Bundesverbands 254
AOK c@re - Das interaktive Gesundheitsmagazin der AOK Baden-Württemberg und AOK Westfalen-Lippe 168
Cortal Consors Magazin der Cortal Consors S.A., Zweigniederlassung Deutschland 130
DocMorris Apothekenmagazin der
DocMorris-Kooperationen GmbH 174
vigo Rheinland/Hamburg der AOK
Rheinland/ Hamburg 250
Welcome! der
TUI Deutschland GmbH 162

Dorothée Finé
Siemensstraße 6
61352 Bad Homburg v.d.H.
Fon +49 6172 670-264
Fax +49 6172 670-161
E-Mail info@wdv.de
www.wdv.de

Zitrusblau GmbH
Gestaltung von
Bonjour der
Total Deutschland GmbH 100

Keithstraße 41
10787 Berlin
Fon +49 30 214 777-00
Fax +49 30 214 777-01
E-Mail bonjour@zitrusblau.de

zweidreieins - Visuelle Kommunikation und Unternehmenskultur
Gestaltung von das
Festspielhaus-Magazin der Festspielhaus und Festspiele Baden-Baden gGmbH 148

Anna Krzeminska
Goseriede 4
30159 Hannover
Fon +49 511 26 07-354
Fax +49 511 26 07-412
E-Mail mail@zweidreieins.de
www.zweidreieins.de

Prnt wrkt

Deutsche Kreative
halten das Ergebnis

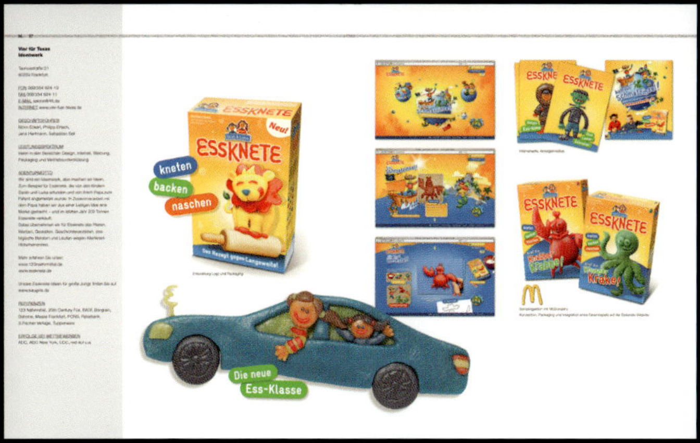
ESSKNETE
kneten
backen
naschen
Die neue
Ess-Klasse

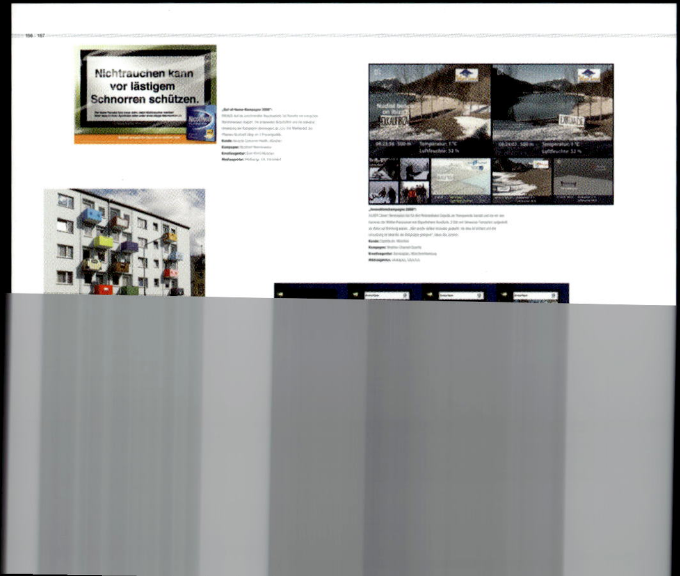
Nichtrauchen kann
vor lästigen
Schnorren schützen.

Forum Corporate Publishing e.V.
Michael Höflich, Geschäftsführung
Hohenzollernstraße 112
80796 München
Fon +49 89 34 077 977
Fax +49 89 34 077 978
E-Mail info@forum-corporate-publishing.de
www.forum-corporate-publishing.de

25, 53, 85, 172